ビジュアル版

経済・戦争・宗教から見る

教養の日本史

NEW PERSPECTIVE ON CHRONICLE

飯田育浩

西東社

ビジュアル版

経済・戦争・宗教から見る

教養の日本史

NEW PERSPECTIVE ON CHRONICLE

1章 縄文～奈良時代 8

4章 安土桃山～江戸時代 154

5章 幕末～大正時代 216

6章 昭和時代〜現代 262

◆本書は特に明記しない限り、2020年11月1日現在の情報に基づいています。
◆本書の「戦争」には国家間の武力紛争だけでなく内戦や反乱なども含んでいます。
◆歴史的なできごとに関しては諸説あるものもあります。

1章 縄文～奈良時代

約1万3000年前
縄文土器の出現
1 ➡P12

前10世紀頃
稲作の開始
2 ➡P14

3世紀前半
卑弥呼が魏に遣使
3 ➡P16

3世紀中頃
前方後円墳の出現
4 ➡P18

507年頃
継体天皇の即位
5 ➡P22

527年
磐井の乱
6 ➡P24

6世紀
製鉄の開始
7 ➡P26

538年
仏教の伝来
8 ➡P28

587年
丁未の役
9 ➡P30

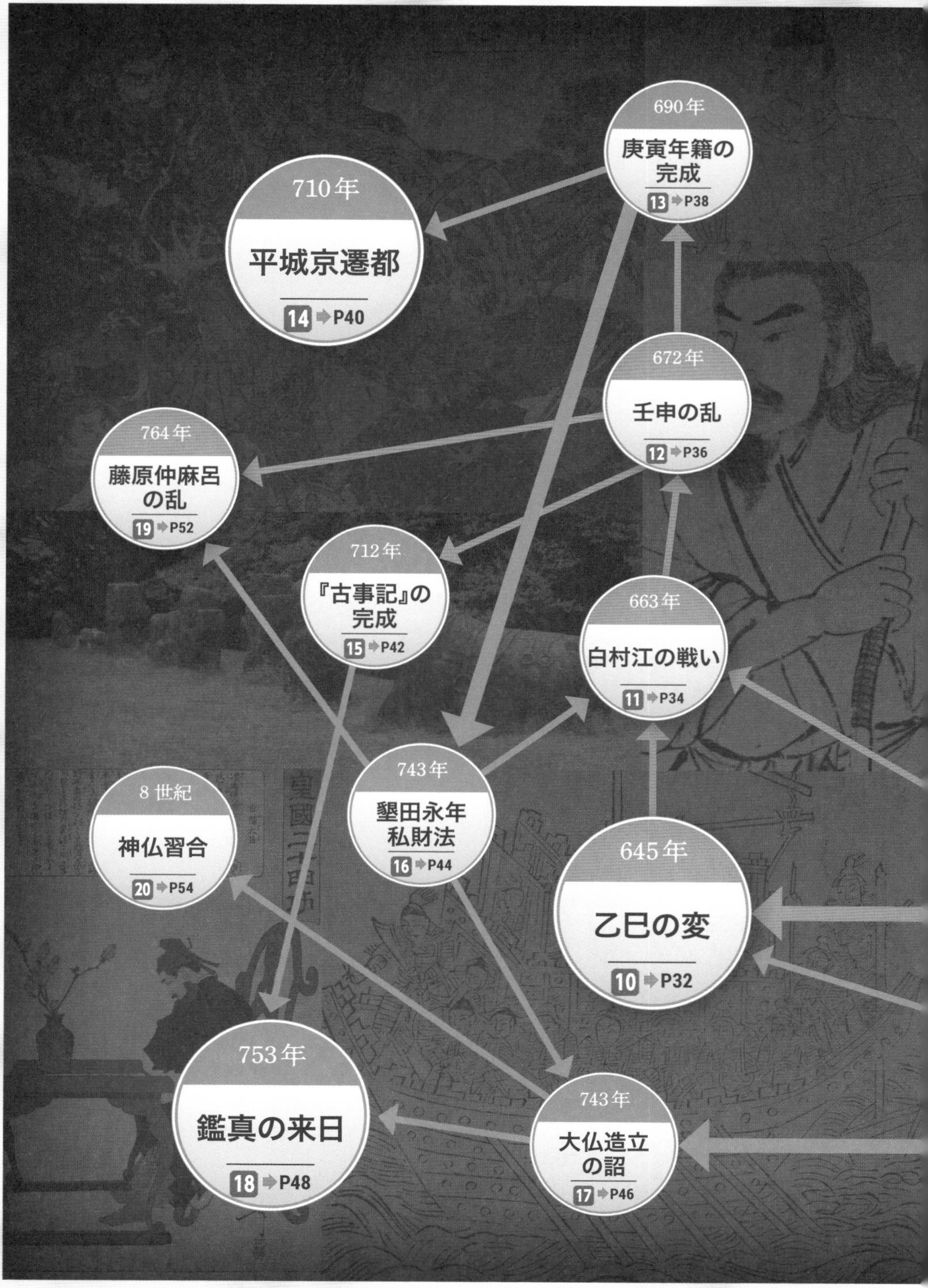

690年
庚寅年籍の完成
13 ➡P38

710年
平城京遷都
14 ➡P40

672年
壬申の乱
12 ➡P36

764年
藤原仲麻呂の乱
19 ➡P52

712年
『古事記』の完成
15 ➡P42

663年
白村江の戦い
11 ➡P34

743年
墾田永年私財法
16 ➡P44

8世紀
神仏習合
20 ➡P54

645年
乙巳の変
10 ➡P32

753年
鑑真の来日
18 ➡P48

743年
大仏造立の詔
17 ➡P46

三内丸山遺跡復元模型(➡P13)

厩戸王(➡P32)

平城京復元模型(➡P41)

縄文〜奈良時代のさくいんMAP

約1万年前、日本列島と日本人(縄文人)が誕生した。弥生時代には稲作がはじまり、邪馬台国などが出現。3世紀後半にはヤマト政権が成立し、以後、天皇を中心に中央集権化が進められていった。710年、藤原京から平城京に遷都され、奈良時代がはじまった。

○ 国府
—— 大路
—— 中・小路

縄文土器 ➡P12

製鉄の開始 ➡P26

稲作開始 ➡P14

白村江の戦い ➡P34

卑弥呼 ➡P16

神仏習合 ➡P54

前方後円墳 ➡P18

磐井の乱 ➡P24

古代日本の行政区分

古代日本では、律令制に基づき、地方行政区分として、都の周辺を五畿(山城・大和・河内・和泉・摂津)、それ以外を七道(東海道・東山道・北陸道・山陰道・山陽道・南海道・西海道)として定めた。各国には国府(地方行政府)が置かれ、都と国府は「駅路」と呼ばれる官道で結ばれた。駅路は重要度によって大路・中路・小路に区分された。

※この2ページのマップは1章の「さくいん」にもなっています。このため、地図と時代が合っていない「できごと」も紹介しています。また、日本地図のうち東北北部以北、南西諸島などは省略しています。

武装男子立像埴輪(➡P19)

経済

約1万3000年前

縄文土器の出現

食料に恵まれすぎた縄文人は農耕せずに土器をつくり定住生活を謳歌した

重くて運びにくい土器は定住生活の道具

アフリカで**人類**（ホモ・サピエンス）が誕生した約20万年前、日本列島は存在せず、アジア大陸の一部であった。居住範囲を広げていった人類の集団の一部は、マンモスやナウマンゾウなどの大型動物を追って約3～4万年前頃、日本列島の場所に到達。彼らは黒曜石などを打ち欠いて**「打製石器」**をつくり、定住せずに頻繁に移動を繰り返しながら狩猟生活を送っていたため、この時代は**「旧石器時代」**と呼ばれる。

その後、気候の温暖化がはじまって海水面が上昇し、約1万年前には、日本列島は大陸から切り離され、いわゆる**「日本人（縄文人）」**が形成されていった。

気候の変化により、森林は針葉樹林から**広葉樹林・照葉樹林**に変わり、クヌギやクリトチなど、食用になる木の実をつける樹木が増えた。大型動物は絶滅し、動きのすばやいニホンジカやイノシシなどの小型動物が増えた。このため**弓矢**が発達し、矢の先端には**石鏃**（せきぞく）と呼ばれる矢じりがつけられた。

採取した木の実や、捕獲した動物を調理するため、切り裂いたり、すりつぶしたりする必要から**「磨製石**

historical note

旧石器時代から遠隔地の集団と交易するためのルートが存在した

黒曜石は長野県和田峠や、伊豆諸島の神津島など、限られた場所でしか産出しなかったが、旧石器時代より日本中で広く流通し、北海道白滝の黒曜石は、サハリンにまで運ばれていた。旧石器時代には、遠隔地の集団との交易ルートが存在していたのである。縄文時代には、新潟県糸魚川流域でしか採れないヒスイが、三内丸山遺跡をはじめ、沖縄の島々にまで運ばれていた。

黒曜石は、ガラス質のためナイフや矢じりなどに加工しやすい。

関連ページ
経 P44 墾田永年私財法
戦 P14 稲作の開始

器」が普及し、食材を煮るために土器がつくられた。この時代の土器は多くに縄目文様がつけられていたため**「縄文土器」**と名づけられ、縄文土器を使っていた約1万年間は**「縄文時代」**と呼ばれる。

縄文土器の出現は約1万3000年前といわれ、世界最古級の土器のひとつである。土器は重く、持ち運びに不向きであるため、縄文人たちは、かなり早い時期から**定住生活**を送っていたことを物語っている。

世界史的に見れば、農耕の確立により人類は狩猟生活から定住生活に移行するのだが、日本は農耕をする必要がないほど、食料に恵まれていたのである。**三内丸山遺跡**（さんないまるやまいせき）（青森県）のような大規模集落跡には、最盛期には数百人が居住していたと考えられている。

中国では、縄文時代の早期にあたる約8000年前に**農耕**がはじまり、その技術は日本にも伝わっていたはずであるが、縄文人たちは、あえて農耕をしなかったのである。農耕をする必要がないほど、豊かな生活を送っていたのである。

十日町市博物館所蔵

◆**火焔（かえん）型土器**
縄文時代中期を代表する縄文土器で、立体的な装飾から火焔型土器と呼ばれる。

◆**石鏃**
石製の矢じりで、木や竹の先端に装着し、紐などで固定する。

国立歴史民俗博物館所蔵

◆**三内丸山遺跡（復元模型）**
三内丸山遺跡には、幅約10m、全長約32mにおよぶ巨大な竪穴住居が存在した。

定住する縄文人

木の実や小型動物などが豊富で、食料の調達に困らない
↓
農耕せずに定住生活が可能
↓
運搬に不向きな土器が発達

戦争

前10世紀頃

稲作の開始

農業生産性が向上してはじまった弥生時代の戦争はなまぬるい戦いだった

関連ページ

経 P12 縄文土器の出現
経 P16 卑弥呼が魏に遣使
経 P26 製鉄の開始

マップ

吉野ヶ里遺跡（佐賀県）

渡来人と戦うことなく稲作農耕を受け入れる

一般的に**「弥生時代」**とは、九州北部で水田稲作農耕がはじまった紀元前4世紀初め以降の時代区分とされている。しかし最新の研究では、縄文時代晩期の紀元前10世紀頃には、すでに稲作はおこなわれていたことが明らかになり、弥生時代の開始年代は、さかのぼらせる方向で研究が進んでいる。

採集生活が中心の縄文人たちは、大陸や朝鮮半島からの渡来人に稲作を教わり、縄文土器を使いながら農耕を受け入れていったのである。

ただ、大規模な水田稲作農耕が確立するのは、紀元前4世紀頃と考えてよい。この時期、中国は**「春秋・戦国時代」**で、戦乱の余波は朝鮮半島にも及んでいた。灌漑農法など、最新の農業技術を日本に伝えたのは、戦乱を避けるために大陸や朝鮮半島から日本に集団で避難してきた**渡来人**だったと考えられる。

彼らは、稲作だけでなく、**弥生土器**や**青銅器**、**鉄器**、**機織り具**（はたおりぐ）などの中国文化を日本にもたらした。一見、渡来人と縄文人との間で戦争が起こりそうであるが、そうした形跡は見られず、なだらかに弥生文化へと移行していったのである。

historical note

現在の日本人は縄文人と渡来系弥生人の混血だった

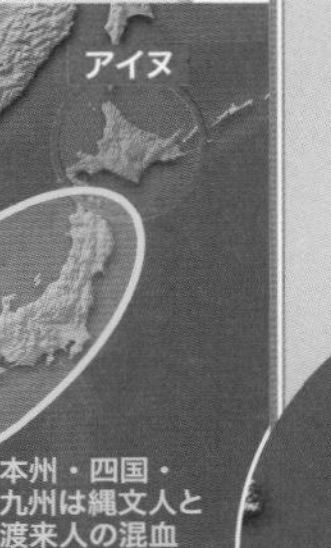

近年の遺伝子解析により、現在の日本人のほとんどは、縄文人と渡来系弥生人との「混血」であることが明らかになっている。縄文人と遺伝的に近いのは、アイヌ民族と沖縄出身者で、現在の本土の日本人は縄文人よりも現在の韓国人のほうが近いという。つまり、渡来系弥生人が縄文人と混血を繰り返しながら、拡大していったと考えられるのである。

世界史では、**「青銅器時代」**から**「鉄器時代」**に移行するが、日本では弥生時代に青銅器と鉄器がほぼ同時期に伝わったことが特徴である。日本では鉄の生産はできなかったが、輸入した鉄素材から武器や工具を製造した。特に、鍬や鋤などの農具の刃先に鉄器が利用されたことで、開墾が可能になり、農業生産力が向上。一方の青銅器は**銅鐸**などに代表されるように、祭器として利用された。

農業生産性が高くなると、兵士を養えるようになるため、戦争が可能になる。こうして弥生時代に、**吉野ヶ里遺跡**（佐賀県）のように、住居群を濠や柵で囲んだ**「環濠集落」**が出現し、集団どうしで争うようになった。しかし同時代の中国などのように殲滅戦や虐殺は起きず、敗者側の住民を奴隷にすることもなかった。

これは縄文時代に交易などを通じて、「日本列島に住む人々は同じ民族」という意識が培われ、敵となった相手を**「異民族」**とは認識しなかったためと考えられる。

◆物見櫓と柵（復元）
吉野ヶ里遺跡には、敵を見張る物見櫓がそびえ、周囲は柵で囲まれていた。

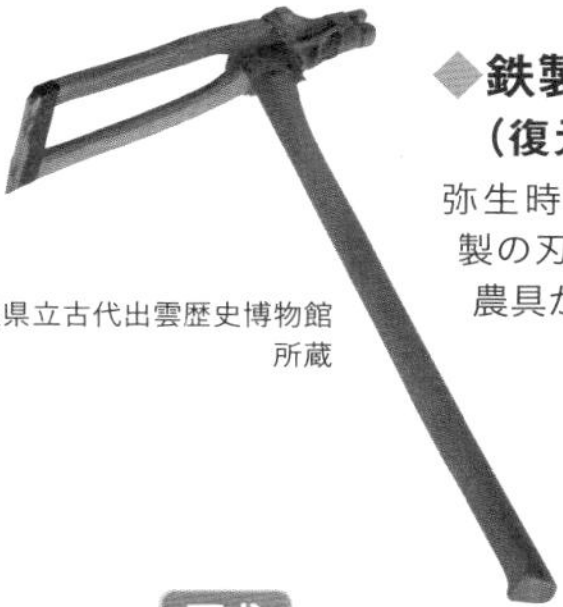

◆鉄製刃つき鍬（復元）
弥生時代後期に、鉄製の刃先を装着する農具が増加した。

島根県立古代出雲歴史博物館所蔵

石戈
木製の盾
木製の鎧

◆弥生時代の戦士（復元）
剣や矛、戈などの武器は中国から伝わったが、鉄は貴重品だったため、石製の武器が主流だった。

国立歴史民俗博物館所蔵

弥生時代にはじまった「戦争」

農業生産性の向上で
農民だけでなく
兵士も養えるようになる

↓

集団と集団による
本格的な殺し合い「戦争」がはじまる

↓

日本列島の住民は「同じ民族」
という意識を共有していたため、
敵を滅亡させる戦いは
起きなかった

経済

3世紀前半

卑弥呼が魏に遣使

邪馬台国の女王卑弥呼は魏と密接な関係を築き巨大交易圏が出現する

倭人伝に記された地域から交易を示す遺物が出土する

戦争（↓P14）がはじまった弥生時代、小集団は争いを通じて統合を繰り返し、小さな**「クニ」**がいくつも誕生した。1世紀頃の中国の歴史書**『漢書』地理志**によると、当時「倭（わ）」と呼ばれていた日本には100余りの「クニ」が分立していたという。

『後漢書』東夷伝には、紀元57年に、北九州の奴国（なこく）の王が、後漢の光武帝に使者を送り、金印を与えられたことが記され、**「漢委奴国王（かんのわのなのこくおう）」**と刻まれたその金印は江戸時代に志賀島（福岡県）で発見された。

220年頃、中国では魏・呉・蜀の3か国が並び立つ**「三国時代」**がはじまり、この時代の歴史書**『三国志』**のうち、「魏書」東夷伝倭人条（通称**「魏志」倭人伝**）に、当時の日本のことが記されている。それによると、3世紀前半、日本では小国どうしの争いが続いていたが、30余りのクニが連合し、共同の女王として**「邪馬台国（やまたいこく）」**の**卑弥呼（ひみこ）**を立てると戦乱はおさまったという。

239年、卑弥呼は魏に使いを送り、**「親魏倭王（しんぎわおう）」**の称号と、金印と銅鏡100枚などを贈られた。247年には、魏の植民地であった朝鮮半島の帯方郡に使者を送り、敵対する狗奴国（くなこく）との戦況を報告している。卑弥呼の使者は、朝鮮半島西岸を北上し、帯方郡を経由して魏に向かった。

「倭人伝」の記述を事実とすると、邪馬台国は日本列島のはるか南方の海上に位置することになり、これは、「中国を囲むように夷狄（いてき）（異民族）

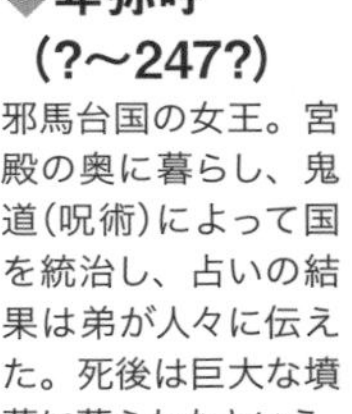

◆卑弥呼
(?～247?)
邪馬台国の女王。宮殿の奥に暮らし、鬼道(呪術)によって国を統治し、占いの結果は弟が人々に伝えた。死後は巨大な墳墓に葬られたという。

大阪府立弥生文化博物館所蔵

関連ページ
戦 P14 稲作の開始
宗 P18 前方後円墳の出現
経 P26 製鉄の開始

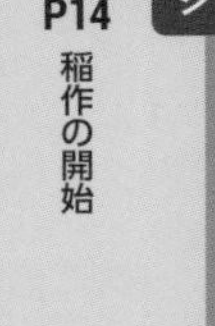

長崎県観光連盟写真提供

◆**原の辻遺跡**

弥生時代の環濠集落で、一支国の王都とされる。調査済みの箇所が遺跡公園として復元整備されている。

が住む」という当時の中国王朝の世界観が反映されているためと考えられる。邪馬台国の正確な位置は不明であるが、当時の大陸との交易の中心地が九州北部であったことは、ほぼ間違いない。

「倭人伝」に記された**「一支国」**は壱岐島（長崎県）と考えられ、その王都とされる**原の辻遺跡**からは船着場跡が発見され、中国貨幣や青銅製馬車具などが出土している。**「伊都国」**は現在の福岡県糸島市と考えられ、ここにある三雲遺跡群からは、中国製の銅鏡や銅剣などを副葬する大型墳墓が存在する。

またこの時期には、山陰地方と朝鮮半島南部が積極的に交易したことが発掘調査から明らかとなっている。卑弥呼の遣使がきっかけとなり、東アジアに巨大な**交易圏**が形成されていったのである。

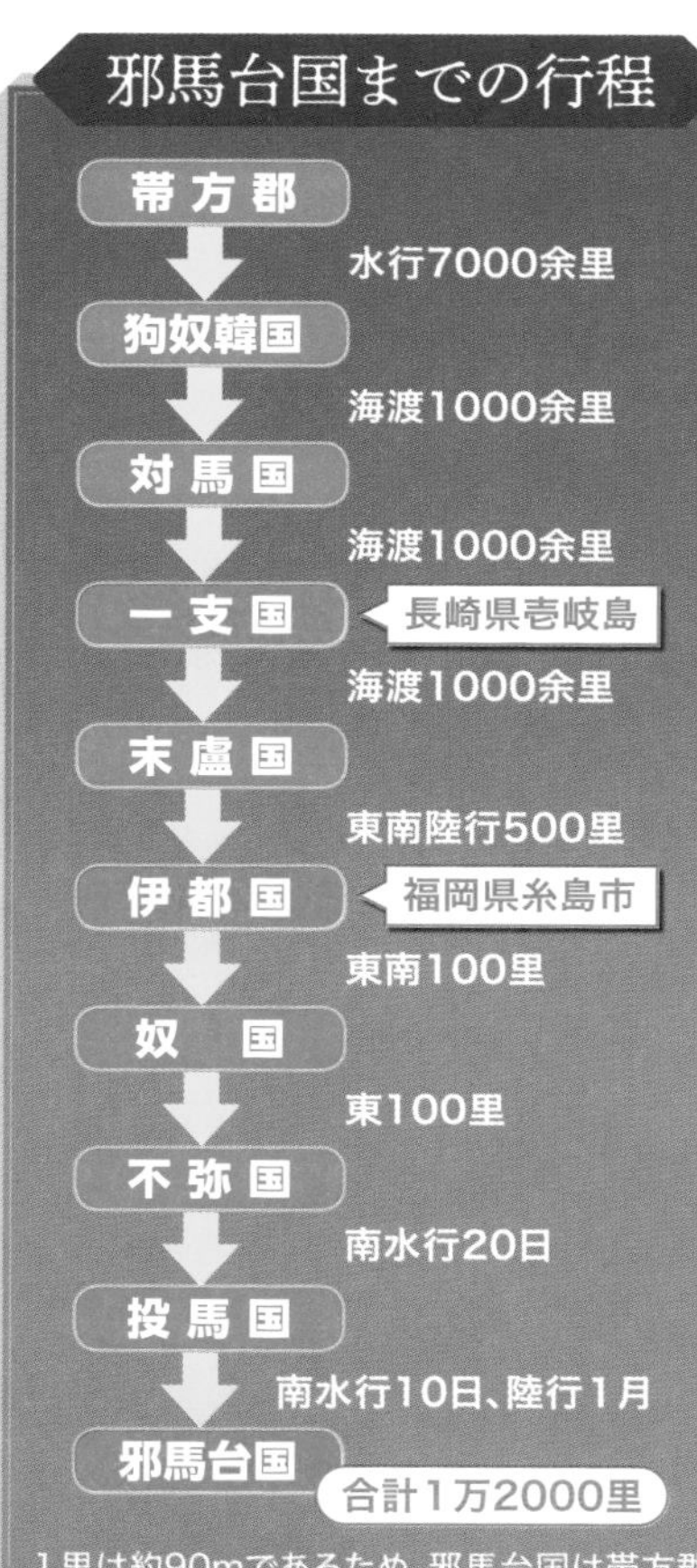

卑弥呼の使者のルート

万里の長城
黄河
魏
楽浪
帯方
黄海
倭
長安
洛陽
邪馬台国（近畿説）
邪馬台国（北九州説）
成都
蜀
長江
巴郡
呉
広州
交趾

呉や蜀と抗争中だった魏は、倭の卑弥呼と同盟を結ぶことが戦略上有利になると判断し、使者を優遇したとされる。

宗教

3世紀中頃

前方後円墳の出現

各地の首長たちが連合したヤマト政権は前方後円墳を基礎とする祭祀で統一政権を樹立

関連ページ

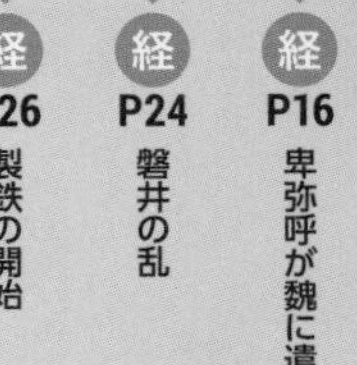

共通の祭祀儀礼によって各地の有力首長を統合する

3世紀後半、奈良県桜井市の**纒向遺跡**に、最初の大型**前方後円墳**である「**箸墓古墳**」（全長約280m）が築かれた。纒向遺跡には、定型化される以前の前方後円形の墳丘墓があり、これから「前方後円墳」に発展したとされる。

弥生時代には、各地方で独自の形状の古墳が築かれていたが、3世紀後半には画一的な形状の前方後円墳が近畿地方を中心に、瀬戸内沿岸から九州北部の広い範囲で一気に広まり、4世紀には本州・四国・九州のほぼ全域で築かれた。このことは「**ヤマト政権**」が成立したことを示し、纒向遺跡は、初期ヤマト政権の中心地であったと考えられている。

ヤマト政権は、近畿地方だけでなく、各地の有力首長らが結集した**連合政権**であった。画一的な前方後円墳の広まりは、ヤマト政権に参加する地方の有力首長たちの間で、前方後円墳をベースにした共通の**祭祀儀礼**が受け入れられたことを物語っている。古墳時代前期には、呪術に用いられた**銅鏡**などが副葬されていることも特徴である。

地方の有力首長は、基本的には**血縁集団**（**氏族**）を基本とし、土地や

古墳時代の区分

	前期 3世紀後半～4世紀	中期 5世紀	後期 6～7世紀
分布	近畿～九州北部	本州～九州	本州～九州
規模	大型化	巨大化	小型化
副葬品	銅鏡・勾玉 宗教的	武器・馬具 軍事的	武器・装身具・土器
代表的な古墳	箸墓古墳（奈良県） 渋谷向山古墳（奈良県）	大仙陵古墳（大阪府） 造山古墳（岡山県）	高松塚古墳（奈良県） キトラ古墳（奈良県）

◆**大仙陵古墳**

大阪府堺市にある日本最大の古墳で、全長は約486m。仁徳天皇陵とも呼ばれる。周囲には陪塚（ばいちょう）と呼ばれる小型古墳が造営され、親族や副葬品が納められたと考えられている。

財産、私兵をもつ共同体（豪族）のリーダーである。豪族の連合体であるヤマト政権が、軍事力だけで異なる氏族を取りまとめることは難しく、血縁や軍事力を超えた原理が必要であった。その原理こそ、前方後円墳を基礎とする祭祀儀礼であった。

当時の信仰は、氏族の祖先を神として祀る**「祖先崇拝」**であり、氏族ごとに神がいた。**「大王（おおきみ）」**と呼ばれたヤマト政権の盟主は、祖先神を祀る儀式を取りしきる存在として求心力を高めていった。

大王が5世紀に強大な権力を確立したことは、大阪府の**「百舌鳥（もず）・古市（ふるいち）古墳群」**で、**大仙陵古墳（だいせんりょうこふん）**（**仁徳天皇陵（にんとくてんのうりょう）**）などの巨大な前方後円墳の造営がはじまったことから推測できる。巨大な古墳を築くことで、宗教的な権威を保ち、権力の安定化を図ったのである。

前方後円墳が巨大化するにつれ、宗教的な特徴をもつ副葬品が減り、武器や馬具、金銀の工芸品が目立つようになる。これはヤマト政権に参加する豪族たちが宗教的支配者から軍事力を備えた**政治的支配者**へと変化していったことを示している。

また、ヤマト政権は東晋や宋などの中国王朝へ頻繁に使節を送り、自身だけでなく、王族や首長たちへの**爵位（しゃくい）**を求めた。地方の古墳の副葬品から、ヤマト政権が朝鮮半島から獲得した文物を地方豪族に分け与えていたことがわかっている。

ヤマト政権は、宗教だけでなく、軍事力や大陸の権威・文化などを利用して権力を確立していったのである。5世紀後半、前方後円墳は**小型化**していくが、これは、巨大古墳を必要としないほど、政権基盤が安定したためと考えられる。

国立歴史民俗博物館所蔵

◆**武装男子立像埴輪**

埴輪は古墳に並べて立てる焼き物で、死者の魂を守る呪術的な意味があった。古墳時代の武人の武装姿を知ることができる。

日本馬と武士の関係

日本の歴史、特に武士との関わりが強い馬は、古墳時代に大陸から日本列島に伝えられた。馬は伝来当時から貴重品で、権威の象徴だった。

日本馬の歴史

日本列島に馬や馬具、乗馬の技術が伝えられたのは、古墳時代の５世紀である。このことは、５世紀以降の古墳から、馬冑や馬具が副葬品として出土していることからわかる。

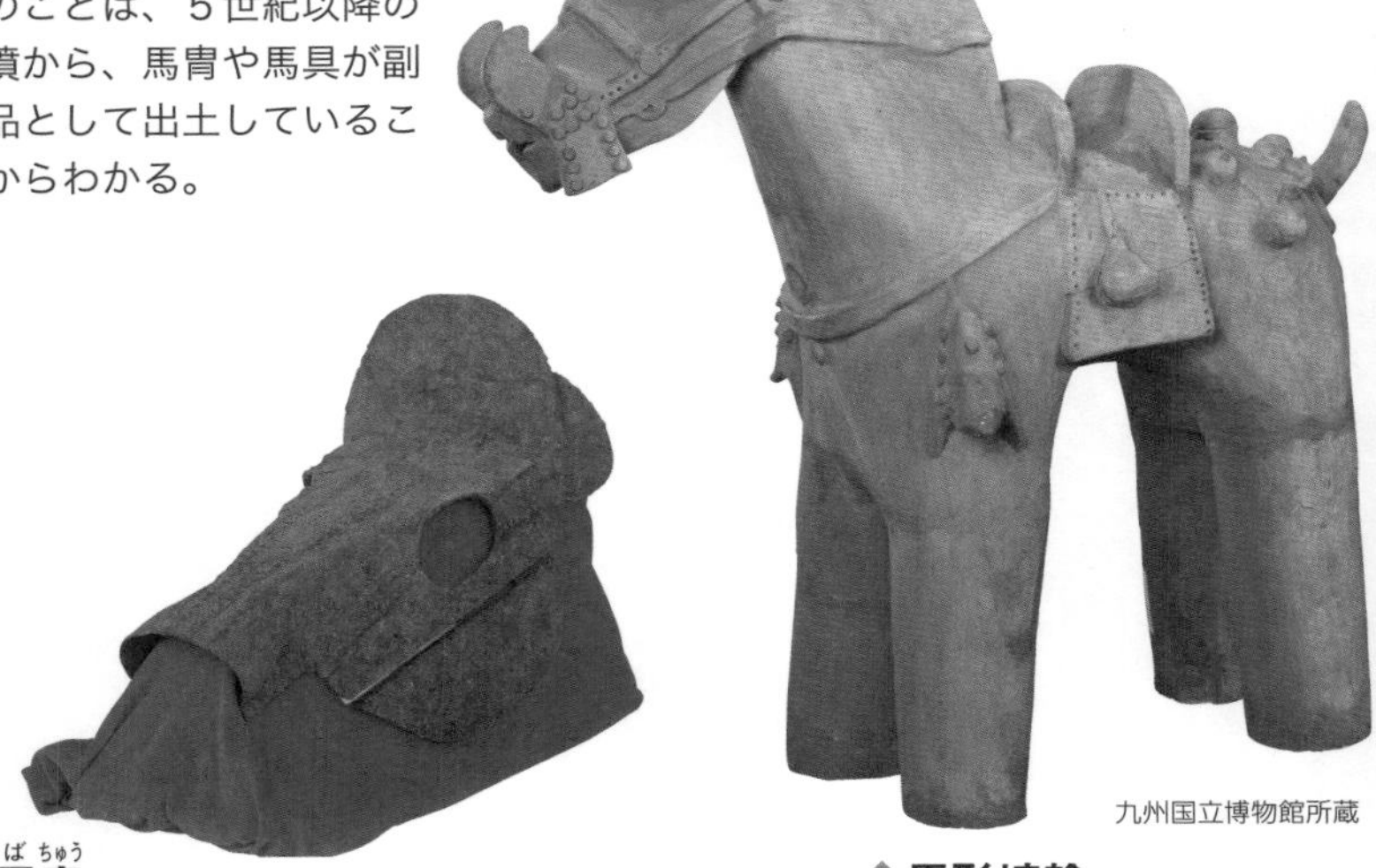

九州国立博物館所蔵

◆馬冑（ばちゅう）

将軍山古墳（埼玉県）から出土した、馬の頭部を保護する冑（かぶと）。馬冑は朝鮮半島南部からの出土例が多く、形状も酷似していることから、強い影響がうかがえる。

埼玉県立さきたま史跡の博物館所有・写真提供

◆馬形埴輪

真鍋古墳群（茨城県）出土と伝えられる埴輪。鞍や手綱などが正確に表現されている。

国立歴史民俗博物館所蔵

◆馬の壁画

王塚古墳（福岡県）の石室内部は、全面に壁画が描かれている。壁画には黒馬と赤馬が合計５頭描かれ、馬に乗る人間も見られる。写真は復元された模型。

騎馬武者の登場

平安時代中期、関東などの広大な土地で馬を飼育し、活用した集団が武士団に成長していった。武士には、貴族などに仕える「侍」と、それ以外の歩兵や従者などがいた。馬に乗る資格がある者は侍だけで、馬に乗った侍が戦闘集団を率いて戦うことが合戦の基本となった。

◆馬に乗って戦う武士

平治の乱(➡P88)を描いた「平治物語絵巻」には、騎馬武者が馬上で弓を射る「騎射」で戦っていたことがわかる。騎射を基本戦術とする戦い方は南北朝時代まで続いた。

騎馬隊の衰退

戦国時代に合戦の規模が拡大すると、主力兵器は弓から槍に代わり、騎馬武者は槍も使うようになった。しかし、鉄砲(➡P134)が伝来すると、馬上で鉄砲を扱うことは困難だったため、騎馬隊は戦場の主力ではなくなっていった。

◆流鏑馬(やぶさめ)

江戸時代、騎馬隊の馬術は競技用となり、疾走する馬上から的に矢を射る「流鏑馬」などが行われた。

◆鉄砲隊に敗れる騎馬隊

長篠の戦い(➡P160)では、戦国最強といわれた武田騎馬隊が、織田信長の鉄砲隊に敗れた。これ以降、合戦での戦い方が鉄砲重視に変化したといわれる。

長浜城歴史博物館所蔵

戦争

507年頃

継体天皇の即位

大王の継承が不安定化するなかで継体天皇はヤマト勢力と戦って新王朝を樹立する

関連ページ

宗 P18 前方後円墳の出現
経 P24 磐井の乱
経 P26 製鉄の開始

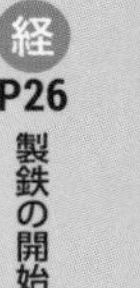

ヤマト政権の政治体制を受け継いだ継体天皇

ヤマト政権（↓P18）は地方の有力豪族が結集した政治連合で、その最高首長（盟主）は**「大王（後の天皇）」**と呼ばれた。**稲荷山古墳**（埼玉県）から出土した鉄剣には、辛亥年（471年）と、21代雄略天皇とされる**「獲加多支鹵大王」**の文字が刻まれており、この時期に「大王」の呼称が使用されていたことや、地方豪族がヤマト政権に従属し、出仕していたことなどが確かめられる。

初期のヤマト政権の大王は、政権に参加する豪族の盟主であった。つまり豪族たちには明確な上下関係はなかった。ヤマト政権は**「正規軍」**のような統一的な軍事力をもっていたのではなく、豪族たちはそれぞれ自分の兵力を保持していた。

初期のヤマト政権では、大王は世襲ではなく、複数の豪族の中から交互に選ばれた可能性が指摘されている。また、政権中枢の豪族たちは、婚姻を通じて血縁的に近い存在であったと推測される。

5世紀後半、本州から九州の大部分を支配下に置いたヤマト政権は、**「氏姓制度」**と呼ばれる身分制度によって支配体制を整えていった。**「氏」**とは血縁グループの名称で、「物部氏」「中臣氏」「大伴氏」などが知られる。**「姓」**は地位を表す称号で、**「臣」「連」「君」「直」**などがあり、大王から豪族に与えられた。大王は政治的役割や職能に応じて姓を与え、氏を統率したのである。

しかし、大王の権力が確立していくにつれ、大王位の継承を巡って深刻な政争が起きたことは容易に想像がつく。**『古事記』**（↓P42）には、

◆**継体天皇（?～531）**

26代天皇。名は男大迹。15代応神天皇の5世孫で、北陸から迎えられて楠葉宮（大阪府枚方市）で即位した。

雄略天皇がふたりの兄を殺害して即位したことや、雄略に殺された王族の遺児ふたりが相次いで即位したことなどが記されている。

大王位の継承が不安定になるなか、25代**武烈天皇**が若くして没したため、507年頃、北陸を拠点にする**男大迹王**が**継体天皇**として即位した。継体天皇は15代応神天皇の5世孫とされるが、血縁関係があったとしても、ひじょうに薄く、継体天皇の即位は**「新王朝の成立」**といえるほどの政治的変革であったようだ。しかし、継体天皇はヤマト政権の本拠地であった大和（現在の奈良県）に容易に入れず、近畿地方を転々とし、19年後にようやく大和に入った。

こうしたことから、継体天皇は、近江（現在の滋賀県）や北陸を拠点とする豪族を率いて、抵抗するヤマト勢力と戦い、ついに勝利して実権を握ったと考えられる。どの程度の争いがあったのかは不明だが、継体天皇の「新王朝」は、**「有力豪族による政治連合」**というヤマト政権の基本構造を変えるものではなかった。

根強い抵抗勢力が存在したことは、継体天皇が、従来の大王陵墓から離れた今城塚古墳（大阪府高槻市）に葬られたことからもうかがえる。

表

辛亥年七月中記す。乎獲居臣、上祖の名は意富比垝、其の児多加利足尼、其の児名は弖已加利獲居、其の児名は多加披次獲居、其の児名は多沙鬼獲居、其の児名は半弖比

意味 辛亥の年、7月に記す。私はオワケの臣。一番の祖先の名はオオヒコ、その子はタカリスクネ、その子の名はテヨカリワケ、その子の名はタカヒシワケ、その子の名はタサキワケ、その子の名はハテヒ

裏

其の児名は加差披余、其の児名は乎獲居臣、世々杖刀人の首と為り、奉事し来り今に至る。獲加多支鹵大王の寺、斯鬼宮に在る時、吾、天下を左治し、此の百練の利刀を作らしめ、吾が奉事せる根原を記す也

意味 その子の名はカサヒヨ、その子の名はオワケの臣。先祖代々、杖刀人（大王の親衛隊）の長として仕え、今に至っている。ワカタケル大王の朝廷がシキの宮にある時、私は大王が天下を治めるのを補佐した。この何回も鍛えた鋭利な刀を作らせ、私が仕えてきた由来を記しておくものである。

「金錯銘鉄剣」文化庁所蔵、埼玉県立さきたま史跡の博物館写真提供

◆稲荷山古墳出土鉄剣

埼玉県行田市にある全長120mの前方後円墳「稲荷山古墳」から出土した鉄剣で、両面に115文字が金象嵌(彫った部分に金をはめ込む装飾技法)で刻まれている。

527年

磐井の乱

中央集権化を進めるヤマト政権に対し 交易の自由を求めて地方豪族が立ち上がる

ヤマト政権は磐井の乱後に地方豪族の支配を確立する

ヤマト政権の要職**「大連」**の地位にあった**大伴金村**は、北陸から継体天皇を迎え入れたが、それに反対する勢力の抵抗により、継体天皇は大和（現在の奈良県）に入ることができず、近畿地方を転々としていた。

この時期、朝鮮半島では、日本との関係が深い地域だった**「任那」**が、北方の**「新羅」**や**「百済」**から圧迫を受けていた。512年、百済から任那四県の領有について承認を求められた大伴金村は、それを認め、それと引き換えに、**五経博士**（儒教の教官）が日本に派遣されるなど、大陸の技術や知識が提供された（「任那四県の割譲」）。

継体天皇が大和に入った翌年の527年、任那の東部の二県が新羅に奪われてしまう。これを奪還するため、継体天皇は豪族・**近江毛野**に6万人の兵を与えて任那に派遣したが、その進軍を、筑紫（九州北部）の豪族・**磐井**が阻止し交戦状態に。

磐井は毛野軍に対し「お前とおれは同じ釜の飯を食った仲間だ。おれを従わせることなどできぬ」と言い放ったという。これに対し、継体天皇は、**物部麁鹿火**を将軍に任命して、九州に派遣。磐井軍とヤマト政権軍

◆大伴金村（生没年不明）

古代の豪族。継体天皇の即位を実現し、大連として政権を握った。任那四県割譲の責任を問われて失脚。

関連ページ
宗 P18 前方後円墳の出現
戦 P22 継体天皇の即位
経 P26 製鉄の開始

は、1年半にわたって激しく戦ったが、敗れた磐井は麁鹿火に討たれたという（逃走説もある）。

磐井が乱を起こした理由は、限られた資料しか残されていないので推測するしかないが、反乱軍には九州北部の多数の豪族が参加していたと考えられる。この地域の豪族は、ヤマト政権が朝鮮半島に出兵するたび、大量の物資や兵士を徴発され、不満を高めていた。

九州北部は古くより朝鮮半島との交易の中心地であり、豪族たちは自由に交流関係を築き、交易の利益や最先端の文化などを獲得していたが、ヤマト政権は**外交権**を掌握し、地方豪族に自由な交流を許さなかった。

磐井の乱は、「**中央集権化**」を進めるヤマト政権に対して、外交・交易の多元化や独立性の保持を求める豪族たちが、磐井を盟主として起こした反乱だったのである。

磐井の子・葛子は、父の罪に連座することを恐れて、**糟谷**（福岡県糟屋郡）の地をヤマト政権に献上した。糟屋は**たたら製鉄**の地で、交易の拠点であった。ヤマト政権は、糟屋を**屯倉**（直轄領）とすると、九州各地に屯倉を設けていき、九州北部の支配体制を確立した。さらに、地方の有力豪族を**「国造」**に任命して体制に組み込んでいき、中央集権化を進めていったのである。

磐井の乱を最後に、地方豪族がヤマト政権に大規模な抵抗をすることはなくなった。

磐井の乱 関連地図

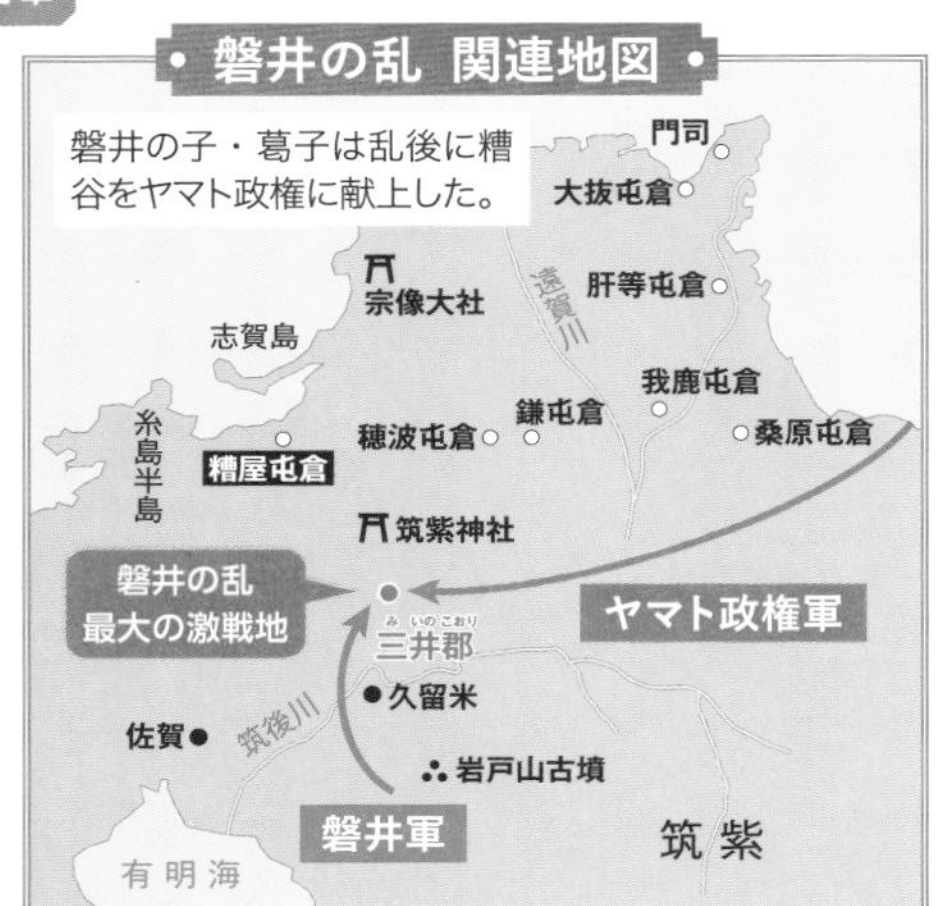

磐井の乱の対立構造

ヤマト政権の政策
- 外交や貿易の一元化
- 中央集権化

対立

地方豪族の要求
- 外交や貿易の多元化
- 独立性の保持

◆岩戸山古墳の石人・石馬（復元）
岩戸山古墳（全長約135m）は、磐井の墓とされる前方後円墳で、九州北部では最大規模である。石製の人物や馬が多数出土した。

経済

6世紀

製鉄の開始

鉄資源を輸入に頼っていた日本は 任那の滅亡を機に 鉄の国産化を開始する

朝鮮半島から輸入した鉄で権威を高めたヤマト政権

鉄と青銅器は、弥生時代（➡P14）に日本に伝わった。青銅器はおもに**祭具**として利用され、鉄はおもに**武器**や**農具**、工具などに利用された。

3世紀、朝鮮半島北部は中国の支配下にあり、**帯方郡**や**楽浪郡**などの植民地が設けられていた。邪馬台国の卑弥呼以後も、倭（日本）の王たちは楽浪郡・帯方郡を通じて中国と交流を続けていた。朝鮮半島南部は、**馬韓**・**弁韓（弁辰）**・**辰韓**の三地域に分かれ、それぞれが小国の連合体を成していた。

中国の歴史書『三国志』には弁辰が鉄の産地で、韓族や倭人が、この地の鉄を競って求めたと記されている。当時の日本では、鉄を生産できなかったので、弁辰から鉄素材を**輸入**し、国内で加工していたのである。輸入された鉄は日本の広い範囲で流通していたことが明らかになっている。

３０４年に中国北部で小国が分立する**「五胡十六国時代」**がはじまると、中国の朝鮮半島における植民地であった楽浪郡と帯方郡は、半島北部に興った**「高句麗」**に滅ぼされた。

4世紀後半には、馬韓は百済に、辰韓は新羅に統一されたが、弁辰は**「伽耶（任那）」**と呼ばれる小国家群

historical note

古代帝国の主力兵器「戦車」は日本では使用されなかった

古代文明が発達した地域では、チャリオットと呼ばれる戦車（戦闘用馬車）が登場し、主力兵器となった。戦車には頑丈な車輪や車軸、摩擦の少ない軸受けなどが重要で、高度な製鉄技術が必要だった。古代中国でも戦車は主力兵器だったが、日本ではほとんど使われなかった。平地の少ない地形が戦車に不向きなことや、製鉄技術が未熟だったことなどが理由と考えられる。

始皇帝陵の兵馬俑から発掘された戦車の復元模型。軍事用ではなく、儀礼用と思われる。

関連ページ
宗 P18 前方後円墳の出現
経 P24 磐井の乱
宗 P28 仏教の伝来

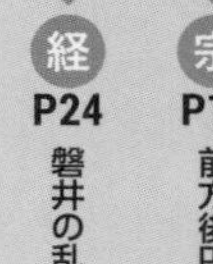

マップ

弁韓（韓国）

に発展。ヤマト政権は、鉄資源を確保するため、伽耶諸国に積極的に関与を深め、何度も出兵している。

高句麗の**広開土王（好太王）碑**には、４世紀末に海を渡って攻めてきた倭軍を、広開土王が撃退したことが刻まれている。また、任那地域には、日本の前方後円墳の形をした古墳が10基以上も確認されている。

こうしたことから、任那をヤマト政権の直轄領とするのは疑問であるが、両国に深い関係があったことは間違いない。ヤマト政権は、任那から輸入した鉄素材をもとに、**甲冑**などの武具を製造し、地方の豪族たちに与えて権威を高めていった。

５世紀後半、急成長した新羅が任那に侵攻した。ヤマト政権と友好関係にあった百済は、高句麗から圧迫を受け、任那四県の領有をヤマト政権に求めた。百済と協力して任那を守ることはヤマト政権の基本方針だったが、５６２年、任那は新羅に滅ぼされた。鉄の輸入が困難になった日本では、**たたら製鉄**が本格化し、鉄の国産化がはじまった。

◆たたら製鉄
粘土でつくった箱型の炉に、砂鉄と木炭を入れて風を送り込み、木炭の燃焼熱によって鉄を取り出す。明治時代中期まで、日本の鉄生産の主力であった。

◆マロ塚古墳出土甲冑
マロ塚古墳（熊本県）から出土した良好な状態の甲冑。５世紀頃、ヤマト政権が弁辰から輸入した鉄を加工し、この地の豪族に与えたものと考えられる。

538年

仏教の伝来

日本が仏教を受容した理由は 最新の大陸文化導入と国内統治に利用するため

祖先神崇拝を超越する原理としての「仏教」

6世紀の朝鮮半島では、新羅が急速に勢力を広げていた。**百済**は新羅に対抗するため、任那四県の領有を日本に認めてもらう代わりに**五経博士**（儒教の教官）を派遣するなど、日本との友好関係の強化に努めた。

その一環として、538年（552年説もある）、百済の**聖明王**は、日本に**金銅の仏像**一体と、**幡蓋**（寺院内の装飾具）と経典を贈った。このとき欽明天皇は**「仏像の顔はきらきらと輝いて荘厳である」**と述べて喜び、臣下を集めて、「仏を祀るべきかどうか」と尋ねた。

大臣・**蘇我稲目**は中国や朝鮮ですでに祀られていることを理由に賛成したが、大連・**物部尾輿**は国神（日本土着の神）の怒りを恐れて反対したという。このため欽明天皇は稲目に仏像を授けたが、直後に疫病が発生したため、尾輿は「国神の怒り」と訴え、仏像を廃棄させた。

これを機に崇仏派・蘇我氏と排仏派・物部氏の対立は激化し武力闘争に発展したが、最終的には蘇我氏が勝利し、仏教は受容されていく。

両氏の争いは、宗教対立とされてきたが、近年では、急速に台頭する蘇我氏と、旧勢力の代表である物部

関連ページ

経 P26 製鉄の開始
戦 P30 丁未の役
宗 P54 神仏習合

マップ
百済（韓国）

historical note

仏教新興国・新羅の護国仏教が聖徳太子に強い影響を与える

仏教が朝鮮半島に伝わったのは高句麗が最初で、372年とされる。百済では384年とされ、新羅では527年に公認された。新羅では土俗的な宗教勢力の抵抗があったため受容が遅れたといわれる。その後、新羅では仏教を「護国仏教」として統治や軍事に利用し、都の慶州に多くの寺院を建立した。新羅の護国仏教は、聖徳太子の仏教中心の国づくりに強い影響を与えたといわれる。

韓国の慶州にある仏国寺。774年に完成した護国仏教の中心的な寺院。

氏との間に起こった**権力闘争**であったという見方が有力である。その証拠に、物部氏の拠点から寺院跡が発掘され、物部氏が仏教を受容していたことが明らかになっている。

当時の日本人の宗教は自然崇拝であり、自然物や自然現象、祖先などを神として祀っていた。そして国や人は、神から生まれたものと考えられていた。人と神との関係はきわめて近く、神は身近な存在であった。

これに対し仏教は、宇宙の真理を解く「普遍思想」であり、当時の日本人にとって理解が困難だったはずで、日常生活に必要のない思想であった。つまり「仏教を受け入れるべき」と主張していた崇仏派の豪族たちは、仏教を理解していなかったのである。

彼らが仏教の受容にこだわったのは、仏教に付随する**漢字**や**寺院建築**、**美術**、**暦法**、**衣服**など、大陸の最新文化を日本に導入したいと願ったからであろう。

また、新羅が任那を滅亡させたこと（562年）や、中国に巨大帝国**「隋」**が出現したこと（581年）も、ヤマト政権が仏教受容へと舵を切った要因と考えられる。中国や朝鮮半島に強力な統一国家が成立したことに危機感を抱いたヤマト政権は、豪族たちの祖先神信仰を超越する原理として仏教を取り入れ、国内統治に利用しようとしたのである。

仏教を受容したのは、宗教的な理由ではなく、政治的な理由だったのである。

◆釈迦如来立像

7世紀頃、飛鳥時代の製造。像高は15cm。欽明天皇に献上された仏像の詳細は不明だが、この仏像のような小型の金銅仏だったと考えられる。

奈良国立博物館所蔵（森村欣司撮影）

日本が仏教を受容した理由

- 仏教に付随する漢字や寺院建築、美術、暦法、衣服など、**大陸の最新文化**を導入したかった。
- 仏教を、豪族たちの**祖先神崇拝を超越する原理**とし、国内統治に利用しようとした。

587年

丁未の役

物部氏との権力闘争に勝利した 蘇我馬子が政権で唯一の執政官となる

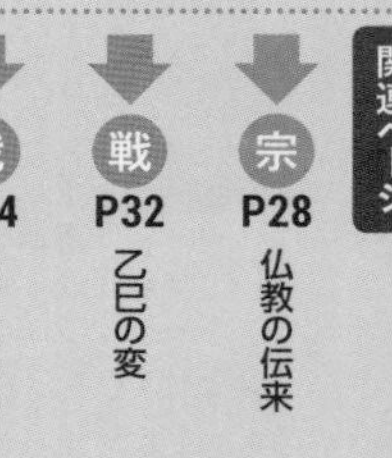

馬子は守屋を戦わざるを得ない状況に追い込む

6世紀中頃のヤマト政権は、有力豪族の代表者が会議によって政策を決定し、会議に参加する10名程度の代表者は**「マヘツキミ」**と呼ばれた。会議を統括する執政官は**「オホマヘツキミ」**と呼ばれ、「大臣」や「大連」の称号が与えられた。

仏教受容を巡る大臣・**蘇我稲目**と大連・**物部尾輿**の対立は、それぞれの子、**蘇我馬子**と**物部守屋**の代になっても引き継がれた。馬子は大臣、守屋は大連を受け継いだ。

585年には、守屋は馬子の寺院を焼き払い、仏像を投げ捨てたという。その2年後、31代**用明天皇**は、病に倒れた後、仏教に帰依し、仏教信仰の是非を群臣に尋ねた。

守屋は強硬に反対したが、賛成した馬子に宮中の意見は統一された。孤立した守屋は、本拠地の河内（現在の大阪府）に帰って軍備を固めた。

その7日後、用明天皇が亡くなると、守屋は**穴穂部皇子**（欽明天皇の皇子）の擁立を企んだが、甥の**泊瀬部皇子**の擁立をねらっていた馬子は穴穂部皇子を殺害した。馬子は泊瀬部皇子らの皇族やマヘツキミからなる守屋討伐軍を組織した。この討伐軍には、14歳の**厩戸王（聖徳太子）**

蘇我氏・大王家系図

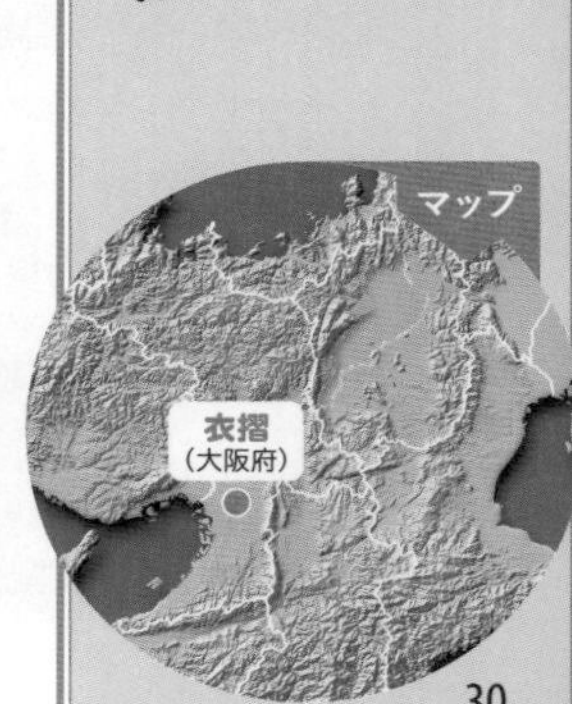

も参加していたとされる。

討伐軍は二手に分かれて進軍し、物部軍を**衣摺**（現在の大阪府東大阪市）まで追い詰めた。館に立てこもった守屋は、周囲に稲城（稲を積み上げた防壁）を築いて激しい抵抗を見せたが、最後には射殺され、物部氏は敗北した。**「丁未の役」**と呼ばれるこの戦いは、かつては蘇我氏と物部氏との仏教を巡る宗教上の争いとされたが、近年では両氏の権力闘争であったとされている。新興豪族だった蘇我氏が勝利できたのは、蘇我氏が大王家と婚姻を繰り返して**外戚**（母方の親族）の地位を獲得していたことや、権力を握り続ける物部氏に反感をもつマヘツキミを味方につけたことなどが要因だったと考えられる。

戦いに勝利した馬子は、泊瀬部皇子を**崇峻天皇**として即位させた。また、物部氏の敗北により事実上、大連が廃止され、馬子は単独の執政官として会議を統括し、絶大な権力を握ることになった。その後、馬子は対立した崇峻天皇を暗殺したが、政権内部で批判された形跡がなく、マヘツキミ層からの支持があったと推測できる。馬子は、崇峻の後継者として姪の額田部皇女を**推古天皇**として即位させ、権力を維持したのである。

◆射殺される守屋

守屋は稲城を築き、大木に登って応戦したが、弓の名手・迹見赤檮に射殺された。

馬子の勝因

- 蘇我氏が大王家と婚姻を繰り返して外戚(母方の親族)の地位を獲得した。
- ヤマト政権の有力豪族「マヘツキミ」を味方につけた。

丁未の役 関連地図

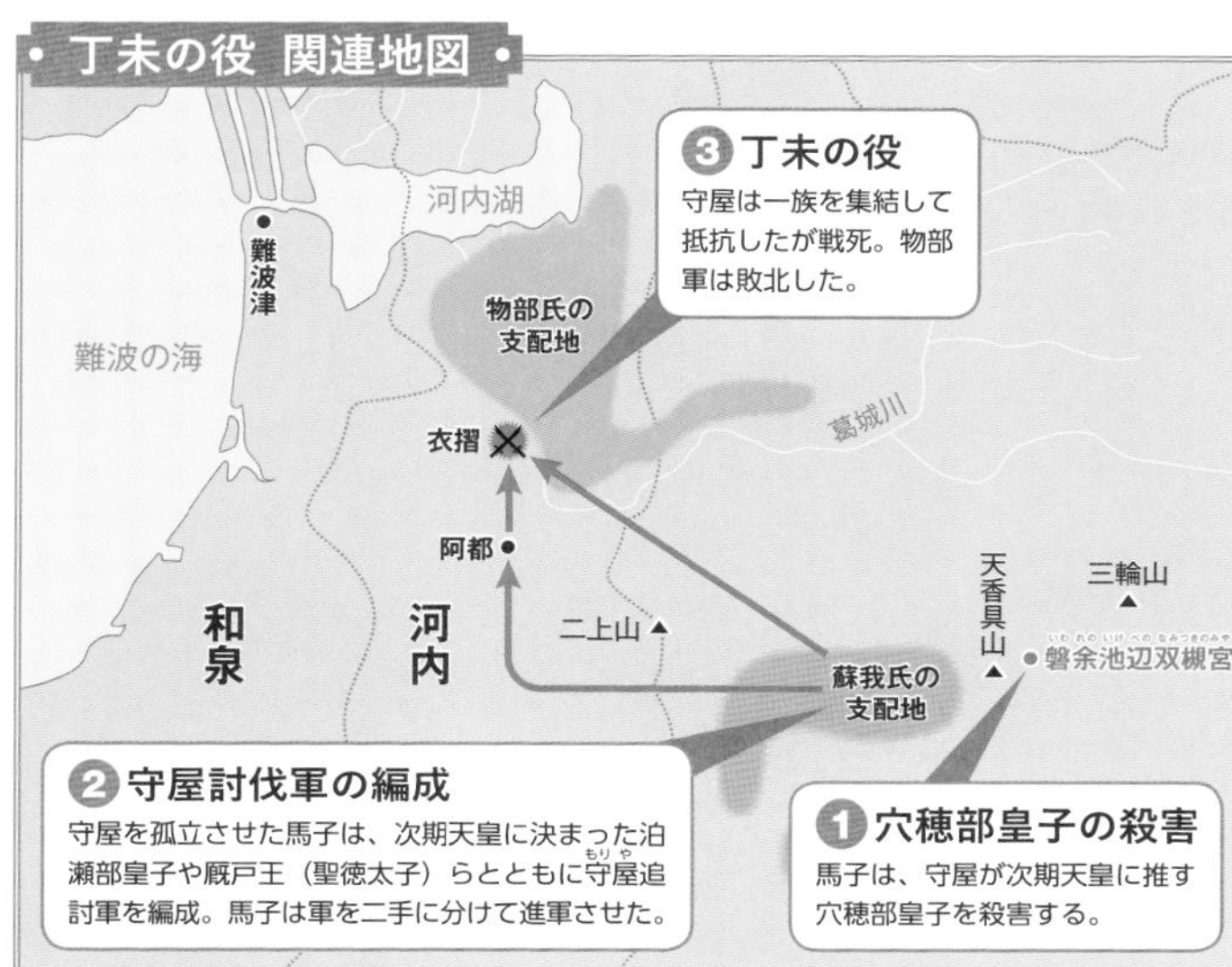

645年

乙巳の変

百済重視の外交方針を堅持する中大兄皇子が 柔軟な外交を目指す蘇我氏本家を打倒する

関連ページ

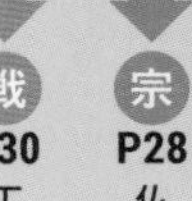

宗 P28 仏教の伝来
戦 P30 丁未の役
戦 P34 白村江の戦い

専横を極める蘇我氏が豪族から反発を受ける

592年、**蘇我馬子**に**推古天皇**が擁立されると、**摂政**に任じられた**厩戸王（聖徳太子）**は、推古天皇に政治を一任され、馬子の専横を抑えながら、天皇中心の国づくりを進めたとされる。しかし近年では、推古天皇の主体的な政治参加や、馬子の強い発言力が見直されており、**3人の協力体制**によって政治が行われていたと考えられている。

603年に太子が定めた**「冠位十二階」**は、臣下の能力に応じて冠位を授ける制度であったが、馬子は太子とともに冠位を授ける立場にあり、**王権**を代行できる権力を得ていたことがわかる。しかし能力主義による新しい序列の誕生は、降格した**マヘツキミ**（豪族の代表者）が既得権を失うことも意味し、彼らが馬子に反発したことも推測できる。

さらに馬子は、蘇我一族の蘇我倉氏や境部氏などを独立させ、マヘツキミとし、合議に参加させ、蘇我氏本家独裁体制を築いた。626年に馬子が亡くなると、馬子の子・**蝦夷**が大臣に任命され、権力を継承した。

642年、35代**皇極天皇**が即位した頃から蝦夷の子・**入鹿**が実質的に大臣を譲られて**蘇我氏本家**を率いるようになった。翌年、入鹿は聖徳太子の子・**山背大兄王**を襲撃し、自害に追い込んだ。これは古人大兄皇子（馬子の孫）の即位を企む入鹿の単独行動とされてきたが、この襲撃に

◆厩戸王（聖徳太子）（574〜622）
用明天皇の皇子。推古天皇の摂政として「冠位十二階」「十七条の憲法」などを定めたが、伝説が多いことから、近年は人物像や業績に対して再検討が進められている。

は**軽皇子**（孝徳天皇）が加わり、**中大兄皇子**らも参加していた可能性が指摘されており、政権全体の方針であったと考えられている。

この結果、絶大な権力を握った蝦夷と入鹿は、甘樫丘に豪華な邸宅を建設し、その邸宅を**「宮門」**と呼ばせるなど、不敬な振る舞いが目立つようになった。

蘇我氏の専横に危機感を抱いた下級官吏の**中臣鎌足**は、中大兄皇子に接近し、蘇我氏本家の打倒を計画。さらに蘇我一族の**蘇我倉山田石川麻呂**を同志に加えて準備を進め、645年、飛鳥板蓋宮の大極殿で朝鮮諸国から使者を迎える儀式の最中に、中大兄皇子らが入鹿を殺害した。入鹿の死を知った蝦夷は、抵抗をあきらめ、邸宅に火を放って自害。これが**「乙巳の変」**と呼ばれるクーデターである。

『日本書紀』には、入鹿が皇位を簒奪しようしたため殺害されたと記されているが、実際は外交方針を巡る対立が主要な原因と想定される。

当時、朝鮮諸国では内乱により政治的な混乱が続き、中国では大帝国**「唐」**が出現していた（618年）。激変する大陸・半島情勢に対して柔軟に対応しようとする蘇我氏本家を、**百済重視**の外交姿勢を守ろうとする中大兄皇子らが、入鹿らに反感を抱くマヘツキミを取り込んで倒したというのである。これによりヤマト政権は唐・新羅に対して強硬路線を貫くことになったのである。

◆入鹿を襲う中大兄皇子

入鹿に威圧されて誰もが恐怖で動けなくなるなか、中大兄皇子は自ら剣を振るって入鹿を切りつけた。

663年

白村江の戦い

戸籍がなく「寄せ集め」だった日本軍は徴兵制の秩序だった軍編成の唐軍に完敗する

関連ページ

戦 P32 乙巳の変

戦 P36 壬申の乱

宗 P48 鑑真の来日

徴兵制を可能にするため庚午年籍が作成される

蘇我氏本家を倒した**中大兄皇子**（↓P33）は、中央集権国家の建設を目指し、政治改革を進めた。**「大化改新」**である。まず、豪族が所有していた土地と人民を天皇が直接支配するものとし（**公地公民制**）、その土地を6歳以上の人民に分け与えることを定めた（**班田収授法**）。

この時期、朝鮮半島では**高句麗**と**百済**が連合して**新羅**に侵攻した。窮地に陥った新羅は、唐に援軍を要請。これに応じた唐は新羅と連合軍を結成し、660年、百済に攻め込んで都の**扶余**（ふよ）を陥落させ、降伏した義慈（ぎじ）王を唐の都・長安に連行した。

しかし百済の遺臣・**鬼室福信**（きしつふくしん）は、百済再興を目指し、日本に滞在していた義慈王の王子・**豊璋**（ほうしょう）の送還と軍事支援を日本に要請した。百済救援軍の派遣を決定した**斉明天皇**（さいめい）（皇極天皇の重祚（ちょうそ）［再び即位すること］）と中大兄皇子は、661年、筑紫（現在の福岡県）に出征したが、この地で斉明天皇が亡くなったため、中大兄皇子が指揮することになった。

翌年、中大兄皇子は豊璋を百済王として送還し、第一軍5000人を派遣。この時期、唐は高句麗との戦いに苦戦しており、百済再興軍は勢力を拡大していた。663年には第二軍2万7000人が百済に派遣されたが、その直後、豊璋は対立を深めて鬼室福信を殺害してしまう。

この報せを聞いた新羅軍は、百済再興軍の拠点で、錦江の河口**「白村江」**（はくすきのえ）の近くにある周留城を包囲した。日本軍が周留城救援のため1000艘を派遣すると、唐軍は170艘を白村江に配備した。先着した日本水軍は、予期せぬかたちで唐水軍と遭遇し、戦いを挑んだが敗北。翌日、両軍は全面戦争となった。

◆楼船
古代中国の戦艦。楼閣のような三層の甲板を備え、数百人の兵士が火矢で敵船を攻撃した。

最新技術で建造された唐水軍の巨大戦艦**「楼船」**は日本水軍の小型船を圧倒し、日本の軍船は４００艘が焼かれ、煙と炎は空を覆い、海水は兵士の血で赤く染まったという。

この**「白村江の戦い」**は日本軍の完敗に終わり、周留城は陥落。百済復興の望みは完全に絶たれた。

日本軍大敗の理由は、「突撃すれば敵は退却するだろう」という根拠のない想定のもとに突入したことなど、作戦面での失敗もあるが、唐軍が**徴兵制**による秩序だった軍編成だったのに対し、日本軍が九州で徴発した兵士による寄せ集めの軍隊だったことも、大きな差となった。

日本軍撤退後、唐の報復を恐れた中大兄皇子は、大宰府の防御のため**水城**と呼ばれる長大な堤防を設け、九州北部や瀬戸内沿岸の各地に**朝鮮式山城**を築き、諸国から兵士を徴発して**「防人」**として九州の防備にあたらせた。

さらに飛鳥から**近江**（現在の滋賀県）の**大津宮**に遷都し、６６８年、日本**天智天皇**として即位。２年後、日本最初の全国的な戸籍である**「庚午年籍」**を作成させた。これは徴税と徴兵を目的とするものであった。

日本軍敗北の理由

- 根拠のない想定のもと、防御の固い唐軍に突撃をしかけ、挟み撃ちにされた。
- 日本には戸籍がなかったため、徴兵による軍編成ができず、寄せ集め軍隊だった。

◆鬼ノ城（復元）
岡山県にある朝鮮式山城。約３kmにわたって、石垣や土塁による城壁が巡らされている。桃太郎伝説の鬼ヶ島のモデルとされる。

戦争

672年

壬申の乱

白村江の敗戦後に中大兄皇子が推進した 過剰な防衛対策により豪族は朝廷を見限る

関連ページ

戦 P34 白村江の戦い
経 P38 庚寅年籍の完成
宗 P42 『古事記』の完成

関所を封鎖して優利に戦いを進める

中央集権化を目指す**天智天皇**の諸改革は、豪族にとっては既得権を失うものばかりだった。さらに白村江（➡P34）での敗戦による**山城**の造営や、近江（現在の滋賀県）**大津宮**への遷都は、大きな負担となった。

豪族には兵士の養成や武器の拡充、兵糧の備蓄などの防衛対策も求められたはずで、これらの財政的な負担は、**ヤマト政権（朝廷）**への不満として蓄積されていった。

この時期、朝鮮半島では、高句麗を滅ぼした**新羅**が**唐**と対立していた。朝廷内では、唐と新羅のどちらにつくべきか、外交方針を巡る対立が起きており、豪族は混乱をしていた。

671年、病に倒れた天智天皇は、皇位継承の最有力と見られていた弟の**大海人皇子**を呼び、皇位を授ける意志を示したが、大海人皇子はこれを辞退し、**大友皇子**（天智天皇の子）を推挙した。身の危険を感じた大海人皇子はすぐさま出家して吉野（奈良県）に隠棲したのである。

天智天皇が病没し、朝廷からの襲撃を恐れた大海人皇子は、672年6月、挙兵を決意。大海人軍は、吉野から北上し、その途中で子の**高市皇子**や**大津皇子**と合流し、各地の豪族を味方につけながら美濃（現在の岐阜県）に入った。そして大津宮と東国を結ぶ関所**「不破関」**を封鎖し、東国から数万の兵士を動員。対応に遅れた朝廷軍は、各地で敗戦を重ね、決戦となった**「瀬田橋の戦い」**に大敗すると四散し、大友皇子は逃走先の山崎で自害したのである。

壬申の乱の直接の原因は皇位継承問題であったが、朝廷に対する豪族の不満が高まっていたことが背景に

◆天武天皇（大海人皇子）(631?〜686)

40代天皇。壬申の乱で勝利し、飛鳥浄御原宮で即位した。新冠位制度「八色の姓」を制定し、豪族を統制した。

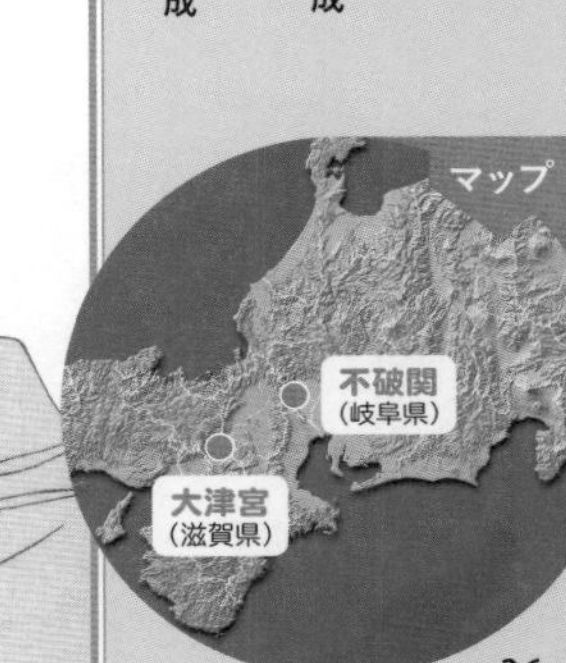

高まる豪族の不満

- 大化改新による既得権喪失
- 山城や大津宮の造営負担
- 防衛対策による財政的負担

↓

朝廷への不満から大海人皇子に味方する

あった。大海人皇子の最大の勝因は、豪族をいち早く味方につけることに成功したことにあったのだ。

勝利した大海人皇子は大津宮から飛鳥に遷都すると、**天武天皇**として即位。外交では新羅と親密な関係を築く一方、**遣唐使**の派遣は中断した。

しかし、内政においては、豪族層の官僚化を進め、天皇を中心とする政治体制を確立。天智天皇が進めた中央集権化路線を加速させた。大王の呼称に**「天皇」**が使われ、神格化されるようになったのは、天武天皇以降という説が有力である。

経済

690年

庚寅年籍の完成

持統天皇は「飛鳥浄御原令」を施行して 戸籍を作成して租税徴収を確実にする

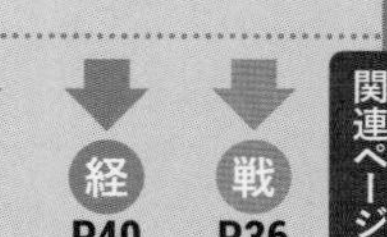

関連ページ
戦 P36 壬申の乱
経 P40 平城京遷都
経 P44 墾田永年私財法

689年、持統天皇は天武天皇が残した律令**「飛鳥浄御原令」**を施行した。戸籍を6年おきに作成することや**「班田収授」**に関する規定などが記されていたと考えられ、これに基づいて戸籍**「庚寅年籍」**が作成され、班田収授が全国的に開始された。

班田収授法は大化改新で発表されたといわれるが、実施されたのは、庚寅年籍が完成した7世紀末とされる。班田収授とは、人民に田を分かち与えて耕作させ、死後に没収する制度で、**税収**を確保することが最大の目的であった。大宝律令の規定では、満6歳以上の男子に2段（約12アール）、女子はその3分の2の田

人民への負担が大きい律令による租税制度

681年、天武天皇は**「律令」**の制定に着手した。**「律」**は刑法、**「令」**は行政法や民法のことであり、唐の律令を参考にしたもので、律令に基づく制度を**「律令制」**という。

さらに天武天皇は、日本初の貨幣とされる**「富本銭」**を鋳造し、日本初の本格的な都城**「藤原京」**の造営を開始したが、諸事業の完成を見ることなく686年に亡くなった。天武天皇の事業を引き継いだのは、皇后だった**鸕野讃良皇女（持統天皇）**であった。

律令で定められた中央官制

- 神祇官（宮中の祭祀を司る）
- 太政官（行政を司り国政を統括）
  - 左大臣（太政大臣が置かれないときの最高職）
  - 太政大臣（適任者がいないときは置かれない最高職）— 大納言
  - 右大臣
  - 左弁官
    - 中務省（天皇の補佐）
    - 式部省（文官の人事）
    - 治部省（外交事務）
    - 民部省（戸籍の管理）
  - 少納言
  - 右弁官
    - 兵部省（武官の人事）
    - 刑部省（裁判、刑罰）
    - 大蔵省（財政の管理）
    - 宮内省（宮中の庶務）
- 五衛府（宮中の警護）
  - 衛門府（城門の警備）
  - 左・右衛士府（京中の警備）
  - 左・右兵衛府（天皇親衛隊の管理）
- 弾正台（行政の監察、警察）

◆藤原京復元模型

「宮」は、大王（天皇）が生まれ育ち、そのまま政治的な本拠地になった宮殿のことであったが、藤原京の宮「藤原宮」は内裏（天皇の住居）のほかに朝堂院（執政場所）、官庁などを含み、周囲には碁盤目状の街区が形成された。このような計画的な都市は「京」と呼ばれる。

橿原市教育委員会提供

が授けられ、収穫された稲の約3％が「**租**」として徴収された。

税率は低そうに見えるが、当時の農業生産力は低かったので、この税率でも人民の生活は苦しかった。また、当初は農民支援のために国から貸し付けられていた種籾は、やがて強制的な貸し付けとなり、収穫時に5割の利稲（利息）とともに徴収され、実質的な租税となった。成人男性には、さらに「**庸**（布）」・「**調**（**特産物**）」・「**雑徭**（**労働**）」などの税がかけられ、3、4人に1人の割合で兵士として徴発されたが、負担はきわめて重かった。

694年、藤原京が完成すると、持統天皇は飛鳥から遷都した。藤原京の大きさは東西約5・2km、南北4・8km、条坊制（道路を碁盤目状に交差させる都市プラン）を備えた日本で最初の本格的な都だった。

持統天皇は年少の**文武天皇**に皇位を譲った後も実権を握り続け、藤原不比等（中臣鎌足の子）と刑部親王に、新たな律令の編纂を命じた。そして701年、律と令を兼ね備えた「**大宝律令**」が完成。翌年、持統天皇は亡くなったが、律令によって天皇と官僚を中心とする統治機構が定められ、律令国家の基礎が固まったのである。

◆富本銭

7世紀後半に発行された金属貨幣。まじない用の銭貨という説もある。

奈良文化財研究所所蔵

◆持統天皇（645〜702）

41代天皇。天武天皇の皇后であったが、夫の死後に即位し、律令を整え、藤原京に遷都した。

跡見学園女子大学図書館所蔵

経済

710年

平城京遷都

平城京の水運を担う水路の建設により 物流ルートが整備され 経済活動が活発化する

関連ページ
経 P38 庚寅年籍の完成
経 P44 墾田永年私財法
宗 P46 大仏造立の詔

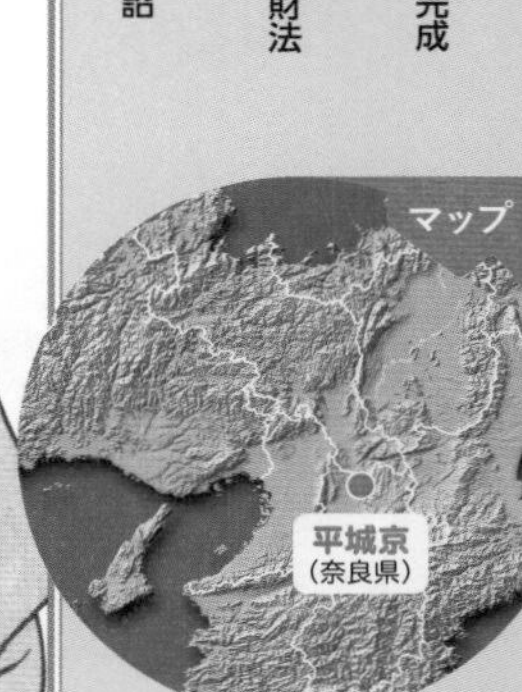

唐の長安をモデルにした「中国的儀礼空間」の完成

大宝律令制定の翌年、途絶えていた**遣唐使**（→P48）が派遣された。このとき、唐に対して**「日本」**という国号がはじめて用いられた。以後、約20年間隔で遣唐使が派遣された。

藤原京は日本初の本格的な都城であったが、内裏や官庁が集中する中枢空間**「藤原宮」**が都城の中央に位置しており、中国の都城の基本である**「天子南面**（皇帝は南に面して君臨する）」の法則が徹底されていなかった。唐の長安城で儀礼を体験した遣唐使の使者たちは、藤原京で中国式の儀式を行うには不備があることを認識していたと思われる。

また、中心を南北に走る**朱雀大路**の道幅は約19mと狭く、都の南方には甘樫丘などの丘陵地帯が広がり、陸運の便が悪かった。**難波津**（大阪湾）と結ぶ河川の水運も不便で、交易も制限された。こうした問題点を解消するために建設されたのが、**「平城京」**であり、遷都を主導したのは**藤原不比等**（鎌足の子）とされる。

710年に遷都が行われた平城京は、東西約4・3km、南北4・8kmの大規模な都城で、藤原京と同様に、条坊制によって整然と区画されており、中央を南北に走る朱雀大路の道幅は約74mもあった。北部中央には**内裏**や**朝堂院**、**大極殿**、官庁などが建ち並ぶ宮城**「平城宮」**があった。

近年の研究では、平城京建設の際、唐から長安城の具体的な資料提供があった可能性が指摘されているが、平城京と長安城の決定的な違いは、

◆藤原不比等（659～720）
中臣（藤原）鎌足の子。「大宝律令」「養老律令」の編纂に参加し、平城遷都に尽力。娘の光明子は聖武天皇の皇后となった。

城壁の高さであった。長安城の城壁は高さも幅も10m以上ある強固なものであったが、平城京の城壁は5m程度の土壁で、防御力はないに等しかったのである。

つまり平城京は、軍事要素のほとんどない**「中国的儀礼空間」**であった。平城京に都が置かれた時代は「奈良時代」と呼ばれる。

平城京内には、朱雀大路をはさんで東西に船が通れる水路（堀川）が建設され、物資の運搬や、排水に使われた。物流ルートが整備されたことで、平城京では**興福寺**や**薬師寺**などの大寺院の建造が可能になった。平城京の人口は10万人以上と推定され、全国から租税（稲）や貢納品が集まり、経済活動が活発化した。

708年には、日本初の本格的な流通貨幣として**「和同開珎」**を発行。都の造営費用の支払いなどに使われたが、当時、貨幣経済は浸透しておらず、米や布などの物品交換によって交易が行われていた。朝廷は貨幣の流通を促進させるため、一定量の銭を貯めた者に位を昇進させる**「蓄銭叙位令」**を出したが、銭を蓄える者が続出し、逆効果になった。

平城京に遷都した理由

- 藤原宮が藤原京の中心にあり、「天子南面」でなかった。
- 藤原京の南方が丘陵地帯で交通の便が悪かった。
- 水運に不便な場所で、交易に不向きだった。
- 朱雀大路の幅が狭かった。

日本銀行貨幣博物館所蔵

◆和同開珎
日本最初の流通貨幣。直径約24mm。日本各地や長安でも発見され、幅広く流通していたことがわかっている。

東堀川
朱雀大路
西堀川
朱雀門
朝堂院
大極殿
内裏

◆平城京復元模型
条坊制により72の区画があり、朱雀大路により右京・左京に二分されていた。東西にはそれぞれ堀川（水路）が整備されていた。

奈良市役所所蔵、奈良文化財研究所提供

宗教

712年

『古事記』の完成

「氏神を統括する天皇家」であると主張し 血統の正統性を示すため『古事記』を編纂する

関連ページ

宗 P18 前方後円墳の出現
戦 P36 壬申の乱
宗 P48 鑑真の来日

天武天皇は権力正当化を武力でなく血統に頼った

『古事記』は日本最初の歴史書である。天武天皇が天皇家の系譜を記した**『帝紀』**と、朝廷の伝承を記した**『旧辞』**の誤りを正すため、**稗田阿礼**に暗誦させたのがはじまりとされる。天武天皇の死後、**太安万侶**が稗田阿礼の語る内容を筆録し、712年に献上したという。

『古事記』は上巻・中巻・下巻の全3巻で構成され、天地創生から33代推古天皇までの事績を記す。漢字の音訓を使い分ける＊**「当て字」**によって書かれた和文で、全体の3分の1が神話で占められている。

『古事記』の神話には、ヤマト政権を象徴する**「アマテラス系」**と、出雲（現在の島根県）政権を象徴する**「スサノオ系」**の2系統があり、スサノオの子孫であるオオクニヌシが「国譲り」することで、神々の世界は統一される。続いて、アマテラスの孫・ニニギが天上から地上に降臨し、その子孫が初代**神武天皇**であると記している。

『古事記』編纂の目的は、有力豪族に伝わる伝承を再編集し、天皇家が各豪族の**氏神**（祖先神）を統合する存在であることを示すためと考えられる。中国には**「天」**という、血縁などすべてを超越するランクの高い概念があり、皇帝は「天命」によって選ばれた存在とされるが、日本には「天」のような概念は存在せず、また『聖書』に記されるような**絶対神**もいなかったため、氏神が最高ランクであった。

諸豪族の**盟主**（同盟の主宰者）に

◆太安万侶（?～723）
奈良時代の文官。元明天皇の命で『古事記』を編纂。『日本書紀』の編纂にも携わった。

＊当て字／万葉仮名とも呼ばれ、例えば「くらげ」は「久羅下」と表記する。

すぎなかった天皇家が、諸豪族の上に君臨する超越的な存在であるとするには、天皇家は古くから氏神を束ねる存在であったと、**「血統の正統性」**を主張する以外になかったのである。

権力の正当化は、壬申の乱で**「軍事的」**に権力を握った天武天皇にとって、特に必要とされていたと思われる。

これに対し、720年に成立した**『日本書紀』**は、日本最初の正史（国家が編纂した正式な歴史書）である。舎人（とねり）親王ら数人が編纂したもので、神代から持統天皇までの事績が、**編年体**（年代順による記述形式）によって、すべて漢文で記されている。全30巻のうち、神話は1割程度で、後半になるほど各天皇に関する内容の密度は高くなっている。

『日本書紀』編纂の目的は、唐に正史を示すためであった。中国において、正史は王朝の**正統性**を示すために不可欠な資料であり、王朝が交替するたびに正史が編纂された。日本の朝廷には大陸からの渡来人が多く、彼らが『日本書紀』を中国正史の体裁に整えるために協力したことは間違いない。

完成した『日本書紀』は遣唐使によって唐に運ばれたという。以後、同じ体裁で、『続日本紀』『日本後紀』など、「六国史（りっこくし）」と呼ばれる正史が編纂されていった。一方、役割を終えた『古事記』は忘れ去られていったのである。

『古事記』編纂の目的

諸豪族の盟主にすぎなかった天皇家が自らを超越的な存在と主張するのは困難だった

▼

『古事記』を編纂し、天皇家の祖先は諸豪族の氏神を束ねる存在だったと主張

▼

天皇が諸豪族の上に君臨するのは軍事力ではなく、血統の正統性によるとした

▼

天皇の権力が安定化すると、『古事記』は意義を失い、忘れ去られた。一方、『日本書紀』にはじまる正史は、中国との外交に必要なため、編纂が続けられた

◆出雲大社本殿（復元模型）

島根県の出雲大社の本殿は、古代には高さが約48mもある巨大建築物だった。出雲に強大な勢力圏が存在したことを示している。

出雲大社所蔵、島根県立古代出雲博物館写真提供

経済

743年

墾田永年私財法

貴族や大寺院は土地の所有を求めて大規模な開墾を進め公地公民制が崩壊する

土地所有を可能にする政策でモチベーションアップを狙う

律令制（→P38）の理念は、すべての土地と人民を国家のものとする**「公地公民制」**であった。しかし皇族や豪族の私有地・私有民をすべて接収し、**口分田**として分配することは現実的には不可能であり、**「有力者による土地・人民の私有」**という実態は残っていたと考えられる。

また、人口増加などの理由で、人民に与える口分田が不足する一方、重い税の負担により口分田を放棄して逃げる者（浮浪人）も多かった。彼らは土地を所有する地方豪族や貴族の配下となり、税負担を逃れようとした。このため、国の税収は減り、公共事業は停滞し、兵士が弱体化するなど、国家の財政・軍事がしだいに悪化する事態となったのである。

722年、政府は口分田を増加させて税収確保を図るために、**「百万町歩の開墾計画」**を立てた。人民に食料と道具を支給し、10日間開墾作業をさせるものであったが、当時のすべての耕地を合計しても88万町歩しかなく、現実離れした目標と具体性に欠けたこの計画は頓挫した。

翌年、政府は、**「三世一身法」**を出した。この法は、旧来の灌漑施設（用水設備）を利用して開墾した土

関連ページ

経 P38 庚午年籍の完成

宗 P46 大仏造立の詔

戦 P52 藤原仲麻呂の乱

historical note

『万葉集』の歌に表現された奈良時代の庶民の困窮した生活

奈良時代に成立した日本最古の和歌集『万葉集』には、山上憶良が農民の苦しい生活を歌った「貧窮問答歌」が収められている。「かまどには火の気がなく、米を炊く器にはクモの巣がかかり」といった内容で、律令による重い税負担で、庶民の生活が破綻していたことがわかる。

『万葉集』には「貧窮問答歌」のほか、約4500首が収められている。

地は本人一代の私有を認め、新たに灌漑施設を設けて未開の地を開墾した者には**三世**（子・孫・曾孫）にわたって土地の私有を認めるという内容であった。しかし、返還期限が近づくと荒廃する耕地が出るなどの問題が起き、効果は不十分だった。

そこで743年、開墾した耕地は永代にわたって私有することを認める**「墾田永年私財法」**が出された。開墾できる面積は、身分によって制限があり、収穫した稲の一部を「租」として納める必要があったが、これにより、貴族や大寺院、地方豪族らは、**国司**（地方長官）や**郡司**（国司の配下）の協力を得ながら、付近の農民や浮浪人を使って、墾田を大規模に進めた。**「初期荘園」**である。

初期荘園は租税がかかる**「輸租田」**だったため、国家の税収は確保されたが、広大な土地を開墾できたのは、小作人を雇える貴族や大寺院ばかりであった。小作人は収穫の20％を賃租として有力者に納めなければならず、「貧富の差」は拡大した。

こうして、公地公民制と班田収授を基礎とする律令制はしだいに崩れていったのである。

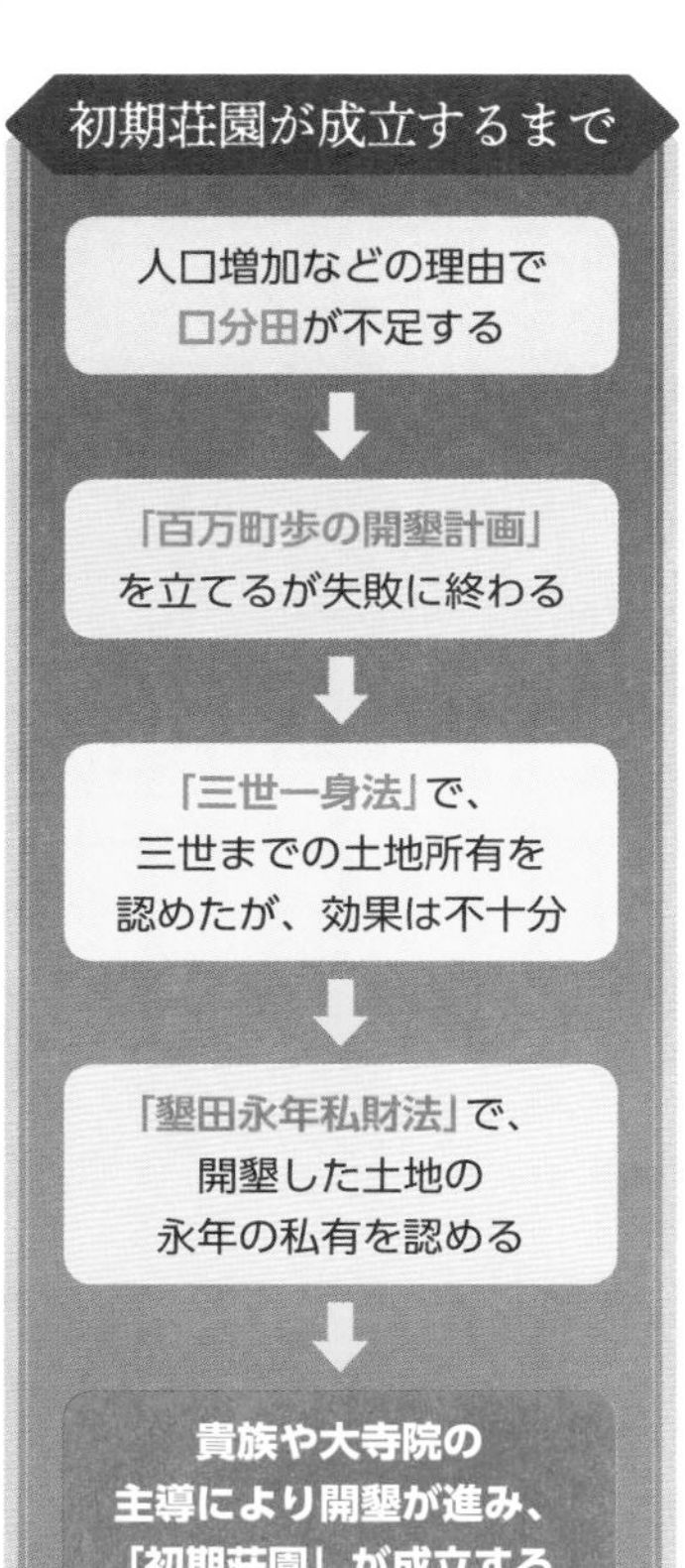

◇奈良時代の集落

村上遺跡（千葉県）の復元遺跡。掘立柱建物は倉庫として利用された。住居は、西日本では平地式の掘立柱建物が主流になったが、東日本では縄文時代から続く竪穴住居が一般的だった。

竪穴住居

掘立柱建物

国立歴史民俗博物館所蔵

宗教

743年

大仏造立の詔

疫病と戦乱に恐怖した聖武天皇は国家の安定を願って大仏造立を決断する

関連ページ

宗 P28 仏教の伝来
宗 P48 鑑真の来日
宗 P54 神仏習合

マップ
平城京（奈良県）

藤原氏の権力闘争に巻き込まれた聖武天皇

平城京遷都（→P40）を主導した藤原不比等には4人の男子（**武智麻呂**、**房前**、**宇合**、**麻呂**）がいた。後世、**「藤原四兄弟」**と称された彼らは、父と同様に権力を握ろうとしたが、その前に**長屋王**が立ちはだかった。長屋王は天武天皇の孫で、持統天皇に重用され、出世を重ねた。

不比等の死後、長屋王は太政官の首班となって右大臣に昇進。724年、**聖武天皇**が即位すると、長屋王は左大臣となった。藤原四兄弟にとって、長屋王は目障りな存在だった。

聖武天皇と**光明子**（不比等の娘）との間に生まれた子が早逝し、長屋王の子が皇位継承の最有力者なると、危機感を抱いた藤原四兄弟は、長屋王に無実の罪を着せて自害に追い込んだのである**（長屋王の変）**。

政敵の長屋王が排除されたことで、光明子は皇族以外の子女ではじめて**皇后**（天皇の正妻）に立てられた。藤原四兄弟は大きな権威を獲得したが、737年、天然痘の大流行により、わずか4カ月間に4人とも亡くなった。**遣唐使**が持ち込んだとされる天然痘は日本中で猛威をふるい、総人口の約3分の1が死亡したと推定されている。

この国難に対応したのが、皇族の身分を捨てた**橘諸兄**で、彼が重用したのが遣唐使での渡唐の経験のある**吉備真備**と**玄昉**だった。こうした藤原氏の不遇に不満を高めた**藤原広嗣**（宇合の子）は、740年、左遷先の九州で反乱を起こしたが、朝廷軍に鎮圧され、広嗣は捕縛後に斬首された。広嗣の反乱を知った聖武天

大仏造立に加わりたい者がいれば、無条件でこれを許せ

◆**聖武天皇（701〜756）**
45代天皇。仏教を保護し、国分寺、国分尼寺、東大寺を建立し、大仏を造立した。

皇は、恐怖のために突如平城京を出ると、周辺諸国を巡って**恭仁京**（京都府木津川市）、**難波宮**（大阪市）、**紫香楽宮**（滋賀県甲賀市）と、5年間に目まぐるしく遷都を繰り返した。

この期間中、仏教に深く帰依した聖武天皇は、741年に**「国分寺建立の詔」**を出し、国ごとに国分寺・国分尼寺を建立させた。743年には紫香楽宮で**「大仏造立の詔」**を出し、平城京に戻った後、総国分寺として**東大寺**の建設し、**大仏（盧舎那仏像）**の造立を開始したのである。

聖武天皇が信仰したのは、「仏教の力で国を厄災から守る」という**「鎮護国家思想」**に基づいたものであり、庶民の生活とはあまり関係がないものであった。そこで聖武天皇は庶民の人望が厚かった**行基**に協力を仰いだ。大仏は完成までに10年の歳月を要したが、752年、**「大仏開眼供養会」**が盛大に開かれ、インドや中国から招待した僧を含め、1万数千人が参列したという。

◆創建当時の大仏

東大寺の大仏は、戦乱で２回焼け落ちた。左の「信貴山縁起絵巻」（模写）は、創建当時の大仏殿が描かれた唯一の資料で、全身を金で覆われていたことがわかる。

753年

鑑真の来日

勝手に出家する「私度僧」の増加を抑えるため 戒律を授けられる伝戒師が求められる

鑑真は日本の熱意に心を打たれて渡海を決意する

日本が唐に派遣した正式な使節である**「遣唐使」**は、630年に開始され、以後約260年間に十数回派遣された。基本的には外交使節であるが、主要な目的は唐の**最新文化・技術**の移入であった。白村江の敗北により、派遣は一時的に中断されていたが、702年に再開され（↓P40）、唐に対して**朝貢**（中国皇帝に貢物を献上すること）する姿勢を取ることで、交流を許可された。

8世紀には、遣唐使船4隻、合計600人程度の使者が、およそ20年おきに派遣された。使者は極めて優秀な官人や僧から選出され、次の遣唐使船が入唐するまで、約20年間、文化の吸収に励んだのである。

また、**書籍**や**経典**を持ち帰ることも重要な使命で、中国の正史**『旧唐書』日本伝**には、「遣唐使の使者は皇帝から下賜された貴重な物品を売り払い、その代金すべてを使って書籍を購入し、船に積み込んで帰国する」と記されている。

741年、聖武天皇により全国に国分寺・国分尼寺が置かれ、鎮護国家思想に基づく仏教が、国家主導によって整備されていくと、経典や仏具などの移入は特に重視された。

historical note

驚異的な頭脳の持ち主・吉備真備が鑑真を招待するために尽力する

遣唐使の留学生に選ばれた秀才・吉備真備は23歳で唐の長安に渡り、儒教、律令、天文、軍事、音楽など幅広い分野を詳細に学び、40歳のとき膨大な書籍と測量器具や楽器、武器などを携えて帰国した。57歳で遣唐副使として再び唐に渡ると、2年後に鑑真を伴って帰国した。真備が遭難を覚悟してまで再入唐した目的は、鑑真の来日を援助することだったと考えられる。

軍事に通じた真備は「日本最初の軍師」とされる。

関連ページ
宗 P28 仏教の伝来
宗 P46 大仏造立の詔
宗 P62 平安仏教の成立

鑑真が招請された理由

聖武天皇が国分寺・国分尼寺を建立し、国家主導の仏教振興策が進む

▼

自分で出家した「私度僧」が増加したため、正式な戒律を授けられた僧が求められる

▼

正式な戒律を授けられる「伝戒師」を招くため、日本僧が唐に派遣される

また当時の日本には、国の手続きに従って出家した**「官僧」**がいたが、**「私度僧」**(自分で出家した僧)が急増したため、正式な**戒律**(僧が遵守すべき規則)を授けられた僧を増やすことが急務となっていた。このため聖武天皇は授戒を司る**「伝戒師」**を唐から招くことを決意し、**栄叡**と**普照**のふたりの僧を唐に派遣した。

彼らは4万人に授戒を行ったという高僧・**鑑真**のもとを訪れ、「あなたの弟子を日本に派遣してほしい」と懇願したが、当時の航海は極めて危険で、遭難する遣唐使船も多かったので、誰もが尻込みをした。その様子を見た鑑真は、自ら日本へ渡航することを宣言し、弟子たちも同行することになったのである。

鑑真を決意させたのは、栄叡と普照の熱意だけでなく、かつて長屋王が唐に贈った1000着の袈裟に刺繍されていた四句**「山川異域　風月同天　寄諸仏子　共結来縁」**(国は異なっても天は同じ。袈裟を贈るので縁を結ぼう)を読み、感銘を受けていたことも機縁になったという。

鑑真の航海は失敗が続き、753年、6度目の航海で日本に辿り着いた鑑真は、疲労のため失明していたことは、よく知られている。渡航に成功した船には、僧だけでなく、**画師**や**彫刻工**、**刺繍職人**など、仏教関連の技術者が同船しており、日本仏教に多大な貢献をした。

鑑真は東大寺に**「戒壇院」**を設けて授戒を開始し、戒律制度を普及させた。晩年には**唐招提寺**を建立し、仏教の発展に尽くしたのである。

呉市提供

◆**遣唐使船(復元)**

全長約25m、幅約7m。通常、4隻の船団を組んだが、約4分の1が沈没・漂流した。

是れ法のための事なり
何ぞ身命を惜しまんや

◆**鑑真(688〜763)**

唐の僧。日本律宗の開祖。「授戒の大師」を称された。弟子を率いて渡日し、日本仏教の発展に尽力。大和上の称号を贈られた。

南さつま市提供

ビジュアル特集

基本的な仏像の分類

仏像は大きく「如来」「菩薩」「明王」「天部」の4グループに分けることができる。このほか、「高僧」や「神」の像などもある。

如来

悟りを得た存在で、仏像の最上位に位置する。

◆釈迦如来坐像

仏教の開祖・釈迦の姿で、如来の基本形。

所蔵：白山神社（滋賀県）

特徴

- 衲衣と呼ばれる粗末な衣服
- 螺髪と呼ばれるパンチパーマ風の髪型

代表的な如来

- 釈迦如来
- 阿弥陀如来
- 薬師如来
- 大日如来
- 毘盧舎那如来

◆薬師如来坐像

病気を癒す如来で、万能薬が入った薬壺を持つ。

所蔵：珀清寺（滋賀県）

菩薩

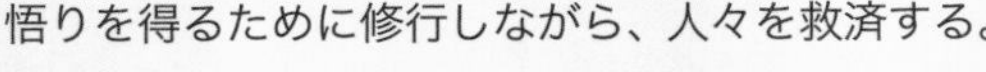

悟りを得るために修行しながら、人々を救済する。

特徴

- 豪華な衣装と装飾品
- 蓮華や水瓶などの多様な持物

代表的な菩薩

- 観音菩薩（十一面、千手など）
- 弥勒菩薩
- 地蔵菩薩
- 文殊菩薩

◆地蔵菩薩立像

地獄に落ちた人々を救済する。菩薩で唯一、僧形で表現される。

所蔵：永昌寺（滋賀県）

◆千手観音立像

千本の手と、手にする持物は、無限の救済力を示す。

所蔵：延暦寺（滋賀県）

明王

仏教の教えに従って、忿怒の形相で悪を打ち砕く。

◆大威徳明王像

六つの顔、腕、足を持ち、水牛にまたがる。
所蔵：真木大堂（大分県）

特徴

- 燃え盛る炎を表す光背
- 怒りに満ちた表情

代表的な明王

- 不動明王
- 降三世明王
- 大威徳明王
- 金剛夜叉明王
- 軍荼利明王

◆不動明王二童子立像

災いを打ち砕く宝剣を持つ。不動明王の多くは、脇侍に制吒迦童子（左）と矜羯羅童子（右）を従えた姿でまつられる。
所蔵：正法寺（滋賀県）

写真提供：
公益社団法人ツーリズムおおいた

高僧

仏教の開祖や発展に貢献した高僧の像。禅宗で多く見られる。

◆伝教大師坐像

天台宗の開祖・最澄の像。
所蔵：高野神社（滋賀県）

天部

仏教世界の守護神で、200種以上あるといわれる。

特徴

- 貴人姿と武装姿に大別できる
- 共通点は少なく個性的

代表的な天部

- 梵天
- 帝釈天
- 吉祥天
- 毘沙門天
- 阿修羅
- 金剛力士

◆毘沙門天立像

「四天王」のひとつで、福徳と戦闘の神。多聞天の別名がある。
所蔵：金勝寺（滋賀県）

仏像写真（大威徳明王像以外）提供：（公社）びわこビジターズビューロー

764年

藤原仲麻呂の乱

後ろ盾の光明皇太后を失った藤原仲麻呂が孝謙上皇の迅速な対応の前に敗れ去る

孝謙上皇の寵愛を得た道鏡が朝廷を混乱させる

749年、聖武天皇は娘の**阿倍内親王（孝謙天皇）**に譲位し、上皇として政治の実権を握った。**大仏開眼供養会**（→P47）の4年後に聖武天皇が亡くなり、2年後、朝廷の実力者・橘諸兄が引退すると、孝謙天皇の母・光明皇太后が藤原氏出身であることを利用して、**藤原仲麻呂**（武智麻呂の子）が勢力を伸ばした。

急速に台頭する仲麻呂に不満を高めた**橘奈良麻呂**（諸兄の子）は、大伴氏や佐伯氏などと結んで仲麻呂の打倒計画を進めたが、密告により事前に発覚し、奈良麻呂は捕らえられて獄死した**（橘奈良麻呂の乱）**。

この事件後、独裁権力を手にした仲麻呂は、**淳仁天皇**（天武天皇の孫）を擁立。しかし急速な権力集中は、朝廷内の反感を招いた。

仲麻呂は淳仁天皇から**「恵美押勝」**の名を賜り、760年には皇族以外ではじめて太政大臣に任じられるなど絶頂期を迎えたが、その5か月後、後ろ盾の光明皇太后が亡くなると、朝廷内で急速に孤立していった。

孝謙上皇が、淳仁天皇に譲位した後、病気の際に看病にあたって成果を上げた僧・**道鏡**を寵愛するようになると、仲麻呂・淳仁天皇との関係

関連ページ
戦 P36 壬申の乱
経 P44 墾田永年私財法
宗 P46 大仏造立の詔

マップ

historical note

奈良時代の役人の給与は位階によって極端な差があった

奈良時代の役人の給与は、位階と官職に応じて定められていた。給与の内容は、与えられた土地からの収穫や、農民からの租税、絹・綿・布・鍬、自由に使える使用人などで、五位以上の貴族は高額だった。現在の金額に換算すると、一位は年収4億円近くもあったが、下級官人(少初位)は年収230万円程度だった。

役人の年収

役人	年収
藤原仲麻呂（一位）	3億7455万円
長屋王（二位）	1億2484万円
太安万侶（従四位）	3506万円
山上憶良（従五位）	1540万円

※奈良文化財研究所の推計

奈良時代の天皇家系図

- ㊳天智 ― ㊴弘文（大友皇子）／志貴皇子 ― ㊾光仁 → 以降、天智系の皇統が現在まで続く
- ㊵天武 ＝ ㊶持統 ― 草壁皇子 ＝ ㊸元明 ― ㊷文武 ― ㊺聖武 ― ㊻㊽孝徳（称徳）／㊹元正
- ㊵天武 ― 舎人親王 ― ㊼淳仁

※丸数字は天皇の代数
□は天武系天皇
□は天智系天皇

は急速に悪化した。孝謙上皇が、「国家の大事は自分が担当する」と表明すると、朝廷は分裂状態となり、両者の対決は不可避となったのである。

764年、仲麻呂が兵を集めているという情報を得た孝謙上皇は、淳仁天皇のもとから大権のシンボルである**御璽**（天皇の印章）と**駅鈴**（官人が使用する鈴）を武力で奪い、「仲麻呂の反乱を討伐する」と宣言した。

上皇軍の作戦参謀となった**吉備真備**は、迅速で的確な用兵によって仲麻呂を追い詰めた。仲麻呂軍は近江（現在の滋賀県）で上皇軍と戦ったが敗れ、捕縛後に斬首された**（藤原仲麻呂の乱）**。淳仁天皇は廃位となり、淡路（現在の淡路島）に流された。孝謙上皇は重祚（再び即位すること）して**称徳天皇**となった。

称徳天皇の信任を得た道鏡は、**太政大臣禅師**となり、さらに**法王**となって権勢を極め、仏教政策を実施した。769年には、**宇佐八幡宮**（大分県）から「道鏡を皇位につければ天下は太平になる」という神託があったという報告がなされた。これを確かめるため、**和気清麻呂**が宇佐八幡宮に派遣されたが、清麻呂は道鏡の即位に反対する報告をした。称徳天皇は怒り、清麻呂を左遷した**（宇佐八幡宮神託事件）**。清麻呂には、**藤原百川**ら反対派の後押しがあった。

この翌年、称徳天皇が亡くなると、道鏡は没落し、下野（現在の栃木県）に追放された。称徳天皇の後継には、それまで続いてきた天武系に代わり、天智天皇の孫である**光仁天皇**が即位し、以後、**天智系の皇統**が現在まで続くことになったのである。

◆神託を授かる和気清麻呂
和気清麻呂は宇佐八幡宮で得た「日本では臣下が君主となった例はない。皇位には皇族を立てるべし」という神託を奏上した。

8世紀

神仏習合

神々を信仰する日本古来の神道は仏教と結び付いて独自の発展を遂げる

関連ページ

煩悩に苦しむ神々を仏が救済するという思想

日本古来の**神道**と、6世紀中頃に日本に伝来した**仏教**（↓P28）が結びついた宗教現象を**「神仏習合」**という。早くも6世紀末には、**宇佐八幡宮**（大分県）で神を救うための寺院**「神宮寺」**が建立されたという。

やがて「日本の神々も人間のように苦しみ、仏に救済と解脱を求めている」という**「神身離脱説」**が広まり、8世紀には伊勢神宮（三重県）や鹿島神宮（茨城県）、住吉大社（大阪府）などで神宮寺が建立された。

その後も神仏習合は進み、10世紀には**「本地垂迹説」**が成立した。これは、日本の神々（**垂迹**）は、インドの仏・菩薩（**本地**）が日本人を救済するために仮に神の姿として現れたとする説である。

本地垂迹説によれば、**アマテラス**は**大日如来**、**八幡神**は**阿弥陀如来**、**スサノオ**は**薬師如来**、**オオクニヌシ**は**大黒天**が本来の姿とされる（宗派や寺社によって相違がある）。

こうした思想のもと、東大寺の大仏建立の際には、伊勢神宮で祈願が行われたり、宇佐八幡宮から八幡神が招来されたりした。また、寺院に関係のある神を守護神とすることも一般化し、奈良県の**興福寺**は**春日大社**、滋賀県の**延暦寺**は**日吉大社**、京都の**東寺**は**伏見稲荷大社**を守護神として取り込んだ。こうして仏教と神道は密接に結び付いたのである。

神仏習合思想

神身離脱説

日本の神々も煩悩に苦しんでおり、神の身を離脱して仏に救われることを求めているという説。

神宮寺

神々を救済するために神社の境内に建てられた寺院。神宮寺では社僧（神社に奉仕する僧）が経典を読む「神前読経」が行われた。

本地垂迹説

日本の神々（垂迹）は、インドの仏・菩薩（本地）の仮（権）の姿という説。垂迹した神は「権現」と呼ばれる。

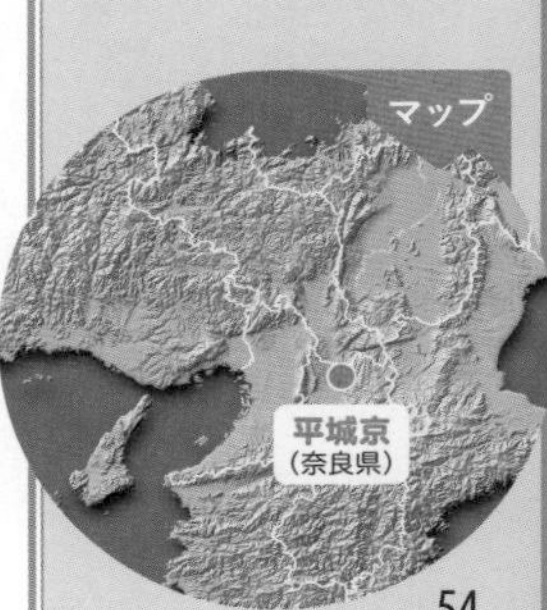

また、日本には仏教とともに、**儒教**や**道教**なども伝わり、仏教と明確な区別をされることなく、受け入れられていった。日本で広く信仰されている**「七福神」**は、神道、仏教、道教だけでなく、インドのヒンドゥー教も入り混じっている。

このほか、**修験道**（しゅげんどう）は古来の山岳信仰に道教や仏教などが融合した宗教で、神秘的な力を得るために山にこもって厳しい修行を行う。修験道の山岳修行者は**「山伏」**（やまぶし）と呼ばれ、飛鳥時代に**役小角**（えんのおづぬ）が創始したとされる。

修験道は、平安時代に**密教**（↓P63）と結びついて独自の信仰形態となり、山岳修行を行う山々は**「霊山」**と呼ばれた。平安時代後期に、天皇や貴族らが盛んに参詣した**熊野三山**（和歌山県）は、修験道の中心地として繁栄した。

ところが、明治初年に**神仏分離令**が出され、仏教や修験道は神道と明確に区別され、さらに排斥運動が起きて一時的に衰退してしまった。

奈良国立博物館所蔵（森村欣司撮影）

◆春日鹿曼荼羅

春日大社は鹿島明神が鹿の背に乗って飛来したことが創建の由来である。この絵では、神鹿の背に立てられた榊に、春日大社の本地仏５体が描かれている。

◆七福神

福を招く神として信仰を集める「七福神」は、神道に仏教や道教などが入り混じって形成されている。

2章 平安時代

794年
平安京遷都
1 ➡P60
9世紀前半
平安仏教の誕生
2 ➡P62
802年
蝦夷征討
3 ➡P64
810年
平城太上天皇の変
4 ➡P66
866年
応天門の変
5 ➡P68
894年
遣唐使の中止
6 ➡P70
902年
延喜の荘園整理令
7 ➡P72
11世紀
陰陽師の活躍
9 ➡P76

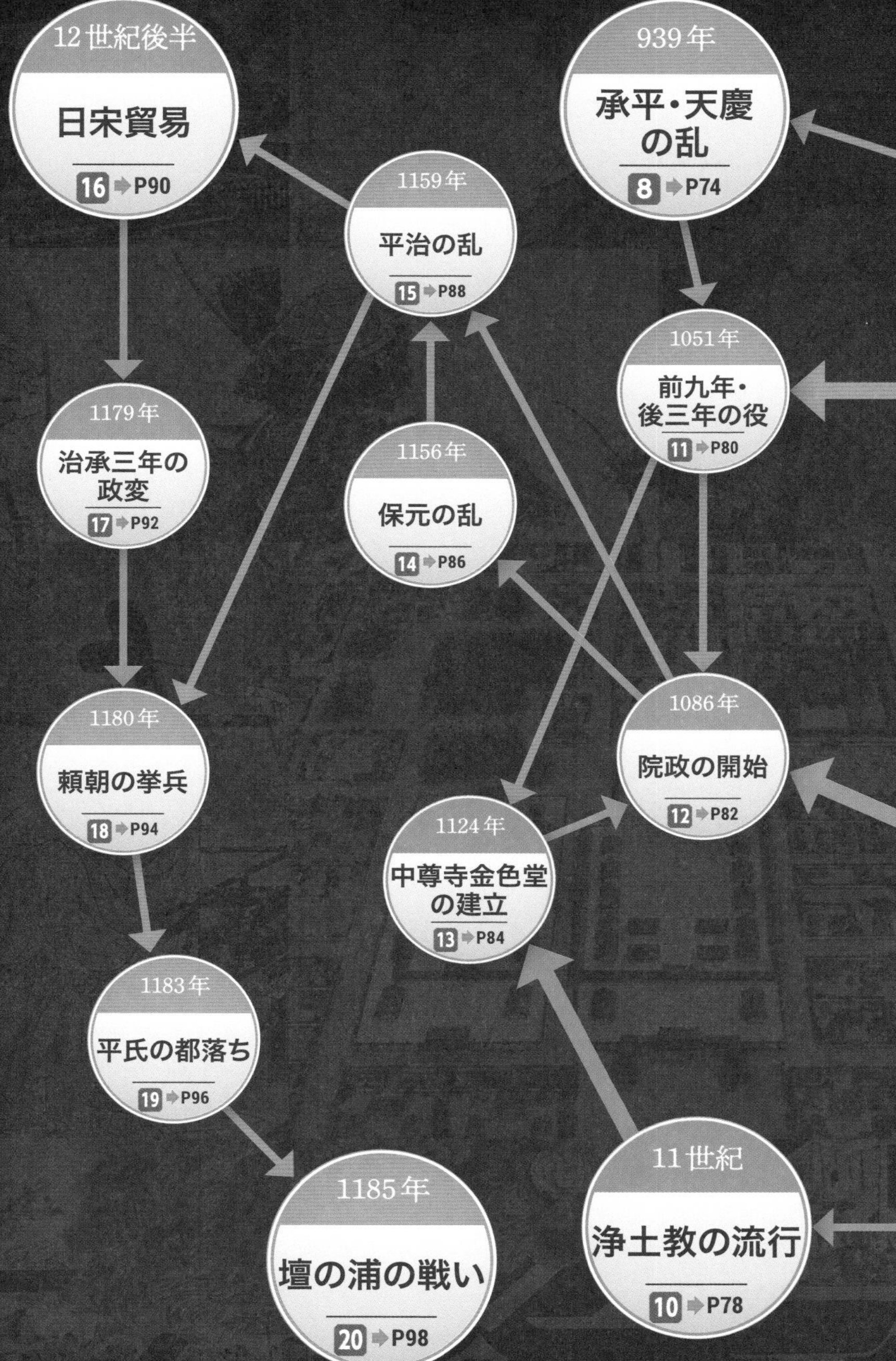
12世紀後半
日宋貿易
16 ➡P90
939年
承平・天慶の乱
8 ➡P74
1159年
平治の乱
15 ➡P88
1051年
前九年・後三年の役
11 ➡P80
1179年
治承三年の政変
17 ➡P92
1156年
保元の乱
14 ➡P86
1180年
頼朝の挙兵
18 ➡P94
1086年
院政の開始
12 ➡P82
1124年
中尊寺金色堂の建立
13 ➡P84
1183年
平氏の都落ち
19 ➡P96
1185年
壇の浦の戦い
20 ➡P98
11世紀
浄土教の流行
10 ➡P78

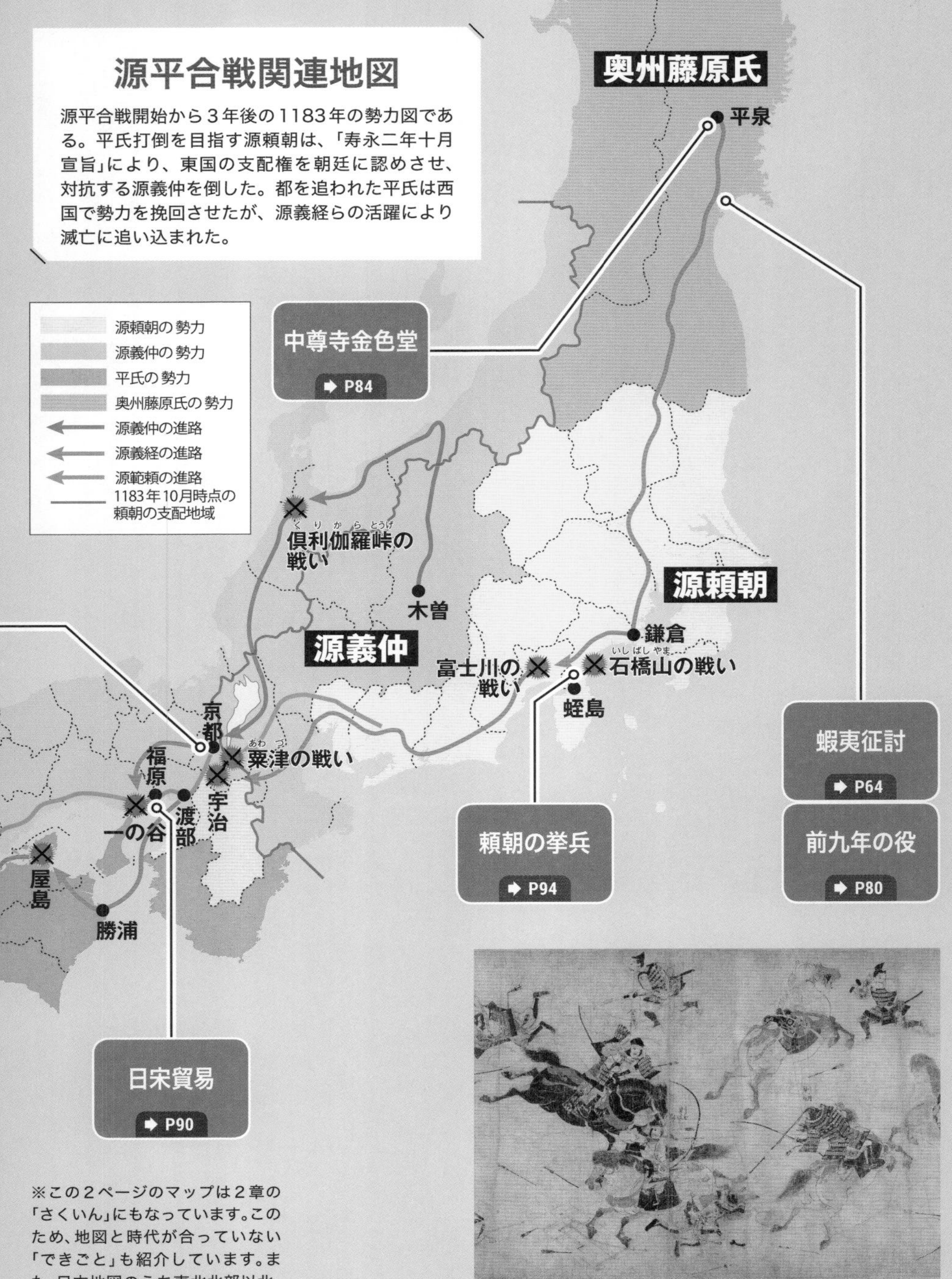

※この２ページのマップは２章の「さくいん」にもなっています。このため、地図と時代が合っていない「できごと」も紹介しています。また、日本地図のうち東北北部以北、南西諸島などは省略しています。

前九年の役（➡P81）

平安時代のさくいんMAP

794年、平安京に遷都され、平安時代がはじまった。藤原氏は、摂政・関白を独占して権力を握ったが、地方では武士が実力を養っていた。平安時代末期、院政が全盛期を迎えるなか、武士が台頭。源氏と平氏は勢力を争い、最終的に源氏が勝利した。

一の谷の戦い(➡P98)

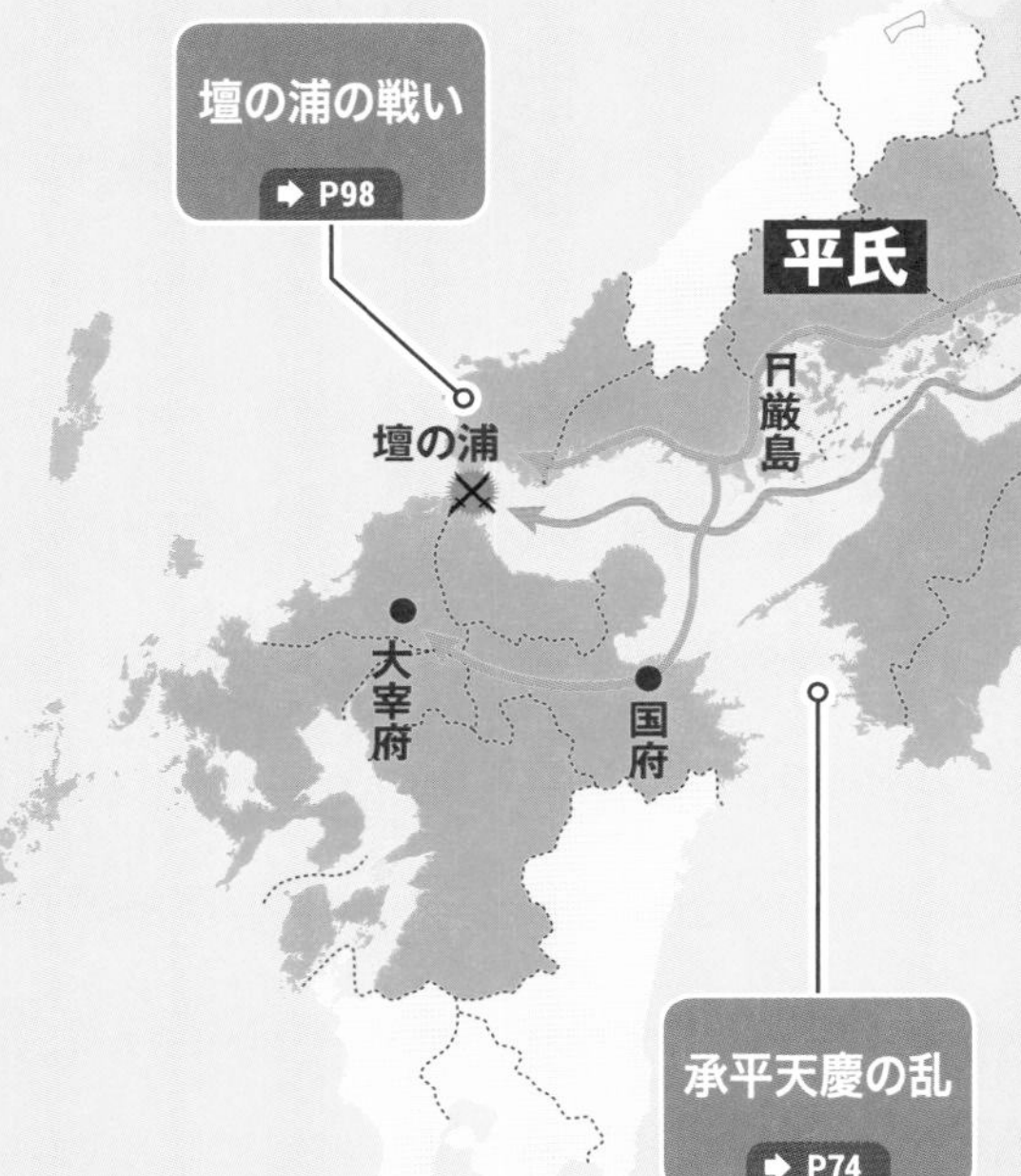

経済

794年

平安京遷都

二度の遷都で民衆が疲弊して 建設計画が挫折した都は 未完成で放置される

関連ページ

戦 P52 藤原仲麻呂の乱
宗 P62 平安仏教の誕生
戦 P64 蝦夷征討

マップ

平安京（京都市）

長岡京は条坊制に不向きで洪水の被害も多かった

62歳で即位した**光仁天皇**は、70歳を過ぎても政務を行ったが、781年、45歳だった**桓武天皇**（光仁天皇の子）に譲位した。これにより、皇統は天武系から天智系に交替したことが確定した。

桓武天皇が最初に取り組んだのは、**長岡京**（京都府）への遷都であった。遷都の理由は、皇統交替（→P53）による**「新王朝」**誕生のアピールや**奈良仏教勢力**の排除のほか、物価高騰や貨幣経済の混乱、物流ルートの破綻など、経済的な問題を解決するためでもあった。

長岡の地が選ばれたのは、**水運**の便に長じていたことが大きい。784年、桓武天皇は、副都の**難波宮**（大阪府）の建物を解体して、水運によって資材を運搬して長岡宮の建設を開始し、未完成の宮殿に移って遷都を既成事実化した。

しかし翌年、長岡京造営の最高責任者・**藤原種継**が暗殺され、この犯行に**早良親王**（桓武天皇の弟）が関わっていたとされた。無実を訴えたが流罪にされた早良親王は食を断ち、淡路（現在の淡路島）に移送中に衰弱死した。その後、桓武天皇の周りでは母や皇后、夫人の死が相次ぎ、さらに長岡京が洪水に見舞われた。これを早良親王の怨霊の祟りのためと恐れた桓武天皇は、平安京（京都市）へ改めて遷都することを決意したという。

しかし、長岡京は起伏が多い地形で、桂川の流路にあたるため条坊制による区画が困難なことや、桂川・宇治川・木津川の合流地に近いため洪水の被害が出やすいことなど、

◆桓武天皇（737〜806）

50代天皇。長岡京、平安京へ遷都し、蝦夷征討を敢行するなど、律令国家の強化を図ったが、庶民の疲弊を招き、晩年の政策は行き詰まった。

そもそも**中国風の都城設計**に不向きな場所であったことが長岡京を放棄した理由で、怨霊は平安遷都の口実であった可能性も指摘されている。

平安遷都を提案したのは、側近の**和気清麻呂**といわれる。793年より造営が開始され、翌年、遷都が行われた。平安京の大きさは、東西約4・5㎞、南北約5・2㎞で、平城京と同様、北部中央に**平安宮**（大内裏）が位置し、**条坊制**によって整然と区画されていた。

しかし、巨大な都城建設には莫大な費用と労力がかかり、長岡京以来、京の造営は20年以上続いていた。また、遷都と併行して、3度にわたって**蝦夷**（えみし）**征討**が実行され、財政は破綻寸前。民衆は疲弊しきっていた。

また、桓武天皇は平安京造営の費用にするため、796年に新しい貨幣**「隆平永宝」**（りゅうへいえいほう）を発行したが、下落していた貨幣価値を元の水準に戻すため、隆平永宝の価値は**旧銭**（和同開珎など）の10倍とされた。新銭の価値を旧銭の10倍に設定することは、新銭発行のたびに行われてきたが、隆平永宝の発行は経済を混乱させ、**「銭離れ」**を加速させた。

805年、桓武天皇は**軍事と造営**の二大事業の停止を決断し、その3か月後に亡くなった。これにより、平安京は未完成のまま造営が投げ出されることになり、湿地帯で治水が困難な西側の**「右京」**は、急速に荒廃して農地化した。

一方、東側の**「左京」**には人口が集中し、経済・文化の中心地として発展していったのである。

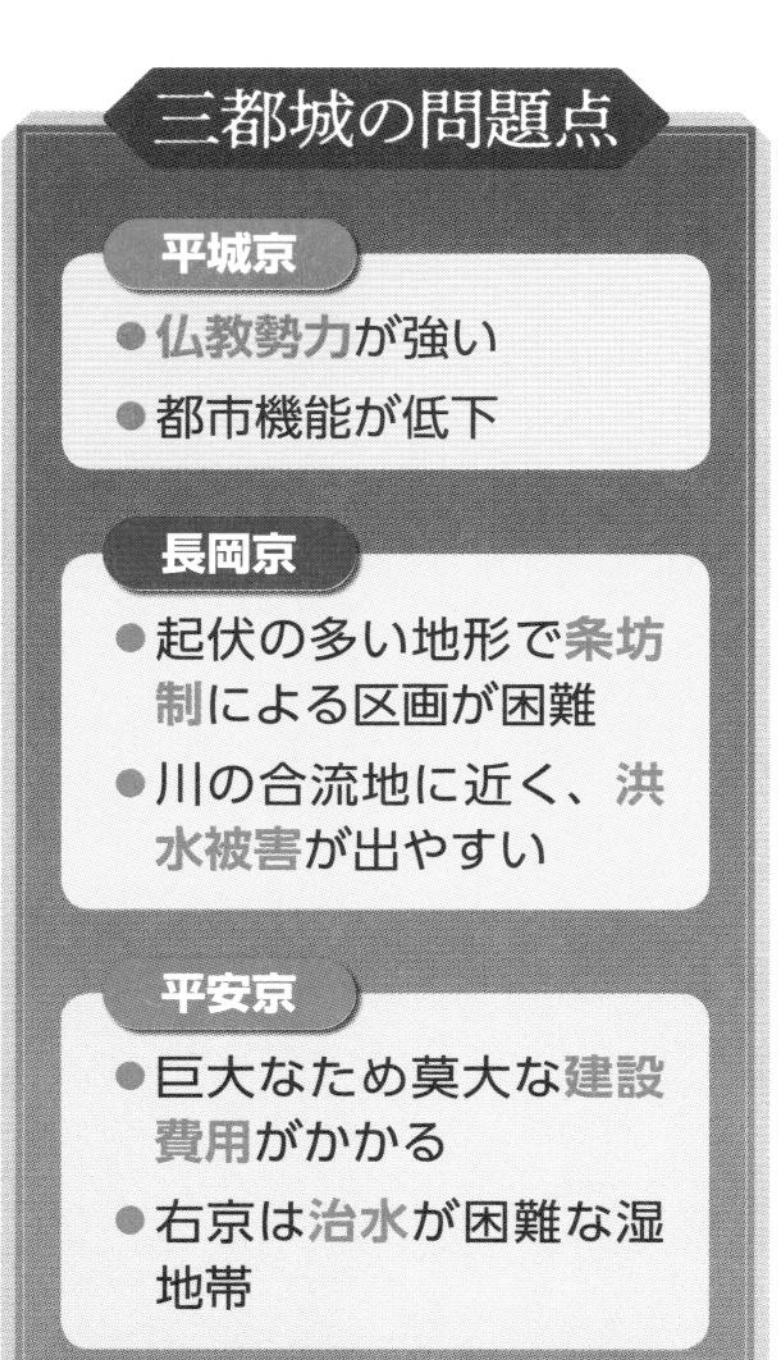

◆**平安京大内裏（復元模型）**
平安京の中枢で、内裏のほか、大極殿や朝堂院があり、中央官庁が建ち並んでいた。

京都市歴史資料館所蔵

9世紀前半

平安仏教の誕生

奈良仏教を抑えたい桓武天皇は政治介入の恐れのない新しい仏教を保護する

唐に渡って仏教を学んで新仏教を開いた最澄と空海

奈良時代後期、**鎮護国家思想**に基づく仏教優遇政策により、大寺院を中心とする仏教勢力**（奈良仏教）**が政治に介入する事態となった。

こうした仏教勢力を抑えるため、桓武天皇は平城京から**長岡京・平安京**に大寺院を移転させることを禁止。奈良仏教に対抗するために、新しい仏教を興す動きを支持した。その代表が、**最澄**と**空海**であった。

最澄は、平安京北東部に位置する**比叡山**で12年間山岳修行を続けた僧で、空海は四国の山中で修行を続けた僧だった。ふたりは804年、**遣唐使**として入唐した。最澄は**天台山**で**「法華経」**を中心とする天台教学を修得し、多くの経典を携えて、翌年に帰国すると、比叡山に**延暦寺**を建立して新宗派**「天台宗」**を開いた。最澄は、比叡山に**大乗戒壇**（大乗戒を授ける場所）の設置を朝廷に願い出たが、奈良仏教からの強い反対で、生前に実現できなかった。

しかし延暦寺は、法華経だけでなく、禅や**密教**（→P63）、戒律など、仏教を幅広く研究する「最高学府」となっていった。最澄の弟子・**円仁**は唐に渡って新しい密教を学び、天台宗に取り入れた。その後も延暦寺

最澄と空海の足跡

804年、最澄は天台山で修行し、翌年に帰国。空海は長安で密教の奥義を極め、2年後に帰国した。

関連ページ
宗 P54 神仏習合
経 P60 平安京遷都
宗 P112 鎌倉新仏教

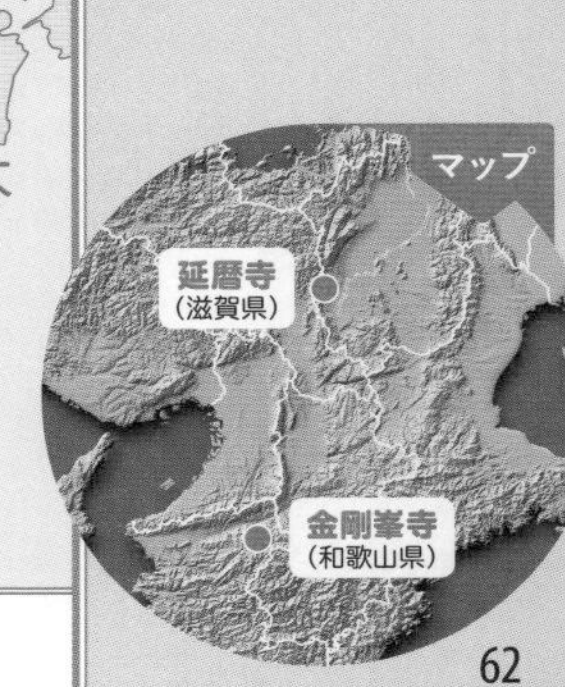

の出身僧は鎌倉時代に**「鎌倉新仏教」**（↓P112）を開くなどして活躍したのである。

一方、空海は長安の青龍寺で密教の奥義を伝授され、2年後に帰国し、**「真言宗」**を開いた。真言とは**「大日如来の真実の言葉」**という意味であり、密教とは、秘密の教義や呪法によって悟りを開こうとするものである。これに対し、釈迦の言葉が記された経典を理解して悟りを目指す教えは**「顕教（けんぎょう）」**と呼ばれる。

810年、平城（へいぜい）上皇と嵯峨（さが）天皇の対立により起きた**平城太上天皇の変**（↓P66）では、空海は嵯峨天皇側につき、鎮護国家のための**加持祈祷**（呪術的な儀式）を行い朝廷の支持を取り付けることに成功。816年、**高野山**（和歌山県）に**「金剛峯寺」**を建て、823年には京の東寺を賜り、**「教王護国寺」**と名付けて、密教修行の道場とした。

「平安仏教」と呼ばれる天台宗や真言宗は、密教に基づく加持祈祷を行うことで、奈良仏教と同じように鎮護国家を目指すものであったが、山岳地に建立した寺院を修行場とした点において、都を拠点とした奈良仏教と大きく異なっている。このため平安仏教は、従来の山岳信仰と結びついて、**修験道（しゅげんどう）**（↓P55）が発展する契機をつくったのである。

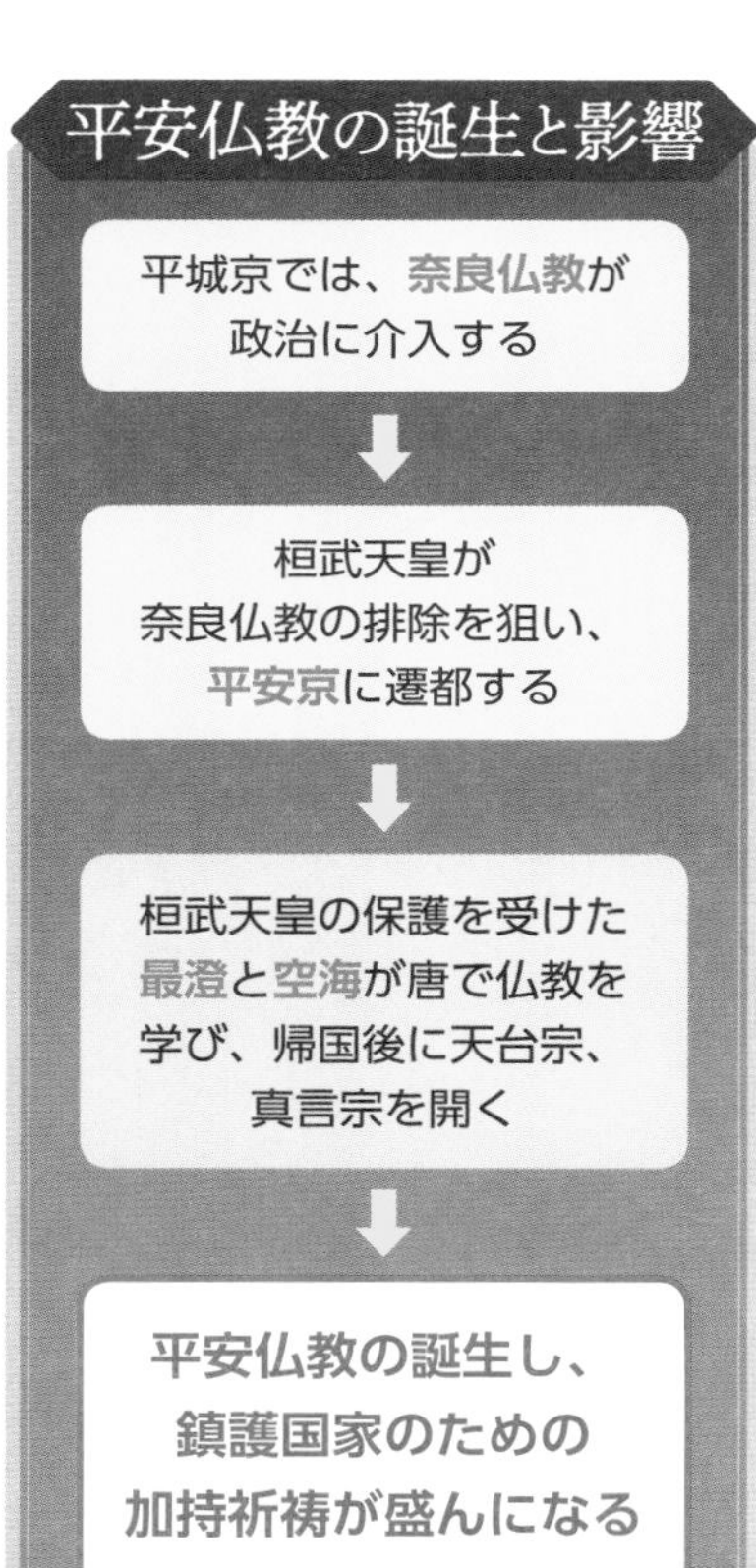

◆最澄（767〜822）
天台宗の開祖。比叡山で修行を積み、桓武天皇の信頼を得て入唐。帰国後に延暦寺を建立した。

◆空海（774〜835）
真言宗の開祖。最澄と同じく入唐し、長安で密教を学んで帰国。高野山に金剛峰寺を建立した。

戦争

802年

蝦夷征討

征夷大将軍に任命された坂上田村麻呂が蝦夷を降伏させて東北支配を確立する

権威の確立を狙う桓武天皇が本格的な蝦夷征討を実行

奈良時代、東北地方は大和朝廷の版図ではなく、**「蝦夷」**と呼ばれる人々に支配されていた。蝦夷とは、朝廷に従わない人々に対する呼称で、いわゆる日本人と人種的に異なるわけではなく、**竪穴住居**（→P45）に居住するなど、生活文化も関東・中部地方と基本的には同じであった。

　東北地方の開拓は、647年に**渟足柵**（新潟県）、翌年に**磐舟柵**（新潟県）という**城柵**（蝦夷地域支配の政治・軍事的拠点）を築いたことにはじまる。朝廷は**城柵**を拠点にして、関東・中部地方から集めた農民**「柵戸」**に開拓を進めさせ、**俘囚**（朝廷に従った蝦夷）から物資を徴収するなどして、支配地域を広げていった。

　ところが780年、朝廷に帰順していた**伊治呰麻呂**が反乱を起こし、陸奥（現在の東北地方東部）の国府がある**多賀城**（宮城県）を焼き払った。征討軍は多賀城を回復したが、人員、兵糧、武具が不足していたため軍の維持すら困難な状況に陥り、成果を上げられないまま解散した。この乱で、朝廷と蝦夷の対立は全面戦争へと突入したのである。

　788年、桓武天皇は**紀古佐美**を征東大使に任命し、大軍を北上川中

関連ページ
経 P60 平安京遷都
戦 P80 前九年・後三年の役

◆坂上田村麻呂（758〜811）

平安時代の武将。797年、征夷大将軍に任命され、蝦夷征討で武功を上げた。身長約176cmの大男で、穏やかな性格だったという。死後も伝説の武人として称えられ、京都の清水寺は田村麻呂の創建と伝えられる。

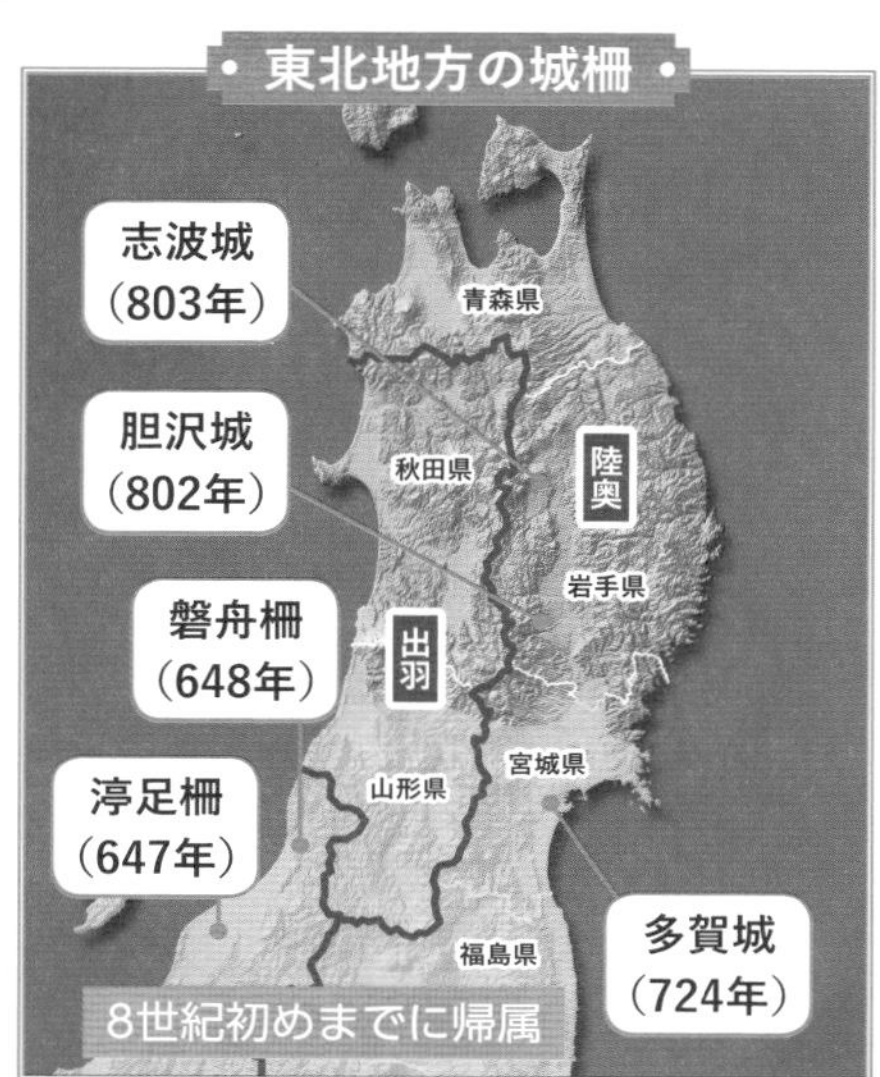

流の胆沢地方に進軍させたが、蝦夷の族長・**アテルイ**の巧みなゲリラ作戦によって大敗した。平安京遷都を直前に控え、権威を確立したい桓武天皇は、794年、側近の**坂上田村麻呂**を副使として大軍を派遣した。この戦いで中心的な役割を果たした田村麻呂は、797年に征夷大将軍に任命されることになった。

802年、田村麻呂は**胆沢城**（岩手県）を築き、さらに蝦夷軍との戦いで勝利。アテルイは500人を率いて降伏し、これを受け入れた田村麻呂は、アテルイらを連行して上京し、助命を訴えたが、群臣の反対によってアテルイは処刑されてしまう。

再び陸奥に向かった田村麻呂は、軍事官庁である**「鎮守府」**を多賀城から胆沢城に移し、さらに北方に最前線基地として**志波城**（岩手県）を築いた。田村麻呂は次の征討に向けて準備を整えていたが、桓武天皇は破綻寸前の財政と民衆の疲弊を理由に、征討を中止した。この後、811年に嵯峨天皇が**文屋綿麻呂**を征夷将軍として派遣したが、実質的には征討終結のための幕引きであり、これにより蝦夷征討は終結した。

その後、**同化政策**を進めたい朝廷は、多数の蝦夷を故郷から離れた場所に移住させたため、東北の既存の秩序は崩壊し、混乱した。こうした状況のなか、鎮守府が置かれた胆沢城を中心に、蝦夷系豪族が登用され支配体制に組み込まれていき、朝廷は東北でも勢力を広げていった。

◆**多賀城（復元模型）**

多賀城には国府（国司が政務を司る役所）の正庁が建ち、周囲は1辺約900mの築地塀で囲まれていた。

国立歴史民俗博物館所蔵

戦争

810年

平城太上天皇の変

平城上皇との争いに勝利した嵯峨天皇は 権限の強化を狙うが 藤原氏の台頭を招く

関連ページ
経 P60 平安京遷都
戦 P68 応天門の変
経 P70 遣唐使の中止

平城京の平城上皇は復位を狙って策謀を巡らす

806年、桓武天皇が病死すると、桓武の子・**平城天皇**が即位した。平城天皇は、深い関係にあった**藤原薬子**（藤原種継の娘）の夫を大宰府に左遷して、薬子を寵愛するようになった。権勢を得た薬子とその兄・**藤原仲成**は専横を極めたという。しかし平城天皇は病気のため、3年ほどで弟の**嵯峨天皇**に譲位し、薬子と仲成を連れて平城京へ移り住んだ。

ところが薬子は**尚侍**（天皇の秘書官）であったため、嵯峨天皇は太政官に命令を出せなくなり、機密情報が漏れる恐れが生じた。このため嵯峨天皇は、**令外官**（律令に規定のない新設の官職）として天皇直属の秘書官長**「蔵人頭」**を創設し、機密文書の管理にあたらせることにした。

病から回復し、復位を狙っていた**平城上皇**（平城太上天皇）は、これに反発。薬子と仲成と共謀し、平安京から平城京への遷都を命じた。貴族や官人は、天皇側と上皇側のどちらにつくべきか、選択を迫られた。

朝廷が2か所に存在する**「二所朝廷」**という異常事態に、迅速な対応をしたのは嵯峨天皇であった。嵯峨天皇は、**鈴鹿関**（三重県）・**不破関**（岐阜県）・**愛発関**（福井県）の3つ

平城太上天皇の変 対立関係

勝
平安京
弟 嵯峨天皇
↓ 信頼
藤原冬嗣（蔵人頭）
坂上田村麻呂

VS

負
平城京
兄 平城上皇
↓ 寵愛
藤原薬子
藤原仲成
（薬子の兄）

平城上皇は平城京への遷都を命じるが、
嵯峨天皇は迅速に兵を動かして勝利する。

の関所**「三関」**を閉鎖し、平安京に来ていた仲成を拘束。薬子の官位を剥奪した。これを知った平城上皇は激怒し、平城京の兵を率いて東国を目指したが、嵯峨天皇から派遣された**坂上田村麻呂**が、これを阻止。

敗北を知った平城上皇は平城京に戻って出家し、仲成は処刑され、薬子は自害した。この争乱は、**「薬子の変」**という名称が一般的であったが、平城上皇が主体的に行動していることから、近年では**「平城太上天皇の変」**と呼ばれる。

この事件により、さらなる治安・警察の必要性を感じた嵯峨天皇は、京の警備を担当する**「検非違使（けびいし）」**を設置した。蔵人頭や検非違使の創設は、天皇の権力を強化したが、「天皇と**個人的な関係**を結ぶことで、権力を得られる」という状況をつくり出した。その代表が、蔵人頭に任命された**藤原冬嗣（ふじわらのふゆつぐ）**だった。嵯峨天皇の信頼を得た冬嗣は、天皇の側近として絶大な権力を握るようになった。

冬嗣の子・**良房（よしふさ）**は、842年、嵯峨上皇が亡くなった直後、甥の**道康（みちやす）親王**（後の文徳天皇）を皇太子にすることを狙い、政敵であった**伴健岑（とものこわみね）**や**橘逸勢（たちばなのはやなり）**に謀反の罪を着せて、流刑に追い込んだ。この**「承和（じょうわ）の変」**により良房は権力を独占し、良房の子孫**「藤原北家」**が、天皇の**外戚（がいせき）**（母方の親類）として政治の実権を握るシステムを確立させたのである。

◆**検非違使**

京都の治安維持や民政を担当した。上級官は大鎧を着用したが、下級官は太刀や矛のみを装備した。

平城太上天皇の変の影響

嵯峨天皇は、律令の規定にない蔵人頭（天皇直属の秘書官長）や検非違使（京都の警察）を創設

↓

律令制において、上皇（太上天皇）は天皇と同等の権限があった

↓

天皇の権力が強化されたが、天皇と個人的に結んだ藤原氏が台頭する

◆**藤原冬嗣（775〜826）**

平安時代の貴族。嵯峨天皇に信頼され、最初の蔵人頭となった。藤原北家（藤原不比等の子・房前を始祖とする家系）繁栄の基礎を築いた。

戦争

866年

応天門の変

藤原良房は応天門の放火事件を利用して政敵を政権から排除し摂関政治を開始する

関連ページ

戦 P66 平城太上天皇の変
経 P70 遣唐使の中止
経 P72 延喜の荘園整理令

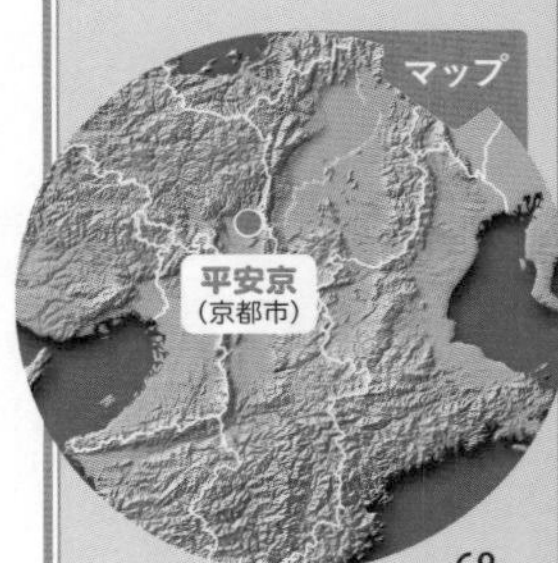

皇族以外で初の摂政となり実権を握った藤原良房

藤原良房は、自分の娘と、**「承和の変」**（➡P67）の後に皇太子となった道康親王を結婚させた。850年に道康親王が**文徳天皇**として即位すると、良房は臣下で最初の**太政大臣**（太政官の最高職）となり、左大臣には**源信**（みなもとのまこと）（良房の義理の兄弟）、右大臣には**藤原良相**（ふじわらのよしみ）（良房の弟）が任命された。

翌年、文徳天皇が病死し、良房の娘との間に生まれた惟仁（これひと）親王が、9歳で**清和**（せいわ）**天皇**として即位した。日本史上、はじめての幼帝であった。清和天皇の即位は良房の意向が反映されたものと考えられ、良房は清和天皇の外祖父として実権を握ることになり、事実上の**「摂政」**（幼少の天皇の補佐役）のはじまりとなった。

清和天皇の即位によって、皇統は嵯峨天皇の直系の父子に統一されたが、父系による**直系継承**は、天皇が早世した場合、幼帝が出現して政治が混乱しやすく、このため**母系による補佐**が必然的に必要となった。

これを利用して権力を独占したのが、良房の子孫**「藤原北家」**であった。864年に清和天皇が元服した後も、良房の権力は揺らぐことがなかったが、こうした状況のなか、傑

historical note

伴善男の怨霊を恐れるあまり譲位して出家した清和天皇

「天下の政を摂行せしむ」と良房に命じる清和天皇。

善男が配流先で亡くなった8年後の876年、大内裏の大極殿が炎上したが、大きな問題にはならなかった。政権が安定したためと考えられるが、清和天皇は体調を崩し、その2年後に9歳の陽成天皇に譲位し、出家した。さらに仏寺巡礼の旅に出て、激しい苦行などを行い、31歳の若さで亡くなった。これは、清和天皇が善男の怨霊を恐れたための行動という指摘もなされている。

摂関政治のしくみ

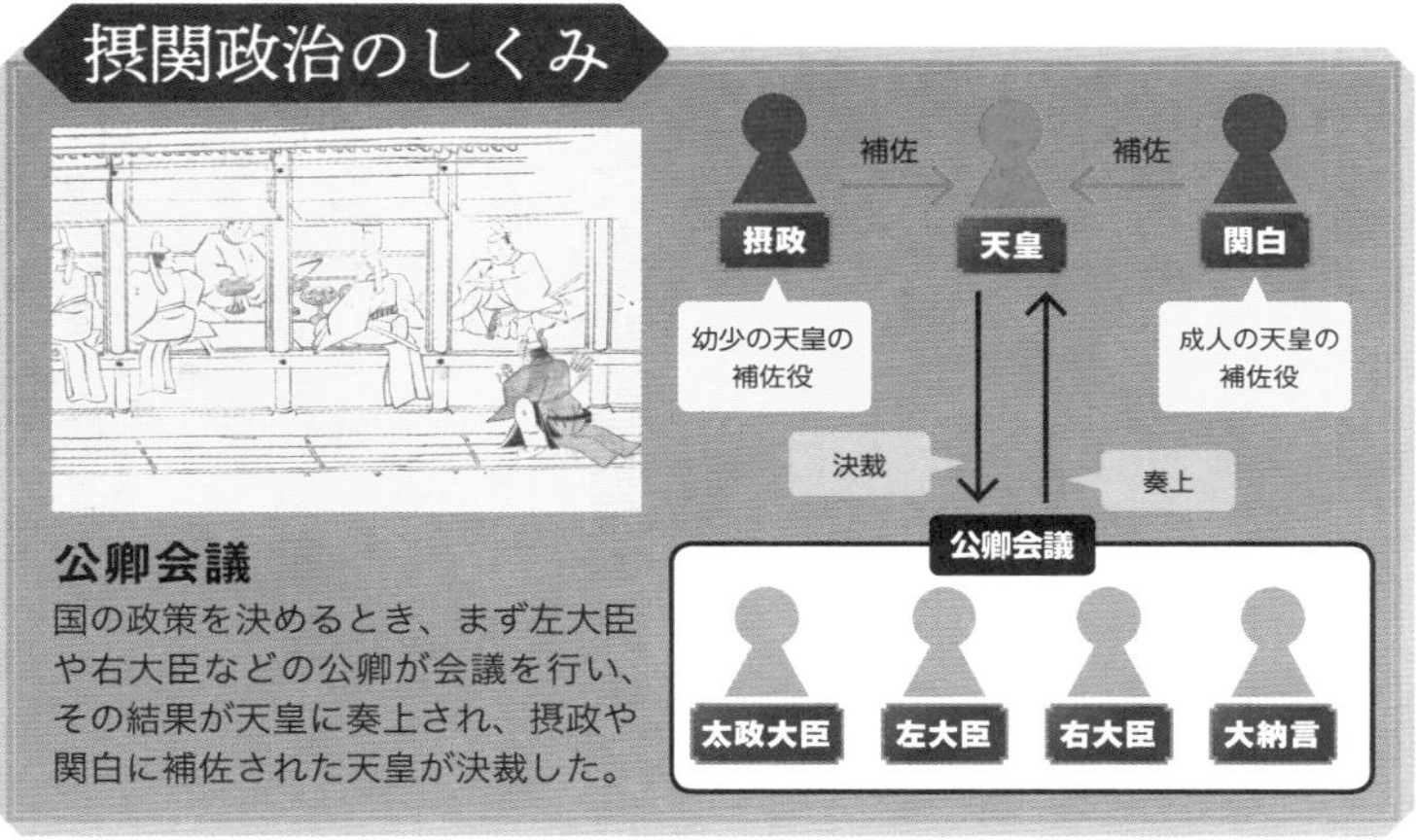

公卿会議
国の政策を決めるとき、まず左大臣や右大臣などの公卿が会議を行い、その結果が天皇に奏上され、摂政や関白に補佐された天皇が決裁した。

出した頭脳と政務能力で異例の昇進を遂げ、大納言に就任したのが、**伴善男**だった。善男は左大臣・源信と権力を争い、対立していた。

866年、平安京大内裏の**応天門**が焼け落ちた。原因は不明であったが、善男は源信の犯行であると判断し、右大臣・藤原良相と相談したうえで、源信の逮捕を決定した。これを知って驚いた良房は、清和天皇に報告し、逮捕を中断させた。

その後、放火は伴善男・中庸の父子の犯行であるとの密告があり、清和天皇は良房に「天下の政を**摂行**せしむ（天皇に代わって政治を行うこと）」と命じた。こうして良房は、臣下として最初に正式な摂政となり、事件の解明にあたった。

その結果、善男・中庸父子は流刑に処され、ヤマト政権の有力豪族として長年勢力を維持してきた伴氏は衰退することになった。この**「応天門の変」**の真相は不明であり、良房の陰謀という説もあるが、放火事件を利用して、良房が善男を政権内から排除したという説が有力だ。

良房の死後、その養子・**基経**は**陽成天皇**の摂政に任じられ、その後、対立した陽成天皇を退位に追い込み、55歳の**光孝天皇**を即位させた。光孝天皇より事実上の**関白**（成人した天皇の補佐役）に任じられた基経は、天皇をしのぐ権勢を誇り、以後、藤原北家が摂政と関白を独占して国政を運営するようになった。こうして藤原氏の**「摂関政治」**がはじまったのである。

摂関政治のはじまり

皇統が父兄による直系継承となる

▼

天皇の早世で幼帝が出現しやすい状況となる

▼

母系による幼帝の補佐が必要とされる

▼

天皇の外戚として藤原氏が権力を握り、摂関政治がはじまる

◆藤原良房（804〜872）
平安時代の貴族。幼い清和天皇を補佐し、応天門の変で摂政に任じられ、摂関政治の基礎を築いた。

経済

894年

遣唐使の中止

菅原道真の提案で遣唐使が中止されるが 民間交易は活発化し 国風文化が生まれる

関連ページ
戦 P68 応天門の変
経 P72 延喜の荘園整理令
経 P90 日宋貿易

宇多天皇に抜擢された道真が遣唐使派遣の再検討を求める

光孝天皇のもとで事実上の関白となった**藤原基経**（→P69）は、次に即位した21歳の**宇多天皇**から正式に**関白**に任命された。このときの任命文書に「阿衡の任をもって卿の任とすべし」と書かれてあり、阿衡が古代中国において実権のない名誉職であることを知った基経は、一切の職務を放棄。困惑した宇多天皇は、任命文書を書き直して和解した。

この**「阿衡の紛議」**は、天皇と基経の主導権争いであり、勝利した藤原氏は、幼い天皇の**摂政**として政治を動かすだけでなく、天皇が成人した後も、関白として実権を握ることが可能な体制を確立したのである。

８９１年、基経が亡くなると、藤原氏の権力を抑えたい宇多天皇は、**藤原時平**（基経の子）とともに、学者として評判の高かった**菅原道真**を**蔵人頭**（天皇直属の秘書官長）に抜擢した。

宇多天皇の信頼を得た道真は、８９４年、**遣唐大使**に任命されるが、道真は唐の情勢が混乱していることなどを理由に、派遣を**再検討**するべきだと訴え、延期する結果となった。この13年後に唐は滅亡したため、８３８年の遣唐使が、最後の派

historical note

カタカナは漢文を読み下すために ひらがなは和歌を詠むために発展

国風文化を代表する「かな文字」は、いわゆる「当て字」の万葉仮名から発展した。「カタカナ」は僧侶が経典の漢文に送り点・送り仮名をつけて和文として読むために成立した。一方、「ひらがな」は貴族女性を中心に使われた。これは女性が男性と交流する際、感情や思考を和歌として表現する必要があり、それには、ひらがなが最適であったためと考えられる。

『源氏物語』の原文は、ほとんどがひらがなで、一部に漢字が混じる。

遣となった。その後、中国に宋王朝が成立しても、日本から正式な使節が派遣されることはなかった。

一般的に、遣唐使の中止により、中国からの文物の流入が途絶し、**「国風文化」**が栄えたという理解がなされているが、大陸からの文物の流入は、中止以後のほうが盛んになっている。９世紀以降、唐や**新羅**（朝鮮半島の国家）では、国境の管理が緩み、海賊や商人が多数出現していた。

本来、遣唐使以外の国際交流は禁じられていたが、商人は希少な唐の文物を日本にもたらし、これを貴族らは争って求めた。道真は、遣唐使に頼らなくても、唐の文物や情報が得られることを知っていたのだ。

唐に続いて、９３５年に新羅が滅亡すると、東アジアでは国際商人の活動がさらに活発化し、遣唐使の時代より、国際的な交易は盛んになっていった。

唐製の**錦**や**鏡**、**陶器**、**紙**などは高級な贅沢品として珍重され、当時の貴族文化に絶対的に必要であった**砂糖**や衣服の**染料**、**香木**など、希少性の高い原材料は、輸入に頼らざるを得なかった。

つまり、国風文化とは、政治・経済の変革期において、**中国文化を模範**とし、日本風の文化要素を意識的に強調して生まれたものだったのである。

こうして日本は中国を強く意識するようになっていったが、朝鮮が抜け落ちる国際理解が進む傾向も生み出してしまったのである。

◆菅原道真（845〜903）

平安時代の学者・公卿。宇多天皇から信任を得て重用され、遣唐使の中止を建言した。異例の出世を重ね、右大臣に昇進するが、藤原時平の中傷により大宰府に左遷され、そこで病死した。後世に天神として崇拝され、「学問の神様」として親しまれる。

国風文化の成立

９世紀、国境の管理が緩み、商人の手によって**大陸の文物**が日本に流入する

遣唐使が廃止されるが、唐や新羅の滅亡により、**国際商人**の活動がさらに活発になる

↓

中国の文化を模範としつつ、日本風の文化要素が強く意識され、国風文化が誕生する

国立歴史民俗博物館所蔵

◆十二単（じゅうにひとえ）（復元）

貴族の女性は単（裏地のない下着）に、何枚もの袿（うちぎ）（広袖の衣服）を何枚も重ねて着た。重ね着の配色でセンスを競い合ったため、染料は貴族の衣服文化に不可欠だった。

経済

902年

延喜の荘園整理令

受領と対立した大名田堵や開発領主が徴税を逃れるために土地の寄進をはじめる

関連ページ
経 P44 墾田永年私財法
戦 P68 応天門の変
経 P82 院政の開始

マップ

田染荘（大分県）

脱税目的の寄進を禁止した「延喜の荘園整理令」

奈良時代、鎮護国家のための仏教は保護され、寺院が私有する田には税（**租**）が免除（**不輸**）されていた。

ところが743年に**墾田永年私財法**（↓P45）が出され、大寺院や貴族が開墾を進めたことで**「初期荘園」**が成立すると、藤原氏などの貴族は、寺院と同じように不輸を求めて、朝廷に圧力をかけるようになった。朝廷も、財源不足で貴族に支払う給料が不足していたため、その穴埋めに**「不輸の権」**を認めていったのである。

一方、重い税負担に苦しむ庶民の逃亡や性別・年齢のごまかしなどによって、**戸籍**は実態からかけ離れたものになっていき、律令制に基づく班田収授は崩壊の一途を辿っていた。

財政を維持できなくなった朝廷は、**国司**の権限を強化し、「一定額の税を朝廷に納入すれば、任国の統治は一任する」という方針に転換。任国に赴任する国司の首席（通常は守）は**「受領」**と呼ばれ、受領の任命には厳格なルールがあったが、「受領は倒るる所に土をも掴め（転んでもただでは起きるな）」と言われるように、農民を酷使して私腹を肥やす貪欲な受領も多かった。

こうして大きな権限を手にした受領は、有力農民（**田堵**）と契約を結んで、一定期間、土地の耕作を請け負わせ、そこから税を徴収した。税が徴収される土地は**「名」（名田）**と呼ばれ、田堵が「名」の耕作を請

◆醍醐天皇（885〜930）

60代天皇。宇多天皇の子で、菅原道真の左遷後は、藤原時平に実権を握られたが、時平の死後、自ら政治を行った。その治世は、村上天皇の時代とともに「延喜・天暦の治」と称えられた。

け負う体制は**「負名体制」**と呼ばれる。

田堵のなかで、広大な土地の耕作を請け負った者は**「大名田堵」**と呼ばれ、開墾で土地を開発した大名田堵は、**「開発領主」**と呼ばれるようになった。ところが大名田堵や開発領主が成長するにつれて、税の徴収を巡って受領と対立するようになる。

彼らは受領からの徴税を逃れるため、自分の土地を有力貴族や大寺院に**寄進**し、自らは**荘官**となって実質的な支配を継続するようになり、一定の収穫を寄進先に差し出した。これが**「寄進地系荘園」**である。

寄進先となった荘園領主は、不輸の権だけでなく、受領の派遣する役人の立ち入りを拒否できる**「不入の権」**も獲得していったため、荘園は国家の管理を離れていき、寄進地系荘園は全国各地に拡大。荘園の寄進が集中した藤原氏は、莫大な財力を獲得することになった。

こうした状況に危機感を抱いた、**醍醐天皇**は、902年、**「延喜の荘園整理令」**を出し、脱税目的の違法な荘園の寄進を禁止した。しかし受領の多くは有力貴族と癒着していたため、効果はほとんどなかった。

受領のなかには、任国に赴任せず京都に留まり（**遙任**）、自分の代わりに**目代**を派遣して、収入だけを得る者が多く現れるようになった。

このため地方の政治は、目代を中心に、在地の豪族から選ばれた役人（在庁官人）が取り仕切るようになっていったのである。地方政治への関心を失った京都の有力貴族たちは、朝廷から給料をもらう必要もなくなり、興味があるのは**「朝廷の人事」**だけという状態になっていった。

寄進地系荘園の誕生

受領は徴税請負人として大きな権限を手に入れる

受領は有力農民（田堵）に土地を耕作させ、税を徴収する

有力な田堵（大名田堵）や土地を開発した開発領主は、徴税を巡って受領と対立する

受領の徴税を逃れようと、土地を有力貴族などに寄進したため、「寄進地系荘園」が誕生する

公益社団法人ツーリズムおおいた写真提供

◆**田染荘**

大分県豊後高田市の田染荘は、宇佐神宮が開墾した荘園で、平安時代の水田の位置がほとんど変わらず残っているとされる。

戦争

939年

承平・天慶の乱

軍事貴族が地方豪族や開発領主と結んで 武士団を形成して朝廷に反乱を起こす

関連ページ

戦 P64 蝦夷征討
戦 P80 前九年・後三年の役
経 P82 院政の開始

地方と京都の二系統から「武士」が誕生する

平安時代中期、土地を開墾した**開発領主**や、**健児（こんでい）の制**（→P80）によって地方軍事を担った**郡司**（地方官）や豪族たちは、勢力を拡大・維持するために武装した。彼らは**馬**に乗って弓で戦うことが特徴で、**「兵（つわもの）」**と呼ばれ、**家子（いえのこ）**（一族）や**郎党（ろうとう）**（従者）を率いて、周辺の勢力と戦った。

また、畿内の下級貴族の中には、武芸を磨いて群盗追討で功績を上げ、**「軍事貴族」**となった者たちもいた。彼らも「兵」や**「武士」**などと呼ばれ、宮中や貴族の警護にあたるようになった。「武士」は、この**二系統**から誕生したのである。

軍事貴族のなかには、地方官として赴任した後、任期終了後も中央に戻らず、地方武士と関係を結び、一族を中心に**「武士団」**を形成する者もいた。桓武天皇の孫で東国（関東）に土着した**高望王（たかもちおう）**を祖とする**「桓武平氏」**や、清和天皇の孫・**源経基（みなもとのつねもと）**を祖とし、摂津（現在の兵庫県）を本拠地とする**「清和源氏」**などが、代表的な武士団として知られる。

桓武平氏のうち下総北部（現在の茨城県）を拠点にしていた**平将門（たいらのまさかど）**は、935年、土地を巡る争いで叔父・**平国香（たいらのくにか）**を殺害し、**平貞盛**（国香の子）らと私闘を繰り広げた。

939年、将門は常陸（現在の茨城県）の**国府**（国司が政務を司る役所）を襲撃し、さらに周辺の国府を攻め落として占領。関東一帯を支配下に置き、朝廷の許可なく国司を任命し、自らを**新皇（しんのう）**と称した。

翌年、京都から将門討伐軍が派遣

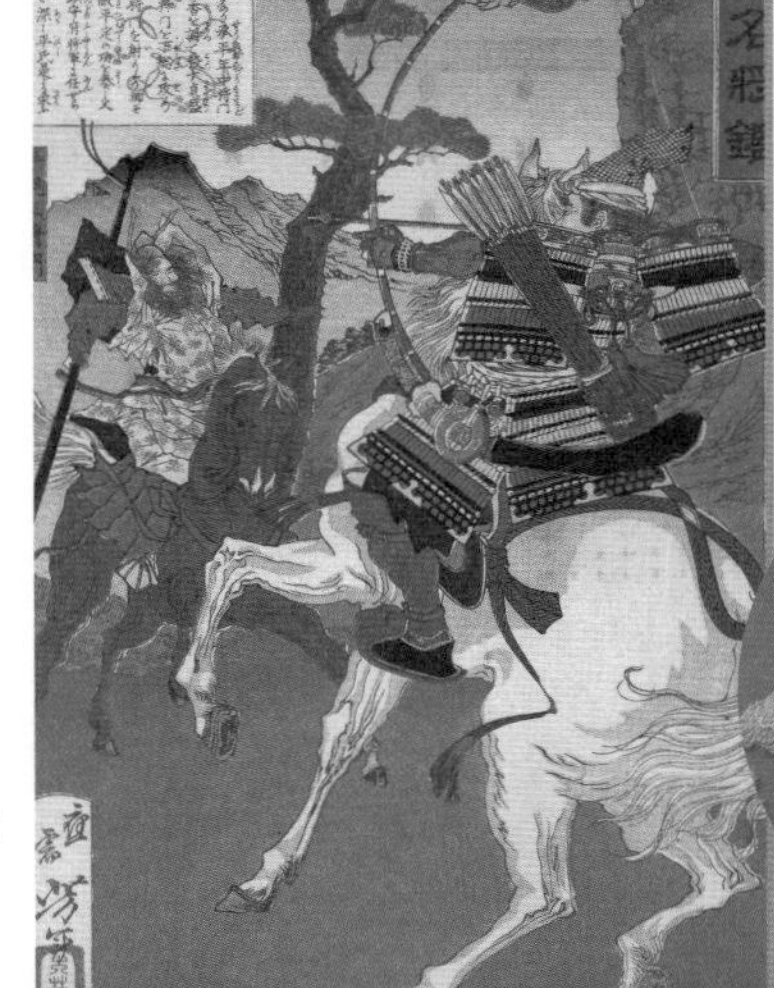

◆貞盛に討たれる将門
将門は新皇を称して、わずか2か月後に戦死した。

されたが、その到着前に、平貞盛は、下野（現在の栃木県）の**押領使**（地方警察）だった**藤原秀郷**らの協力を得て、将門の本拠地・石井（茨城県）を攻めて、将門を討ち取った**（平将門の乱）**。

時を同じくして、伊予（現在の愛媛県）に地方役人として赴任していた**藤原純友**が、**日振島**（愛媛県）を拠点に朝廷に不満を高めていた瀬戸内海の海賊を率いて反乱を起こした。

朝廷は純友に官職を与えて懐柔しようとしたが、純友は海賊行為を続け、淡路（現在の淡路島）を占領。周防（現在の山口県）の**鋳銭司**（造幣局）を襲撃し、続いて**大宰府**（福岡県）を攻略。しかし朝廷から派遣された**小野好古**や**源経基**（清和源氏の祖）らに討たれた**（藤原純友の乱）**。

将門と純友の反乱は、元号から**「承平・天慶の乱」**と呼ばれる（近年では**「天慶の乱」**が一般化しつつある）。反乱は鎮圧されたが、軍事力を持たない朝廷の貴族たちは、地方武士の実力を思い知ることになり、武士を**「侍」**（人に奉仕する者）として積極的に採用するようになった。

平将門の乱 関連地図

939年12月
②新皇を称する
将門が上野国府で「新皇」に即位し、関東諸国の国司を任命

939年11～12月
①国府を占領
将門軍が常陸・上野・下野の国府を襲撃して占領

940年2月
③朝廷軍に敗北
将門軍は、下総猿島郡で平貞盛・藤原秀郷らに敗北して戦死

藤原秀郷　平貞盛　源経基　平良兼
上野　下野　常陸　唐沢山　筑波山　猿島郡　鎌輪　豊田郡　石井　真壁郡　鹿島神宮　香取神宮　武蔵　相馬郡　下総　甲斐　相模　上総　安房　伊豆

平将門の本拠地　将門らの襲撃地　将門の最大勢力範囲　朝廷側の武将　国府

藤原純友の乱 関連地図

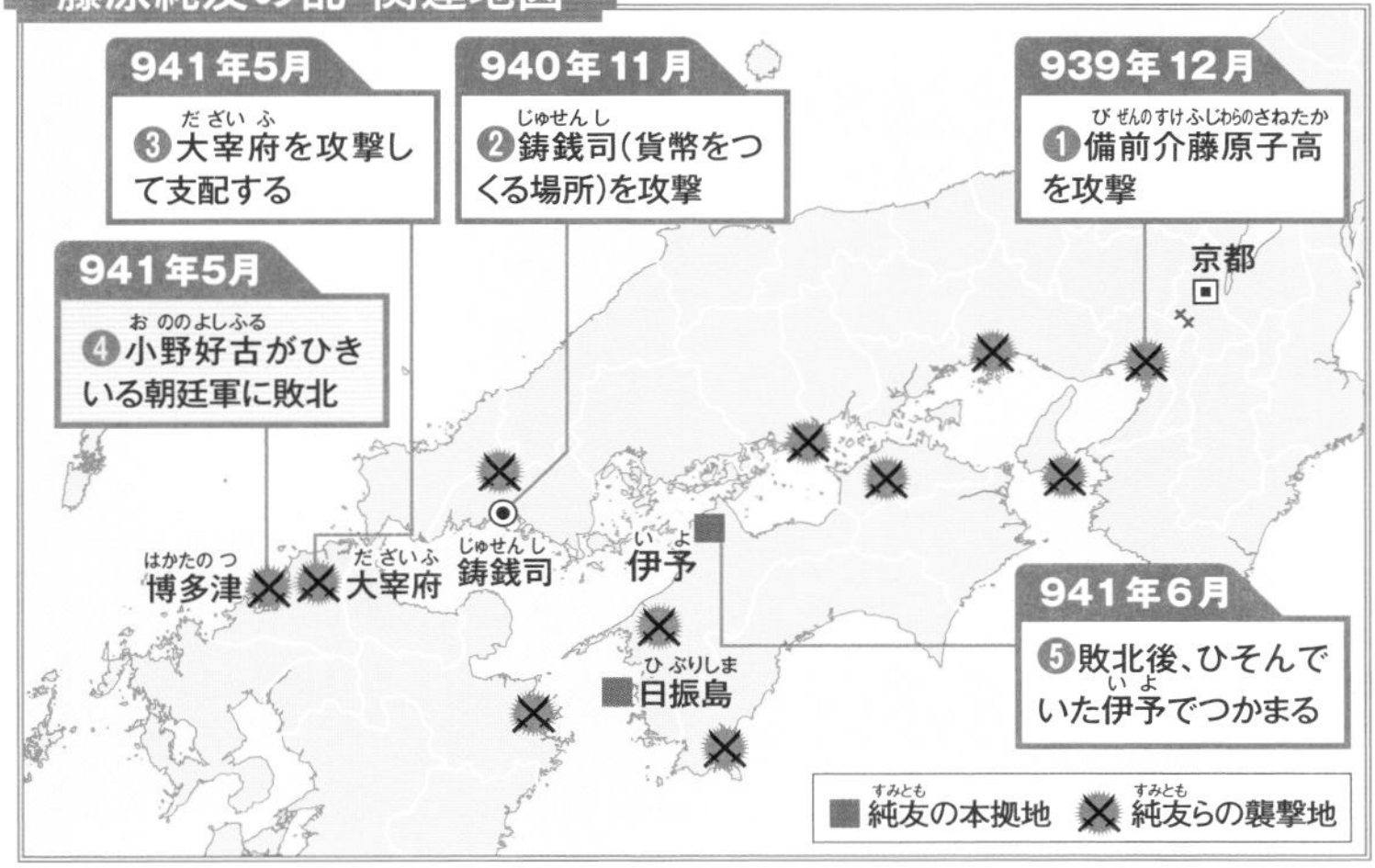

939年12月
①備前介藤原子高を攻撃

940年11月
②鋳銭司（貨幣をつくる場所）を攻撃

941年5月
③大宰府を攻撃して支配する

941年5月
④小野好古がひきいる朝廷軍に敗北

941年6月
⑤敗北後、ひそんでいた伊予でつかまる

京都　博多津　大宰府　鋳銭司　伊予　日振島

純友の本拠地　純友らの襲撃地

宗教

11世紀

陰陽師の活躍

怨霊による災禍を恐れる貴族たちは極めて迷信深くなり陰陽師や祈祷に頼る

関連ページ

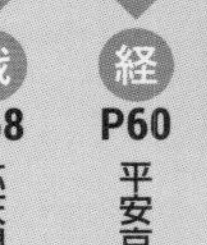

経 P60 平安京遷都
戦 P68 応天門の変
宗 P78 浄土教の流行

最高権力者・道長が安倍晴明を深く信頼する

菅原道真の左遷後、**醍醐天皇**（↓P72）や**村上天皇**は親政を行い、摂政や関白は置かれなかった。しかし村上天皇が亡くなると、**藤原北家**は再び権力奪取へと動きはじめ、969年、左大臣・**源高明**に謀反の罪を着せ大宰府に左遷（**安和の変**）。これで藤原北家に対抗できる勢力はなくなり、以後、藤原北家が**摂政・関白**を独占する状態が続いた。

藤原道長は、摂政・関白となった**藤原兼家**の五男で、兄の**道隆**や**道兼**が相次いで病死した後、道隆の子・**伊周**との権力闘争に勝利し、藤原氏の統率者**「氏長者」**の地位を獲得。

道長が摂政の位に就いた期間は、わずか1年であるが、道長は自分の娘4人を天皇に嫁がせ、**一条・三条・後一条**の3人の天皇の**外戚**（母方の親類）として政治を動かし、**「摂関政治」**の全盛期を築いた。

娘・威子が後一条天皇の皇后になった日の祝宴で、「この世をば我が世とぞ思ふ望月の欠けたることもなしと思えば（この世は、自分のもの。完全な満月のように欠けたものはない）」という歌を詠んだことはよく知られる。

最高権力者となった道長が、深い

historical note

病気の原因は怨霊のしわざで祈祷は最高の医療行為だった

平安時代、病気の原因は怨霊のしわざと信じられていた。病気の治療には、薬草の投与や鍼灸などのほか、手術が行われることもあったが、祈祷が最も重要な医療行為だった。

このため病人が出ると、陰陽師や修験者、密教僧などを探し回って祈祷させた。貴族の食事は栄養バランスが悪く、道長の死因は糖尿病だったと考えられている。

平安時代の白内障の手術。

信頼を寄せていたのが、**陰陽師・安倍晴明**であった。陰陽師とは陰陽寮という役所で、天文暦法を司り、陰陽道による術を行う役職である。
陰陽道とは、天体の運行や自然現象などから人間の吉凶を占うもので、晴明は卓越した能力をもつ陰陽師として貴族たちの信頼を集めていた。道長の日記**『御堂関白記』**には、晴明が雨乞いの儀式を行い、雨を降らせたことが記されている。

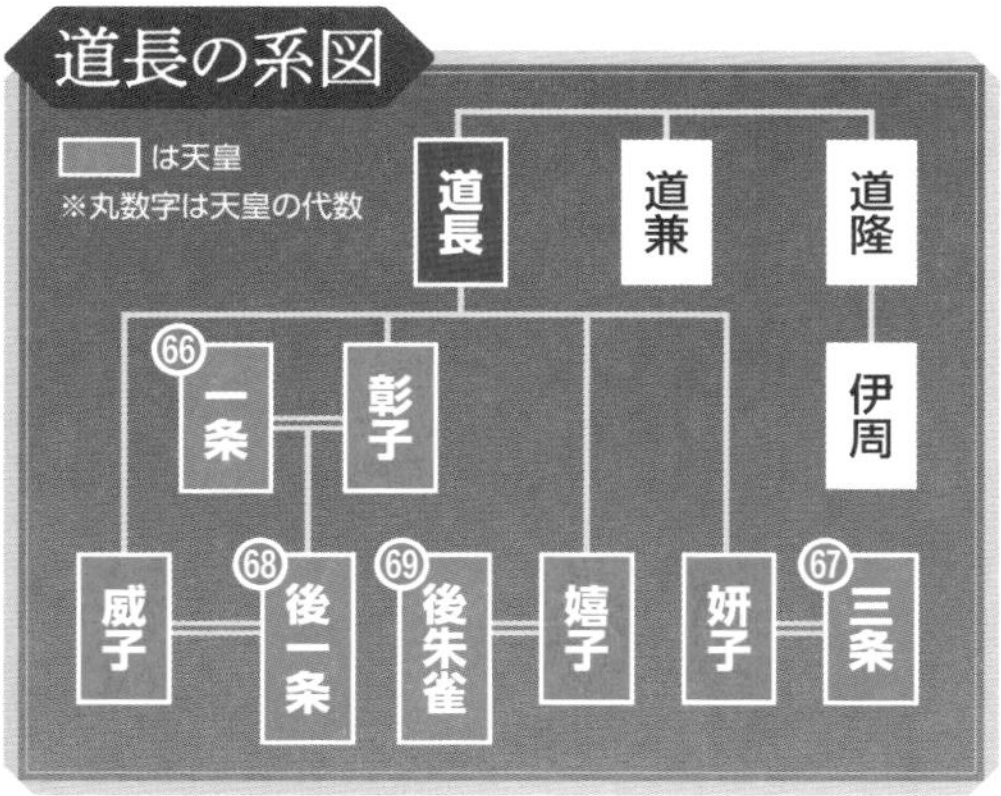

彰子
紫式部
後一条天皇
藤原道長

◆**後一条天皇の誕生を祝う道長**

後一条天皇誕生50日目の祝賀の儀式。これにより道長は皇子の外祖父となった。

平安時代の貴族たちは、極めて迷信深く、怨霊の存在を信じ、これを恐れ、自分の身に災禍が降りかからないよう、吉凶を案じ、呪文を唱え、祈祷を行った。**『源氏物語』**には、六条御息所の生霊や「もののけ」などが描かれているが、当時の平安貴族にとって怨霊による災禍が切実な問題であったことがうかがえる。
貴族たちの**迷信深さ**は、彼らの出世が身分や家柄によってほぼ決まり、**能力よりも運**によって人生が左右されることが多かったためである。道長が最高権力者となれたのは、本人の才能や努力だけでなく、兄が病死したり、娘が天皇の皇子を産んだりといった幸運に恵まれたことが大きい。そのことを最も自覚していたのは、おそらく道長自身であった。道長は、ほかの貴族と同様、幸運を願って陰陽師の力を頼ったのである。

道長の系図

□は天皇
※丸数字は天皇の代数

道隆　道兼　道長
伊周
66 一条　彰子
威子　68 後一条　69 後朱雀　嬉子　妍子　67 三条

安倍晴明
疫病神
式神

◆**祈祷を行う安倍晴明（復元模型）**

安倍晴明が、式神と呼ばれる鬼を従えて、病気や不幸をもたらす疫病神を、祈祷によって退治している。

国立歴史民俗博物館所蔵

宗教

11世紀

浄土教の流行

末法思想が広まるなかで人々は阿弥陀仏に救いを求め極楽浄土への往生を願う

関連ページ

経 P60 平安京遷都

宗 P76 陰陽師の活躍

宗 P84 中尊寺金色堂の建立

「厭離穢土」「欣求浄土」が浄土教の最重要のテーマ

迷信深い平安時代の貴族たちは、災禍が身に及ばないよう、**祈祷**(きとう)(→P77)に頼った。祈祷を行ったのは、陰陽師や修験者のほか、天台宗・真言宗の**密教僧**であった。それまで鎮護国家のために信仰された仏教は、**現世利益**(げんぜりやく)(この世で受ける仏の恵み)を期待されるようになった。

恨みを抱えた怨霊や、災禍をもたらす厄神などを慰めることで祟りから逃れようとする**「御霊会」**(ごりょうえ)も盛んに行われた。藤原氏の陰謀の犠牲となった**菅原道真**を**北野天満宮**で祀ったり、厄神を**八坂神社**(祇園社)で祀る**「祇園祭**(ぎおんまつり)**(祇園御霊会)」**がはじまるなど御霊信仰は広がった。

その一方、**阿弥陀如来**の住む**極楽浄土**へ**往生**(死後、極楽で生まれ変わること)すれば、現世の苦しみから救われると説く**「浄土教」**が流行した。9世紀、浄土教を本格的に日本にもたらした天台宗の僧・**円仁**(えんにん)は、阿弥陀如来を念じながら、**「南無阿弥陀仏」**という**念仏**を唱えるという修行を広めた。10世紀には、諸国を遍歴した僧で、**「市聖」**(いちのひじり)と呼ばれた**空也**が、京都市中で念仏と浄土信仰を熱心に説き、信仰を集めた。

続いて天台宗出身の**源信**(げんしん)**(恵心僧**(えしんそう)

浄土教の思想

浄土教における救済は、現世ではなく、来世にあると説かれる。

来世(極楽浄土)
阿弥陀如来が住む清浄な世界で、一切の苦しみがない

来迎
念仏を唱える者を阿弥陀如来が迎えに来る

現世(この世)
煩悩にまみれた衆生が住む穢れた世界で、苦しみに満ちている

往生
死後、極楽浄土に生まれること

都)が**『往生要集』**を著し、**「厭離穢土」**(穢れた現世を離れたいと願う)**「欣求浄土」**(極楽浄土に往生することを求める)をテーマに、阿弥陀如来の超越性を強調し、往生の方法を具体的に解説した。そこでは念仏を唱えることより、極楽浄土をイメージすることが重視されたのである。

11世紀、貴族たちが朝廷の人事と蓄財にしか興味を示さなくなると、民衆の苦しみは重税や災害で拡大し、治安は悪化した。社会不安が増大するなか、1052年から釈迦の教えが衰える**「末法」**がはじまると説く**「末法思想」**が流行したため、浄土教はさらに広まり、貴族の間にも浸透していった。

晩年、病に苦しみ、出家した道長は浄土教に傾倒し、現世に極楽浄土を表現することを願い、莫大な私財を投じ、壮麗な**法成寺**を建立した。臨終に際しては法成寺の阿弥陀堂に伏して、阿弥陀如来像の手から伸びる糸を握りしめながら亡くなったという。

道長の死後に権力を握った**頼通**(道長の子)は、京都南郊の宇治に**阿弥陀堂(鳳凰堂)**を建立し、仏師**定朝**に阿弥陀如来坐像を制作させた。また、**衆生**(生きとし生けるもの)を極楽浄土に迎えるために、雲に乗った阿弥陀如来が菩薩を従えて現世に降臨する様子を表した**「来迎図」**が多く描かれた。

平等院所蔵

◆**阿弥陀如来坐像**

平等院鳳凰堂の本尊で、仏師・定朝が寄木造(複数の木材を組み合わせる技法)によって制作した。

奈良国立博物館所蔵(森村欣司撮影)

◆**阿弥陀聖衆来迎図**

念仏者を浄土に迎えるため、阿弥陀如来が菩薩を従えて人間界に来臨する図で、平安時代中期〜鎌倉時代に多く制作された。

前九年・後三年の役を通じて 東国武士を従えた源氏は武家の棟梁となる

関連ページ
戦 P64 蝦夷征討
経 P82 院政の開始
宗 P84 中尊寺金色堂の建立

東北の富を求めて 源氏が紛争に介入する

律令制において、日本の正規の軍事組織は、各地に置かれた**「軍団」**だったが、兵士は徴発された農民だったので質は低かった。このため**桓武天皇**は一部を除いて軍団兵士を廃止、**「健児（こんでい）の制」**を設けた。これは**郡司**（地方官）や有力農民の子弟から、志願による精鋭部隊を編成するものであったが、これにより日本から**「正規軍」**が消えたのである。

平安時代は、寄進地系荘園の発達により、有力貴族は京都に居住し、遠方の領地から収入を得ることになった。位階は朝廷から与えられ武装することもなかった。これは、ヨーロッパの貴族が武装して領地に住み、その土地の徴税権や刑罰権をもっていたのとは著しく違っている。

こうした状況は、地方で武士勢力が定着・拡大していく結果となった。各地に誕生した武士団の統率者**「棟梁」**は、名門の血筋を引く軍事貴族が選ばれ、名門武士団の**「清和源氏」**は、1028年に東国で起きた**「平忠常（たいらのただつね）の乱」**を平定したことをきっかけに、畿内から東国へ進出した。

1051年、**奥六郡（おくろくぐん）**（現在の岩手県一帯）で半独立勢力を築いていた豪族・**安倍氏**が、対立した**陸奥守**（陸

前九年の役 関連地図

清原氏を味方につけた源頼義は、厨川柵に安倍氏を追い詰め、攻め滅ぼした。

出羽
陸奥
岩手郡
厨川柵（くりやがわ）
比与鳥柵（ひよどり）
日爪館（ひつめ）
紫波郡
鶴脛柵（つるはぎ）
稗貫郡
和賀郡
黒沢尻柵（くろさわじり）
鳥海柵（とのみ）
胆沢城（鎮守府）
白鳥柵（しらとり）
胆沢郡
江刺郡
衣川柵（ころもがわ）
最上川
平泉
小松柵（こまつ）
河崎柵（かわさき）
鬼切部の戦い（おにきりべ）
黄海の戦い
多賀城（たが）
国府
北上川
合戦前の安倍氏の勢力範囲
源頼義の推定進路
奥六郡

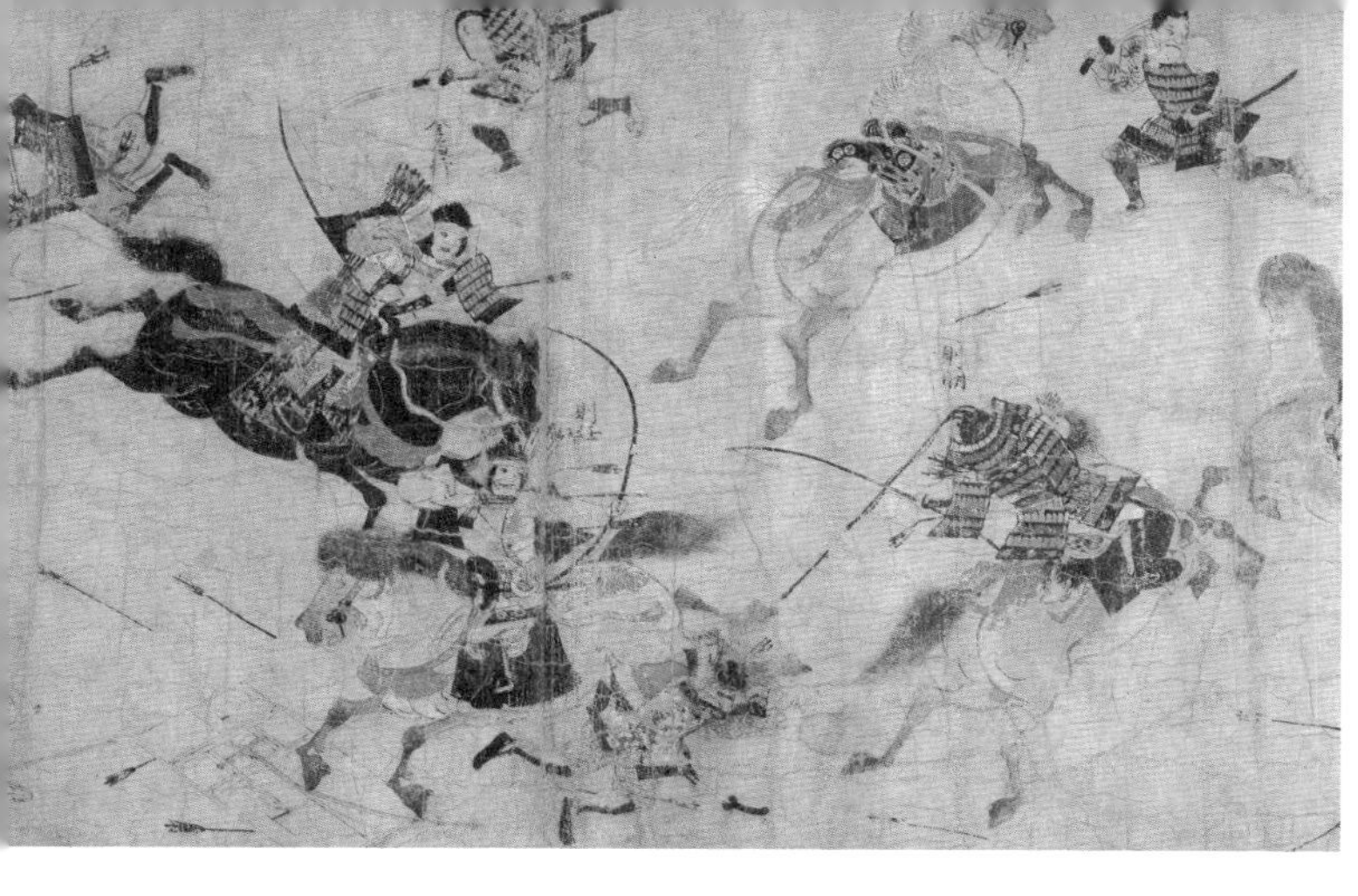

◆黄海の戦い

『前九年合戦絵詞』に描かれた「黄海の戦い」の場面で、騎馬武者は、弓矢で戦っていたことがわかる。当時は個人戦闘が中心で、集団で騎兵を活用する戦法はなく、相手を落馬させた後、刀で首を切った。

国立歴史民俗博物館所蔵

奥の地方長官）を鬼切部（宮城県）で破り、反乱を起こした。朝廷は、源氏の棟梁・**源頼義**を多賀城（宮城県）に派遣し、安倍氏はいったん服従したが、再び反逆。

１０５７年、頼義は黄海（岩手県）で安倍軍と激突したが大敗し、頼義は、子の義家を含めた７騎でかろうじて戦場を脱出した**（黄海の戦い）**。その後、頼義は出羽（現在の秋田県）の豪族・**清原氏**の協力を得て、安倍氏の拠点を攻め落とし、**「厨川の戦い」**で安倍氏を滅ぼした**（前九年の役）**。

安倍氏に代わって東北の覇者となった清原氏だったが、後継者の座を巡って、**清原家衡**と**藤原清衡**との間で、内紛が起こった。

１０８３年、陸奥守となった**源義家**は、清原氏の内紛に介入し、清衡に味方した。義家と清衡は、苦戦の末、家衡の本拠地であった**金沢柵**（秋田県）を兵糧攻めで攻め落とした**（後三年の役）**。

義家が内紛に介入したのは、当時の東北では**砂金**や**馬**などが産出し、**昆布**や矢羽用の**鷲の羽**、**熊の毛皮**などを交易で入手できたことから、その富を狙ったためともいわれる。

この戦いは朝廷から**私戦**とみなされ、恩賞は与えられなかったが、義家は自分の財産から、参加した東国武士に恩賞を与えた。これにより源氏は東国武士との関係を強め、**「武士の棟梁」**の地位を固めたのである。

家衡を倒した清衡は、広大な所領を手に入れ、奥州藤原氏発展の基礎を築いた。

経済

1086年

院政の開始

上皇となって権力を握った白河上皇は 大寺院を隠れ蓑にして 全国の荘園を集積する

関連ページ

戦 P68 応天門の変
経 P72 延喜の荘園整理令
戦 P86 保元の乱

公領を私物化することで貴族をコントロールする

藤原道長の子・**頼通**は後一条・後朱雀・後冷泉の3代の天皇の摂政・関白となり、約50年間、権力を握り続けた。この間、藤原氏への荘園の寄進は加速。**公領**（国司の支配地）からの税収は減少の一途を辿った。

頼通は天皇の外祖父（母方の祖父）になれなかったため、1068年、藤原氏を外祖父としない**後三条天皇**が即位した。翌年、後三条天皇が、藤原氏の権力の源泉だった寄進地系荘園の増加を抑えるために出したのが、**「延久の荘園整理令」**である。

それまでの荘園整理令は、**国司**（受領）と藤原氏が癒着していたため効果がなかったが、この整理令は、**「記録荘園券契所（記録所）」**という第三者機関が荘園を審査し、例外を設けず、不正な荘園を徹底的に摘発し、没収していった。これにより公領と荘園が明確に区別されて**「荘園公領制」**が確立し、藤原氏の勢力は急速に衰えていった。

即位から4年後、後三条天皇は子の**白河天皇**に譲位したが、翌年、病に倒れて亡くなった。白河天皇は、1086年、8歳の**堀河天皇**に譲位して**「上皇」**となり、**「院政」**を開始。これは皇位継承に最有力だった弟・

historical note

院政を行った歴代の上皇たちは救いを求めて熊野詣を繰り返した

白河上皇は、紀伊（現在の和歌山県）の熊野三山（熊野本宮大社・熊野速玉大社・熊野那智大社）に参詣する「熊野詣」を9回も行っている。院政を引き継いだ上皇たちも熊野詣を繰り返し行い、鳥羽上皇は21回、後白河上皇は34回にも及んだ。これは熊野が修験道の聖地で、極楽浄土の地と見なされ、参詣回数が多いほど救われるとされたためという。

熊野本宮大社。熊野詣の旅程は約1か月で、莫大な費用がかかった。

公益社団法人和歌山県観光連盟写真提供

輔仁親王を排除し、自分の実子に皇位継承させるためで、堀河天皇が29歳で早世すると、その皇子・**鳥羽天皇**を5歳で即位させ、鳥羽天皇が成人すると、その皇子・**崇徳天皇**を5歳で即位させた。

こうして自分の系統に皇位を継承させることに成功した白河上皇は、その過程で、**幼帝**に代わって実権を握り、自由な立場で政治を行うようになった。

院政の呼称は退位した天皇が**院**と呼ばれたためで、院の政務場所は**「院庁」**と呼ばれた。院庁が下す文書**「院庁下文」**や上皇の命令を伝える**「院宣」**は強い権威をもち、院庁の警護のために**「北面の武士」**を組織し、源氏や平氏を取り込んだ。

権力を握った白河上皇のもとには、全国から荘園の寄進が集中したが、上皇とはいえ、荘園を集積して私有財産を築くことは問題があった。そこで白河上皇は、**法勝寺**などの大寺院を建立し、その寺院を隠れ蓑にして荘園を自らに寄進させた。また、**院近臣**（院の側近集団）の中・下級貴族たちに荘園を下賜し、豊かな国の国司に任命して恩を売り、大寺院や御所の造営を請け負わせた。

身分上、受領になれない上級貴族には、給料を払う代わりに、彼らに一国の**知行権**（支配権）を与え、その国の税収を自由に取得できるようにさせた**（知行国制）**。さらに院自身が**「院分国」**という知行国を所有するようになった。

莫大な富と権力を手にした白河上皇は、「思い通りにならないのは、鴨川の洪水、僧兵、双六の賽の目だけだ」と語ったという。

◆白河上皇の行幸

白河上皇が乗る牛車に、貴族や武士たちが整列して控えており、白河上皇の権勢が伝わる。

院政の財政基盤

- **院が建立した寺院**に荘園を寄進させて集積する。
- **院近臣**に荘園を下賜したり、官職を優遇したりして恩を売り、寺院の造営などに奉仕させる。
- **院分国**という知行国を所有し、公領から税収を得る。

◆白河上皇（1053〜1129）

72代天皇。子の堀河天皇に譲位後、上皇として院政を開始。44歳で出家して法皇となったが、堀河・鳥羽・崇徳の３代の天皇の43年間にわたって権力を握った。

宗教

1124年

中尊寺金色堂の建立

奥州に半独立勢力を築いた藤原清衡は 戦没者と武士の救済のため 平泉に浄土を再現する

関連ページ

宗 P78 浄土教の流行
戦 P80 前九年・後三年の役
経 P82 院政の開始

マップ
平泉（岩手県）

殺戮の悲劇に巻き込まれた藤原清衡の前半生

平安時代末期、東北地方を支配したのが、**「奥州藤原氏（おうしゅうふじわらし）」**である。奥州藤原氏の祖である**藤原清衡（ふじわらのきよひら）**の父・藤原経清（つねきよ）は、平将門の乱で活躍した**藤原秀郷**の子孫で、清衡の母は陸奥（現在の東北地方東部）を治めた安倍頼時（あべのよりとき）の娘であった。

前九年の役（↓P80）で、安倍氏が敗れたため、経清は処刑されたが、母が敵方の清原氏に嫁いだことで、清衡は命を救われた。その後、清原氏の内部抗争に巻き込まれた清衡は、清原家衡に襲撃され、妻子一族を皆殺しにされたが、源義家を味方につけて、勝利した**（後三年の役）**。

これにより清衡は、安倍氏の陸奥と、清原氏の出羽（現在の東北地方西部）の勢力を引き継ぐことになり、奥州（陸奥の別称）の統治者となった。そして、水運・陸運の要衝であった**平泉**（岩手県）に本拠地を移した。平泉は陸奥の国府が置かれた多賀城（宮城県）から遠く離れており、清衡は平泉を中心に独自の支配体制を築いていったのである。

このため奥州藤原氏は、「半独立国家」を築いたと理解されているが、その一方、京都との繋がりは強かった。清衡は陸奥の**押領使（おうりょうし）**（地方警察）に任命され、**陸奥守**（陸奥の国司）となった院近臣などを通じて院政や藤原摂関家と深い関係を築き、奥州の行政文書の管理も担当していた。

また清衡は、奥州で産出する豊富

歴史公園［えさし藤原の郷］写真提供

◆中尊寺金色堂（再現）
金色堂には清衡をはじめ、奥州藤原氏４代の亡骸が納められている。

な**砂金**を背景に、平泉を拠点に朝鮮半島やオホーツクなどとの**北方交易**に着手。さらに**宋**（中国）とも貿易を行い、莫大な利益を獲得した。その財力をもとに、浄土教を深く信仰した清衡が目指したのが、極楽浄土を現世に表現するため、平泉を**宗教都市**につくり上げることであった。

その動機は、前九年・後三年の役などの戦乱を通じて、多くの近親者を失った清衡が、戦没者の鎮魂と、仏教の戒める**「殺生」**を生業にするしかなかった、自らを含めた「武士」の救済と極楽往生を願ったためといわれる。清衡は50歳になったとき、平泉に**「中尊寺（ちゅうそんじ）」**の造立を開始した。創建当初の伽藍は火災で焼失したが、往時の姿を唯一留める**「金色堂」**は、清衡が自身の廟堂として建立した阿弥陀堂で、内外を金箔で覆い堂内に螺鈿をちりばめている。清衡は、金色堂が完成した翌年、73歳で病死した。

「平泉の浄土化」を目指す事業は、その清衡の子孫に引き継がれ、2代**基衡（もとひら）**は**「毛越寺」**、3代**秀衡（ひでひら）**は**「無量光院」**と、それぞれ巨大な寺院を造営したのである。

毛越寺所蔵

◆藤原三代画像
奥州藤原氏の初代・清衡(1056〜1128)と、2代・基衡(?〜1157)、3代・秀衡(?〜1187)は、奥州の半独立勢力として栄華を極め、平泉に宗教都市を建設した。

宗教都市となった平泉

交通の要衝であった平泉を拠点にした藤原清衡は、豊富な砂金を元手に交易を開始し、莫大な財力を得る

戦乱で命を落とした近親者の追悼や、殺生を重ねた自身を含めた武士たちの救済を願う

平泉に極楽浄土を再現するため、中尊寺を建立。その事業は子孫に引き継がれる

戦争

1156年

保元の乱

院政期に父系による継承が確立したため 天皇・貴族・武士の間で家族間闘争が激化する

天皇家と摂関家の分裂が平氏と源氏を巻き込む

「古代」と「中世」の決定的な違いは、社会制度の単位が、血縁共同体である**「氏」**から個別の家族である**「家」**に変化したことである。この変化は院政期に朝廷・貴族社会で最初に起きたと考えられている。

院政以前、皇位継承は、皇族内の立場や勢力、藤原氏との縁戚関係などが強く影響していた。皇族という「氏」であれば、**母系継承**でも**兄弟継承**でも問題はなかった。

ところが、白河上皇の院政は、父系による直系継承を確実にした。これにより、皇族の中に天皇の地位を継承する**「天皇家」**が成立したと考えられている。

貴族社会においても、藤原道長の子孫は、天皇の外戚でなくても、摂政と関白を継承する**「摂関家」**となり、ほかの貴族も「家」によって、地位や家職、財産が受け継がれるようになった。武芸を家職とする**源氏**や**平氏**も、棟梁の地位は父から子に受け継がれるようになった。

「家」の成立によって、**家長**（父親）の権限は絶対的なものとなったが、「家」の継承を巡って、父子・兄弟間で激しい対立と紛争が絶え間なく引き起こされることになった。

義朝の放った火が白河北殿に燃え移ると、上皇軍は総崩れとなった。

関連ページ

宗 P76 陰陽師の活躍

経 P82 院政の開始

戦 P88 平治の乱

マップ

平安京（京都市）

白河上皇の死後、院政をはじめた**鳥羽法皇**は、3歳の**近衛天皇**に皇位を継がせるため、**崇徳天皇**を強引に譲位させ、近衛天皇が16歳で早世すると、崇徳上皇の弟・**後白河天皇**を即位させた。これにより、院政の可能性が失われた崇徳上皇は、鳥羽法皇を恨み、対立することになった。

1156年に鳥羽法皇が亡くなると、後白河天皇の参謀・**藤原通憲（信西）**は、崇徳上皇と親しかった左大臣・**藤原頼長**に謀反の疑いをかけ、頼長の邸宅・**東三条殿**を接収した。頼長は、兄の**藤原忠通**と摂関家の継承を巡って争っており、追い詰められた頼長は崇徳上皇と結び、**源為義**、**平忠正**らを白河北殿に召集。武勇で知られた為義の子・**為朝**は、後白河方の拠点・高松殿への夜襲を進言したが、頼長はこれを退けた。

これに対し、後白河天皇方は、**平清盛**や**源義朝**、源義康らの武士を動員し、先制攻撃の夜襲を決行。天皇方の軍勢は、三手に分かれて白河北殿を襲撃。このとき、上皇方の源為朝は、獅子奮迅の働きを見せたが、源義朝の放火作戦が功を奏し、天皇方が勝利した。この結果、崇徳上皇は讃岐（現在の香川県）に流され、平忠正と源為義は処刑された。

この**「保元の乱」**は、天皇・貴族間で勢力争いが起きても、朝廷には軍隊がないため、**非正規軍**である武士の武力を借りなければ、解決できないことを世に示したのである。

国立歴史民俗博物館所蔵

◆**東三条殿（模型）**

藤原氏の邸宅で、寝殿造の代表的な建築のひとつ。内裏以外の天皇の邸宅としても利用された。

保元の乱の対立関係

負　上皇方		天皇方　勝
兄 崇徳上皇	天皇家	後白河天皇 弟
弟 藤原頼長	摂関家	藤原忠通 兄
叔父 平忠正	平氏	平清盛 甥
父 源為義	源氏	源義朝 子
子 源為朝		源義康（為義の親類）

◆**崇徳上皇（1119〜1164）**

75代天皇。鳥羽天皇の皇子。保元の乱後、配流先の讃岐で亡くなった。死後、怨霊として恐れられた。

宮内庁三の丸尚蔵館所蔵

戦争

1159年

平治の乱

信西の独裁を契機に勢力争いが起きるが天皇の身柄を確保した平清盛がひとり勝ちする

関連ページ
経 P82 院政の開始
戦 P86 保元の乱
経 P90 日宋貿易

二条天皇の即位により朝廷の勢力が分裂する

保元の乱の功績により、**平清盛**は受領としては最高の「播磨守」に、**源義朝**は「左馬頭（さまのかみ）」に昇進した。このとき、義朝は清盛との昇進の差に不満を抱いたとされるが、清盛はもともと従四位下まで昇進しており、左馬頭は武門における重要官位であったことなどから、近年、その不満説は疑問視されている。

保元の乱後、**後白河天皇**は**「保元新制」**と呼ばれる法令を発布し、全国の公領と荘園を天皇の統治下に置くことを目的とした**「荘園整理令」**を出し、大寺院に所属する僧兵などの統制を命じた。この改革を推進し、権力を握ったのが、**信西（しんぜい）（藤原通憲（ふじわらのみちのり））**だった。信西は政策推進のため、武力をもつ平清盛を重用し、改革は順調に進んでいた。

そんなとき、広大な荘園を夫の**鳥羽法皇**から相続し、強い発言力をもつ**美福門院（びふくもんいん）**が、養子の**二条天皇**を即位させるため、後白河天皇を譲位させた。これで朝廷の勢力は、後白河上皇派と二条天皇派に分裂した。

鳥羽法皇の側近であった信西は、美福門院とも関係が深かったため、後白河上皇は、信西に代わる側近として、**藤原信頼（のぶより）**を抜擢した。清盛と

historical note
大寺院が組織した「僧兵」が武士の中央政界進出を招いた

平安時代、租税を免除されていた大寺院は、数多くの荘園を開発・所有し、莫大な財力を得た。さらに下級僧侶を「僧兵」として組織し、院政期には、神木や神輿を掲げて朝廷に強訴を行い、強引に要求。法皇や貴族は神仏の罰を恐れて対抗できず、武士の武力を重用したため、これが武士の政界進出のきっかけとなった。

僧兵となる下級僧侶は地方武士の出身が多かった。

結ぶ信西に反感を強めた信頼は、源義朝と結んで、清盛が熊野詣で京を留守にしている隙をつき、**三条殿**（三条東殿）を襲撃。後白河上皇を拘束して内裏に向かい、二条天皇とともに幽閉。さらに信西を襲って自害に追い込み、その首を京で晒した。

異変を知った清盛は、急いで京に戻り、六波羅邸に入って天皇派の貴族を味方につけ、幽閉されていた二条天皇を救出した。後白河上皇は自力で仁和寺に脱出。信頼・義朝追討の宣旨を得た清盛は、内裏の源氏軍を襲撃した後、内裏での戦闘を避けるため、敗北を装って兵を引いた。

追撃した義朝は、鴨川の東岸**「六条河原」**に誘き出され、待ち受けていた平氏の大軍に撃破される。義朝は戦場を脱出し、東国に向かったが、尾張（現在の愛知県）で殺害され、信頼は捕らえられて処刑された。

◆**三条殿焼き討ち**　信頼・義朝の軍勢は、後白河上皇の仮御所であった三条殿を襲撃。逃げる者は容赦なく殺害された。

宮内庁三の丸尚蔵館所蔵

◆**平清盛**
（1118〜1181）
平氏の棟梁。父の平忠盛の地位と遺産を引き継ぎ、保元・平治の乱を通じて権力を握り、武士としてはじめて太政大臣となった。

・平治の乱　関連地図・

経済

12世紀後半

日宋貿易

日宋貿易の権限を父から受け継いだ平清盛は大量の宋銭を輸入して貨幣を流通させる

日宋貿易に目をつけた清盛の父・平忠盛

894年、菅原道真の建言で**遣唐使**の派遣が中断され、中国との間に公的な使節の往来はなくなったが、国際商人によって日本は朝鮮半島や中国との貿易を継続的に行っており、**「国風文化」**は、中国渡来の文物を模範にするものであった。

960年に中国に宋が成立しても、日本と宋は正式な使節を派遣することはなかったが、北九州の**博多**と、長江河口に位置する港湾都市・**慶元**（明州）を往来する民間貿易船が盛んに交易を担っていった。

平氏の棟梁で、鳥羽上皇の信任を得た**平忠盛**は、上皇領だった肥前（現在の佐賀県）の荘園**神埼荘**の管理者となり、神埼荘の倉敷（年貢の保管倉）があった博多で**日宋貿易**を開始した。忠盛は、上皇の権威を利用して、大宰府の検査を排除し、独自の交易で莫大な利益を上げた。

父・忠盛から日宋貿易の権限を受け継いだ**平清盛**は、1167年、**太政大臣**にまで昇進。翌年、出家すると、**福原**（兵庫県）に隠退し、日宋貿易に本格的に着手した。

清盛は、航海の難所であった**「音戸の瀬戸」**（広島県）の開削を行って瀬戸内海航路を整備し、**大輪田泊**

日宋貿易の航路

金
高麗
日本
黄河
開封
平安京
大輪田泊（福原）
松浦
音戸の瀬戸
大宰府
揚州
建康
長江
臨安
坊津
慶元（明州）
宋（南宋）
—— 日宋貿易交通路

瀬戸内海航路の整備により、宋船は大輪田泊に直接来航できた。

関連ページ
経 P70 遣唐使の中止
戦 P88 平治の乱
経 P92 治承三年の政変

（現在の神戸港）を大改修した。さらに大宰府の対外交渉権を接収した清盛は、大宰府を経由せず、宋船を自らの拠点である福原に航行することを許可した。貿易による莫大な財貨は、平氏政権を支える経済基盤となった。

日宋貿易における日本の輸出品は、**砂金**や**硫黄**、**工芸品**、**日本刀**などが中心であった。1126年、女真族の王朝**「金（きん）」**の圧迫により宋が華北を奪われ、華南に**南宋**が成立すると、急激に人口が増加した南宋では、森林の伐採が進み、日本から大量の**木材**が輸入されるようになった。硫黄は火薬の原料とされた。

宋からの輸入品の大部分は、**「宋銭」**だった。日本では奈良時代の**和同開珎**以降、**「皇朝十二銭（こうちょうじゅうにせん）」**と呼ばれる12種類の新銭が発行されたが、銅不足が原因で、発行されるごとに銅の含有量は少なくなった。新貨は粗悪になる一方だったが、価格は発行されるたびに旧銭の10倍に設定されたため、交易の現場で避けられ、流通しなくなった。こうして963年、朝廷は銭の発行を終了した。

しかし交易の現場では、米や布の物品交換は不便であり、信用できる貨幣の登場が待ち望まれていた。そこに大量に輸入されたのが、信用度の高い宋銭だった。宋銭は広く流通し、日本を**貨幣経済**に変革していった。そして宋銭を握った平氏は、強大な経済力を手に入れたのである。

宋銭が流通した理由

交易に貨幣が必要とされたが
日本の貨幣は**粗悪**だった

▼

平清盛が信用度の高い**宋銭**を
大量に輸入した

▼

日本で貨幣が一気に広まり、
平氏は強大な経済力を得る

◆鎌倉時代の市場

輸入された大量の宋銭は、日本の流通貨幣となった。鎌倉時代の『一遍上人絵伝』には、宋銭を使った売買の様子が描かれている。

日本銀行
貨幣博物館所蔵

◆皇宋通宝

1039年に宋で発行された銅銭。自由な商業活動が許された宋では経済が発展し、大量の貨幣が鋳造された。

経済

1179年

治承三年の政変

経済基盤を奪われて猛反発した 貴族や地方武士らが 反平氏に立ち上がる

平清盛と後白河法皇は知行国を巡って対立する

平治の乱（→P88）に勝利し、**後白河上皇**の信頼を得た**平清盛**は、1167年、太政大臣に昇進して官職を極めたが、わずか3か月で辞任。翌年、清盛は出家して**福原**（兵庫県）に隠棲したが、娘の**徳子**（建礼門院）を**高倉天皇**に嫁がせ、中央政界に強い影響力を保ち続けた。また、清盛は福原で**日宋貿易**を取り仕切ることによって巨万の富を得ていた。これにより、平氏の経済基盤は揺るぎないものになったのである。

これに先立ち、長男の**重盛**に、東海・東山・山陽・南海諸道の賊徒の追討を命じる宣旨が下された。これは、朝廷の官職に関わりなく、平氏に全国の**軍事・警察権**を与えるものであった。平氏一族は高位高官を独占し、全盛期を迎えた平氏の権勢と栄華は、**平時忠**（清盛の義弟）の**「平家にあらずんば人にあらず」**という言葉に象徴される。

清盛が築いた**「平氏政権」**は日本初の武家政権と考えられているが、朝廷という既存のシステムの中で築かれた体制だったため、排除された貴族は反感を強めることになった。

1177年、後白河法皇は、院近臣らと平氏打倒の計画を立てたが、

historical note

広大な「八条院領」の地方武士が反平氏蜂起の先駆けとなる

天皇家に伝わる最大級の荘園群が「長講堂領」と「八条院領」である。長講堂は、後白河法皇の御所内に建立された寺院で、法皇は集積した荘園を、ここに寄進した。八条院は、鳥羽法皇と美福門院の間に生まれた皇女で、両親から受け継いだ広大な荘園群を受け継いだ。八条院が、以仁王の令旨を八条院領に回したことは、地方武士が反平氏に立ち上る契機となった。

八条院（1137〜1211）

関連ページ
経 P90 日宋貿易
戦 P94 頼朝の挙兵
戦 P96 平氏の都落ち

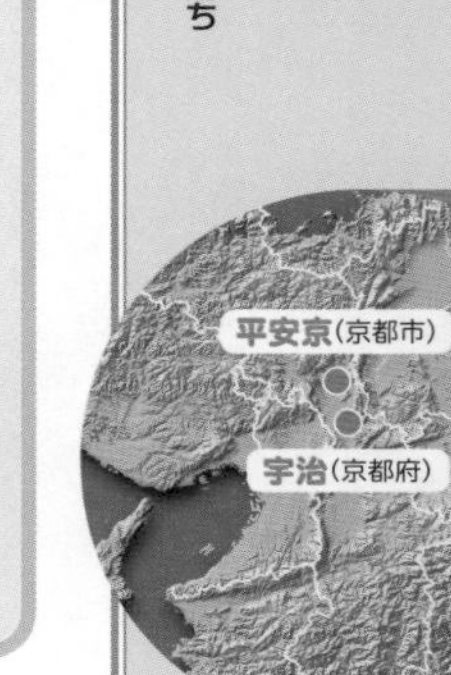

失敗に終わる**（鹿ケ谷の陰謀）**。このとき清盛は、法皇の罪を問わなかったが、ふたりの関係はさらに悪化することになった。

その2年後、法皇と平氏の間を取り持っていた平重盛が病死すると、法皇は重盛の知行国（支配国）を取り上げた。清盛は数千騎を率いて上洛し、法皇を京都南郊の離宮**「鳥羽殿」**に幽閉し、院政を停止。そして関白以下、40人近くの法皇派貴族の官職を剥奪した。また、院分国や院近臣の知行国を取り上げ、平氏の知行国とした**（治承三年の政変）**。

平氏の知行国は全国の半分近くに及び、平氏は独裁的な政権を築いたが、経済基盤を奪われた貴族や地方武士、寺社勢力は猛反発した。

翌年、清盛は高倉天皇を譲位させ、娘・徳子が生んだ**安徳天皇**を3歳で即位させた。これにより、皇位継承の可能性を失った**以仁王**（後白河法皇の子）は不満を高め、平氏追討の**令旨**（命令書）を全国に発し、**源頼政**らを味方につけて挙兵した。

準備不足のため、以仁王と頼政は宇治の**平等院**で敗死してしまう。しかし、これに呼応して、以仁王の養母であった**八条院**の荘園を拠点とする武士など、多様な勢力が反平氏を掲げて挙兵し、内乱は全国規模に拡大。こうして**「治承・寿永の乱」**がはじまったのである。

◆平重盛
（1138〜1179）
平清盛の長男。平氏政権を支えたが、義兄の藤原成親が鹿ケ谷の陰謀に関与していたため、政治的な立場を失い、失意のうちに病没した。

治承三年の政変の原因

鹿ケ谷の陰謀により、平清盛と後白河法皇の対立が深まる

▼

病死した平重盛の**知行国**を、法皇が没収する

▼

清盛が武力を用いて法皇を幽閉し、平氏独裁体制を築く

◆自害する源頼政
源頼政は平氏政権下で従三位の高位に昇進した武将であった。77歳で以仁王の挙兵に参加したが、宇治で平氏軍に敗れ、平等院で自害した。

戦争

1180年

頼朝の挙兵

挙兵後に平氏軍に大敗した源頼朝は武士の領地を保証して鎌倉に武家政権を築く

関連ページ
戦 P88 平治の乱
経 P92 治承三年の政変
戦 P96 平氏の都落ち

マップ
鎌倉（神奈川県）
石橋山（神奈川県）

身の危険を感じた頼朝は伊豆の目代を襲撃する

源頼朝は、**平治の乱**（➡P88）に13歳で参加したが、父・義朝らと落ちのびる途中で捕らえられた。頼朝は、死刑に処されるところを平清盛の継母・**池禅尼**（いけのぜんに）の嘆願により命を救われ、伊豆（現在の静岡県）に流された。この地で成長した頼朝は、伊豆の豪族・**北条時政**の娘・**政子**と結婚。以後、北条氏は頼朝を支援した。

１１８０年４月、**以仁王**は平氏追討の令旨を発し、源頼政とともに挙兵したが、翌月には平氏軍に追討され、戦死。伊豆は源頼政の知行国で、頼政の孫・**有綱**（ありつな）がいたため、有綱の反乱を恐れた平清盛は、**大庭景親**に追討を命じた。景親が京都から本拠地の相模（現在の神奈川県）に戻ると、身の危険を感じた頼朝は挙兵し、伊豆の目代（代官）・**山木兼隆**を襲撃して殺害。時政らと伊豆を出た頼朝は、三浦半島（神奈川県）を支配する三浦一族との合流を目指して進撃したが、景親の追撃を受け、**石橋山**（神奈川県）で敗れた。

海路で安房（現在の千葉県）に逃れ、再起を図った頼朝は、上総南部（現在の千葉県）の**上総広常**（かずさひろつね）や、下総（現在の千葉県）の**千葉常胤**（ちばつねたね）など、有力武士に迎えられて勢力を挽回し、

historical note

源平の戦いの最中に起きた大飢饉で戦線は膠着状態に陥った

清盛が病死した１１８１年、京都を含めた西日本一帯で大飢饉「養和（ようわ）の飢饉」が発生した。年貢がほとんど入らない状況となり、平氏に深刻な打撃を与えた。鴨長明の『方丈記』には、京都市中の死者は４万２３００人で、数多くの遺体が道端に放置され、腐臭を放っていたと記されている。これにより源平の戦いは、１１８３年の「倶利伽羅峠の戦い」まで膠着状態が続くことになった。

『餓鬼草子』が伝える平安京の墓所のイメージ。当時、庶民の遺体は野ざらしにされた。

挙兵から約2か月後、**鎌倉**（神奈川県）に入り、ここを本拠地に定めた。

これに対し、清盛は孫の**平維盛**（たいらのこれもり）を大将とし、頼朝追討軍を派遣した。迎撃のため鎌倉を出た頼朝は**黄瀬川**（きせがわ）（静岡県）に着陣し、味方に加わった**甲斐源氏**の軍勢は**富士川**（静岡県）に向かった。戦意が低く、奇襲を恐れていた平氏軍は、富士川で源氏軍と対陣すると、突如撤退してしまう。

翌日、頼朝の黄瀬川の陣に、奥州で**藤原秀衡**の庇護を受けていた**源義経**（みなもとのよしつね）が平泉から駆けつけ、両者は初対面を果たしたのである。

鎌倉に戻った頼朝は、軍事・警察を担う**「侍所」**（さむらいどころ）を設置し、初代別当（長官）に**和田義盛**（わだよしもり）を任じた。これにより、**「鎌倉幕府」**の基礎が固まった。そして敵方の所領を没収して味方の武士に分け与え、所領を**安堵**（所有権の保証）していった。

関東武士の多くは、もともと**開発領主**（→P73）で、先祖から受け継いできた土地は、経済的基盤であり、命を懸けて守るべきものだった。その覚悟は**「一所懸命」**（一生懸命の語源）という言葉にも示されている。

しかし平氏政権のもと、目代は関東武士の領地を奪うなど、横暴を極めていた。頼朝が関東武士の信頼を勝ち得た最大の理由は、関東武士の不満と要望を正確に理解し、それに応えたからであった。

◆**源頼朝（1147〜1199）**

鎌倉幕府初代将軍。挙兵後、東国武士の支持を受け、鎌倉を拠点に武家政権の樹立に努めた。

源頼朝の進路

有力な関東武士は、石橋山で大敗しても味方となった。このため、頼朝は一大勢力を築けた。

戦争

1183年

平氏の都落ち

倶利伽羅峠の戦いに勝利した源義仲は 平氏を都落ちさせるが 法皇と対立して没落する

頼朝は法皇を喜ばせて鎌倉政権を認めさせる

源頼朝の挙兵から1か月遅れて、**源義仲（木曽義仲）**が信濃（現在の長野県）で挙兵した。義仲は、関東で勢力を広げていた頼朝や、甲州地方を拠点にする甲斐源氏との衝突を避けるため、**北陸地方**へ進出した。

1183年、**平維盛**は大軍で北陸に侵攻してきたが、義仲は加賀（現在の石川県）と越中（現在の富山県）の国境の**倶利伽羅峠**で迎撃した。この戦いには、「牛の角にたいまつを結んで平氏軍を夜襲した」という伝説が残っている。義仲は敗走する平氏軍を加賀の篠原で破り、京都に向けて進撃を続けた。

畿内の武士や寺社勢力に見放された平氏は、西国で体勢を立て直すため、安徳天皇を擁し、正統な皇位継承者であることを示す**「三種の神器（神璽・宝剣・神鏡）」**を携えて、京都を脱出した**（平氏の都落ち）**。平氏に連行されることを恐れた後白河法皇は、密かに御所を脱出し、延暦寺（滋賀県）に逃れた後、京都に戻った。

平氏打倒を掲げた源氏のなかで、最初に京都に入った義仲は、後白河法皇から手厚く迎えられ、伊予守（愛媛県の国司）に任命された。しかし

◇平氏の都落ち　京都を去る平氏の武将たちは、豪華な甲冑を身にまとっている。

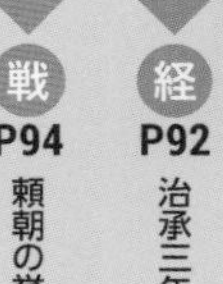
関連ページ
経 P92 治承三年の政変
戦 P94 頼朝の挙兵
戦 P98 壇の浦の戦い

宮内庁三の丸尚蔵館所蔵

◆後白河法皇（1127〜1192）
77代天皇。保元の乱後に二条天皇に譲位して上皇となり、院政を開始。平氏政権下の1169年に出家して法皇となった。平清盛、源義仲らと対立し、源頼朝と協調した。

寄せ集めだった義仲軍の兵士は、京都で略奪行為に及び、治安が悪化。当時の京都は**「養和の飢饉」**の影響で食料が不足しており、義仲の評判は一気に落ちることになった。

義仲は、安徳天皇の後継者問題にも介入したため、法皇や貴族たちの反感を買ってしまう。困り果てた法皇は、義仲を呼び出して平氏討伐を命じ、中国地方へ向かわせた。

義仲不在の間に、後白河法皇は義仲に内密で頼朝と連絡を取り合った。頼朝から「平氏に奪われていた寺社領や院領、貴族領を返還する」と伝えられた法皇は、頼朝の位階を平治の乱以前に回復し、**東海道・東山道**諸国の事実上の支配権を認めた。

この**「寿永二年十月宣旨」**により関東の反乱勢力でしかなかった頼朝の鎌倉政権は、朝廷から公式に認められた存在になったのである。

法皇から上京を促された頼朝は、弟の**義経**と**範頼**を大将とする大軍を上洛させたが、その情報をつかんだ義仲は急いで帰京し、法皇に激しく抗議した。義仲を見放した法皇は、**法住寺御所**に兵を集めて武装化し、義仲に「京都を出て平氏を討伐しなければ謀反とみなす」と命じた。追い詰められた義仲は、法住寺御所を襲撃して法皇を拘束したが、さらに評判を落とす結果となり、味方の武士たちは去っていった。

1184年1月、義経・範頼軍が京都に迫ると、義仲は京都南郊の**宇治川**に軍勢を派遣して防衛したが、突破される。義仲は再起を図るため北陸へ逃れようとしたが、近江（現在の滋賀県）**粟津**で討ち取られた。

源義仲の栄光と没落

「倶利伽羅峠の戦い」に勝利した源義仲が、京都から平氏を追い払う

▼

義仲軍の兵士が、京都で略奪行為を繰り返す

▼

法皇は義仲に出陣命令を出して京都から追い出し、密かに頼朝の入京を促す

▼

義仲は法皇を襲撃して拘束するが、頼朝が派遣した義経軍に敗れる

徳音寺所蔵

◆源義仲（木曽義仲）（1154〜1183）
信濃源氏の武将。源頼朝の従兄弟。京都に入り「朝日将軍」と称されたが、後白河法皇と対立し、源義経らの追討を受けて戦死した。

1185年

壇の浦の戦い

一の谷と屋島で勝利を重ねた源義経は源氏水軍を編成して平氏を滅亡に追い込む

関連ページ
戦 P94 頼朝の挙兵
戦 P96 平氏の都落ち
戦 P106 鎌倉幕府の成立

マップ

華々しい勝利を飾るが安徳天皇の命と宝剣を失う

源氏が内輪争いをしている隙に、西日本で勢力を回復した平氏は、平清盛が本拠地とした**福原**(兵庫県)に戻り、京都の奪還を狙っていた。これに対し、後白河法皇は、頼朝に平氏追討の宣旨を出し、**三種の神器**(➡P96)の奪還を求めた。

1184年2月、**源義経**と**源範頼**の率いる源氏軍が福原に向けて進軍を開始すると、平氏は福原の周囲に強固な陣を固めた。西側の**「一の谷」**には、**鵯越**(ひよどりごえ)と呼ばれる断崖が背後にそびえていたが、義経は、精鋭70騎を率いて鵯越を駆け下りて奇襲をしかけたとされ、大混乱に陥った平氏軍は敗北し、讃岐(現在の香川県)**屋島**に撤退した。

しかし平氏は、一の谷の敗戦後も、瀬戸内海の制海権を握り、西日本を支配していたため、頼朝は、範頼を大将とする遠征軍を九州に派遣した。範頼は苦戦の末、九州の制圧に成功し、平氏の退路をふさいだのである。

一方の義経は暴風雨の中、**渡辺津**(わたなべのつ)(大阪市)を出港して**勝浦**(徳島県)に渡り、そこから北上して屋島を急襲した。安徳天皇の安全を確保するため、平氏軍は戦うことなく屋島を放棄し、海上に逃れ、最後の拠点・

historical note

「鵯越の逆落とし」を実行したのは源義経ではなく多田行綱だった

一の谷の戦いで、義経が馬に乗って断崖を駆け下りて奇襲したという「鵯越の逆落とし」は、物理的に不可能であり、『平家物語』の創作であるという説が有力である。真相は不明であるが、この話が生まれたのは、義経軍の多田行綱(ただゆきつな)が行った斜面地からの攻撃が、奇襲を得意とする義経のイメージと結びついたためという説がある。

「鵯越の逆落とし」を描いた錦絵。

◆**関門海峡**
壇の浦の戦いが行われた海峡で、潮の流れが速いことで知られる。

彦島（山口県下関市）に退いた。この戦いにおいて、弓の名手・**那須与一**（なすのよいち）が平氏方の船に掲げられた扇の的を射たとされるが、創作の可能性が高いと考えられている。

関東武士が主力の源氏軍には水軍がなかったため、義経は伊予（現在の愛媛県）の**河野水軍**や、紀伊（現在の和歌山県）の**熊野水軍**を味方につけて水軍を編成し、1185年3月、関門海峡の**壇の浦**で平氏軍との決戦に挑んだ。序盤戦は潮流を利用した平氏軍が有利に戦いを進め、午後に潮流が逆転したことで、源氏軍が反撃できたとされるが、近年の研究では、義経が周到に準備した水軍が機能したことや、平氏に属した**阿波水軍**が裏切ったこと、平氏方の士気が低かったことなど、複合的な要因が勝利に結びついたとされる。

平氏の敗北が決定的となると、平氏一門は次々と海中に身を投じていった。**二位尼**（にいのあま）（清盛の妻・時子（ときこ））は、8歳の安徳天皇を抱き、三種の神器とともに入水した。その後の捜索で神鏡と神璽は回収されたが、宝剣はついに発見できなかった。鎌倉の**勝長寿院**での儀式の最中に、勝利の報告を受けた頼朝は、しばらく目をつむったまま黙っていたという。

壇の浦の戦いの勝因

- 範頼が九州を制圧し、平氏軍の**退路**を絶っていた。
- 義経が周到な準備により、平氏軍に劣らない**水軍**を編成した。
- 平氏に属していた阿波水軍が合戦中に**裏切った**。
- 平氏軍の**士気**が低かった。

壇の浦の戦い　関連地図

潮流の変化は、合戦の勝敗の決定的な要因ではなかったとされる。

日本の貨幣史

日本は中国銭が大量に輸入されて貨幣経済が成立した。戦国時代には金貨・銀貨が登場。明治時代に近代的な貨幣制度が整備された。

1 貨幣の誕生 708年

◆和同開珎

日本最初の貨幣「和同開珎」が鋳造される。以後、約250年間に12種類の貨幣「皇朝十二銭」がつくられるが、ほとんど流通しなかった。

物品交換の時代

2 中国銭の輸入 12世紀末

◆明銭（永楽通宝）

◆宋銭（皇宋通宝）

宋（中国）の銭貨が大量に輸入され、日本で本格的な貨幣経済がはじまった。室町時代には明（中国）の銭貨が輸入され、日本で流通した。

貨幣経済の開始

3 金貨・銀貨の登場 16世紀

◆石州銀

◆甲州金

鉱山開発によって金と銀の産出量が増大。戦国武将は、採掘した金銀を貨幣とし、西洋から鉄砲や火薬などを購入した。

各地の大名がそれぞれ鋳造

4 貨幣の全国統一 17世紀

◆慶長丁銀

◆慶長小判

江戸幕府は貨幣制度を整備し、全国で使える金貨・銀貨を製造した。幕府の財政が悪化すると、金銀の含有率は低下していった。銭貨は幕府が発行する寛永通宝に統一された。

全国で同一の貨幣が流通

5 「円」の誕生 1871年

◆五十銭銀貨

◆一厘銅貨

◆一円金貨

明治政府が十進法による貨幣単位「円・銭・厘」を導入し、近代洋式製法による金貨、銀貨、銅貨を発行した。

近代的な貨幣の登場

6 日本銀行券の発行 1885年

◆日本銀行券

1873年から、民間銀行である国立銀行が、独自に紙幣を発行していたが、増発によりインフレが発生。1882年、日本銀行が開業し、国立銀行紙幣の回収を進めながら、銀貨との交換を保証した日本銀行券を発行した。

紙幣の統一

貨幣写真所蔵：日本銀行貨幣博物館

3章 鎌倉〜室町時代

1185年
鎌倉幕府の成立
1 ➡P106

1211年
承久の乱
2 ➡P108

1570年
石山合戦
22 ➡P148

1232年
御成敗式目
3 ➡P110

13世紀
鎌倉新仏教
4 ➡P112

1297年
永仁の徳政令
6 ➡P116

1274年
文永・弘安の役
5 ➡P114

1333年
建武の新政
8 ➡P120

1333年
鎌倉幕府の滅亡
7 ➡P118

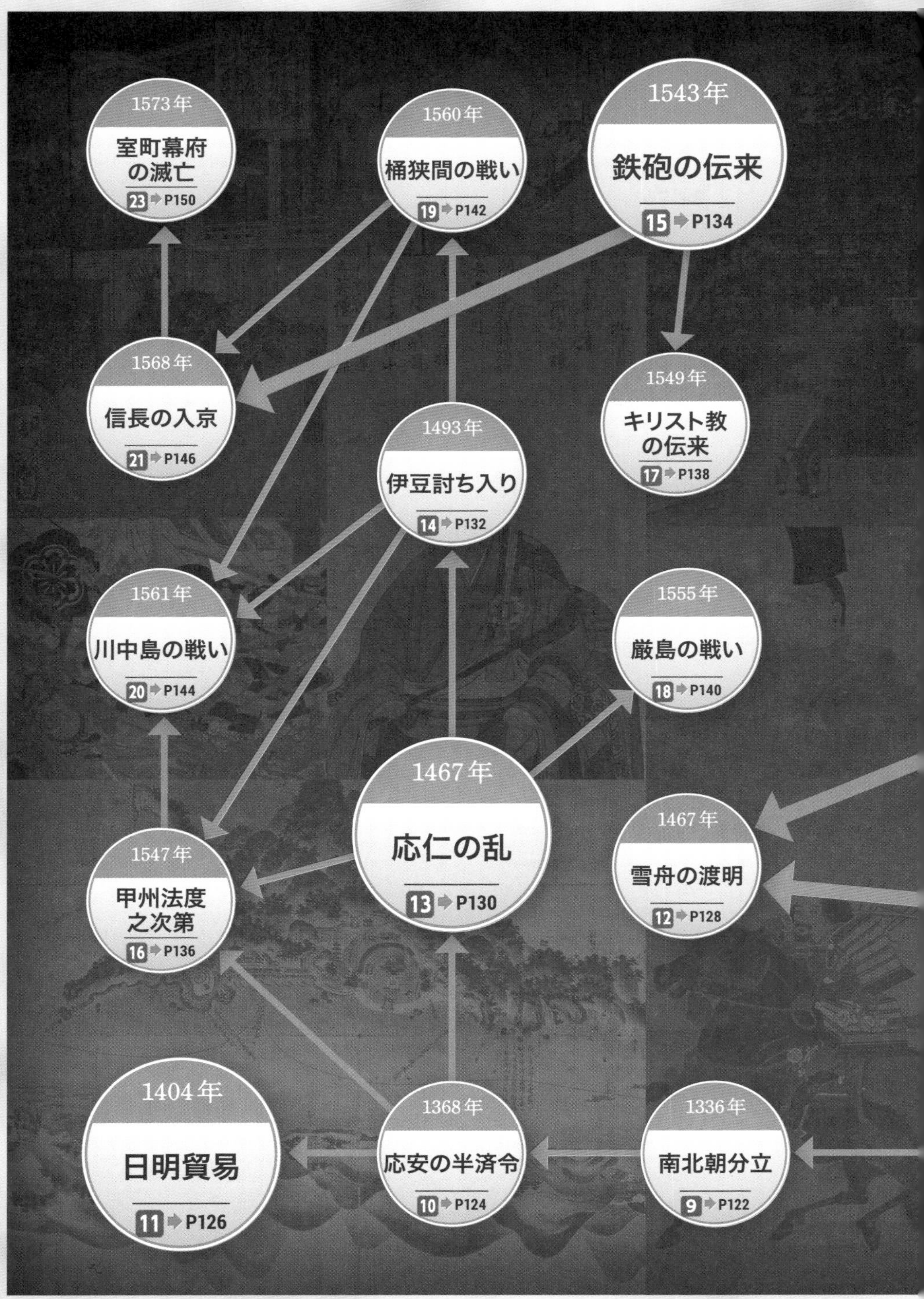

1573年
室町幕府の滅亡
23 ➡ P150

1560年
桶狭間の戦い
19 ➡ P142

1543年
鉄砲の伝来
15 ➡ P134

1568年
信長の入京
21 ➡ P146

1549年
キリスト教の伝来
17 ➡ P138

1493年
伊豆討ち入り
14 ➡ P132

1561年
川中島の戦い
20 ➡ P144

1555年
厳島の戦い
18 ➡ P140

1467年
応仁の乱
13 ➡ P130

1547年
甲州法度之次第
16 ➡ P136

1467年
雪舟の渡明
12 ➡ P128

1404年
日明貿易
11 ➡ P126

1368年
応安の半済令
10 ➡ P124

1336年
南北朝分立
9 ➡ P122

足利尊氏（➡P121）
神奈川県立歴史博物館所蔵

織田信長（➡P142）
長興寺（豊田市）所蔵／
豊田市郷土資料館写真提供

鎌倉〜室町時代のさくいんMAP

1185年、源頼朝は本格的な武家政権を鎌倉に樹立した。やがて鎌倉幕府は、後醍醐天皇に味方する足利尊氏らに滅ぼされ、尊氏は室町幕府を樹立した。しかし室町幕府は権力基盤が弱く、応仁の乱後、各地に戦国武将が乱立。室町幕府は織田信長に滅ぼされた。

永楽通宝(➡P127)

鎌倉時代末期の争乱

鎌倉幕府の執権として実権を握った北条氏は、各地に守護職を独占し、鎌倉時代末期には全国の約半分を直接支配した。北条氏の政治に不満を高めた御家人らは、後醍醐天皇の呼びかけに応じて鎌倉幕府を滅亡させた。

- 後醍醐天皇の脱出路
- 足利尊氏の六波羅攻め
- 新田義貞の鎌倉攻め
- 北条氏当主の守護国
- 北条氏一族の守護国
- 北条氏一族が統轄する地方機関

石山合戦 ➡P148

文永の役 ➡P114

長門探題

船上山

博多

赤間関

鎮西探題

大宰府

大友

島津

キリスト教伝来 ➡P138

雪舟の渡明 ➡P128

厳島の戦い ➡P140

鉄砲の伝来 ➡P134

※この2ページのマップは3章の「さくいん」にもなっています。このため、地図と時代が合っていない「できごと」も紹介しています。また、日本地図のうち東北北部以北、南西諸島などは省略しています。

戦争

1185年

鎌倉幕府の成立

源頼朝は「源義経の追討」を口実にして諸国に守護・地頭を置き武家政権を樹立する

段階的に武家政権を整備していった頼朝

1184年、鎌倉の**源頼朝**は、政務と財政を司る**「公文所（後の政所）」**を開き、続いて訴訟を司る**「問注所」**を開いた。これにより、1180年に設置していた**「侍所（軍事・警察担当）」**と合わせて、**鎌倉幕府**の基本的な組織が整備された。

翌年、**壇の浦の戦い**で平氏は滅亡したが、**安徳天皇**の命は失われ、**三種の神器**のうち宝剣が失われた。朝廷との交渉を有利に進めたかった頼朝にとって、大きな痛手であった。

また、鎌倉政権の基盤を固めていた頼朝にとって、**源義経**が許可なく朝廷から**検非違使**（京都の警察）の官職を授かったことは、許し難いことであった。源氏軍の目付役であった**梶原景時**から、義経の独断専行を告発する書状が送られてくると、頼朝は全軍に「義経の命令に従うな」という命令を出す。

義経は和解を求めて鎌倉に向かったが、鎌倉入りを許されず、郊外の腰越に留め置かれ、やむなく義経は**「腰越状」**と呼ばれる弁明書をしたためたが、許されることはなかった。

義経は腰越を立ち去るとき、「鎌倉に恨みのある者は、私についてこい」と言い放ち、それを知った頼朝

historical note

幕府とは近衛大将の唐名で征夷大将軍とは関係がない

代表的な官職唐名

和名	唐名
近衛大将	幕府
太政大臣	相国・太閤
内大臣	内府
右大臣	右府
参議	宰相
検非違使の尉	判官

「幕府」とは、律令制における「近衛大将」の唐名で、太政大臣は「相国」、内大臣は「内府」、中納言は「黄門」と呼ばれた。このため正確には、征夷大将軍（蝦夷征伐の総大将）の就任が幕府の成立を意味せず、幕府が武家政権を示すようになるのは江戸時代になってからである。このため「幕府とは何か？」という議論は現在も続いており、鎌倉幕府の成立年についても諸説ある。

関連ページ

戦 P98 壇の浦の戦い

経 P108 承久の乱

経 P110 御成敗式目

は、義経の所領をすべて没収し、義経討伐を決意。刺客を放った。

刺客を倒した義経は、頼朝打倒を宣言して挙兵したが、義経に味方する武士は少なく、奥州平泉（岩手県）の**藤原秀衡**を頼って落ちのびた。頼朝は「義経追捕のため」として、諸国に**守護**（地方の警察長官）、荘園と公領に**地頭**（徴税官）を設置する権利を、朝廷に認めさせた。こうして頼朝は関東以外に軍事体制を展開していったのである。

◆**義経堂**

1189年、義経が藤原泰衡に襲撃され、自害したとされる場所にあり、義経像が安置されている。武蔵房弁慶が、無数の矢を受けて立ったまま絶命したという伝説が残る。

公益財団法人
岩手県観光協会提供

1187年、秀衡の後継者・**藤原泰衡**は、頼朝から「義経を追討せよ」と圧力を受けると、義経を襲撃して自害させた。しかし頼朝は「許可なく義経を討伐した」として、奥州に大軍を送り、泰衡を滅ぼした。

1190年、頼朝は京都で**後白河法皇**に拝謁し、「権大納言」兼「右近衛大将」に任じられたが、直ちに両官を辞し、鎌倉へ戻った。法皇の死後、頼朝は**征夷大将軍**に任じられ、名実ともに鎌倉幕府が成立した。

国立歴史民俗博物館所蔵

◆**鎌倉の都市構造（模型）**

三方を険しい山に囲まれた鎌倉の町の周囲には、「掘割」と呼ばれる山道が巡っていたが、鎌倉に入るには、名越や巨福呂坂など、山を削った「切通し」と呼ばれる細道を通るしかなかった。

経済

1211年

承久の乱

後鳥羽上皇の反乱に勝利した鎌倉幕府は 上皇方の所領を没収し 守護・地頭を設置する

関連ページ
戦 P106 鎌倉幕府の成立
経 P110 御成敗式目
経 P116 永仁の徳政令

マップ

鎌倉（神奈川県）

荘園を地頭に侵された朝廷が幕府と対決する

鎌倉幕府が成立すると、武士たちは、所領の支配を保証してもらう**「本領安堵」**を求めて、将軍と強固な主従関係を結び、**「御家人」**と呼ばれた。功績があったときは、将軍から新しい領地を与えられた**（新恩給与）**。**「御恩」**を受けた御家人は、**「奉公」**を果たす義務が生じる。戦時になれば将軍のために命をかけて戦い、平時には朝廷の警備をする**「京都大番役」**や、鎌倉を警護する**「鎌倉番役」**などを勤める必要があった。

各国に1名ずつ置かれる**「守護」**は、関東の有力御家人から選ばれた。その任務は、はじめ治安維持に限られたが、御家人を統率して警察権を握っていき、国司を差し置いて徴税権も手に入れ、最強の地方行政官に変貌していったのである。

各国の荘園や公領ごとに置かれた**「地頭」**は、御家人が任命された。その任務は、年貢を徴収して土地を管理することで、年貢の一部を自分の利益にできた。しかし荘園を所有する皇族や貴族は、支配力の低下を恐れて反発したため、設置場所は、平氏から没収した**「平氏没官領」**や謀反人の所領に限られた。

守護と地頭

守護	●各国に１名ずつ配置 ●有力御家人が任命される ●任務は国内の治安維持
	▼ 地方を軍事的に支配
地頭	●公領・荘園ごとに配置 ●御家人が任命される ●任務は年貢の徴収
	▼ 地方を経済的に支配

幕府の主要な財源は、平氏没官領と、直轄地の荘園である**「関東御領」**と、朝廷から統治権を得た**知行国**（↓P83）の**「関東御分国」**であった。幕府は、これらの領地に地頭を任命し、土地を与える代わりに、徴税権

そのものを**給与**にしたのである。こうして幕府は東国を支配したが、西国は朝廷による支配が続いていたため、税を取れなかった。

2代将軍**源頼家**は、有力御家人と対立して排除され、3代将軍・**源実朝**も、頼家の遺児・**公暁**に暗殺された。源氏の勢力が弱まるなかで権力を握ったのは、頼朝の妻・政子の父であった**北条時政**であった。時政は将軍を補佐する**「執権」**の地位に就き、以後、執権の地位は**北条氏**が受け継いだ。時政を継いだ2代執権・**北条義時**は、摂関家出身で2歳の**藤原頼経**を4代将軍として迎えた。

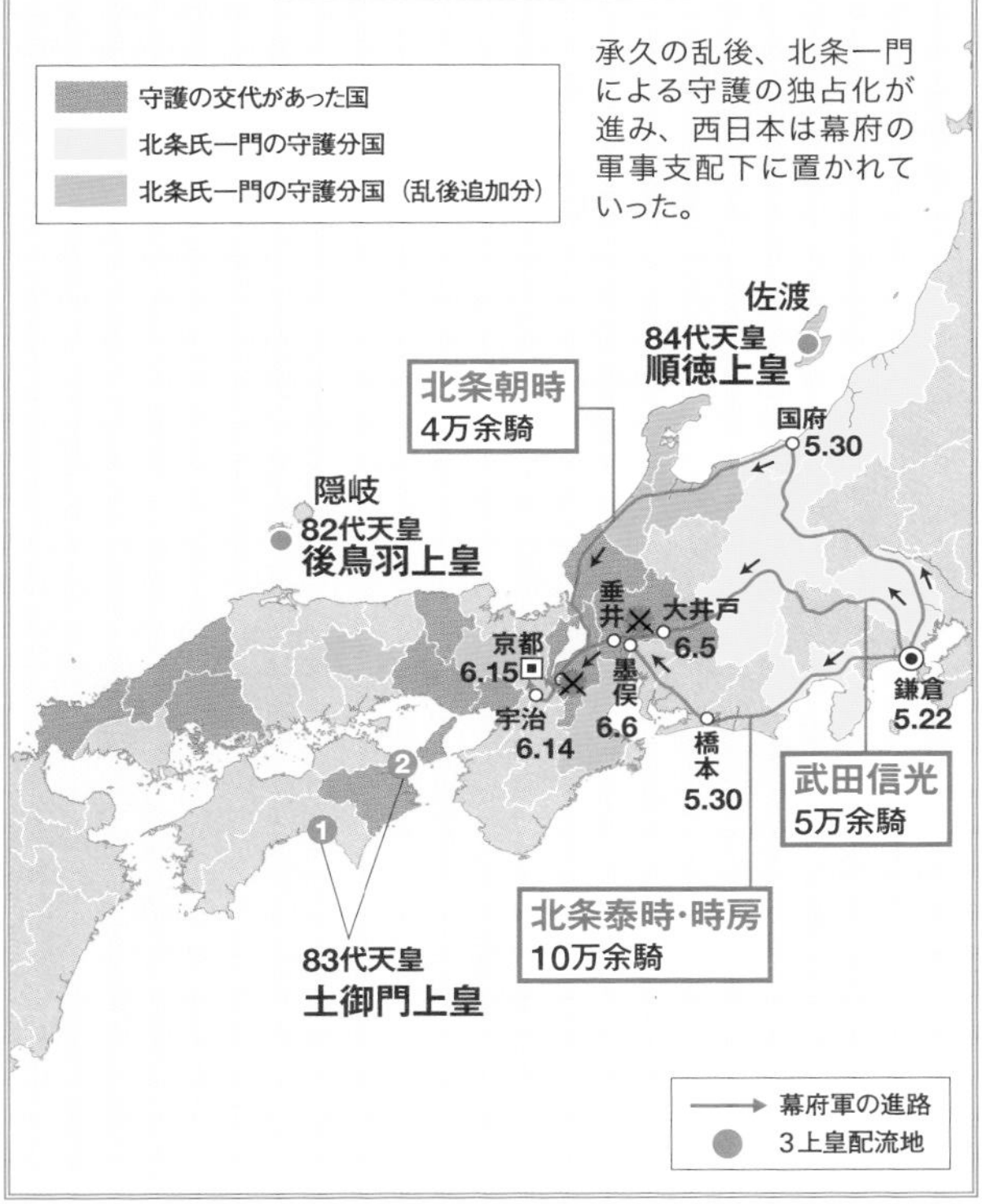

地頭によって荘園が侵されていた貴族たちは幕府に反感を強め、彼らの支持を集めて朝廷の権力を握った**後鳥羽上皇**は、義時追討の院宣を諸国の武士に発した**（承久の乱）**。

上皇に味方する武士は少なく、**北条泰時**（義時の子）らを大将とする幕府の大軍は、各地で上皇軍を撃破し、京都を占領した。幕府は、後鳥羽上皇、順徳上皇、土御門上皇の3上皇を流刑に処し、上皇方の貴族・武士の所領を没収。

その領地に功績のあった御家人を新しく地頭に任命した**（新補地頭）**。こうして幕府は、西日本でも経済基盤を固めていったのである。

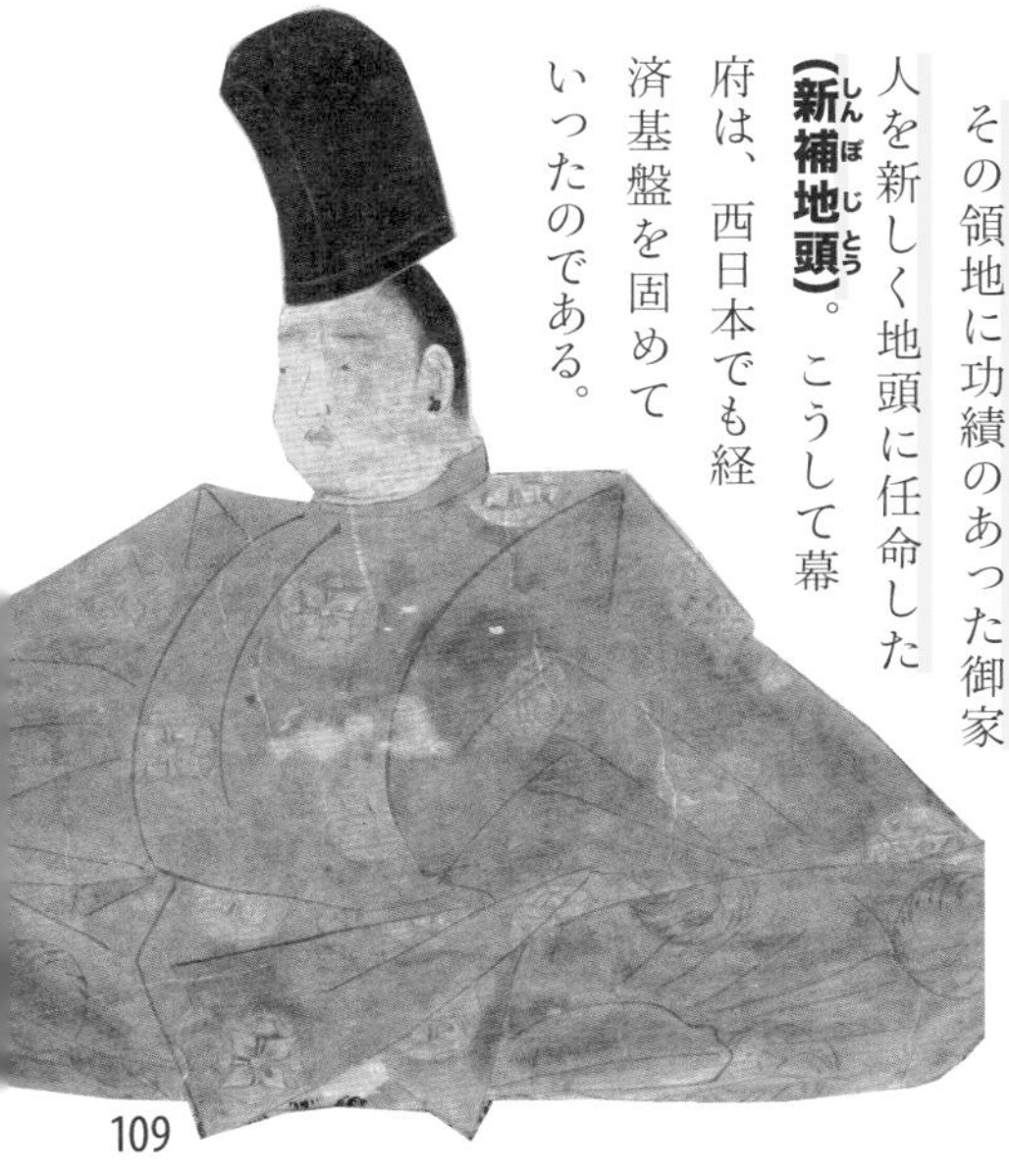

承久の乱 関連地図

◆後鳥羽上皇（1180〜1239）

82代天皇。平氏の都落ちの後、三種の神器なしで皇位を継いだ。1198年、土御門天皇に譲位して院政を開始。承久の乱に敗れ、隠岐に流され、この地で亡くなった。

経済

1232年

御成敗式目

地頭の荘園侵略を食い止める目的で 幕府の執権・北条泰時は 裁判基準を設ける

関連ページ
戦 P106 鎌倉幕府の成立
経 P108 承久の乱
経 P116 永仁の徳政令

マップ
鎌倉（神奈川県）

横暴な地頭の侵略行為で 武士の荘園支配が広がる

2代執権・**北条義時**は、**承久の乱**（→P108）に勝利した3年後に亡くなり、その子・**泰時**が3代執権に就任した。翌年、尼将軍と呼ばれて権力を握っていた**北条政子**（源頼朝の妻）が亡くなった。泰時は、幕府権力の安定のため、専制から**合議制**へ変換を目指す。まず、1225年、執権の補佐役として**「連署」**を新設し、叔父の**北条時房**を任じた。

さらに泰時は御家人の中から政務に精通した11人を選んで**「評定衆」**とし、執権・連署とともに合議によって政務を担当する最高機関とした。こうして**「執権政治」**が確立された。

承久の乱後、幕府勢力が西国に広がっていくと、新しく任命された地頭（**新補地頭**）は、赴任した土地の支配権を狙い、さまざまな理由をつけて、領主や国司に納めるべき年貢を滞納・横領したり、地元の農民たちとの間で紛争を起こしたりしていた。初期の鎌倉幕府は紛争が起きたとき、**「道理」**と呼ばれた武士の道徳や習慣、先例などに基づいて裁判をしていた。

しかし新補地頭と貴族や寺社との間で起きた紛争には**「武士の道徳」**は通じないため、問題は複雑化し、

historical note

鎌倉武士たちの道徳観は質実剛健な生活で育まれた

国立歴史民俗博物館所蔵

鎌倉時代の御家人の館の再現模型。

鎌倉時代の御家人たちは、農村支配に都合のよい高台に館を構え、周囲には溝や堀を設け、土塁を巡らせた。また、館の周囲に広がる自分の直営地で農作業を指導した。館の内外では、騎射を中心とする武芸の修練を行った。館の建物や衣服、食事などは質素であった。こうした経済観から「武勇・礼節・倹約」といった道徳観が形成されたのである。

解決が困難になった。朝廷には律令が存在していたが、その内容を知る人は、ほとんどいなかった。

このため泰時は、1232年、公平な裁判を行うための武家の基本法典として**「御成敗式目（貞永式目）」**を制定した。武家最初の成文法で51カ条からなり、慣習法や先例をもとにしつつ、守護・地頭の権限を明確にし、行政・民事・刑事訴訟に関する要点がまとめられている。

泰時が「この式目は、漢字を知らぬ地方武士のためにつくった」と述べている通り、条文は武士にわかりやすい**平易な文体**で記され、裁判を公平かつ迅速に行うことが可能になった。泰時は、地頭による横暴な荘園支配をこのまま放置すれば、幕府に対する信頼が揺らぐことになると危惧していたのである。

このため当時の幕府の裁判は、地頭が敗訴している例が多い。幕府が御家人に有利になるよう法を定めたわけでないことがわかる。しかし、横暴な地頭は敗訴しても行動を改めることがなかった。

困り果てた荘園領主のなかには、「一定額の年貢を納入すれば、荘園管理のすべてを任せる」という請負契約**（地頭請）**を結ぶ者も現れた。また、領主と地頭が土地・住民を折半し、お互いに完全な支配権を認め合うことも行われた**（下地中分）**。こうして地頭たちは、全国の貴族や大寺院から荘園を奪っていった。

御成敗式目のおもな内容

守護・地頭の横暴を禁止する条文が特徴的である。

第3条	守護が村人を使って税を集めることは違法であり、禁止する
第5条	年貢を領主に渡さない地頭は、領主の要求があればすぐに従うこと
第30条	不公平な裁判は問注所の信頼を失うので禁止する。言い分は裁判中に述べよ

地頭と領主のトラブル回避法

地頭請

荘園領主が地頭に、一定額の年貢を納入する条件で、荘園管理のすべてを地頭に任せる

下地中分

荘園領主と地頭が、土地と住民を折半してそれぞれが管理し、お互いに干渉しない

◆北条泰時（1183〜1242）

鎌倉幕府３代執権。承久の乱後に六波羅探題に就任。父・義時の死後、北条政子から執権に任命された。合議政治を打ち出し、御成敗式目を制定。執権政治を確立させた。

13世紀

鎌倉新仏教

戦乱や飢饉が続発する不安な社会で 旧仏教は役に立たず 個人を救う仏教が誕生

阿弥陀如来にすがる浄土宗系 自力での救済を目指す禅宗系

平安時代末期、**天台宗**・**真言宗**を中心とする旧仏教勢力は、各地に荘園を保有して蓄財に励み、僧兵を抱えて強訴するなど堕落していた。また旧仏教の目的は、**鎮護国家**や、加持祈祷によって貴族に**現世利益**をもたらすことであり、庶民の救済に関心を払わなかった。

末法思想が広まるなか、源平の争乱や大規模な飢饉が起こり、社会不安は高まった。心に救いを切実に求める庶民に応えて誕生したのが、鎌倉六宗といわれる**「鎌倉新仏教」**であった。

このうち最初に登場した**法然**は、**「南無阿弥陀仏」**と念仏を唱えれば、誰でも**往生**（極楽浄土に生まれ変わること）できると説き、**「浄土宗」**を開いた。当時、往生のためには仏像や寺院を建立したり、修行を果たすことが必要とされていたため、法然の教えは、修行とは無縁の庶民に急速に広まった。しかし旧仏教側から迫害を受けた法然は、讃岐（現在の香川県）に流されてしまう。

法然の弟子・**親鸞**は、法然に連座して越後（現在の新潟県）に流され、関東を中心に教えを広めた。法然の教えは、「念仏を唱えれば、すべて

浄土宗・浄土真宗・時宗の比較

宗派	浄土宗	浄土真宗	時宗
開祖	法然	親鸞	一遍
開宗年	1175年	1224年	1274年
特徴	ひたすら念仏を唱えることで阿弥陀如来に救われる	阿弥陀如来を信じた瞬間に救われることが決定する	阿弥陀如来を信じなくても名号を唱えると救われる

関連ページ

宗 P78 浄土教の流行

戦 P114 文永・弘安の役

宗 P128 雪舟の渡明

人を救おうとする阿弥陀如来の本願力**（他力）**によって救済される」というものであったが、親鸞は「心の中で阿弥陀如来を信じた瞬間に、すでに救済されている」という**「絶対他力」**を説いた。さらに、修行する「善人」ではなく、煩悩を断ち切れず、阿弥陀如来に頼ることしかできない**「悪人」**こそ、救済の対象であると説いた**（悪人正機説）**。親鸞自身も妻帯肉食し、自らの教えを実践。やがて親鸞の教えは**「浄土真宗」**として発展していくことになる。

一遍は、「南無阿弥陀仏」の六次の**名号**を唱えれば、阿弥陀如来を信じなくても往生できると説いた。一遍の**「時宗」**は、踊り狂いながら念仏する**「踊念仏」**が特徴である。

浄土宗・浄土真宗・時宗はすべて、阿弥陀如来を信仰し、「他力」を強調するものであるが、坐禅によって「自力」で悟ることを目指したのが、**禅宗**であった。**栄西**は宋に渡って禅を学び、帰国して**「臨済宗」**を開いた。

臨済宗は、坐禅を組みながら、**公案**（師が弟子に出す問題）と呼ばれる**禅問答**を解くことで悟りに達するという教えで、自他に厳しい武士に好まれた。同じく宋で禅を学んだ**道元**は、悟りを得るには、ひたすら坐禅に打ち込むしかないとする**「曹洞宗」**を開いた。

日蓮は、あらゆる仏教のうち、**「法華経」**を最高とし、**「南無妙宝蓮華経」**と**題目**を唱えれば、すぐさま悟りに達するとした。日蓮の開いた**「日蓮宗」**は多くの信者を集めたが、布教の際に他宗派を攻撃したり、政治批判を繰り返したため、迫害を受けた。

◆踊念仏
一遍が京に設けた踊念仏の道場の様子で、鉦を打ち鳴らしながら踊っている。

◆法然（1133〜1212）
浄土宗の開祖。延暦寺で学んだ後、ひたすら念仏する「専修念仏」を説いた。

◆栄西（1141〜1215）
臨済宗の開祖。将軍・源頼家や北条政子らに信仰され、京都に建仁寺を建立。茶を日本に伝えたことでも有名。

戦争

1274年

文永・弘安の役

鎌倉幕府は侵略という緊急事態に対応するため

貴族・寺社の荘園から人員・物資を徴発する

関連ページ

経 P108 承久の乱
経 P116 永仁の徳政令
戦 P118 鎌倉幕府の滅亡

臨戦態勢を築く過程で権限を強化していく幕府

1206年、**モンゴル帝国**を建国した**チンギス・ハン**は、騎馬による圧倒的な軍事力で、周辺国を侵略して勢力を拡大。チンギスの後継者たちも積極的に遠征を繰り返し、モンゴル帝国はユーラシア大陸の東西にまたがる大帝国に成長した。広大なモンゴル帝国はやがて分裂し、中国北部を支配した**フビライ**は、首都を**大都**（北京）に定めた。

朝鮮半島の**高麗**を支配下に置いたフビライは日本に通交を求めたが、幕府の8代執権・**北条時宗**は、モンゴルからの国書を黙殺し、九州に所領をもつ御家人に対して防御にあたるように命令した。国号を**「元」**と定めたフビライは、日本侵攻の準備を進め、1274年、元・高麗連合軍を出撃させたのである。

博多湾岸に上陸した元軍は、**集団戦法**や**「てつはう」**と呼ばれる火薬兵器によって幕府軍を苦しめたが、翌日、突如撤退した**（文永の役）**。退却理由は不明だが、寒冷前線に伴う嵐の可能性が指摘されている。

時宗は元軍の再来に備え、九州北部沿岸を御家人に警備させる**「異国警固番役」**を課し、博多湾沿岸に**石築地**を築いた。また、それまでは貴

historical note

祈祷で敵国を退散させた寺社勢力は鎌倉新仏教を抑えて隆盛を極める

蒙古襲来が迫るなか、幕府や朝廷は、寺院や神社に国家的な祈祷を行わせ、亀山上皇は伊勢神宮などに敵国の降伏を祈願した。旧仏教や神道にとって、蒙古襲来は「神の怒り」とされ、モンゴル軍が退散したのは神仏の加護とされた。神仏習合によって神社との結びつきを強めていた旧仏教勢力は、蒙古襲来をきっかけに大きく発展したのである。

亀山上皇は「我が身をもって国難に代わらん」と祈願したという。

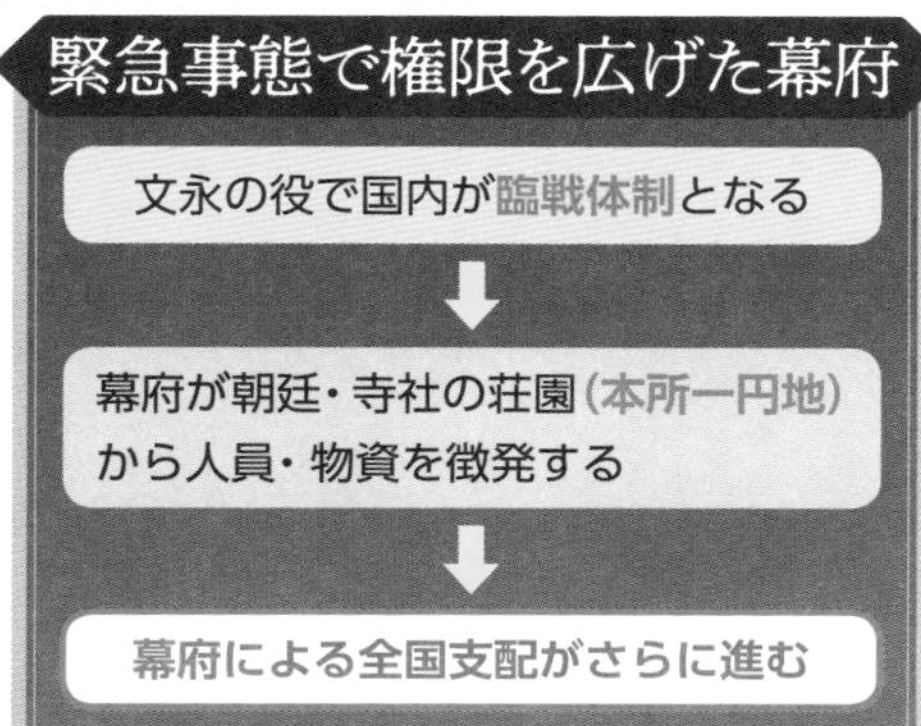

族や寺社の荘園（**本所一円地**）には、幕府の命令が及ばなかったが、**蒙古襲来**という緊急事態によって、本所一円地も守護の指揮下に置かれ、人員や物資が動員・徴発されるようになった。こうして幕府による全国統治が進んでいったのである。

1276年に**南宋**を滅ぼしたフビライは、1281年、元・高麗を中心とする東路軍4万人と、南宋の水軍を中心とした江南軍10万人で再び日本を襲撃した。先攻した東路軍は博多湾に侵入したが、準備を整えていた幕府軍は奮戦して上陸を許さなかった。そこに江南軍が到着し、東路軍と合流して総攻撃を開始しようとしたとき、大型の台風が大船団を襲い、元軍は壊滅的な打撃を受けて撤退した（**弘安の役**）。

◆文永の役
『蒙古襲来絵詞』に描かれている、元軍と、奮戦する御家人・竹崎季長。
宮内庁
三の丸尚蔵館所蔵

三度目の元軍襲来に備えて、幕府は異国警固番役を継続し、九州の御家人を統括する**「鎮西探題」**を博多に置き、北条一門を任命した。幕府内部では、執権を受け継ぐ北条氏本家（**得宗**）が、対立する有力御家人を排除し、**「得宗専制政治」**を確立していった。

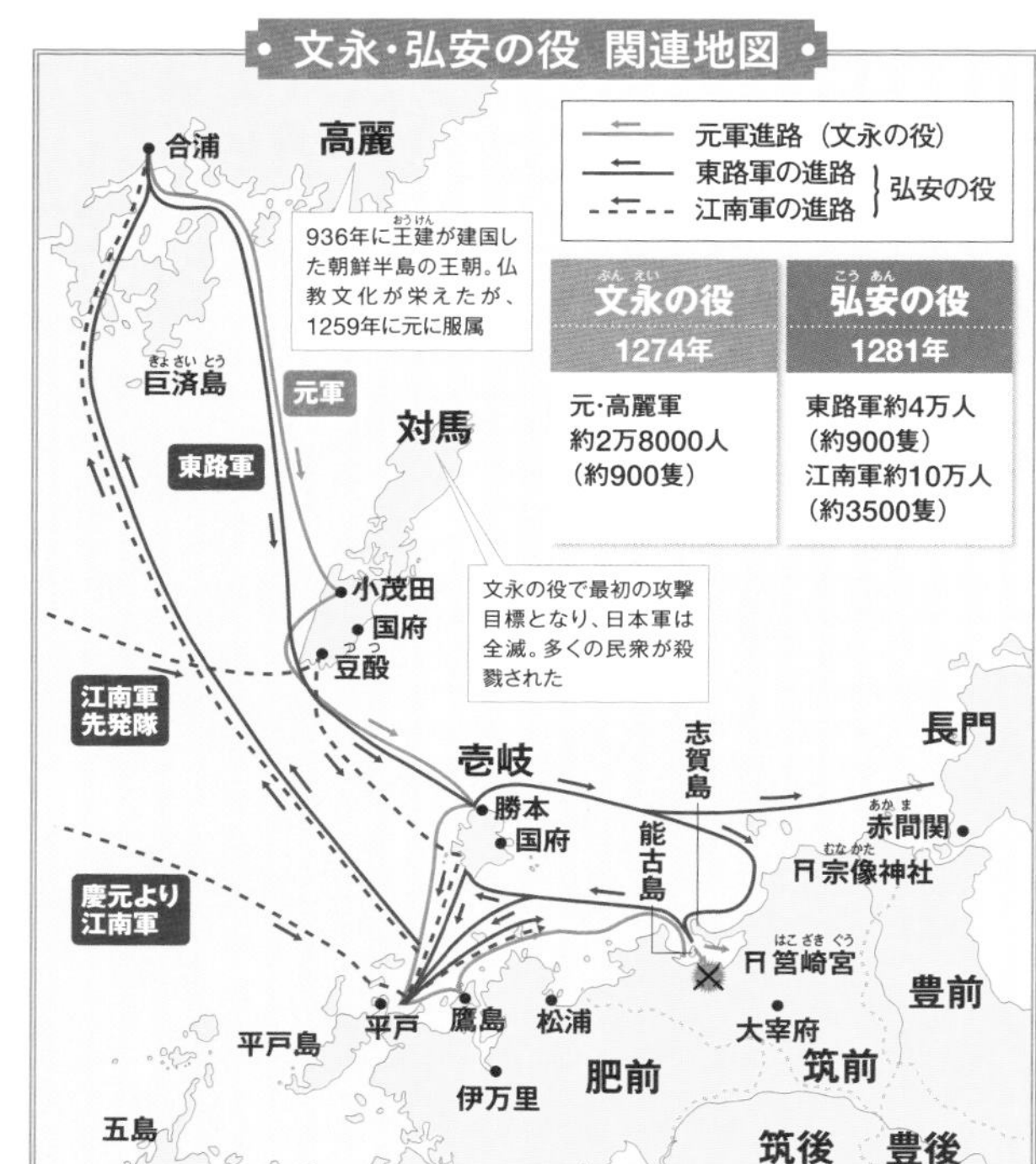

蒙古襲来は、承久の乱後、50年以上戦乱のなかった平和な時代を揺るがし、社会に大きな変化をもたらした。

1297年

永仁の徳政令

米以外に収入のなかった御家人は貨幣の浸透により所領を手放していく

自費で戦闘に参加したり、元の襲来に備える**異国警固番役**を勤めたりした御家人の負担は大きく、幕府への不満は高まっていった。

さらに、鎌倉時代は**分割相続**が原則で、御家人の所領は子孫たちに細分化され、零細な御家人が増えていった。また、貨幣経済に対応できずに困窮し、所領を質に入れたり売却したりする御家人が続出した。

日本の**貨幣経済**は、平清盛以降も続けられた**日宋貿易**によって、**宋銭**が大量に輸入されたことで、13世紀中頃に急発展した。鎌倉初期に土地の売買を**銭貨**で払った割合は約40%だったが、鎌倉末期には約85%に達

所領の分割相続によって零細化していく御家人

確立した北条氏は、「**御内人**（みうちびと）」と呼ばれる得宗家の家臣とともに幕府を運営していった。得宗家は、本領安堵の権限も将軍から奪い、評定衆や守護などの要職に北条一門を送り込み、独裁的な権力を築いた。

北条氏が栄える一方で、御家人たちの生活は困窮していった。**文永・弘安の役**は防衛戦であり、元軍を撤退させても獲得できる土地や金銭はなく、命をかけて戦った御家人たちに幕府は**恩賞**を与えられなかった。

「**得宗専制政治**（とくそう）」（➡P115）を

マップ
鎌倉（神奈川県）

historical note

中世日本人は大量の渡来銭を壺に入れて土に埋めていた

日本各地の中世の遺跡から、銭貨を大量に集めた壺が出土している。銭貨のほとんどは渡来銭で、そのうち最も多いのが宋銭（北宋銭）である。これにより、宋銭が広く流通していたことがわかる。銭を埋めた理由は、貯蔵や貯蓄、戦乱・災害からの避難、まじないなど諸説あるが、はっきりとはわかっていない。

日本銀行貨幣博物館所蔵

約7700枚の銭貨が入っていた壺。

◆**銭を探す御家人**

御家人・青砥藤綱は、川に落とした銭を拾うため、松明を購入したという。鎌倉時代に貨幣経済が浸透していたことを物語る逸話である。

している。米による商品取引は収穫期と端境期とで米の価格が**変動**するため、商品経済や交易が活発化すると不便だったのである。また税として米を運搬するより、銭貨のほうが負担は少なかった。

貨幣経済が浸透すると、米による収入に頼っていた御家人は、端境期など手元に米がないときに出費が生じると、所領や武具などを**担保**に銭を借りるしかなかった。こうした需要に応えるため、**「借上」**と呼ばれる**高利貸商人**が現れ、返済ができない御家人から所領を奪っていった。

幕府は借上が御家人の所領を入手することを抑制する法令を出したが、効果はなかった。借上は質物を保管するために強固な土倉を建てたため、室町時代に**「土倉」**（➡P125）と呼ばれるようになっていく。

こうした状況に危機感を抱いた幕府は1297年、**「永仁の徳政令」**を出した。この法令は、所領の質入れや売却を禁止するだけでなく、売却後20年未満の御家人の所領は、無償で返却を命じるものであったが、所領を売却するような御家人はもともと**現金**が不足していたため、所領を売ることができなくなるとさらに困窮した。また不利益を被った借上は、御家人に金を貸さなくなった。徳政令は完全に裏目に出てしまったのである。

翌年、幕府は所領の売却・質入れの禁止を撤回したが、御家人の幕府に対する不満は高まっていった。

困窮する御家人たち

分割相続によって零細な御家人が増加

⬇

貨幣経済の浸透により、所領を売却・質入れして銭を入手せざるを得なくなる

⬇

「永仁の徳政令」により、所領を商人に売れなくなり、さらに困窮する

◆**焼け残った土倉**

土倉は火事でも燃えない堅固なつくりだった。高利貸しだった土倉は、預金業務も行うようになった。

戦争

1333年

鎌倉幕府の滅亡

後醍醐天皇の執拗な幕府への反抗が悪党や御家人の心を倒幕へと駆り立てる

関連ページ

戦 P114 文永・弘安の役
経 P116 永仁の徳政令
経 P120 建武の新政

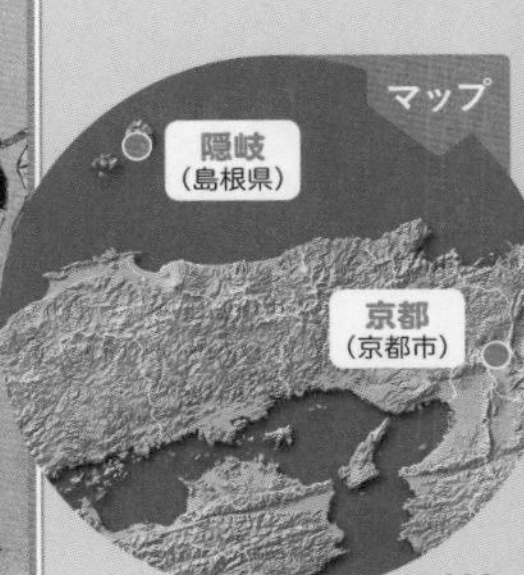

ふたつの皇統が争うなかで後醍醐天皇が即位する

白河上皇（→P82）が院政をはじめたきっかけは、自分の子に皇位を継承させることであった。1242年、**後嵯峨天皇**（後鳥羽上皇の孫）が即位し、30年にわたって**「治天の君」**（天皇家の実権を握った上皇・天皇）として君臨したが、次代の治天の君を指名せずに亡くなった。

天皇家は、後嵯峨上皇のふたりの子である後深草上皇**（持明院統）**と亀山上皇**（大覚寺統）**の二系統に分かれ、お互いに自分の子孫に皇位を継がせようと争うようになった。

後継問題は、天皇家領荘園の相続もからむため、両統の確執は深刻化し、調停を託された幕府は、両統から交互に天皇を即位させる**「両統迭立」**を勧めた。こうして即位したのが、大覚寺統の**後醍醐天皇**だった。

天皇親政を目指す後醍醐天皇は父・後宇多天皇の院政を廃し、両統迭立を無視して自分の皇子に譲位し、院政を行うことを目論んでいた。この時期、幕府の執権は**北条高時**であったが、若年であったため、**内管領**（御内人の代表）の**長崎高資**が実権を握っていた。

得宗家と御内人による専制に対し、御家人の反感はさらに高まり、畿内

◆後醍醐天皇の即位 1318年、後醍醐天皇は31歳で即位した。下の絵は天皇の御座所の公家たちが集まっている場面。

後醍醐天皇

埼玉県立歴史と民俗の博物館所蔵

を中心に**「悪党」**と呼ばれる新興武士が現れ、武力を用いて年貢の納入を拒否したり、荘園を侵略するなど、反幕府活動を続けていた。

　反幕府の意識の高まりを感じた後醍醐天皇は、**「正中の変」「元弘の変」**と、二度にわたって倒幕計画を立てたが、どちらも露見して失敗に終わってしまう。幕府は後醍醐天皇を**隠岐島**（島根県）に流し、持明院統の**光厳天皇**を即位させた。

　ところが天皇の配流をきっかけに、畿内で反幕府の勢力が立ち上がった。1333年、悪党・**楠木正成**は**千早城**（大阪府）で挙兵し、ゲリラ戦によって幕府軍を苦しめた。**護良親王**（後醍醐天皇の子）も挙兵して、悪党勢力を結集し、幕府に抵抗。これにより地方の御家人にも、反幕府活動が広まっていった。

　後醍醐天皇が隠岐を脱出し、船上山（鳥取県）で挙兵すると、幕府は源氏出身の有力御家人・**足利高氏（後に尊氏）**を派遣したが、高氏は倒幕を決意し、朝廷を監視していた京都の**六波羅探題**を攻め落とした。

　関東では、源氏一門の有力御家人・**新田義貞**が上野（現在の群馬県）で挙兵し、大軍を率いて鎌倉に攻め込んだ。幕府軍は奮戦したが敗北し、北条高時や長崎高資らは自害。こうして鎌倉幕府は滅亡したのである。

◆**山中で戦う悪党**
悪党とは幕府や荘園領主に反抗した地頭や非御家人の武装集団のことで、馬に乗り立派な甲冑を着て戦った。

鎌倉幕府滅亡の理由

- 所領を失って困窮する御家人たちが、権力を独占する得宗家や御内人に反感を強めた。
- 悪党が勢力を拡大し、幕府への反抗を活発化させた。
- 後醍醐天皇が倒幕活動を続けた結果、御家人の反乱を呼び覚ました。

新田義貞の侵攻路

→ 新田時貞軍
切り通し

幕府軍が勝利
巨福呂坂
鶴岡八幡宮
幕府軍が勝利
大仏坂
新田軍が勝利
幕府
東勝寺
幕府軍が勝利
極楽寺坂
追い詰められた北条高時や長崎高資が自害
由比ヶ浜
稲村ヶ崎

新田軍は切通しで幕府軍に撃退されたが、潮が引いたときに稲村ヶ崎を回り込んで鎌倉に突入した。

経済

1333年

建武の新政

後醍醐天皇に土地所有権を否定され 不満を高めた武士は 足利尊氏に期待する

綸旨の絶対化を進めて世の中を大混乱に陥れる

　鎌倉幕府の滅亡後、**後醍醐天皇**は「私の改革は未来の先例となるだろう」と宣言し、**「建武の新政」**と呼ばれる政治改革を進めた。平安時代の**「延喜・天暦の治」**（↓P72）を理想とし、天皇の絶対化を目指す後醍醐天皇は、まず**光厳天皇**の即位を廃止し、幕府や院政を否定。摂政・関白も廃止した。さらに両統迭立を廃し、大覚寺統に皇統を統一した。

　地方政治に関しては国司を重視し、上級貴族を積極的に任命したが、**摂関職**や**知行国**（↓P83）を否定された上級貴族は、不満を高めた。

　後醍醐天皇は、これまで認められていた土地所有権を無効にし、その認可には**綸旨**（天皇の指令書）が必要であるとした。土地所有権の確保は、武士だけでなく貴族や寺社も最重視するものであったため、綸旨の発給を求める者たちが大挙して都に押し寄せ、すぐさま政務は破綻した。このほか、土地に関する訴訟や恩賞請求が激増し、新設された機関は対応できず、大混乱に陥った。

　当時の混乱ぶりは、「此頃都ニハヤル物　夜討強盗　謀綸旨」と書かれた**二条河原落書**からもうかがえる。また天皇は、大内裏造営のために全

◆後醍醐天皇（1288〜1339）

96代天皇。倒幕計画が露見して隠岐に流されたが、脱出。足利尊氏らによって鎌倉幕府が倒された後は、建武の新政を開始したが、自ら発給する綸旨によって混乱を招き、新政権は3年で破滅した。

朕が新儀は未来の先例たるべし

関連ページ

戦 P118 鎌倉幕府の滅亡

戦 P122 南北朝分立

経 P124 応安の半済令

国に重税を課し、造営費用捻出のため新しい銅銭や紙幣の発行を計画。大量に輸入された**宋銭**を管理して利益を得ていた武士たちは、新しい貨幣が発行されれば権益を失うことになるため、不満を一気に高めた。

　後醍醐天皇の狙いは、土地の**所有権**や**徴税権**、**警察権**などを武士から奪い返すことであったが、武士にとって、土地の所有権は経済基盤であり、命を懸けるべきものであったため、到底受け入れられなかった。

　武士たちが後醍醐天皇に味方して鎌倉幕府を倒したのは、北条氏が武士たちの要求に応えられなくなったからであり、天皇が理想とする専制体制を実現したいからではなかった。後醍醐天皇は、日本の現実的な支配者が武士であることを無視してしまったのである。

　建武の新政に失望した武士たちは、自らの土地所有権を保証してもらうため、新しい幕府を求めた。彼らから推されたのが、**足利尊氏**であった。尊氏は、天皇を無視して鎌倉を占領し、独自に恩賞を与えはじめた。

　尊氏の離反を知った天皇は、討伐のため**新田義貞**を派遣したが、義貞は敗北し、京都へ逃走した。尊氏はこれを追撃し、京都に入ったが、ほどなく、**北畠顕家**（きたばたけあきいえ）や**楠木正成**らに敗れて京都から撤退した。その後、九州で勢力を回復した尊氏は、大軍を率いて再び京都へ進軍。これに対し天皇は、正成や義貞らに命じて、湊川（みなとがわ）（兵庫県）で迎撃させたが敗北。正成は戦死した**（湊川の戦い）**。

建武政権の機構

天皇

地方
- 国司・地頭（諸国に併置）
- 陸奥将軍府（東北を統括）
- 鎌倉将軍府（関東を統括）

中央
- 雑訴決断所（所領関係の裁判）
- 恩賞方（恩賞事務）
- 武者所（京都警護）
- 記録所（一般政務）

新政を破綻させた経済的失策

- 武士の経済基盤である土地を奪おうとした。
- 武士の既得権であった徴税権や警察権を取り上げようとした。
- 大内裏造営のため重税を課した。
- 新貨発行によって、宋銭を管理する武士の権益を奪おうとした。

神奈川県立歴史博物館所蔵

◆**足利尊氏（1305〜1358）**
源義家の血統で、鎌倉幕府の有力御家人だったが、倒幕活動に参加した。建武の新政に不満をもつ武士たちの期待を一身に集め、後醍醐天皇に反抗した。

戦争

1336年

南北朝分立

長期間に及んだ南北朝の動乱の実態は惣領と庶子たちとの家族間闘争だった

関連ページ
戦 P118 鎌倉幕府の滅亡
経 P120 建武の新政
経 P124 応安の半済令

南朝の有力武将は初期の戦闘で次々と戦死した

湊川の戦い（↓P121）に勝利して入京した**足利尊氏**は比叡山に逃れていた**後醍醐天皇**と和解し、**三種の神器**を接収すると、持明院統の**光明天皇**を擁立し、政治の基本方針を**「建武式目」**として発表。これをもって**室町幕府**が実質的に成立した。

このとき尊氏の弟・**直義**は「京都から離れ、鎌倉に幕府を置くべき」と主張したが、畿内の情勢が不安定なため、結局は京都に幕府が置かれることになった。

ところが、後醍醐天皇は京都を密かに脱出して**吉野**（奈良県）に逃げ込み、「尊氏に渡した三種の神器は偽物であり、本物は自分が持っている」とし、京都の朝廷**（北朝）**に対して、吉野に朝廷**（南朝）**を開いた。以後、ふたつの朝廷が並立した約60年間を**「南北朝時代」**と呼ぶ。

しかし当初から南朝は軍事的な劣勢が続き、1338年、南朝の有力武将・**北畠顕家**が**「石津の戦い」**で戦死し、**新田義貞**も藤島（福井県）において**「藤島の戦い」**で戦死した。この年、**征夷大将軍**に任じられた尊氏は、左兵衛督に任じられた弟・直義とともに**「二頭政治」**を開始。尊氏は**「軍事の長」**として、全国の武

historical note

決定的にタイプの違うふたりの対立から起きた「観応の擾乱」

室町幕府の軍事面は、現実的には尊氏の執事・高師直が担っていた。畿内の悪党など、新興武士層を味方につけて活躍した師直は、武力重視で、旧来の権威を無視するタイプであった。これに対し、訴訟担当の足利直義は旧秩序の維持を目指していたため、師直と対立した。一時、師直は直義を政界から引退させたが、直義は南朝と手を組んで逆襲。敗れた師直は、護送中に殺害された。

この騎馬武者像は尊氏とされてきたが、近年は師直像とする説が有力。

士との間に主従関係を結び、軍事活動に対して恩賞を与え、直義は**「政事の長」**として、裁判制度を整え、治安維持などにあたった。

翌年、後醍醐天皇が失意のうちに亡くなり、1348年には**楠木正行**（正成の子）が**「四條畷の戦い」**で戦死。続いて、尊氏の執事・**高師直**が吉野を攻め落とした。

南北朝の動乱 関連地図

賀名生（奈良県）へ落ち延びた南朝は降伏目前に見えたが、この時期、師直と直義の対立が深刻化し、**「観応の擾乱」**と呼ばれる内部抗争に発展。この抗争は、師直と直義が死んでからも続き、この混乱に乗じた南朝は四度にわたって京都に侵攻した。

南北朝の争いが長期化したのは、観応の擾乱の影響も大きいが、この時期に武家社会が**「分割相続」**から**「単独相続」**に移行したことも背景にあった。当時、荘園開発の動きは止まり、分割できる所領は失われていた。このため、**「惣領」**と呼ばれた嫡子だけが相続する動きが定着し、嫡子以外の**「庶子」**は惣領に従属するしかなくなったのである。

庶子にとって、南北朝の動乱は経済的に自立するための絶好の機会となった。惣領が北朝につけば庶子は南朝につき、惣領が南朝につけば庶子は北朝につくといった事態が起こり、動乱は全国に拡大したのである。

長期化した南北朝の争乱

南朝が弱体化したとき、北朝で内部抗争「観応の擾乱」が起きた

↓

武家社会で単独相続が進み、庶子は惣領に従属する状態が続き、不満を高めていた

↓

現状を打開するため、庶子は南北朝の争いを利用して、惣領に戦いを挑み、戦乱が全国規模に拡大した

経済

1368年

応安の半済令

幕府から強い権限を与えられた守護は荘園の半分を領有して守護大名に成長する

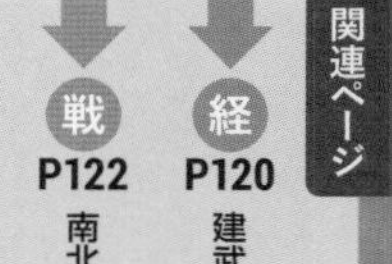

戦費を調達するため年貢の半分を徴発する権利を得る

建武の新政（↓P120）の混乱により、各地で武士どうしによる**所領争い**が頻発した。**室町幕府**は混乱した武士をまとめるため、各国に**守護**を派遣し、その権限を拡大した。

鎌倉幕府の守護の任務は、謀反人や殺害人の逮捕などだったが、これに加え、所領争いに介入したり、幕府の裁判結果を強制的に執行できるようになったのである。

南北朝の争乱が続いていた1352年、幕府は激戦地だった近江（現在の滋賀県）・美濃（現在の岐阜県）・尾張（現在の愛知県）の3カ国の守護に対し、**戦費調達**のため、1年に限って、国内の荘園・公領の年貢の半分を徴収する権利を認めた（**観応の半済令**）。ところが戦乱は全国に広がったため、各地の守護の要求に応じて、半済令も全国に適用されるようになった。

しかし守護たちは、「戦時中に限る」というルールを破り、荘園に不当に介入し、年貢を横領するようになった。荘園領主の貴族や寺社から反発を受けた幕府は、1368年、**「応安の半済令」**を出した。

これにより、荘園の土地そのものが半分に分けられ、守護と荘園領主

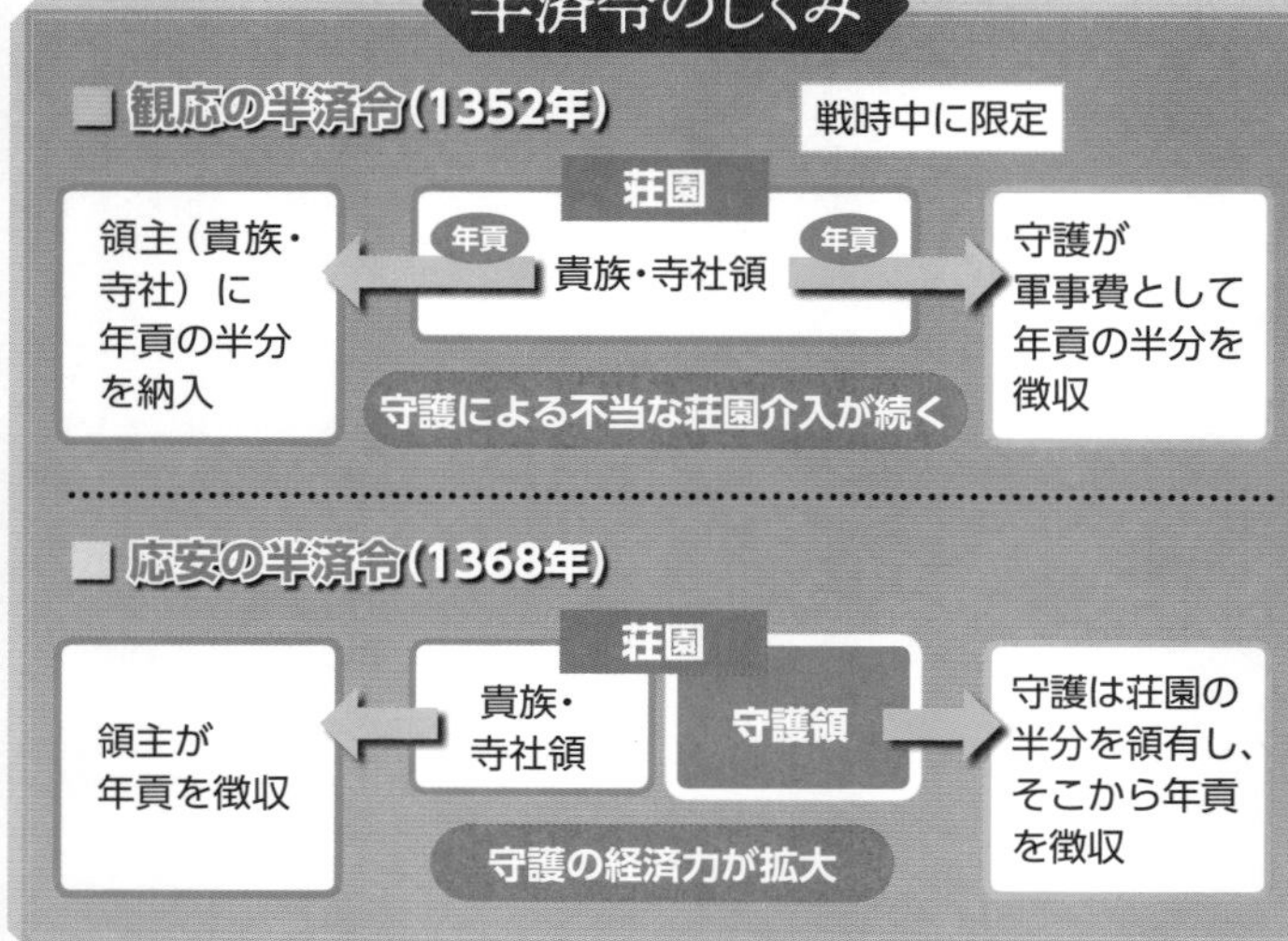

がそれぞれ年貢を徴収することになった。こうして守護は、軍事力だけでなく、強大な経済力を保有する**「守護大名」**に成長し、将軍家をおびやかす存在となったのである。

足利義満（尊氏の孫）が室町幕府3代将軍に就任した頃には、各地の守護大名が地方武士を支配下に置いたため、惣領・庶子の争いは鎮静化し、戦乱は終息に向かった。

抵抗の手段を失った南朝の**後亀山天皇**（後醍醐天皇の孫）は、1392年、義満の呼びかけに応じて京都に戻り、北朝の**後小松天皇**に譲位し、**南北朝合一**が実現した。

また義満は、京都の室町に**「花の御所」**と呼ばれる邸宅を建て、ここで政務を行った。これが**「室町幕府」**の名称の由来となったが、実質は**「京都幕府」**で、足利氏は朝廷から京都市中の警察権や裁判権、商人への課税権などを取り上げ、京都支配を固めた。中央政府には将軍を補佐する**「管領」**を置き、管領は**政所・侍所・問注所**を統括した。

室町幕府の財政基盤は**「公方御料所」**と呼ばれる直轄領（荘園）であったが、南北朝の争乱で、恩賞として分け与えられ、義満の頃には、かなり減っていた。このため義満は、金融業者の**「土倉」**（→P117）と、**「酒屋」**に**「酒屋土倉役」**という税を課し、財政をまかなうことにしたのである。当時の酒屋は大商人で、多くが金融業を兼業としていた。

土倉・酒屋の利息は高かったため、借金に苦しむ庶民は借金の帳消しを求めてしばしば一揆を起こした。これが**「土一揆」**である。土一揆は頻発し、幕府は借金の帳消しを命じる**「徳政令」**を何度も出したが、徳政令を出せば、**「酒屋土倉役」**を失うことになる。こうして幕府の財政は悪化の一途を辿っていった。

◆**足利義満**
(1358～1408)
室町幕府3代将軍。10歳で将軍に就任し、1392年に南北朝を合一。有力守護大名を次々と粛清していき、将軍の権力を高めた。

国立歴史民俗博物館所蔵

◆**花の御所（室町第）**
義満が室町に築いた足利将軍邸。庭に多くの花木が植えられていた。

経済

1404年

日明貿易

名誉よりも利益を優先した足利義満は形だけの日本国王として巨額の下賜品を得る

関連ページ

経 P90 日宋貿易

戦 P114 文永・弘安の役

経 P124 応安の半済令

倭寇の取り締まりを条件に日本は貿易を許可される

日本と**元**の間には正式な国交は結ばれなかったが、文永・弘安の役を起こしたフビライが亡くなると、元は貿易港・**慶元**（**寧波**）で、日本の貿易船を受け入れる体制を整えた。

これにより**日元貿易**が本格化し、**足利尊氏**は**天龍寺**（後醍醐天皇の菩提を弔うための寺院）の造営費を得るため、**「天龍寺船」**を派遣した。日元貿易でも、主要な輸入品は**銅銭**であった。

この時期、**「倭寇」**と呼ばれた日本人を中心とする海賊集団が、朝鮮半島から中国大陸沿岸を荒らし回っていた。この14世紀の倭寇は**「前期倭寇」**と呼ばれ、対馬や壱岐などを本拠地として、数百隻の船団を組むものもあった。

朝鮮半島の**「高麗」**は倭寇の取り締まりを求めて室町幕府に使者を送ったが、当時の九州は南朝方の勢力に制圧されていたので、幕府は対策をとれなかった。高麗が滅亡し、**朝鮮国**が建国されると、周防（現在の山口県）の守護・**大内義弘**は朝鮮との交易を開始。その後、幕府は朝鮮と国交を結び、**日朝貿易**をはじめた。

中国では、1368年に、**朱元璋**が漢民族による**「明」**を建国し、元

◆倭寇

大陸沿岸を荒らし回った倭寇は、14世紀に活動し、日本人中心だった「前期倭寇」と、16世紀に中国人中心だった「後期倭寇」に分けられる。この絵は、明の海岸を襲撃してきた「後期倭寇」と、明の官兵が戦っている場面を描いたものである。

の勢力を北方のモンゴル高原に追いやった。朱元璋は、歴代中国王朝にならって、周辺国との通交を求め、日本にも使者を送り、倭寇の取り締まりを求めた。**足利義満**は**九州探題**（九州を統制する役職）に倭寇の鎮圧を命じ、明に使者を送り、日本国王として認められた。

これにより、１４０４年、日本国王が中国皇帝に臣下として貢物を献上する**「朝貢」**形式による**日明貿易**がはじまった。義満が名乗った「日本国王」は、貿易を実現させるための外交用の称号であった。

遣明船は正式な使節であることを確認するため、**「勘合」**という証票を使ったので、日明貿易は**「勘合貿易」**とも呼ばれる。勘合貿易は朝貢形式のため、滞在費などはすべて明が負担し、朝貢品の返礼として与えられる下賜品は、はるかに価値が高いもので、巨額の利益を得ることができたのである。

日本からの輸出品は、銅や硫黄、刀剣などで、輸入品は生糸や絹織物、綿糸、陶磁器、書籍、絵画などで、**銅銭（明銭）**が大量にもたらされた。

貿易には幕府だけでなく、有力守護や寺社も参加した。

義満は亡くなるまで積極的に遣明船を送り続けたが、４代将軍・**足利義持**は、臣下の礼をとることを嫌って明と断交した。その後、６代将軍・**足利義教**が復活させた。幕府による遣明船は合計17回派遣され、室町文化に大きな影響を与えた。

日明貿易の特徴

- **倭寇**の取り締まりが貿易開始の条件。
- 日本国王が中国皇帝に臣下として貢物を献上する「**朝貢**」形式。
- 日本側に莫大な**利益**がある。

◆永楽通宝
日明貿易によって輸入された明銭で、日本国内で大量に流通した。
日本銀行貨幣博物館所蔵

◆遣明船（復元模型）
日明貿易に使用された船は、瀬戸内海を航行していた船を改造したものが中心だった。

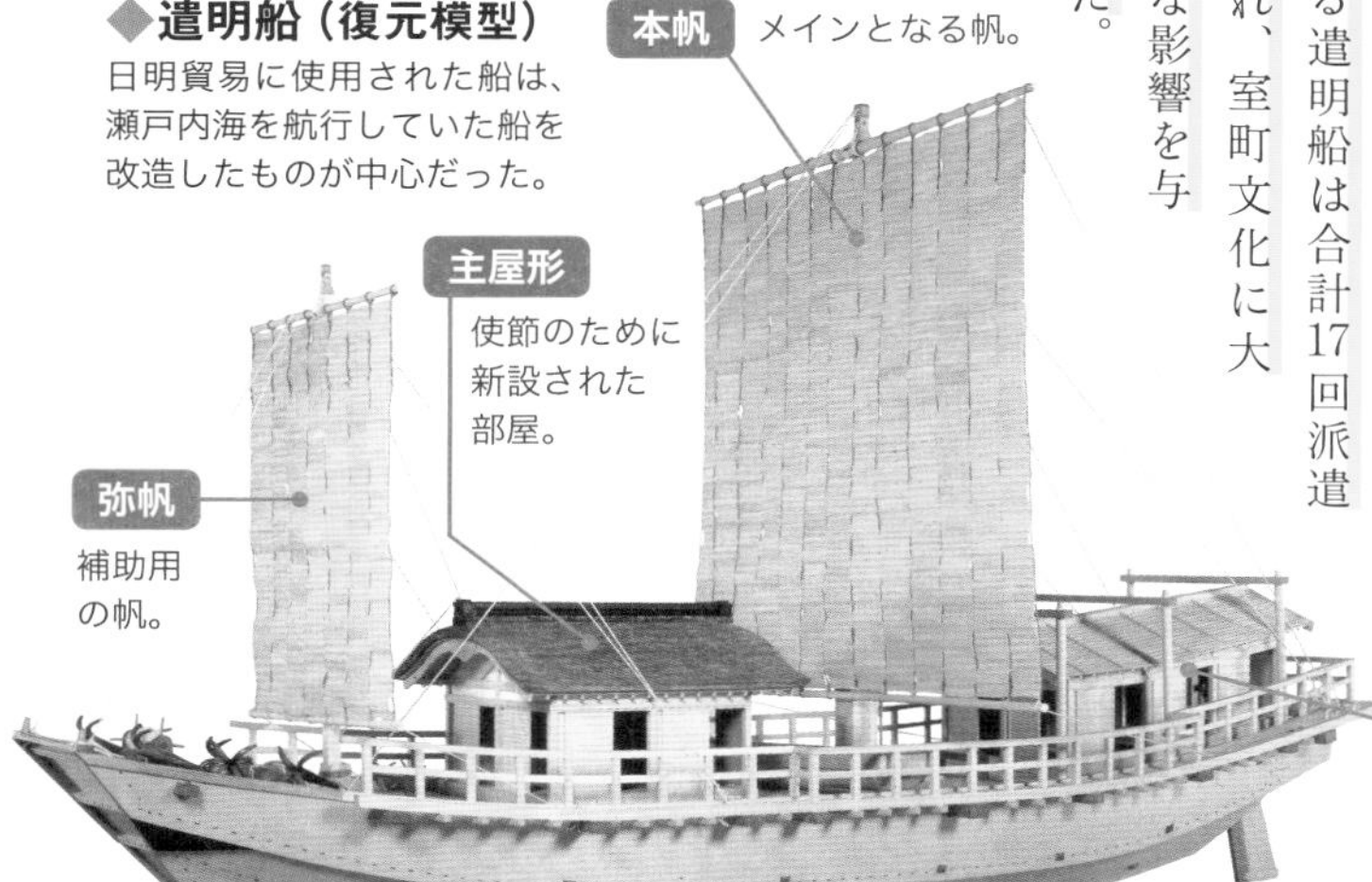

広島県立歴史博物館所蔵

1467年

雪舟の渡明

長期間にわたって交流を深めてきた留学僧と渡来僧たちが日本に禅を定着させる

料理も水墨画もすべて「禅の修行」という思想

日本と宋は国家間で正式な国交を結んでいなかったが、**平清盛**が**日宋貿易**（➡P90）を本格化させて以降、日本と宋の間では**「私貿易（しぼうえき）」**が盛んであった。僧が宋に留学することも多く、臨済宗を開いた栄西や、曹洞宗を開いた道元は、ふたりとも宋で**禅宗**を学んでいる（➡P113）。

禅宗の特徴は、「日常生活もすべて修行」と考えることにある。延暦寺などの旧来の寺院では、教学を学ぶ者が高僧であり、料理などの雑務に関わる僧は低く見られていた。道元は宋に留学したとき、立派な老僧が**食事**の用意をしていることに衝撃を受けたことを書き残している。

禅宗のこうした考え方は、日本文化にも大きな影響を与えた。室町文化を代表する**水墨画**についても**明兆（みんちょう）**や**周文（しゅうぶん）**、**如拙（じょせつ）**などの水墨画家はすべて禅僧**（画僧）**である。水墨画を描くことは、すなわち修行であった。

日本の水墨画を完成させた**雪舟**も、京都の相国寺で禅の修行を積み、そこで周文から水墨画を学んだ後、1467年、明に渡って約2年間修行し、禅の精神を水墨画に表現することを目指して描き続けた。

一方、鎌倉時代には南宋から渡来

◆雪舟
（1420～1506）
室町時代の画僧。相国寺で周文から水墨画の技法を学んだ後、山口の大内氏の貿易船で明に渡った。帰国後は山口を拠点に、雄大な自然描写による独自の水墨画を完成させ、後世の日本画に絶大な影響を与えた。代表作に「山水長巻」などがある。

関連ページ

経 P90 日宋貿易
宗 P112 鎌倉新仏教
戦 P114 文永・弘安の役

マップ

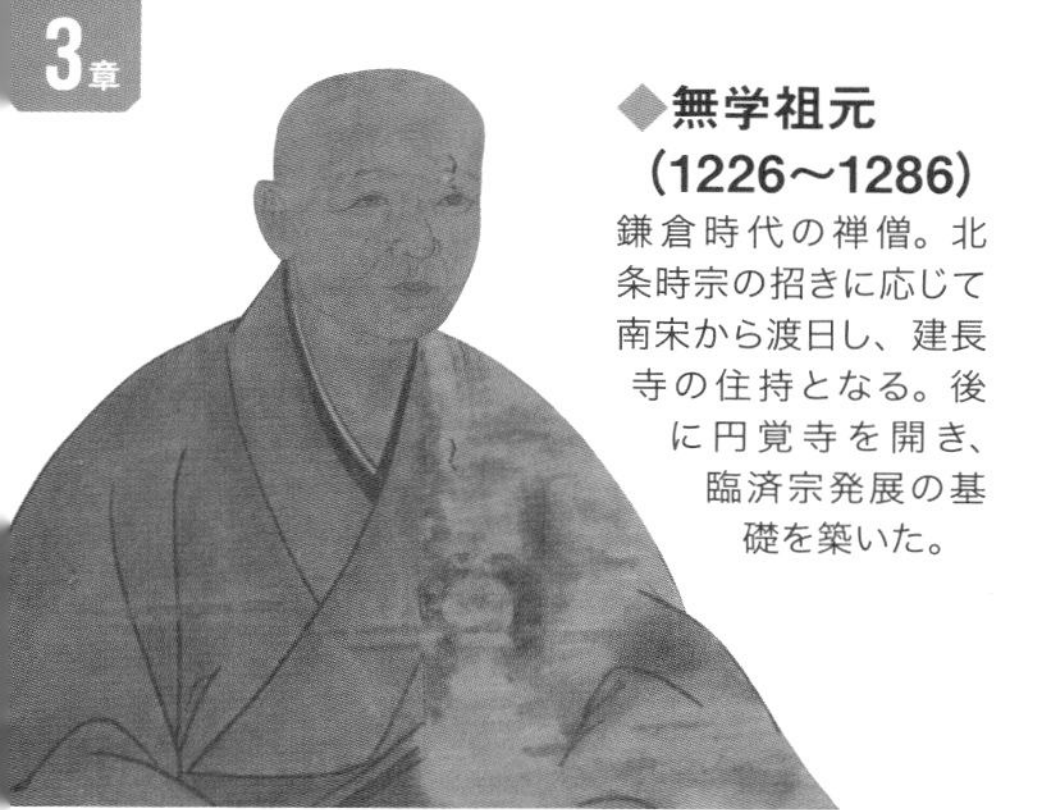

◆**無学祖元**
（1226～1286）
鎌倉時代の禅僧。北条時宗の招きに応じて南宋から渡日し、建長寺の住持となる。後に円覚寺を開き、臨済宗発展の基礎を築いた。

した禅僧も多くいた。渡来僧・**蘭渓道隆**は、鎌倉幕府の5代執権・**北条時頼**に信頼され、**建長寺**（鎌倉市）の住持（住職）に迎えられた。

8代執権・**北条時宗**に南宋から迎えられた**無学祖元**は、弘安の役に臨む時宗を禅の精神によって支えたという。祖国の**南宋**がモンゴルに侵攻されていたため、祖元はモンゴルに強い反感を抱いていた。

その後も、中国から渡来した禅僧の集団は、祖国の禅院との関係を保ちながら、鎌倉・室町幕府から支援を受け、勢力を伸ばし、巨大な寺院を建立していった。また、中国から寺院を格付けする**五山制度**が日本の臨済宗にも導入され、**「鎌倉五山」「京都五山」**が整備された。

日本で禅が定着したのは、日本と中国の禅僧たちが、長期的な交流を続けてきた結果であった。

日本で禅宗が発展した理由

- **栄西**や**道元**などが宋で学んだ本格的な禅を日本に広めた。
- 宋・元・明を通じて、多くの**禅僧**が日本に渡来した。
- **臨済宗**は幕府の支援を受けて勢力を伸ばし、京都や鎌倉に巨大な寺院を建立した。

◆**「天橋立図」** 禅と画の一致を目指した雪舟が80歳を超えた晩年に描いた傑作。

京都国立博物館所蔵

戦争

1467年

応仁の乱

有力守護大名は廃墟となった京都から地方に下って支配を固め戦国武将に成長する

将軍の後継問題を契機に11年に及ぶ争乱がはじまる

足利義満が南北朝を統一し、幕府が安定すると、**守護職**（→P124）は世襲されるようになった。また守護は在京して幕政に参加し、代官として**「守護代」**を派遣して領国を統治させるようになった。

義満の死後も、幕府は安定していたが、5代将軍・**足利義量**（あしかがよしかず）が早世したため、6代将軍には**足利義教**（あしかがよしのり）が、くじ引きによって選出された。

義教は猜疑心が強く、対立した**鎌倉公方**（関東を統括する職）や有力守護を次々と滅ぼしていったが、身の危険を感じた有力守護・**赤松満祐**（あかまつみつすけ）によって殺されてしまう。この**「嘉吉の変」**（かきつ）以降、足利将軍の権威は低下していき、幕府の実権は**管領**（将軍の補佐役）や**有力守護大名**たちが握るようになったのである。

当時の武士社会では、**惣領**（そうりょう）（嫡子）による単独相続が定着していたが、有力守護の相続には、将軍の意向や、家臣の支持の有無、嫡子の能力などが影響したため、**庶子**（しょし）（嫡子以外の子）との間で複雑化した争いが起きていた。

こうした状況のなか、8代将軍に14歳の**足利義政**（義教の子）が就任した。子のいなかった義政は後継者

応仁の乱の対立関係

西軍（山名方）		西軍（山名方）
足利義尚（義政の子）	将軍家	足利義視（義政の弟）
山名持豊	幕府実力者	細川勝元
斯波義廉	斯波氏	斯波義敏
畠山持国・義就	畠山氏	畠山持富・政長
大内氏・一色氏・土岐氏・六角氏 ほか	有力守護	赤松氏・京極氏・武田氏・富樫氏 ほか

※1468年11月に義視が西軍につくと、義尚と義政は東軍についた。

関連ページ
経 P124 応安の半済令
戦 P132 伊豆討ち入り
経 P136 甲州法度之次第

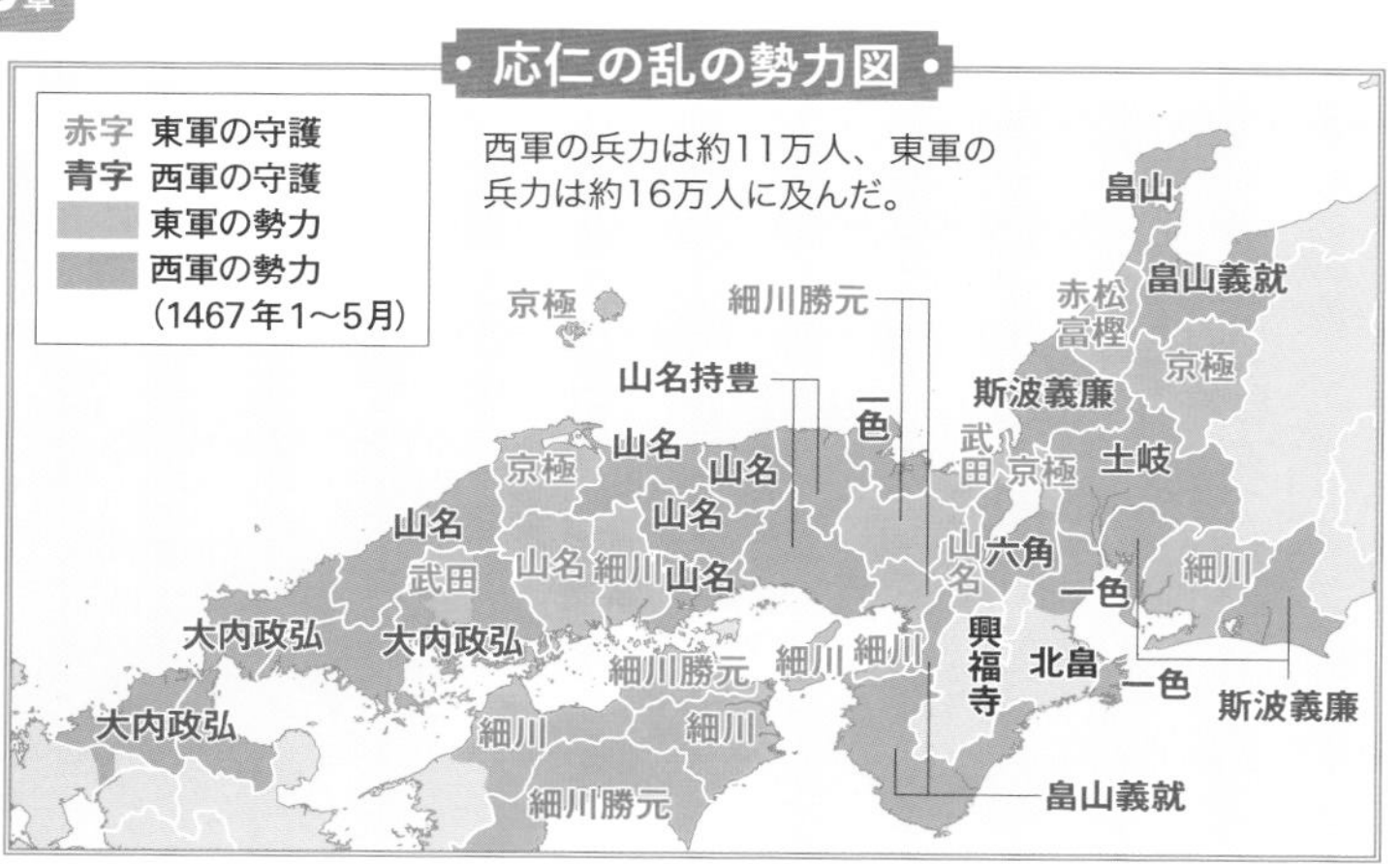

に弟・**足利義視**を指名したが、その翌年、義政と妻・**日野富子**の間に**足利義尚**が誕生した。これがきっかけとなり、幕府内は義視を推す勢力と、義尚を推す勢力に分裂。**山名持豊**を総大将とする西軍と、**細川勝元**を総大将とする東軍が、1467年、京都を舞台に戦いを開始した。この**「応仁の乱」**は勝敗のつかないまま、11年間も続き、この結果、京都は焼け野原になってしまう。

応仁の乱の本質は、**管領家**（管領に就任できる細川氏・斯波氏・畠山氏）の相続争いや、有力守護大名の勢力争いであった。彼らの激しい抗争が戦いを長引かせたのである。この結果、守護たちは荒廃した京都を離れ、拠点となる領国に下った。こうして幕府の体制は崩壊し、守護による地方支配が進んだのである。

守護大名たちは**「国人」「地侍」**と呼ばれる土着の武士を家臣団として編成し、農民たちを直接支配していった。こうして守護大名は、幕府の守護職とは関わりのない**「戦国大名」**へと成長していったのである。

戦国大名に成長した守護大名

守護大名は領国の統治を守護代に任せて、京都の幕府に出仕した

▼

応仁の乱で京都が戦場になったため、守護大名は京都を離れ、領国に下る

▼

守護大名は国人・地侍を家臣団として編成し、農民を直接支配する

▼

戦国大名の誕生

◆足利義政（1436〜1490）

室町幕府8代将軍。後継者争いから応仁の乱を引き起こし、乱の最中に将軍職を義尚に譲った。その後、東山に銀閣を建立し、芸術を愛好した。

戦争

1493年

伊豆討ち入り

京都から関東に下った北条早雲は 名門・足利氏を倒して最初の戦国大名になる

関連ページ

戦 P130 応仁の乱
経 P136 甲州法度之次第
戦 P144 川中島の戦い

関東の混乱に乗じた早雲が伊豆と相模を実力で奪う

応仁の乱後、室町幕府の実権は管領家の細川氏が握ったが、幕府の求心力は失われていった。地方では、**守護大名**を中心に、有力な**守護代**（守護の代官）や**国人**（土着の武士）らが独自の地方政権を築き、領国（分国）の支配を固めていった。**「戦国大名」**の誕生である。

関東では、応仁の乱の直前に、**鎌倉公方**（関東を統括する職）の**足利成氏**が、**関東管領**（鎌倉公方の補佐役）の**上杉氏**と対立して反乱を起こし、下総（現在の茨城県）古河に移った**（古河公方）**。

これに対し幕府は**足利政知**を派遣したが、政知は伊豆（現在の静岡県）堀越に拠点を構えた**（堀越公方）**。これにより、鎌倉公方は分裂し、さらに関東管領の上杉氏も、**山内上杉氏**と**扇谷上杉氏**に分かれて争いはじめ、関東は混乱状態に入る。

１４９１年、堀越公方の足利政知が亡くなると、政知の子・**茶々丸**が、政知の正室を殺害して、強引に堀越公方を継ぐ事件が起きた。殺された正室は、次期将軍候補・**足利義澄**の母でもあった。

2年後、義澄から伊豆討伐を命じられた幕府の官僚・**伊勢宗瑞（北条**

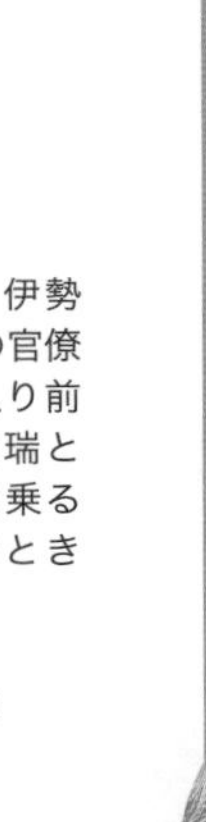

◆北条早雲
(1456～1519)
伊豆・相模の戦国大名。伊勢盛時といい、室町幕府の官僚だったが、伊豆討ち入り前に出家して早雲庵宗瑞と称した。「北条」と名乗るのは、子の氏綱のときからである。

小田原城天守閣所蔵

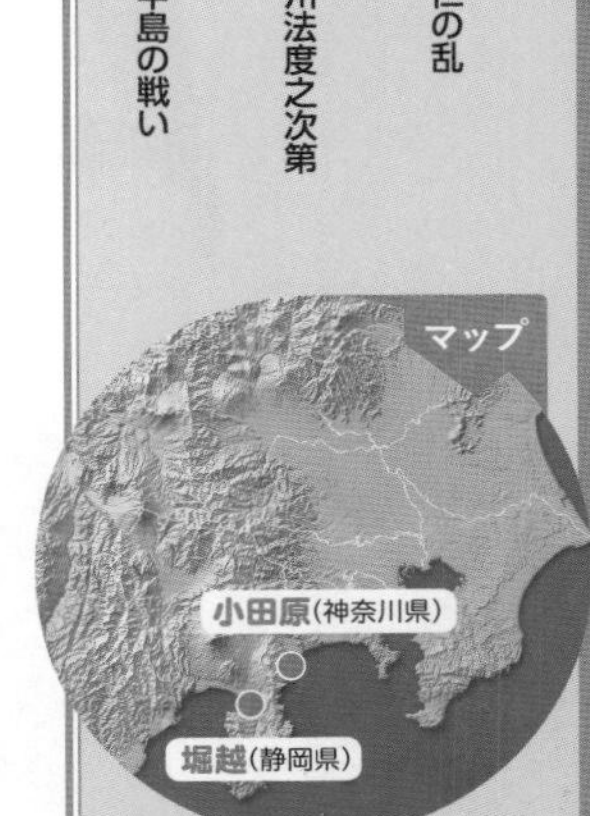

早雲）は、茶々丸を襲撃して自害にさせ、伊豆を奪取した。東国では、この**「伊豆討ち入り」**で本格的な**「戦国時代」**がはじまったとされる。

続いて早雲は相模（現在の神奈川県）の**小田原城**を支配下に置き、室町幕府と決別した後、伊豆と相模の支配を固めた。有力守護出身ではなく、実力で領地を奪った早雲は**「最初の戦国大名」**と呼ばれている。

早雲の子・**氏綱**（うじつな）は武蔵（現在の東京都・埼玉県）に侵攻し、孫の**氏康**（うじやす）は、1546年の**「河越の戦い」**で山内上杉氏・扇谷上杉氏、古河公方の連合軍に勝利し、関東の大半を支配した。この戦いにより、鎌倉公方や関東管領など関東における室町幕府の機関は事実上、消滅してしまったのである。

戦国大名は、守護大名から成長した**島津氏**や**今川氏**、**武田氏**などもいたが、多くは実力をつけて成り上がった**守護代**（守護の代官）や**国人**（土着の武士）たちであった。

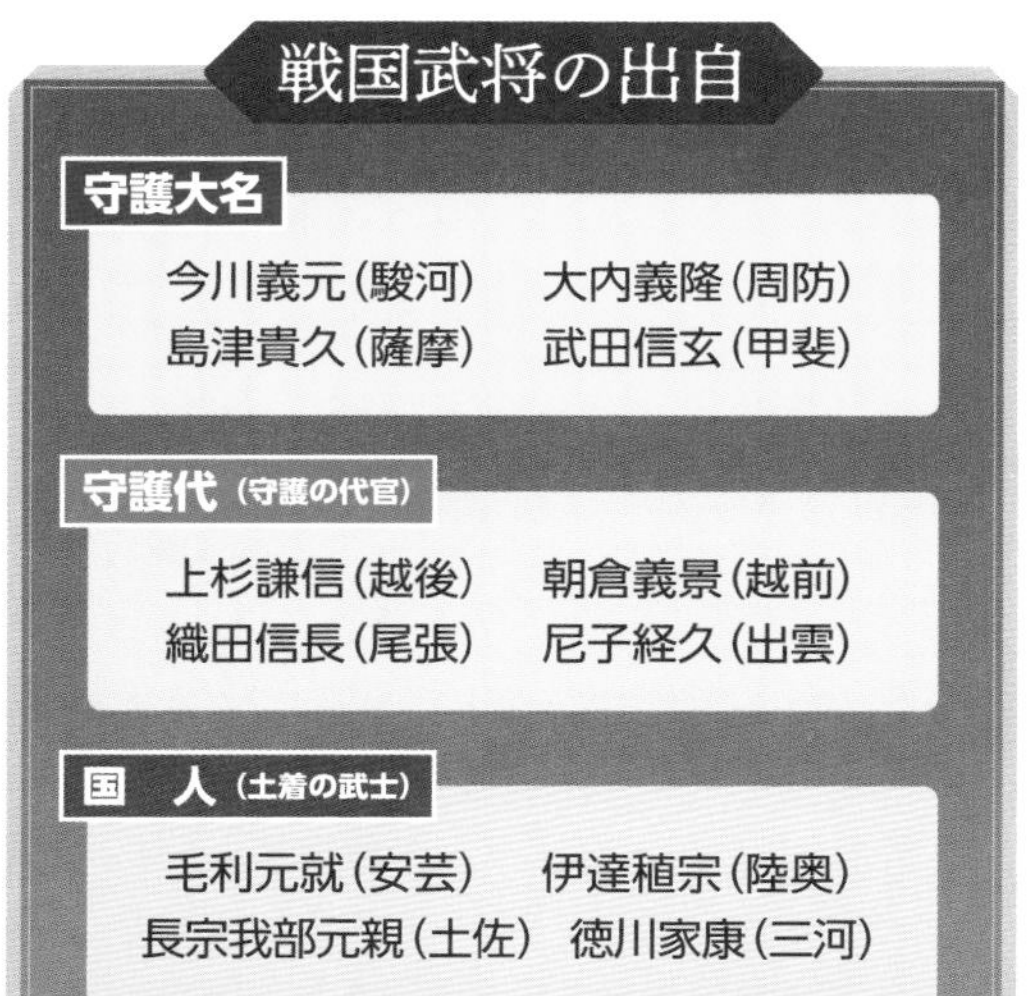

・関東に侵攻する北条氏・

1543年

鉄砲の伝来

南蛮貿易が活発化したのは国産化した鉄砲に必要な火薬を入手するため

関連ページ
宗 P138 キリスト教の伝来
戦 P160 長篠の戦い
経 P178 朱印船貿易

マップ
種子島（鹿児島県）

日本は大量に産出する銀で中国から生糸と火薬を輸入

1543年、**種子島**（鹿児島県）にポルトガル人を乗せた中国船が漂着し、日本に**鉄砲（火縄銃）**が伝来した。これを機に、ポルトガル商人は積極的に九州に来航し、**「南蛮貿易」**がはじまった。「南蛮」とは、ポルトガル人・スペイン人など南欧系の西洋人に対する呼称である。

当時、大航海時代を牽引していたスペインとポルトガルは、植民活動における利害対立を避けるため、世界を分割する**「トルデシリャス条約」**を結んでおり、アジアはポルトガル領とされていた。このためポルトガルは、インドやマレー半島に進出し、明との貿易を活発化させていた。

彼らは、日本に鉄砲や硝石（火薬の原料）を販売したが、主要な商品は、日本で急速に需要が高まっていた**生糸**や**絹織物**だった。当時、日本ではほとんど生糸が生産されておらず、上質な生糸は富裕層から熱烈に求められていた。ポルトガルは中国産の生糸や絹織物を買い取って、それを日本にもたらしたのである。

日本は**石見**（いわみ）**銀山**（島根県）などから産出した銀で支払った。17世紀初頭の日本における銀の産出量は、世界の総産出量の**約3分の1**を占めて

historical note

大量の銀貨を保有するスペインはマニラ経由の貿易で儲けていた

アジアにも流通した「スペイン・ドル」。

16世紀前半、スペインはアメリカ大陸のアステカ王国やインカ帝国を滅ぼすと、そこから莫大な銀を産出し、銀貨「スペイン・ドル」を鋳造した。これがヨーロッパに流入すると、銀の価値が下落したため、スペインは余ったスペイン・ドルをマニラ(フィリピン)に運び、そこで中国商人から絹を買い取り、メキシコに運んで儲けていた。スペインは日本に関心が薄かったのである。

おり、ポルトガルはこの中継貿易により、安価な日本産の銀を大量に入手し、これを中国に輸出することによって莫大な利益を獲得した。遅れてスペイン人も1584年より日本に来航し、南蛮貿易を開始した。

日本側で南蛮貿易を担ったのは、**平戸**・**長崎**(長崎県)や**府内**(大分県)、**坊津**(鹿児島県)など九州の港の商人で、**京都**や**博多**(福岡県)、**堺**(大阪府)などの商人も参加した。

輸入品のうち、戦国大名に衝撃を与えたのが、当時、「種子島」と呼ばれた鉄砲だった。戦国大名からの需要の高まりで品薄になった鉄砲は、堺や根来・雑賀(和歌山県)、国友(滋賀県)などで大量に**国産化**され、急速に普及していった。

こうして鉄砲は国産化できたが、火薬の製造に必要な**硝石**や、弾丸の原料となる**鉛**は、日本ではほとんど産出しなかったので、鉄砲を使用するならば、南蛮貿易に頼るほかなかった。こうして日本から大量の銀が国外に流出していった。

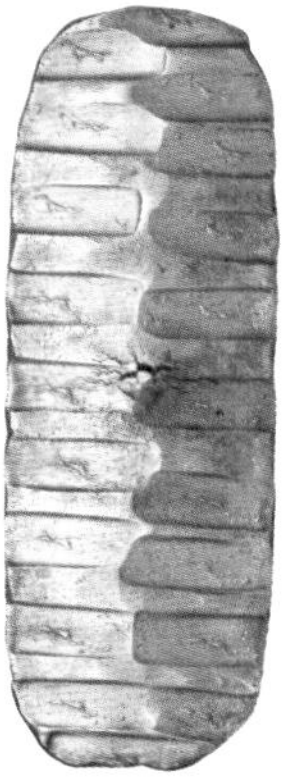

◆石州銀

石見銀山で産出した銀で鋳造した銀貨。表面には長方形の極印が左右に数か所打たれている。使用するときに重さを量り、切断して使用することもあった。

日本銀行貨幣博物館所蔵

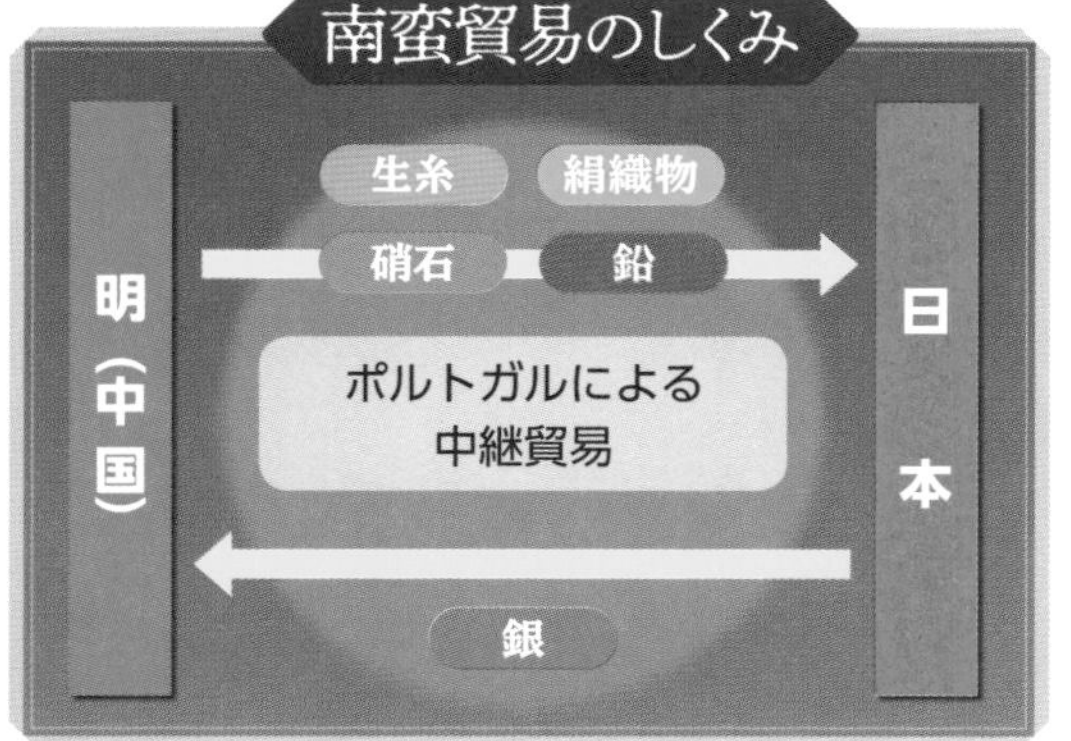

長崎歴史文化博物館所蔵

◆南蛮船

南蛮船は大型のガレオン船が多く、船体は腐食防止用のタールが塗られていたため黒色だった。

経済

1547年

甲州法度之次第

領国の安定化を目指す戦国大名の基本方針は国内では喧嘩両成敗 国外では略奪だった

関連ページ
経 P124 応安の半済令
戦 P132 伊豆討ち入り
戦 P144 川中島の戦い

マップ
甲府（山梨県）

荘園制は惣村の誕生により しだいに崩壊していった

中世の**集落**の形態は、一般的に、耕地の間に屋敷が散在していたが、鎌倉時代後期から、屋敷は耕地から離れて**密集**するようになった。こうした集落は、地域的に結びつき、**「村」**を形成し、室町時代には公領や荘園の内部に、有力農民を中心とした自立的・自治的な**「惣村（そうそん）」**が誕生した。

惣村は領主に対して対抗するようになり、惣村を母体とする農民勢力が連合し、下級武士らを味方に引き入れて**「土一揆（つちいっき）」**を起こし、幕府や守護などに**徳政**（借金の帳消し）を求めることもあった。こうして荘園制はしだいに崩壊していき、収入が途絶えた貴族は没落していった。

戦国時代になると、戦国大名は自らの領国**（分国）**を維持するため、惣村の自治権を奪っていったが、惣村の支持がなければ、分国を安定して支配することは不可能だった。

このため戦国武将は、惣村を守る土着の武士**「地侍」**を家臣として抱え込み、領国の基本法である**「分国法（家法）」**を制定して、領国の支配を固め、国力の強化を目指した。

戦国大名たちが絶え間なく戦い続けた理由は、他国を侵略して、物品を略奪するためだった。戦国時代は

◆武田信玄
（1521～1573）
甲斐の戦国大名。名は晴信で、信玄は法名。父・武田信虎を追放して実権を握り、周辺国を積極的に侵略した。越後の上杉謙信と川中島で戦った。1572年、三方ヶ原（静岡県）で徳川家康を破ったが、陣中で病没した。

慢性的に**飢饉**が発生しており、惣村どうしが食糧を巡って争うことを避ける必要があった。

このため戦国大名は、領外に侵攻し、兵士に略奪させたのである。特に**「足軽」**と呼ばれる下級武士は、生きていくために積極的に合戦に加わり、略奪行為によって財産を増やした。これによって、戦国大名は領内での対立を減らし、平和を保ったのである。

甲斐（現在の山梨県）の戦国大名・**武田信玄**は、1547年、**「甲州法度之次第」**という分国法を制定したことで知られる。その内容は、**「喧嘩両成敗」**が基本となっており、領内での紛争を禁止して、平和を保つことに心を砕いていたことがわかる。

このほか、年貢を滞納したり、他国に勝手に書状を送ることなどが禁止されているが、特徴的なのは、**信玄自身**も法度の対象となることが明記されている点である。戦国大名が正当な権力者と認められるには、家臣や領民だけでなく、自分自身も分国法を遵守することが必要だったのである。

さらに信玄は金山の開発に努め、日本最初の金貨**「甲州金」**を鋳造し、治水事業を推進し、**「信玄堤」**と呼ばれる巨大な堤防を建設している。富国強兵策こそ、戦国大名が生き残るための基本方針であったのだ。

甲州法度之次第の主要内容

- 土地を理由なく**売却**することを禁止。
- 他国に勝手に**書状**を出すことを禁止。
- **年貢**の滞納を禁止。
- **喧嘩**については、理由を問わず両方に成敗を加える。
- **武田信玄**も、この法度を守らねばならない。

◆甲州金
金山開発を進めた信玄が鋳造したとされる金貨。計数貨幣で、当初は武具の購入や褒賞などに使用されたが、やがて民間にも流通した。

日本銀行貨幣博物館所蔵

◆信玄堤
信玄が甲府盆地を水害から守るために築いたとされる釜無川（山梨県）の堤防。水の勢いを弱める木製の工作物も設置されていた。

宗教

1549年

キリスト教の伝来

宣教師の布教を領内で認めて自ら洗礼したキリシタン大名の真意は貿易の利益のみだった

南蛮貿易は商人と宣教師が一体化して活動した

１５１７年、ドイツのルターが堕落したカトリックを批判したことで、**プロテスタント**（抗議者）が誕生し、ヨーロッパで**宗教改革**がはじまった。

こうしたなか、カトリック内の改革運動から生まれたのが、**「イエズス会」**だった。イエズス会は、**フランシスコ・ザビエル**らが創立した教団で、新しい信者を獲得するため、宣教師を**世界中**に派遣した。

１５４９年、日本布教を志したザビエルは鹿児島に上陸し、戦国大名の**島津貴久**と謁見した。その後、平戸（長崎県）、山口を経て京都に向かったが、京都は荒廃していたため布教を断念し、山口に戻って戦国大名・**大内義隆**と会い、さらに府内（大分県）の戦国大名・**大友宗麟**と会うなどして、２年３カ月にわたって布教活動を続け、日本を離れた。

その後、続々とイエズス会の宣教師たちは日本に上陸し、積極的な布教活動を展開した。南蛮貿易の特徴は、宣教師による布教活動と一体化して行われたことだった。

ポルトガル商人たちは宣教師の**情報網**を活用したのである。来日した宣教師は、**南蛮寺**（教会堂）や**コレジオ**（宣教師養成学校）、**セミナリオ**

historical note

日本宣教のために利用された「天正遣欧少年使節」

バリニャーノ（中央）と４人の少年たちの肖像画。

１５８２年、九州のキリシタン大名の大友宗麟、大村純忠、有馬晴信らは、イエズス会宣教師バリニャーノの提案で、４人の少年たちをローマに派遣した。この「天正遣欧少年使節」の第一の目的は、日本人を紹介することで、ローマ教皇に日本宣教の援助を求めるためだった。少年たちは教皇との謁見を果たしたが、帰国時は禁教令が出されていた。

関連ページ
経 P134 鉄砲の伝来
宗 P184 島原の乱
宗 P186 宗門改役の設置

◆フランシスコ・ザビエル（1506〜1552）
スペイン出身の宣教師で、イエズス会の創設メンバー。インドやマラッカで布教した後、日本にはじめてキリスト教を伝えた。その後、中国布教を目指したが、その途上で病死した。

（神学校）などを建て、布教活動に努め、信者は急速に広がっていった。

戦国大名たちは、鉄砲や火薬、弾丸などを輸入して軍事力を強化するため、領内での宣教師の活動を認めて、南蛮貿易を行った。なかには、貿易の利益拡大を狙って洗礼を受ける戦国大名も現れた。彼らは**「キリシタン大名」**と呼ばれ、**大友宗麟**や**有馬晴信**（ありまはるのぶ）などが知られている。

彼らが心の底からキリスト教を信仰していなかったことは、例えば、キリシタン大名の多くが、合戦において**神仏**に戦勝祈願を行っていたことなどからもうかがい知れる。

キリスト教は唯一神であったので、宣教師は日本の神仏は排除すべき存在であったが、キリシタン大名にとって、領内の寺院を破却し、家臣や領民に信仰を強制させるのは困難なことであった。キリスト教を深く信仰したとされる大友宗麟も、「たった四人の外国人が日本人全体にその習慣を捨てさせ、自分らの習慣を強制するような真似をしている」と、不満を述べていたという。

キリシタン大名の実情

メリット

- 南蛮貿易が促進され、火薬や武器などの輸入により、軍事力を強化できる。

デメリット

- 合戦で神仏に戦勝祈願する習慣を捨てることは困難。
- 仏教との宗教対立が起こり、家臣や領民の強い反発を招く。

長崎歴史文化博物館所蔵

◆南蛮屏風
南蛮貿易の様子を描いた「南蛮屏風」には、長崎港に到着したポルトガル商人一行が、南蛮寺に向かう場面が描かれている。

戦争

1555年

厳島の戦い

国人出身の毛利元就は好機を逃すことなく 謀略と奇襲によって大内氏旧領の奪取に成功

関連ページ

戦 P130 応仁の乱
経 P134 鉄砲の伝来
戦 P164 本能寺の変

マップ

縁を切った尼子氏の猛攻を耐え切った元就

中世における在地領主を**「国人」**と呼ぶ。国人は、地頭や地侍などが、城をもち、自立したものであるが、戦国時代、国人のほとんどは戦国大名の**家臣団**に組み込まれていった。

しかし、国人のなかには守護大名の勢力をしのぎ、戦国大名にのし上がる者も現れた。その代表が、中国地方の**毛利元就**である。

元就は安芸（現在の広島県）吉田荘の国人であったが、周防（現在の山口県）の**大内義隆**や、出雲（現在の島根県）の**尼子晴久**など、周囲を有力な戦国大名に囲まれていた。

元就は尼子氏との関係を絶って大内氏の傘下に入ると、近隣の国人勢力を取りまとめる盟主となって勢力を拡大。１５４０年には、本拠地の**吉田郡山城**（広島県）を、約３万人の尼子軍に包囲されたが、これを撃退している。

元就は勢力拡大のため、次男の**元春**を**吉川家**に、三男の**隆景**を**小早川家**に養子に出し、後継問題に介入して当主の座につけた。これにより元就は、安芸一国の支配権と、小早川家の水軍を手に入れたのである。

１５５１年、大内義隆が家臣の**陶晴賢**の謀反によって自害に追い込ま

historical note

元就は対等関係だった家臣の独立性を認めるしかなかった

元就の有力家臣のほとんどは、元就と同じく国人出身で、対等な関係だった。このため、元就がどれだけ勢力を拡大しても、家臣たちに強権を発動することが難しく、独立性を認めざるを得なかった。元就が有力国人を取り込んで支配体制を維持するには、養子や婚姻などで血縁関係を結び、その補佐を得ることが、最も効果的な方法だったのである。

安芸と石見(現在の島根県)に勢力をもつ吉川氏の養子となった吉川元春。

◆毛利元就（1497〜1571）

中国地方の戦国大名。安芸吉田を本拠地とする国人であったが、大内義隆に属して勢力を拡大。義隆が陶晴賢に殺害されると、晴賢を厳島で破った。さらに山陰の尼子氏を滅ぼし、中国地方の覇者となった。

れると、元就は晴賢に従って義隆を支持する勢力を攻撃していったが、やがて晴賢と決別し、対決の準備を進めた。晴賢の有力家臣・**江良房栄**（えらふさひで）を恐れた元就が、「房栄が毛利と内通している」という噂を流すと、それを信じた晴賢は房栄を謀殺した。さらに元就は、自分の家臣に偽装内通をさせたともいわれる。

1555年、晴賢は約2万人の大軍を率いて、元就の拠点・**厳島**（いつくしま）に向かった。対する毛利軍は5000人程度で、戦力は圧倒的に劣っていたが、厳島周辺の制海権をもつ**村上水軍**が、小早川水軍を率いる小早川隆景（元就の三男）の求めに応じて毛利方についたため、晴賢の軍勢は厳島で孤立し、奇襲攻撃によって大敗。晴賢は逃走中に自害した（**厳島の戦い**）。この結果、元就は、大内氏の旧領の大半を手中に収めたのである。

その後、元就は尼子氏を滅亡に追い込み、一代にして中国地方10カ国を支配する戦国大名となったが、「天下を競望せず」と語り、それ以上の勢力拡大を求めなかった。元就の死後、毛利家は、当主の**輝元**（元就の孫）を、**吉川元春**と**小早川隆景**が補佐する体制となった。

・厳島の戦い関連地図・

安芸
9月28日
②村上武吉率いる村上水軍が、毛利軍に合流
9月30日夜
④元就本隊は包ヶ浦に上陸。翌朝、陶軍の背後から攻撃する
9月30日夜
③小早川隊が厳島神社付近に上陸。翌朝、陶軍に正面から攻撃
地御前
地蔵ケ鼻
宮尾城
杉ノ浦
厳島の戦い
大元浦
厳島神社
包ケ浦
博奕尾
大野瀬戸
陶晴賢敗走路
厳島
大江浦
青海苔浦
9月21日
①陶軍は大元浦に上陸して、毛利方の宮尾城に迫る
10月1日
⑤敗北した陶晴賢は、大江浦まで逃れて自刃

毛利軍
厳島神社
陶軍

◆厳島の戦い

元就は晴賢を厳島に誘き出し、背後から奇襲攻撃をしかけて勝利した。

山口県文書館所蔵

戦争

1560年

桶狭間の戦い

海運業を狙って尾張に攻め込んだ 東海の覇者・今川義元を織田信長が打ち砕く

関連ページ
戦 P132 伊豆討ち入り
戦 P144 川中島の戦い
経 P146 信長の入京

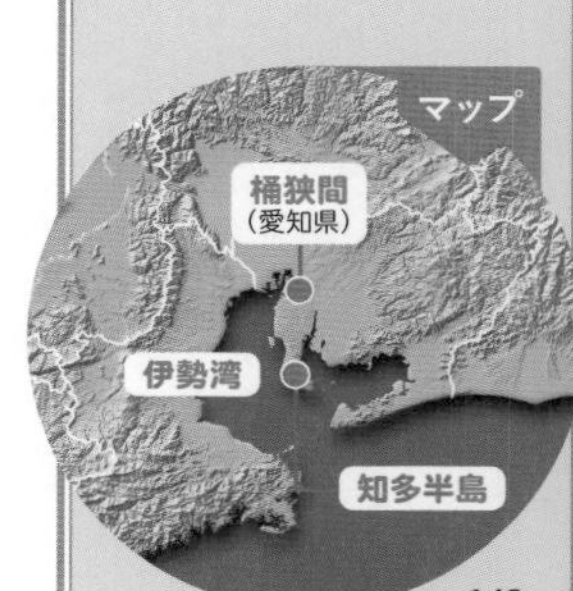

突然の豪雨により敵に察知されずに接近できた

駿河（現在の静岡県）の守護を務めてきた今川氏は、戦国時代がはじまると、**今川氏親**が伯父・北条早雲の援助を受けて当主となり、遠江（現在の静岡県）に勢力を拡大。さらに東国では最古の分国法となる**「今川仮名目録」**を制定するなど、有力な戦国大名に成長した。

氏親の後を継いだ**義元**は、東海地方の支配を固めると、三河（現在の愛知県）を治める松平氏から人質として**松平竹千代**（後の徳川家康）をとり、尾張（現在の愛知県）の**織田信秀**と争った。義元は、甲斐（現在の山梨県）の**武田信玄**、関東の**北条氏康**と同盟を結び、東方を固めた後、1560年、2万人ともいわれる大軍を率いて尾張を目指した。

義元が尾張に攻め込んだ理由は諸説あるが、「尾張の経済力を奪うため」という説も有力である。当時の尾張は、商業港である**津島**や**熱田**を中心に**海運業**が盛んで、その利益は織田家の財源となっていた。

これを狙う義元は、その足がかりとして、伊勢湾東岸の知多半島を支配下に置くことを考えた。そして織田信秀の死後、子の**信長**が後継者となって織田家が動揺した時期に、知

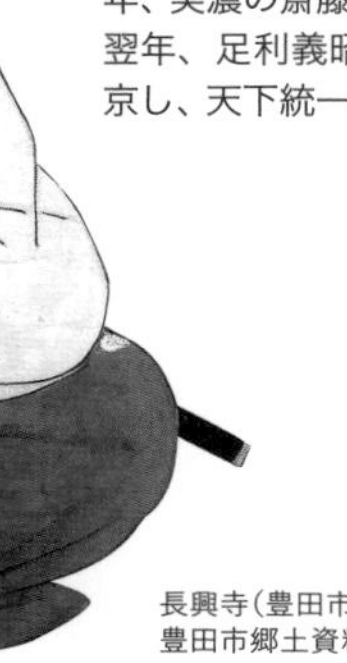

◆織田信長（1534〜1582）

尾張の戦国大名。織田信秀の子。桶狭間の戦いで今川義元を破り、三河の松平元康と同盟を結んだ。1567年、美濃の斎藤氏を滅ぼし、翌年、足利義昭を擁して入京し、天下統一を目指した。

長興寺（豊田市）所蔵・豊田市郷土資料館写真提供

◆**討たれる義元**

義元は親衛隊の護衛を受けながら退却したが、織田軍の追撃を振り切れず、討ち取られた。

多半島の付け根にある**鳴海城**と**大高城**を調略によって手に入れていた。織田家の経済基盤を揺るがす事態であった。義元との対決を決意した信長は、鳴海城と大高城の補給路を断つため、鷲津砦・丸根砦を築く。

尾張に侵入した義元は沓掛城に入ると、**松平元康**（後の徳川家康）に命じて、大高城に兵糧を届けさせる。元康が鷲津砦・丸根砦への攻撃を開始すると、信長は、わずかな供を連れて清洲城を飛び出した。

その後、2000人ほどの精鋭部隊を編成した信長は、桶狭間方面に進軍を開始。運よく、視界を遮るほどの**豪雨**が降ったため、敵に気づかれることなく今川本陣に接近できた信長は、雨が止むと、自ら槍を取って「かかれ、かかれ」と突撃を命じた。

このとき今川本陣には本隊5000人程度の兵しかいなかったといわれ、織田軍の突然の襲撃に大混乱に陥った。義元は退却したが、討ち取られた（**桶狭間の戦い**）。

桶狭間の戦いの勝因

- 信長の部隊が今川本陣に接近したとき、**突然、大雨が降り**、敵に察知されなかった。
- 今川軍は分散して配置されていたため、信長の襲撃時には、**本隊は5000人程度**しかいなかった。
- 信長は機動力のある2000人で**精鋭部隊**を編成し、戦力を集中させた。

桶狭間の戦い　関連地図

③ 信長の出陣
丸根砦、鷲津砦の落城を知った信長は、19日早朝に清洲城を出発

① 丸根砦、鷲津砦の落城
18日、今川方の松平元康（徳川家康）は、大高城に兵糧を搬入し、丸根砦と鷲津砦を攻撃して落とす

丹下砦
鳴海城
善照寺砦
相原
中島砦
織田信長

④ 織田軍、桶狭間へ
19日昼頃、中島砦から出撃した織田軍は、休息中の今川本陣を急襲して義元を討ち取った

鷲津砦
約2km
太子ヶ根
沓掛城
今川義元
丸根砦
大高城
松平元康
桶狭間古戦場伝説地
桶狭間山

② 今川軍、沓掛城を出発
丸根砦、鷲津砦を落とした今川軍は、本陣を大高城に移動させるため沓掛城を出発

桶狭間の戦いは、信長の奇襲ではなく、正面攻撃をしたとき、豪雨などの幸運が重なって勝利できたという説が有力である。

戦争

1561年

川中島の戦い

水運ルートの確保を狙う武田信玄は日本海を目指して上杉謙信に戦いを挑む

関連ページ

経 P136 甲州法度之次第
戦 P142 桶狭間の戦い
戦 P150 室町幕府の滅亡

マップ

北信濃の領有を巡って川中島が戦場となる

戦国時代、越後（現在の新潟県）では、守護代の**長尾為景**の権力が守護の**上杉氏**をしのぎ、為景を継いだ子の**景虎（上杉謙信）**は対抗する国人を従え、越後を統一した。

越後には、日本海に面した**直江津**や**柏崎**といった商業港があり、両港からの関税収入は年間4万貫（約30万石）に及んでいた。さらに領内には**金山**が多く、麻織物などの特産品もあった。莫大な財力を背景に、謙信は生涯で2度**上洛**し、莫大な金銀を将軍や朝廷に献上している。

その頃、甲斐（現在の山梨県）では、**武田信玄**が勢力拡大を狙い、信濃（現在の長野県）への侵攻を本格化させていた。しかし、信玄の経済力は、謙信と比べると弱かった。信玄の領地は広大であったが、不毛な土地が多く、実入りは少なかったからである。

特に甲斐の甲州盆地は水害が多く、**信玄堤**（→P137）など、大規模な土木工事を行わなければ、立ち行かない地域だった。このため、信玄は領民に**重税**を課した。**戦費**をまかなうには、税を徴収するしか方法がなかったのである。

信玄が北信濃を執拗に攻めたのは、

死なんと思えば生き、生きんと思えば必ず死するものなり

◆上杉謙信（1530～1578）

越後の戦国大名。名は景虎で、出家後に謙信と名乗った。越後守護代・長尾為景の次男。兄を倒して長尾家を継いだ。関東管領を継ぎ、武田信玄と争った。北陸を平定後、織田軍を倒したが、信長との決戦目前で病気に倒れた。

米沢市上杉博物館所蔵

日本海を目指したからであった。甲斐や信濃には海がなく**海運業**による経済発展も見込めなかった。しかし、北信濃と越後を押さえることができれば、川中島を流れる千曲川（越後では信濃川と名が変わる）から日本海の港に至るまでの**水運ルート**を確保することができ、**南蛮貿易**も可能となる。経済力に劣る信玄にとって、越後進出は悲願であったのだ。

信玄が本気で越後を狙っていることを察知した謙信は、全力でこれを阻止するしかなく、信玄との対決を決意する。1553年以降、両者は北信濃の**「川中島」**で5度、12年にわたって対決した。1561年に行われた**「第4次川中島の戦い」**は、謙信と信玄が一騎討ちを行ったという伝説が生まれるほど激戦となったが、引き分けに終わった。

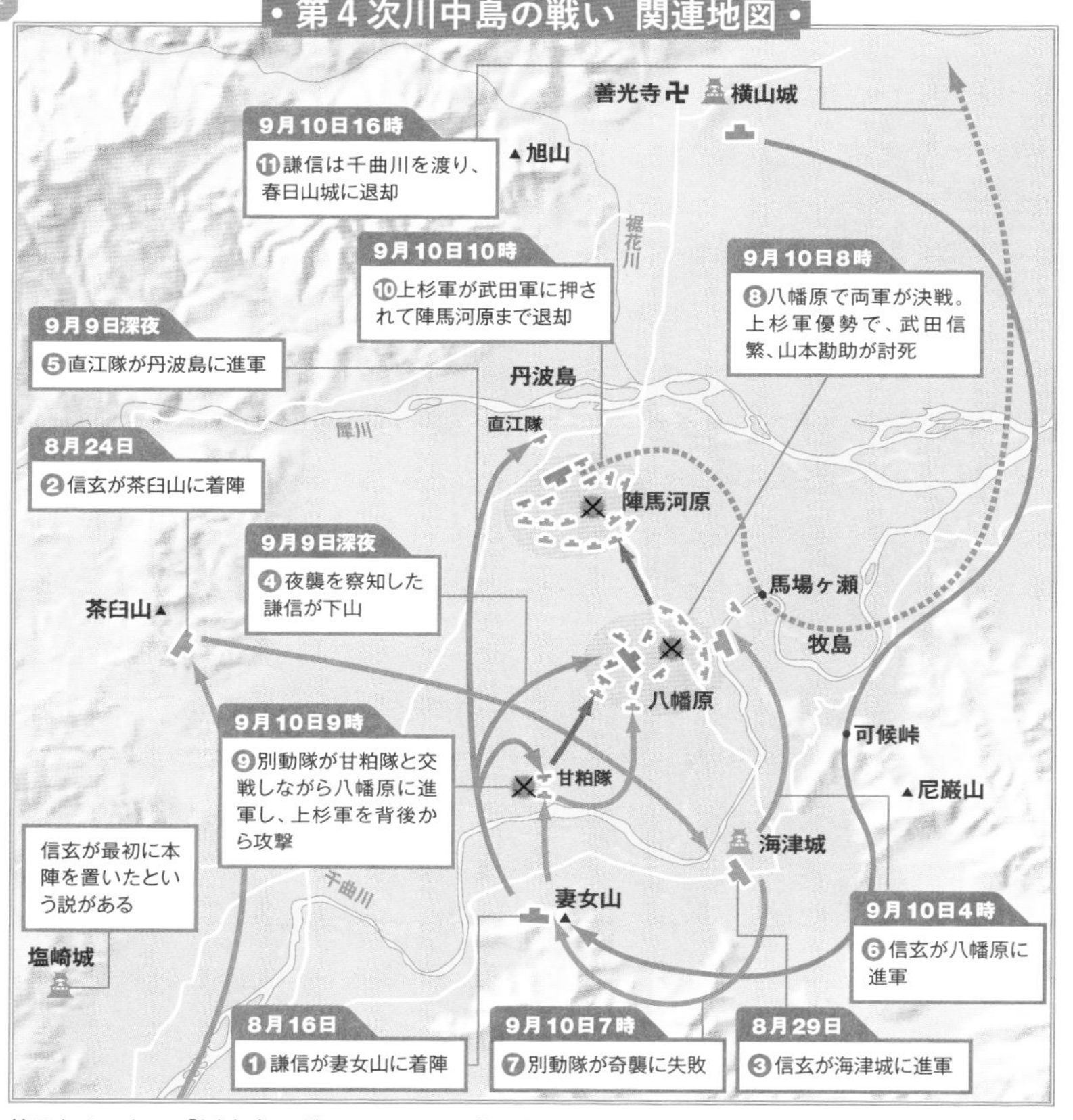

第5次までである「川中島の戦い」のうち、第4次は戦国史上、稀に見る激戦となり、両軍合わせて約8000人の戦死者が出たとされる。

武田信玄

上杉謙信

米沢市上杉博物館所蔵

◆信玄と謙信の一騎討ち

「川中島合戦図屏風」には、激戦のなかで両者が一騎討ちを行なったという伝説の場面が描かれている。

1568年

信長の入京

信長は鉄砲や火薬を独占するため 京都を勢力下に置き 貿易都市・堺を支配する

関連ページ

経 P134 鉄砲の伝来
戦 P142 桶狭間の戦い
戦 P160 長篠の戦い

堺・大津・草津を支配し物流ルートを掌握する

1567年、斎藤氏が支配する美濃（現在の岐阜県）を攻め取った**織田信長**は、斎藤氏の居城**稲葉山城**を**「岐阜城」**と改名してここに移り、城下町の整備を開始した。また**「天下布武」**の印判を使いはじめ、天下統一の強い意志を示す。翌年、信長は妹の**お市の方**と、近江（現在の滋賀県）北部を治める**浅井長政**を結婚させて同盟を結んだ。京都までの安全を確保するためであった。

こうして信長は**足利義昭**（13代将軍・足利義輝の弟）を立て入京を果たし、義昭を15代将軍につけた。感謝した義昭は信長に、管領や副将軍への任官を勧めたが信長は辞退、**堺**（大阪府）・**大津**（滋賀県）・**草津**（滋賀県）に代官を置くことを求めた。

大津は京都と琵琶湖を結ぶ玄関口で、草津は京都と北陸を結ぶ拠点であった。大津と草津を支配すれば、**日本海ルート**を押さえることができる。また、信長の領国地は尾張・美濃なので、すでに**伊勢湾ルート**の海運を押さえていた。信長は、西国から東国への物流ルートを握ろうとしたのである。

そして堺は、戦国時代において最重要の貿易都市だった。応仁の乱による混乱で兵庫湊（現在の神戸港）が使われなくなると、堺は**日明貿易**、**南蛮貿易**の拠点として繁栄した。また堺は工業都市でもあり、**鉄砲**の国産化にいち早く成功している。鉄砲

◆お市の方
(1547〜1583)
織田信長の妹。信長の命で、浅井長政と結婚した。長政の死後、3人の娘（茶々・初・江）を連れて織田氏に戻り、後に柴田勝家と再婚した。聡明な美女として知られる。

マップ
大津（滋賀県）
草津（滋賀県）
堺（大阪府）

米沢市上杉博物館所蔵

◆**祇園祭**

1565年頃の祇園祭の様子。豪華な山鉾が巡行している。京都は応仁の乱で荒廃したが、町衆（裕福な商人）の尽力で復興をとげた。

の火薬や弾丸は南蛮貿易でしか入手できなかったので、堺を押さえることは鉄砲の独占化を意味した。

入京の翌年、信長は、**堺**に2万貫（約20億円）の軍資金の提供を求め、堺がこれを拒否すると、大軍を送り込んで屈服させた。信長が堺、大津、草津を支配下に置いたことで、東国の戦国大名は、鉄砲や火薬の入手が困難になり、信長の**軍事的優位**が確立したのである。

信長が押さえた物流ルート

大津・草津 → 日本海ルートを掌握

尾張・美濃 → 伊勢湾ルートを掌握

堺 → 南蛮貿易を掌握

↓

鉄砲の独占化が可能

堺市博物館所蔵

◆**堺の町の様子**

江戸時代初期の堺の町を描いたもので、周囲に堀を巡らした城塞都市だった。

1570年

石山合戦

一向一揆を起こして領国化を進める
石山本願寺に対して信長は徹底的に戦う

関連ページ
宗 P78 浄土教の流行
宗 P112 鎌倉新仏教
戦 P150 室町幕府の滅亡

教団の政治的な抗争から一向一揆に発展する

親鸞が開いた**浄土真宗（一向宗）**は、弟子によって関東を中心に伝道された。布教活動を担った有力教団が*「**高田派**」であった。これに対し西国では、親鸞の子孫が京都東山の大谷に建立された本願寺（**大谷本願寺**）を中心に布教活動を続けていた。彼らは「**本願寺派**」と呼ばれる。

室町時代後期、本願寺第8世門主となった**蓮如**（れんにょ）は、延暦寺に本願寺を破壊され、越前（現在の福井県）吉崎に「**吉崎道場**（**吉崎御坊**）」を建て、北陸を拠点に布教活動を行った。

蓮如は、「阿弥陀如来を信じれば、誰でも極楽往生ができる」という宗旨を、仮名まじりの平易な文章で説いた「**御文**（おふみ）」を用いて布教したため、一向宗の**門徒**（信者）は、庶民だけでなく、武士にも広まった。

門徒が深い信仰心をもち得たのは、一向宗には家族の死霊を**供養**する力があると思われていたからだという。しかし、急拡大する本願寺派と高田派は対立を深めていった。

１４７４年、加賀（現在の石川県）では、高田派と本願寺派の対立から抗争が勃発。その結果、高田派の守護が追放され、本願寺派に支援された**富樫政親**（とがしまさちか）が守護の座についた。しかし政親は、本願寺派を恐れ、弾圧を開始する。蓮如は吉崎を出て京都に戻り、山科（やましな）に本願寺（**山科本願寺**）を建立したが、加賀の本願寺派は政親と激しく対立した。

政親は戦費を拡大させ、武士層の不満も高めていた。１４８８年、本願寺派と加賀の武士は結びつき、**富**

◆**蓮如（1415〜1499）**
浄土真宗の僧。越前吉崎で布教に努め、後に京都に戻って山科に本願寺を再興した。

＊高田派／浄土真宗の一派で、親鸞の弟子の真仏（じんぶつ）らが高田（栃木県）を拠点に門徒を統率して発展した。

樫泰高を新守護に擁立して政親を攻め滅ぼした（**「加賀の一向一揆」**）。

その後も名目上の守護は存続したが、加賀は約１００年にわたり本願寺派によって統治された。こうして一向宗と戦争が結びついたのである。

蓮如の死後、山科本願寺が日蓮宗（法華宗）の信者に焼かれると、本願寺派は本拠地を**石山**（大阪市）に移した（**石山本願寺**）。

本願寺派の門徒は、近畿・北陸・東海などで**一向一揆**を起こし、各地を領国化していった。一向一揆は、その土地の支配者と対立する勢力が、**本願寺派**の門徒を利用して起こす場合が多かったため、本願寺勢力は戦国大名とも対立したが、最大のものは、石山本願寺と織田信長が対決した**「石山合戦」**であった。

１５７０年にはじまった石山合戦は、浅井氏、朝倉氏、足利義昭、毛利氏などを巻き込んで、11年にわたって続き、最終的には孤立した石山本願寺が和睦を申し入れて終わった。

その間、信長は**伊勢長島一揆**で降伏した一揆勢を無差別に焼き殺したり、**越前一向一揆**（→P１５９）を皆殺しにしたりしている。信長の過酷な処置は、「阿弥陀如来を絶対視する門徒を嫌悪した」と説明されることもあるが、信長は和睦後の本願寺には穏やかな対応を続けている。また、信長は神仏に戦勝祈願を積極的に行っており、信長を単純に**無神論者**と結論づけることもできない。

一向宗の門徒が強い結束力をもっていたのは、「阿弥陀如来の前であれば誰でも平等」という思想を共有し、現世の地位や身分に関係なく、対等な立場で結束できたためという。

戦争

1573年

室町幕府の滅亡

信玄の死により「信長包囲網」は崩壊し 無謀な戦いを挑んだ 義昭は追放される

関連ページ
戦 P130 応仁の乱
経 P146 信長の入京
宗 P148 石山合戦

家康を撃破した信玄は信長との対決前に没する

京都に入った**織田信長**は、1570年4月、越前（現在の福井県）の**朝倉義景**への攻撃を開始した。しかし朝倉氏と浅井氏は長年、同盟関係を結んでおり、長政は信長に「朝倉を攻めない」と約束させていた。事前に相談もなく実行された攻撃に対し、長政は**朝倉との同盟**を優先し、信長を裏切り、背後から襲撃した。窮地に陥った信長だったが、戦場からすばやく撤退し、京都へ戻る。2か月後、軍勢を立て直した信長は**徳川家康**と連合軍を結成し、姉川（滋賀県）で浅井・朝倉連合軍を破った**（姉川の戦い）**。

この時期、信長に権限を奪われて不満を高めていた将軍・**足利義昭**は、武田信玄や上杉謙信など、各地の有力大名に書状を送り、「打倒信長」を呼びかけていた。

これに応じるかたちで、1570年9月に石山本願寺が織田軍に攻撃をしかけ、**「石山合戦」**がはじまり、翌年には伊勢長島一揆が勃発。この**「信長包囲網」**によって窮地に立たされた信長だったが、粘り強く対抗勢力を倒していき、浅井・朝倉を支持する**比叡山延暦寺**（滋賀県）まで焼き討ちにした。

historical note

三方ヶ原敗戦での家康の逸話は信憑性が低い？

三方ヶ原の戦いで敗れた家康は、浜松城まで逃げ帰るとき、恐怖のあまり脱糞したという話が知られているが、同時代の資料にはなく、創作の可能性が高い。敗戦の屈辱を忘れないために家康が描かせたという「しかみ像」も、当時の武装との違いから、家康死後の作とする説もある。ただ、浜松城に到着した家康は、城門を開け放ち、篝火を焚く「空城の計」により、追撃してきた武田軍を警戒させ、撤退させた。

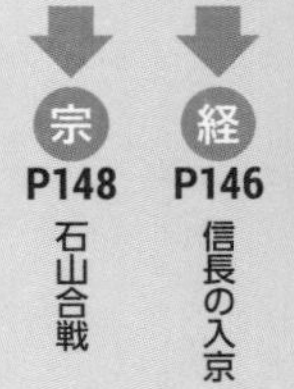

岡崎城にある「しかみ像」を模した家康像。

◆姉川の戦い
徳川軍の榊原康政の側面攻撃により、浅井・朝倉連合軍は総崩れになったという。

福井県立歴史博物館所蔵

これを知った信玄は、信長を激しく批難する書状を送ったが、信長はその返書に**「第六天魔王」**と署名したといわれる。

義昭からの要請を受け、上洛の大義名分を得た信玄は、1572年、2万人の大軍を率いて甲府（山梨県）を出発し、信長の同盟者である家康の遠江（現在の静岡県）に侵攻した。信長との決戦前に戦力の消耗を避けたかった信玄は、家康を挑発して浜松城から誘き出し、三方ケ原で徳川軍を撃破した**（三方ケ原の戦い）**。

追い詰められた信長は、義昭に和睦を申し入れたが、義昭は拒否し、信長に対して挙兵した。

正親町天皇の調停で講和が成立したが、同じ頃、信玄は陣中で病没していた。この情報が伝わると、信長は完全に優位に立ったが、義昭はあきらめず、京都南郊の宇治・**槇島城**で挙兵した。信長は大軍で槇島城を攻撃すると、義昭は降伏。信長は義昭を京都から追放した。

これにより**室町幕府**は滅亡した。

室町幕府が滅亡するまで

信長に擁立された**足利義昭**が不満を高める

▼

義昭の呼びかけで**「信長包囲網」**が結成される

▼

信長は窮地に陥るが、最大の敵であった**武田信玄**が病死する

▼

義昭は挙兵するが信長軍に敗れて降伏。京都から追放され、**室町幕府**が滅亡する

◆足利義昭（1537〜1597）
室町幕府15代将軍。信長によって将軍に擁立された。後に信長と反目し、諸大名と結んで信長打倒を企てるが失敗。京都を追われ、室町幕府は崩壊した。

日本の甲冑の分類

平安時代以降の日本の甲冑（兜と鎧）は、大きく分けて大鎧、胴丸、腹巻、当世具足の4種類がある。それぞれの特徴を解説しよう。

大鎧（おおよろい）

時期

平安時代以降

特徴

- 馬上で弓を射るための騎馬戦用の甲冑。
- 上級武士が着用した正式な鎧。
- 総重量は25kgにもおよび、落馬すると動きにくかった。

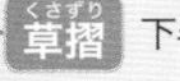

◆赤糸威鎧（あかいとおどしよろい）

「東京御嶽神社所蔵 国宝 赤糸威鎧」復原模造・青梅市郷土博物館所蔵

胴丸（どうまる）

時期

平安時代以降

特徴

- 胴が丸く、大鎧より動きやすい。
- 右脇に切れ目があり、そこから体を入れる。
- おもに中・下級武士が着用した。

◆紫糸肩裾取威胴丸（むらさきいとかたすそとりおどしどうまる）

国立歴史民俗博物館所蔵

腹巻（はらまき）

時期

鎌倉時代以降

特徴

- 胴丸より軽く、動きやすい。
- 背中に切れ目があり、そこから体を入れる。
- おもに中・下級武士が着用した。

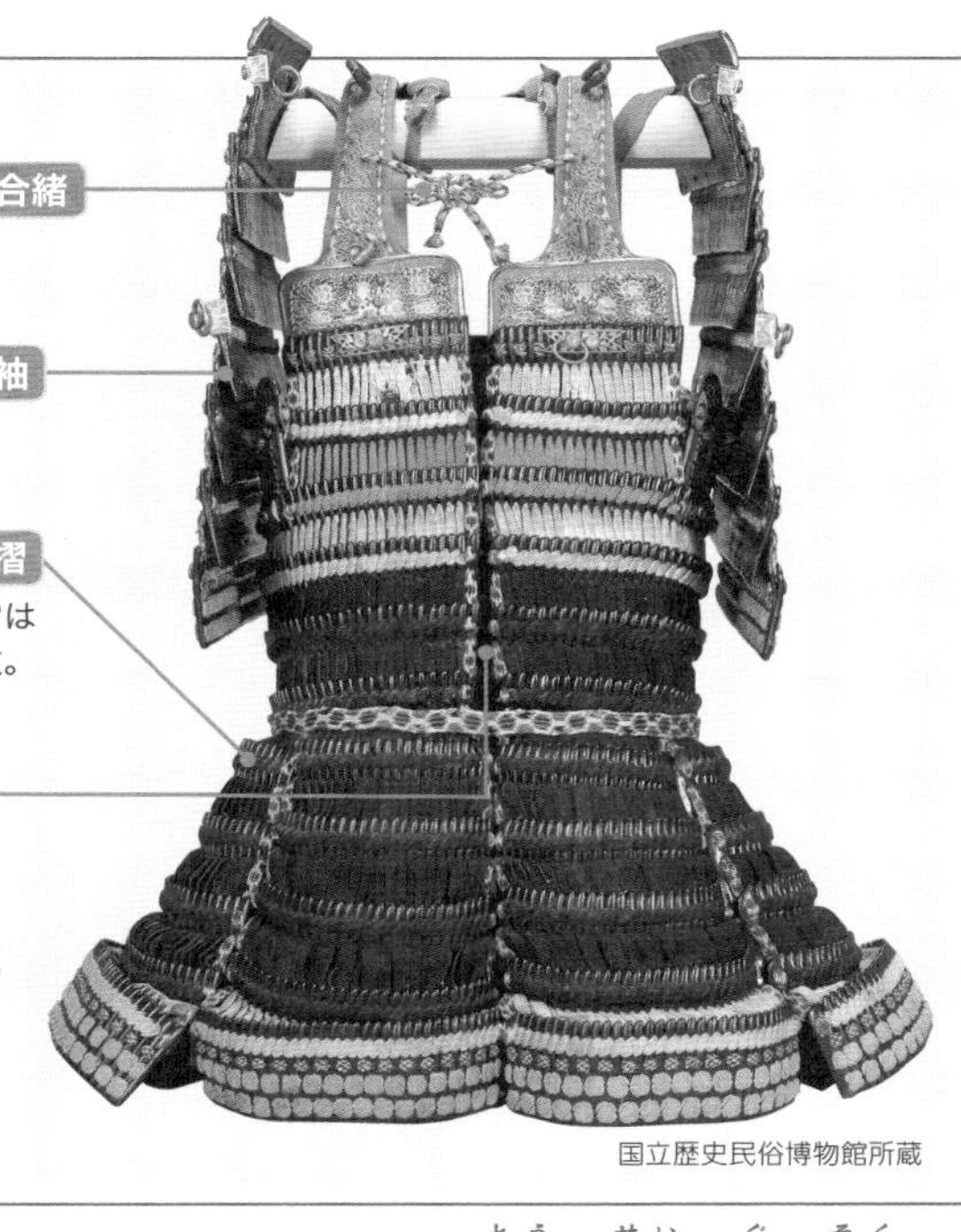

◆色々威腹巻大袖付（いろいろおどしはらまきおおそでつき）

国立歴史民俗博物館所蔵

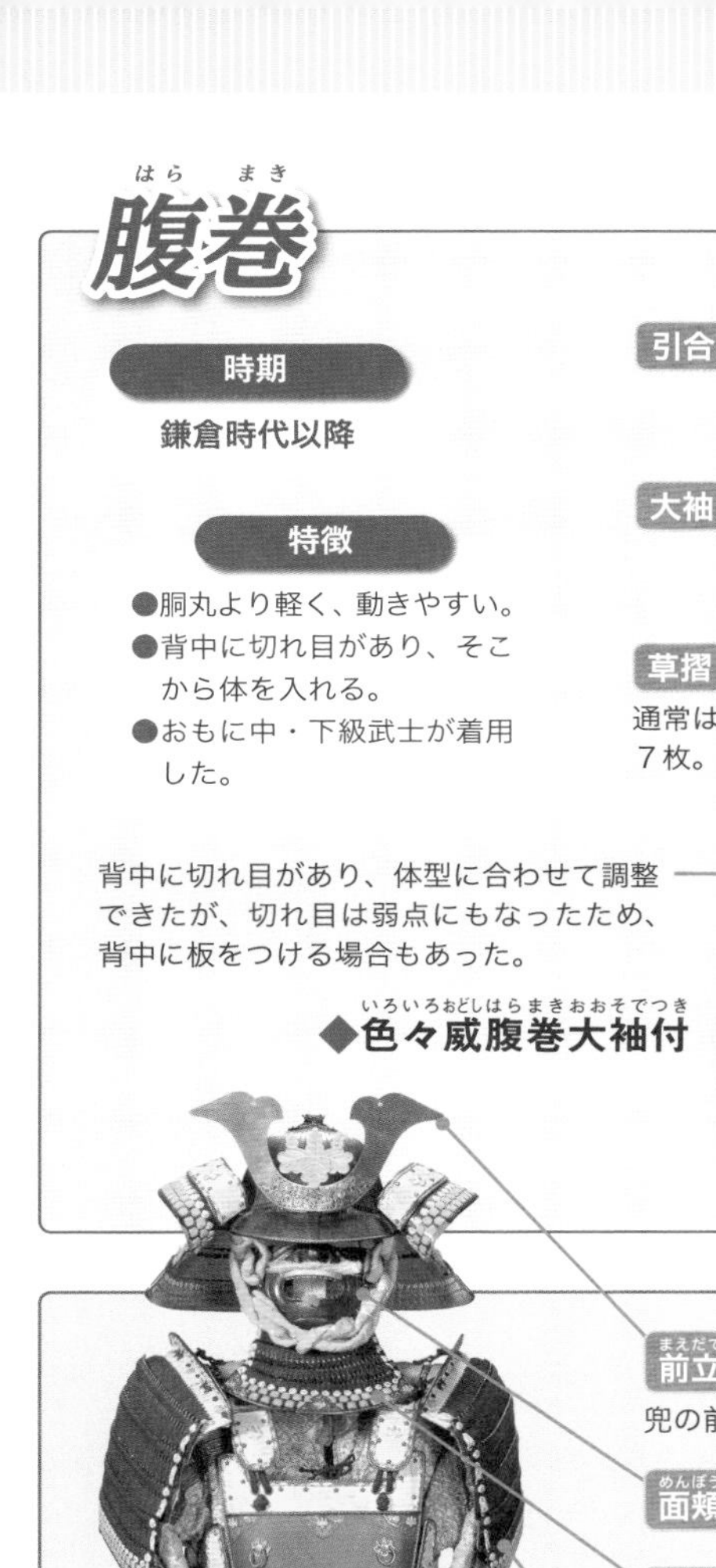

当世具足（とうせいぐそく）

時期

戦国時代以降

特徴

- 大鎧や胴丸、腹巻は小札（こざね）と呼ばれる小型の鉄板や革を、組糸や革紐で連結する（威す）タイプであったが、当世具足は鉄板をつなぎ合わせるタイプが多い。
- 戦国武将の多くが着用し、戦場で目立つために自由なデザインが多い。

◆錆地五枚胴具足（さびじごまいどうぐそく）

国立歴史民俗博物館所蔵

4章 安土桃山～江戸時代

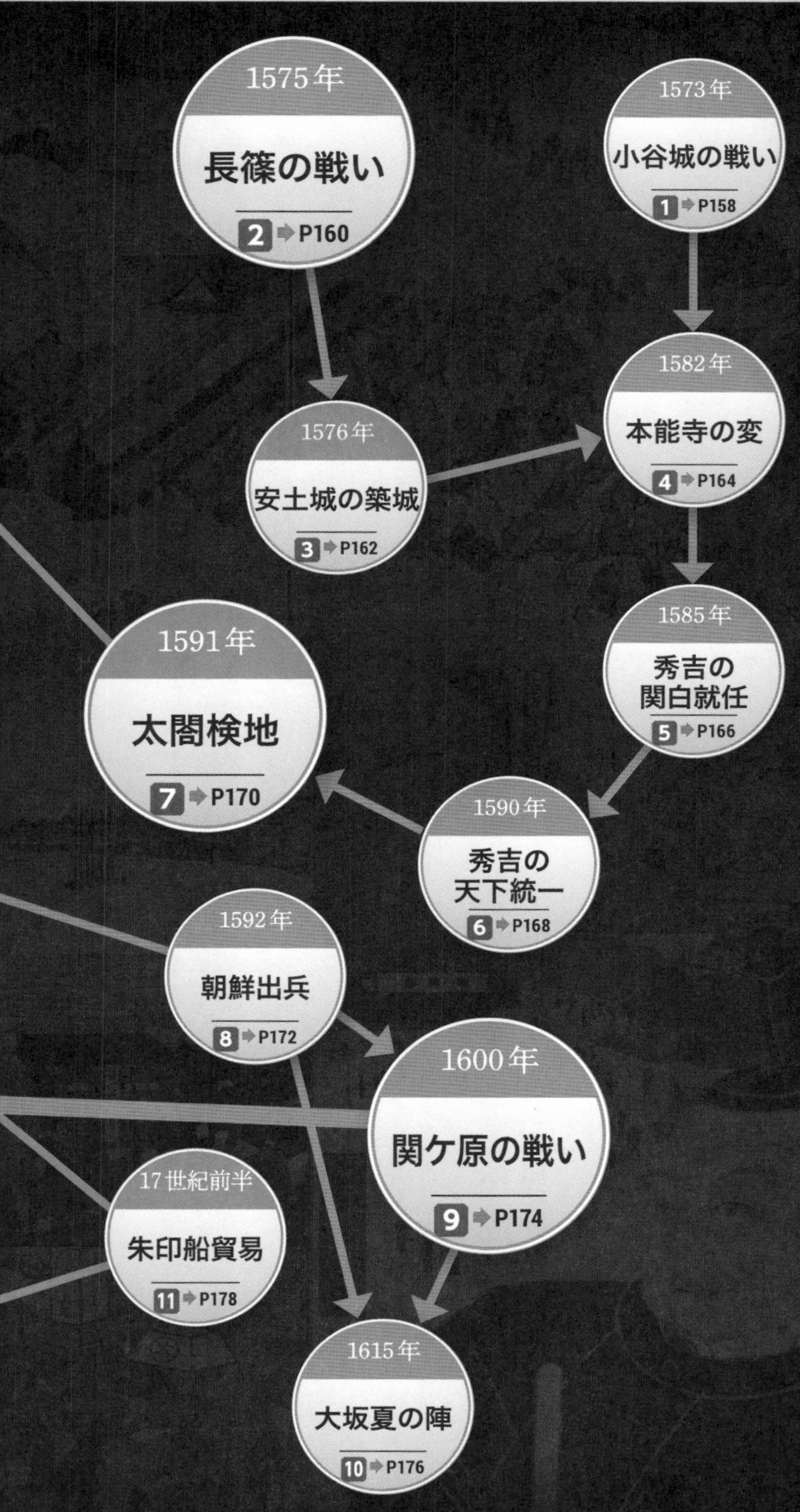
1575年
長篠の戦い
2 ➡P160
1573年
小谷城の戦い
1 ➡P158
1576年
安土城の築城
3 ➡P162
1582年
本能寺の変
4 ➡P164
1585年
秀吉の
関白就任
5 ➡P166
1591年
太閤検地
7 ➡P170
1590年
秀吉の
天下統一
6 ➡P168
1592年
朝鮮出兵
8 ➡P172
1600年
関ケ原の戦い
9 ➡P174
17世紀前半
朱印船貿易
11 ➡P178
1615年
大坂夏の陣
10 ➡P176

1767年
田沼時代
22 ➡ P202

1716年
享保の改革
21 ➡ P200

17世紀
百姓の自立
16 ➡ P190

1790年
寛政異学の禁
23 ➡ P204

1695年
貨幣改鋳
19 ➡ P196

1709年
正徳の治
20 ➡ P198

1685年
生類憐みの令
18 ➡ P194

1657年
明暦の大火
17 ➡ P192

17世紀
江戸の貿易
15 ➡ P188

1800年
忠敬の蝦夷測量
24 ➡ P206

1640年
宗門改役の設置
14 ➡ P186

1635年
参勤交代
12 ➡ P180

1837年
大塩の乱
26 ➡ P210

18世紀末
北前船の蝦夷進出
25 ➡ P208

1637年
島原の乱
13 ➡ P184

19世紀前半
雄藩の誕生
27 ➡ P212

※この２ページのマップは４章の「さくいん」にもなっています。このため、地図と時代が合っていない「できごと」も紹介しています。また、日本地図のうち北海道、南西諸島などは省略しています。

安土桃山〜江戸時代のさくいんMAP

室町幕府を滅ぼした織田信長は天下統一目前、本能寺の変で倒れた。後継者となった豊臣秀吉は、1590年、小田原の北条氏を倒して天下を統一。秀吉の死後は、徳川家康が関ケ原の戦いに勝利して天下を握り、江戸幕府を開き、長期政権を実現させた。

関ケ原の戦い直前の勢力図

豊臣秀吉の死後、豊臣政権内部では、石田三成と、加藤清正・福島正則らが対立。徳川家康は、清正や正則らを取り込み、天下取りへ動き出した。三成は上杉景勝や毛利輝元を味方につけ、西軍を組織したが、家康は西軍側の大名の多くから内応の密約を取りつけ、関ケ原の戦いで勝利した。

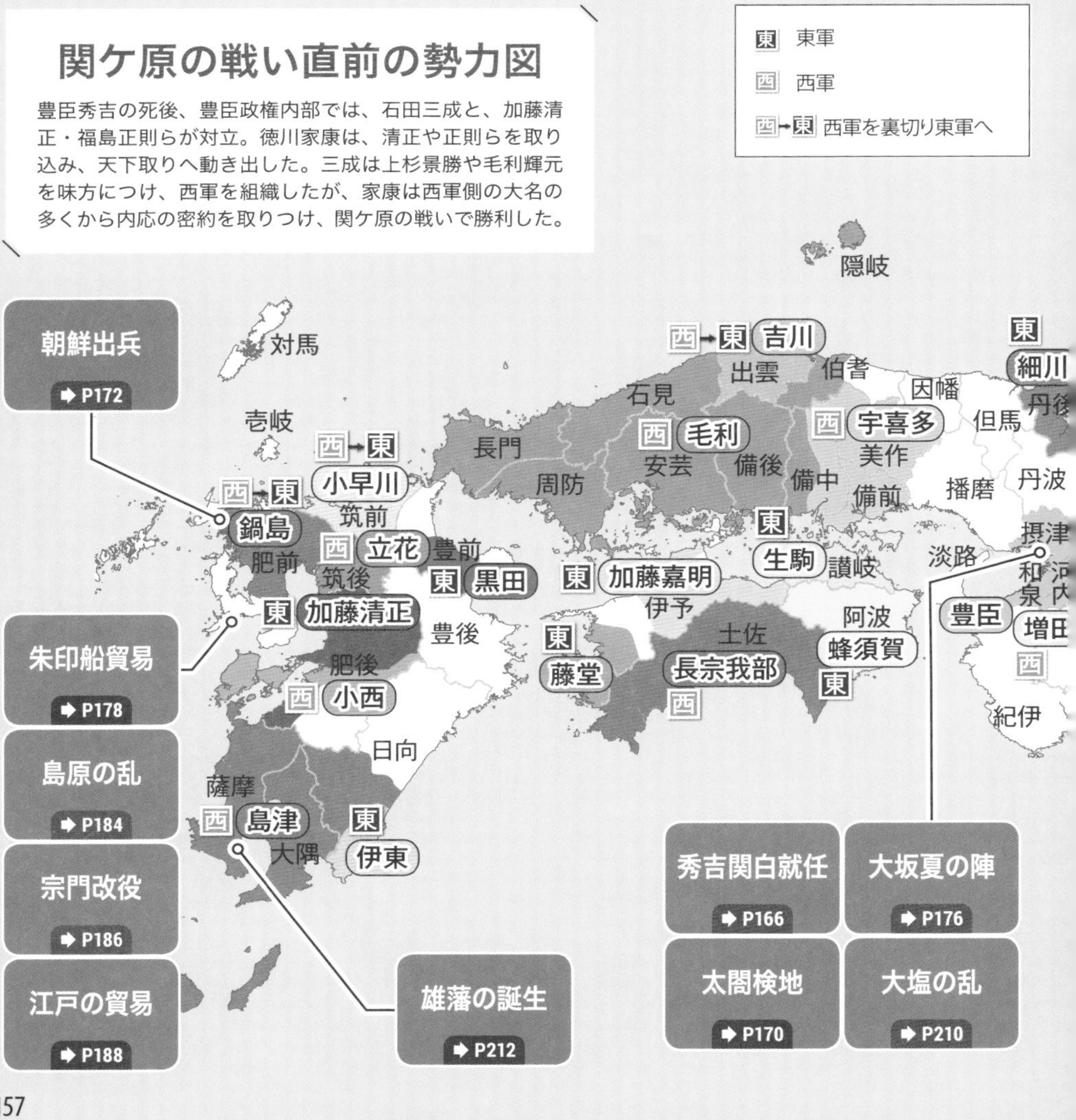

東 東軍
西 西軍
西→東 西軍を裏切り東軍へ

隠岐
対馬
壱岐
西→東 吉川
出雲
伯耆
因幡
東 細川
丹後
石見
西 毛利
西 宇喜多
但馬
長門
安芸
備後
美作
丹波
周防
備中
備前
播磨
西→東 小早川
筑前
西→東 鍋島
肥前
西 立花
豊前
筑後
東 黒田
東 加藤嘉明
東 生駒
讃岐
淡路
摂津
和泉
河内
伊予
東 加藤清正
豊後
土佐
阿波
東 蜂須賀
豊臣
増田
西
東 藤堂
西 長宗我部
西
肥後
西 小西
紀伊
日向
薩摩
西 島津
大隅
東 伊東

朝鮮出兵 ➡P172

朱印船貿易 ➡P178

島原の乱 ➡P184

宗門改役 ➡P186

江戸の貿易 ➡P188

雄藩の誕生 ➡P212

秀吉関白就任 ➡P166

大坂夏の陣 ➡P176

太閤検地 ➡P170

大塩の乱 ➡P210

戦争

1573年

小谷城の戦い

室町幕府を滅ぼした織田信長は 宿敵朝倉・浅井氏を短期間で滅亡させる

小谷城を落とした翌年に伊勢長島一揆を撃滅する

1573年、室町幕府を滅ぼした**織田信長**は、**朝倉義景**と**浅井長政**の討伐を決意し、約3万人の大軍を率いて岐阜城を出発。近江（現在の滋賀県）に侵攻した。長政の本拠地・**小谷城**周辺に陣を構えて包囲した。信長の狙いは、越前（現在の福井県）から義景をおびき出すことだった。

信長の狙い通り、義景は約2万人の援軍を率いて小谷城の北の**木之本**に本陣を構えたが、織田軍の夜襲を受けて退却。信長は追撃し、越前府中まで着くと、配下の**柴田勝家**に進撃させた。勝家は朝倉氏の拠点として栄華を誇った**一乗谷**を焼き払った。義景は**六坊賢松寺**まで逃れたが自害した**（一乗谷城の戦い）**。

朝倉氏を滅ぼした信長は近江に戻り、小谷城への総攻撃を開始した。敗北が決定的となった長政は、妻の**お市の方**と3人の娘**（茶々・初・江）**を信長のもとに送り届けた後、自害した**（小谷城の戦い）**。

宿敵であった朝倉・浅井氏を滅ぼした信長は、薄濃（漆塗りに金粉を施すこと）にした義景、長政、久政（長政の父）の頭蓋骨を、翌年の正月の宴席で披露した。信長の残虐性を象徴するエピソードとして知られ

◆朝倉氏居館（復元模型）

朝倉氏は、戦国時代を代表する城下町「一乗谷」を築き、そこに居館を築いた。一乗谷は100年にわたって繁栄させたが、信長の侵攻で滅亡した。

国立歴史民俗博物館所蔵

関連ページ

経 P146 信長の入京

宗 P148 石山合戦

戦 P164 本能寺の変

マップ

一乗谷城（福井県）

小谷城（滋賀県）

るが、実際には敵将への畏敬の念を表したものであったとされる。

小谷城の戦いの直後、信長は大軍を率いて**長島**（三重県）に向かった。反信長に立ち上がった石山合戦に呼応して蜂起した一向一揆**「伊勢長島一揆」**（↓P149）を鎮圧するためであったが、失敗し、撤退中に襲撃を受けるなど、苦戦する。

翌年、信長は約8万人という大軍で、伊勢長島を包囲し、**九鬼嘉隆**の水軍で海上からも攻撃させた。信長は一揆勢の降伏を許さず、約2万人を焼き殺した。その翌年、信長は**越前一向一揆**を鎮圧し、一揆勢1万人以上を虐殺した。

一向一揆は宗教的な理由による蜂起と思われがちだが、実際は、本願寺の要請や同盟の維持など、政治的な理由による場合が多い。また信長は常に一向一揆を皆殺しにしていたわけではない。信長が長島・越前の一向一揆を殲滅した理由は、西国から東国への物流を掌握するため、「伊勢湾ルート」「日本海ルート」（↓P146）を死守したいためであったと考えられる。

◆**浅井長政（1545〜1573）**
近江の戦国大名。信長の妹・お市の方と結婚したが、信長と反目。姉川の戦いで敗れた後、小谷城を攻められて自害した。

戦争

1575年

長篠の戦い

南蛮貿易と物流ルートを押さえた信長は武田勝頼に十分な鉄砲を用意させなかった

最大兵力が約8000人であった家康は、同盟者・信長に救援を求めた。これに応じた信長は、約3万人の大軍を率いて徳川軍と合流し、長篠城の西にある設楽原（したらがはら）に陣を構えた。

信長は**連吾川（れんごがわ）**を堀として、その内側に2kmにわたる**馬防柵（ばぼうさく）**を巡らせ、3000丁の鉄砲を構えた鉄砲隊を待機させた。勝頼は3000人を長篠城の包囲に残し、1万2000人を率いて設楽原に本陣を移した。

戦いの前夜、信長が組織した別働隊は武田方の**鳶ケ巣山砦（とびがすやまとりで）**を攻め落とし、長篠城に入城した。これにより**退却路**を失った武田軍は、挟撃される形となり、正面突破するしか道が

鉄砲という飛び道具で戦意を喪失した武田軍

武田信玄の死後、後継者となったのは信玄の子・**勝頼（かつより）**だった。甲斐（現在の山梨県）一帯で依然として強大な勢力を誇っていた武田家と、畿内で急成長する**織田信長**が衝突するのは避けようがなかった。

信玄の死後、武田方の**奥平信昌（おくだいらのぶまさ）**が三河（現在の愛知県）を支配する**徳川家康**に寝返った。そこで家康は、対武田の最前線にある**長篠城（ながしのじょう）**（愛知県）に信昌を送り込んだ。その2年後、勝頼は1万5000人を率いて長篠城を包囲した。

関連ページ

経 P134 鉄砲の伝来

経 P146 信長の入京

宗 P162 安土城の築城

なくなった。勝頼は、戦国最強といわれた武田騎馬隊に突撃を命じた。

信長が用意した3000丁という鉄砲数は疑問視されているが、信長が当時としては常識を超えた数の鉄砲を投入したことは疑いようがない。それを可能にしたのが、**堺・草津・大津**（↓P146）の支配であった。**堺や国友**（滋賀県）などの鉄砲の生産地を押さえ、**南蛮貿易**と、東国への**物流ルート**を掌握した信長は、鉄砲・火薬を大量に確保できただけでなく、武田側に鉄砲・火薬が渡ることも阻止できた。勝頼も鉄砲の破壊力を認識し、長篠の戦場にも投入していたが、十分な数の鉄砲を用意できなかったのである。

戦国時代の合戦は、乱戦になる前に、鉄砲や弓などの**「飛び道具」**によって、ほぼ勝敗が決まったという。攻撃力では弓をはるかにしのぐ鉄砲によって戦死者・負傷者が続出したことで、武田軍の戦意は失われ、総崩れになったと考えられる。

◆**武田勝頼（1546〜1582）**

甲斐の戦国大名。父・信玄の死後、家督を継ぎ、信長と対立したが、長篠の戦いで敗北し、天目山の戦いで敗死した。

長篠の戦いの勝因

- 武田軍の**退却路**を失わせ、決戦に挑む状況をつくった。
- 常識を超える数の鉄砲を用意し、**馬防柵**を築いて武田騎馬隊の突撃を防いだ。
- **鉄砲・火薬**が武田側に渡らないように経済封鎖した。

◆**長篠の戦い**

信長が用意した鉄砲の数は諸説あるが、最低でも1000丁程度はあったといわれる。武田軍は純粋な騎兵集団ではなく、槍隊、弓隊なども含めた混成部隊で、鉄砲も装備していた。

長浜城歴史博物館所蔵

1576年

安土城の築城

織田信長が築いた豪華絢爛な安土城は諸宗教や朝廷の権威を超越する宗教施設だった

関連ページ
宗 P148 石山合戦
戦 P160 長篠の戦い
戦 P164 本能寺の変

マップ
京都（京都市）
安土城（滋賀県）

内部が吹き抜けの天守は大聖堂がモデルとされる

長篠の戦いに勝利した翌年、**織田信長**は近江（現在の滋賀県）の琵琶湖東岸に**安土城**の築城を開始した。

安土城は、標高約199mの安土山全体を城塞化したもので、城全体が石垣で覆われ、日本初の本格的な**天守**が築かれた。高さ約32mの天守の内部は地上6階地下1階の計7階で、青瓦と朱塗り・金箔押しの柱をもつ豪華なものだった。

内部は狩野永徳（かのうえいとく）の描いた障壁画で飾られていた。天守は本来、城内で最も高い物見櫓（ものみやぐら）であるので、生活する場所ではないが、信長は毎日、天守で起居していたという。天守内部には宝塔が置かれていたとされ、4階まで吹き抜けになっており、ヨーロッパの**大聖堂**をモデルにしていたという指摘がある。また、安土城そのものが諸宗教を超越する**神殿**をイメージしていたという説もある。

安土城の本丸には、京都の御所の**清涼殿**とほぼ同じ建物があり、ここに天皇を迎えるつもりだった可能性があるという。天皇を安土城に迎えたとき、信長は天守から天皇を見下ろすかたちになるため、信長は自分の**優位性**を世に示すことができ、それを信長は狙っていたと考えられて

historical note

戦国時代には粗悪な私鋳銭が流通し良貨と悪貨の選別が盛んだった

室町時代、日明貿易により日本の貨幣流通量は増加の一途を辿ったが、15世紀後半、中国からの輸入銭が減ると、私的に鋳造された「私鋳銭」が増加した。私鋳銭は粗悪なものが多かったため、良貨と悪貨を選別する「撰銭（えりぜに）」が盛んに行われた。幕府や戦国大名は撰銭令を出して私鋳銭の使用を禁止したが、効果は小さく、経済の混乱を招いた。信長は禁止されていた悪貨を認める代わりに、貨幣ごとの交換比率を定めた。

明銭をもとにつくられた私鋳銭。品質は粗悪だった。

日本銀行貨幣博物館所蔵

いる。武力のみで天下を統治することは難しいため、信長は朝廷を超える宗教的権威が必要と考え、安土城を建築したともいえる。

信長の家臣たちの屋敷は、天守から見下ろせる山の斜面に建てられていた。信長は家臣たちに広大な領地を与えて統治させたが、領地に住むことを許さなかった。これは家臣が領国で自立し、反乱を起こすことを防ぐためだったと考えられる。

信長は安土城の東側に**城下町**を整備し、岐阜の城下町から多数の商人や職人を移り住まわせた。さらに安土城下で、市場での商売で税金を取らない**「楽市」**と、同業者組合「座」を禁止する**「楽座」**を命じた。また、通行税を徴収していた**関所**の撤廃を積極的に推進し、交通の利便性を確保し、城下町の経済的発展に努めた。

信長ほど、楽市楽座や関所の撤廃を大規模に実施した戦国大名はいなかった。信長の目的は、物価や税を下げて、民衆の支持を得ることだった。経済政策によって、急拡大する領地の安定を図ったのである。

大阪城天守閣所蔵

◆安土城（想像図）

安土城は近代城郭の先駆けといわれるが、山崎の戦い(→P166)後に焼失した。

信長の安土城築城の狙い

- 壮麗な天守を築き、諸宗教を超越する神殿としてイメージさせるため。
- 天皇の行幸を企画し、自らが朝廷よりも権威が優越していることを示すため。
- 城内に家臣を住まわせることで、領国での自立や反乱を防ぐため。

・交通の要衝にあった安土城・

北国脇往還
小谷城の戦い
伊吹山
姉川の戦い
琵琶湖
関ケ原
中山道
安土城
関口
岐阜
稲葉山城（岐阜城）
長良川
揖斐川
北方
柳津
大垣
犬山
羽黒
下野
楽田
大浦
力長
小牧
一宮
加賀井
荻原
桑原
清洲
清洲城
勝幡城
伊勢街道
高須
蜂須賀
那古野城
津島
蟹江
熱田社
伊勢長島一揆
長島
鳴海
桶狭間の戦い
桑名
揖斐川
木曽川

安土には京都や北陸、岐阜などに通じる街道が通り、海運の便もよかった。信長は安土城のふもとに港を築いていた。

戦争

1582年

本能寺の変

独断専行で絶対権力を手にした織田信長は コミュニケーション不全で 謀反を想定できず

関連ページ
宗 P148 石山合戦
宗 P162 安土城の築城
戦 P166 秀吉の関白就任

信長は光秀だけでなく何度も家臣に裏切られた

１５７０年以降、信長は、**浄土真宗（一向宗）本願寺派**の総本山の石山本願寺と**「石山合戦」**（↓P１４８）を続けてきた。戦国時代、本願寺派は**戦国大名化**し、各地の戦国大名と軍事抗争を活発化させた。本願寺派は、もはや純粋な意味での**宗教団体**ではなかった。信者たちは自分たちの領地を守り、新しい土地を獲得するために戦ったのである。

石山本願寺は毛利氏と同盟を結んで抵抗したため、抗争は長期化したが、１５８０年、弱体化した本願寺は信長に和睦を申し入れ、石山合戦は終結した。これにより信長は近畿の支配を固め、**羽柴秀吉**や**柴田勝家**など有力武将を各地に派遣して天下統一を進めていった。

１５８２年5月、中国地方の毛利氏攻めを担当していた秀吉から救援を求められた信長は、**明智光秀**に援護を命じた後、自らも安土城を出発し、京都の**本能寺**に入った。光秀は約1万３０００人の兵を率いて**丹波亀山城**を出発したが、その途中の沓掛で休憩を取った。

中国地方へ向かうには沓掛から南下する必要があったが、光秀は直進して京都に向かいはじめた。そして、**「敵は本能寺にあり」**と叫んだという。

6月2日早朝、明智軍は本能寺を包囲すると、鉄砲を撃ち込み、攻撃

仏の嘘をば方便と言い、武士の嘘をば武略と言う

◆明智光秀（1528?～1582）

美濃出身の戦国武将で、朝倉義景に仕えた後、信長の家臣となる。朝廷との交渉を担当し、入京後の信長を支えた。丹波（現在の京都府）を平定し、その才智を信長に重用されたが、本能寺の変を起こして信長を自害させた。裏切りや密会を好み、謀略を得意としたという。山崎の戦いで秀吉に敗れ、敗走中に農民に殺害された。

マップ
丹波亀山城（京都府）
本能寺（京都市）

を開始。信長は弓や槍で戦ったが、負傷すると奥の部屋に引き下がり、燃え盛る炎の中で自害した（**本能寺の変**）。

光秀が信長を裏切った理由を明確に記した史料は存在しない。このため、さまざまな説が展開されており、光秀単独による怨恨説・野望説のほか、秀吉や朝廷、**イエズス会**による黒幕説など諸説あるが、定説や有力説はない。ただ襲撃を受けた信長の

◆奮戦する信長
謀反が光秀のしわざだと知った信長は、「是非に及ばず（しかたがない）」と答えたという。

油断があったことは否定できない。

信長は、**浅井長政**や**荒木村重**、**松永久秀**をはじめ、何度も同盟者や家臣から裏切られ、報告を受けるたびに驚いていたという。信長は家臣の意見を聞くことがなく、常に独断で行動していた。権力が強大化するなかで、信長の絶対性はさらに高まったが、その一方、家臣団とは**コミュニケーション不全**に陥っていたと考えられるのである。

また、信長は家臣の**国替え**（領地の変更）を頻繁に行ったため、「先祖から受け継いだ土地は命を懸けて守るべき」という価値観をもつ武士の反感を買っていたともいわれる。

本能寺の変を招いた理由

- **独断専行タイプ**だった信長は、家臣が何を考えているか興味がなく、何度も家臣に裏切られていた。
- 絶対的な権力を手にしていたため、家臣団と**コミュニケーション不全**に陥っていた。
- 光秀が裏切る可能性を想定していないなど、**油断**が生じていた。

明智光秀の進軍ルート

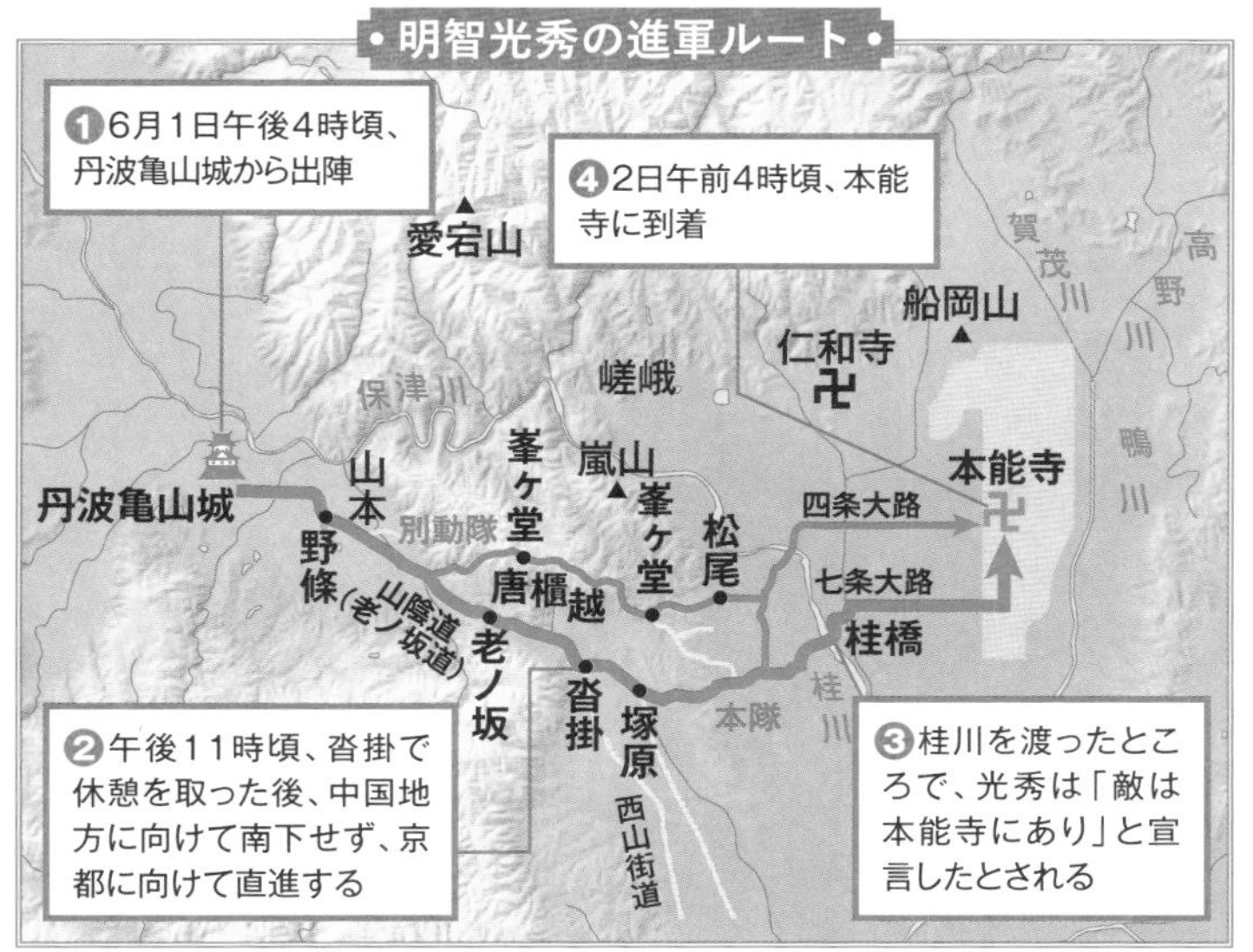

1585年

秀吉の関白就任

信長の後継者の地位を獲得した豊臣秀吉は朝廷の権威を利用して同格の大名たちを統制

天下統一を優先した秀吉は対抗した大名を許していく

本能寺の変を知った**羽柴秀吉**は、**備中高松城**（岡山県）で毛利軍と対戦中だったが、すぐさま和睦し京都へ向けて進軍を開始した。わずか6日間で約200kmを駆け抜けた秀吉の行軍は**「中国大返し」**と呼ばれる。

明智光秀は、準備が整わないまま山崎（京都府）で秀吉を迎撃したが敗死**（山崎の戦い）**。信長の仇を討った秀吉は、翌年、**賤ケ岳**（滋賀県）で**柴田勝家**を撃破し、**北ノ庄城**（福井県）に敗走した勝家を滅ぼした。

着々と勢力を固める秀吉に反感を抱いた**織田信雄**（信長の次男）は、東海で勢力を誇る**徳川家康**と同盟を組み、1584年、秀吉に戦いを挑んだ。尾張（現在の愛知県）が戦場となった、この**「小牧・長久手の戦い」**は家康が勝利したが、信雄が家康に無断で秀吉と和解したため、家康は戦う理由がなくなり撤退した。

天下統一を目指す秀吉は、石山合戦後に焼失した石山本願寺の跡地に、安土城をモデルに巨大な**「大坂城」**を築き、城下町を整備。ここを拠点に四国や九州を制圧。また、自分の妹や母を家康に人質として差し出して上洛を促し、従わせることに成功した。

長浜城歴史博物館所蔵

◆賤ケ岳の戦い

秀吉は戦場を一度離れて勝家を油断させた後、総攻撃をしかけて勝利した。勝家は北ノ庄城で、お市の方と自害した。

羽柴秀吉

関連ページ
戦 P164 本能寺の変
戦 P168 秀吉の天下統一
経 P180 参勤交代

マップ

秀吉は家康に対してだけでなく、敵対した大名を攻め滅ぼすようなことはしなかった。中国の**毛利氏**や、四国の**長宗我部氏**、九州の**島津氏**などは、秀吉に対抗しながらも許され、所領を安堵されている。これは、秀吉が天下統一を最優先したためであるが、秀吉はもともと信長の重臣のひとりであり、信長の配下だった大名と**同格**だったことが影響している。

農民出身で、譜代の家臣団も存在しなかった秀吉が、諸大名に君臨するために利用したのが**「朝廷の権威」**であった。秀吉は小牧・長久手の戦いの最中に公卿にまで列し、官位の上では主君の子・信雄をしのいだ。

さらに翌年、摂関家の争いに介入し、**関白**に就任。次いで**太政大臣**に任じられ、朝廷の最高位を極めた秀吉は、**正親町**（おおぎまち）**天皇**から**「豊臣」**の姓を賜った。秀吉は配下となった大名たちを朝廷の官位につけ、自らを筆頭に、**家格**に従って秩序づけ、統制しようとしたのである。さらに、自分に従わない大名に対して、「天皇の意志」として服属を求めるようになった。

また秀吉は、大名の妻子を人質として大坂城下や京都の**聚楽第**（じゅらくだい）周辺に住まわせることも命じた。これにより大名は秀吉の居城と領国を行き来することになり、この制度は江戸幕府の**参勤交代**に引き継がれた。大坂城の築城や、朝廷の利用、大名と領国の切り離しといった秀吉の戦略は、信長を踏襲するものであった。

◆**豊臣秀吉（1537〜1598）**
山崎の戦いで明智光秀を倒し、賤ケ岳の戦いで柴田勝家に勝利。信長の後継者の地位を確立し、天下を統一した。

豊臣秀吉の大名統制

- 自らが朝廷の最高位「関白」に就任し、臣従した大名を官位につけ、朝廷の序列を利用する。
- 自分に従わない大名に「天皇の意志」として服属を命じる。
- 大名の妻子を人質として大坂城下や聚楽第周辺に住まわせる。

堺市博物館所蔵

◆**聚楽第**
1588年、秀吉は後陽成天皇を聚楽第に招き、全国の大名に忠誠を誓わせた。

戦争

1590年

秀吉の天下統一

豊臣秀吉は関東の北条氏政を討伐するため 大軍で小田原城を包囲し 天下を統一する

関連ページ
戦 P132 伊豆討ち入り
戦 P166 秀吉の関白就任
経 P180 参勤交代

マップ

小田原城（神奈川県）

周辺の支城を次々と攻略し小田原城を孤立させる

四国、九州を平定し、天下統一を目前にした**豊臣秀吉**は、関東を支配する**小田原城**（神奈川県）の**北条氏政・氏直**に対し、上洛を命じた。しかし氏政らは応じなかったため、秀吉は諸大名に北条討伐を命じ、1590年、攻撃を開始した。

小田原城は**上杉謙信**や**武田信玄**の猛攻を耐えた難攻不落の堅城で、北条氏は戦いに備え大量の兵糧を城内に運び込んでいた。秀吉は大名を従えて関東に向かい、駿府城（静岡県）の**徳川家康**と合流すると小田原城を一気に攻め落とすことはせず、北条方の支城を次々と攻略した後、20万人ともいわれる大軍で小田原城を完全に包囲。海上も**九鬼嘉隆**らの水軍が取り囲んで封鎖した。

さらに北関東からは、**前田利家**や**真田昌幸**らの率いる別働隊が、北条方の支城を落としながら南下し、小田原城の包囲軍に加わった。豊臣方の別働隊は、東関東の北条方の支城を攻略していき、これにより小田原城は完全に孤立した。

秀吉は、包囲を開始したときから、小田原城を見下ろせる笠懸山（かさがけやま）の山頂に総石垣による**「石垣山城」**を築いていた。実際には完成までに約80日

historical note

戦国時代の軍師の仕事は合戦前に行う「占い」だった

戦国時代の「軍師」とは、合戦前に方向や日時を占ったり、勝利を祈る儀式を行ったりする「軍配者」のことであった。やがて合戦における作戦を立てる軍師が登場するようになった。その代表が、武田信玄の軍師・山本勘助や、秀吉の軍師・黒田官兵衛などであった。官兵衛は本能寺の変を知った際、秀吉に「天下を取る好機」だと告げたという。

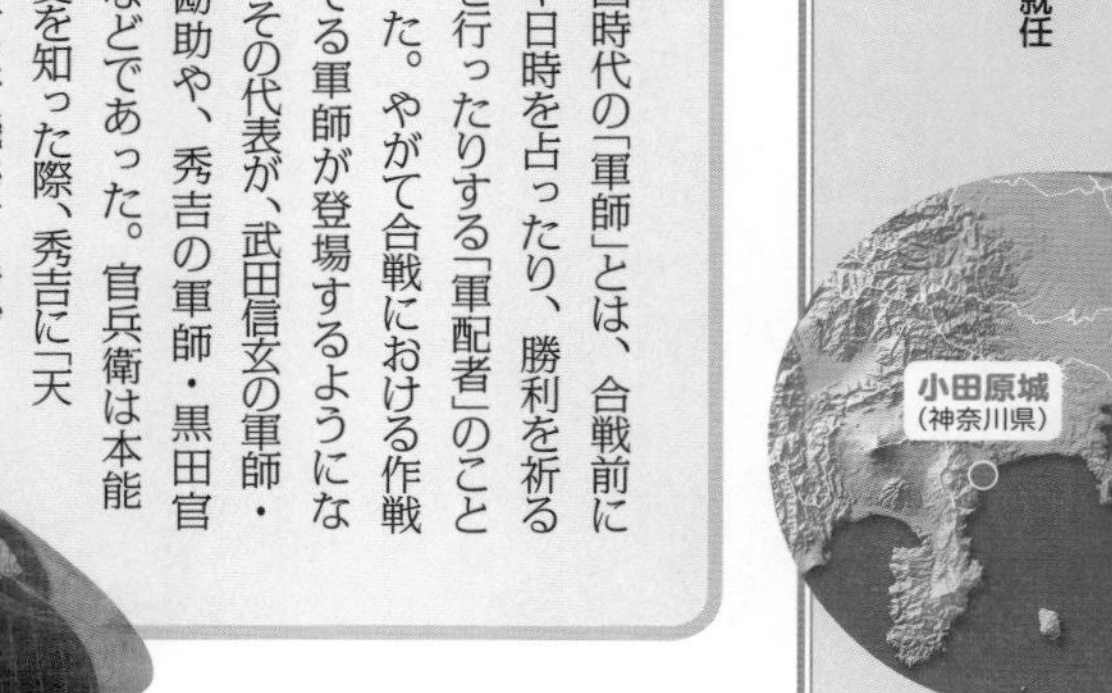

黒田官兵衛は、秀吉の参謀として天下統一に貢献した。

間かかっているが、完成後に周囲の木を切り倒したため、小田原城からは一夜にして城が出現したように見えたといわれ、これにより北条方の城兵は戦意を失ったという。

小田原城に入城した秀吉の軍師・**黒田官兵衛**の説得により、氏直は小田原城を出て降伏。氏政は合戦の責任を取って切腹した。小田原城は開城し、早雲以来、約100年間栄えた北条氏は滅亡した。秀吉は、家康の本拠地であった東海地方を没収する代わりに、北条氏の旧領のほぼすべてを家康に与えた。約250万石の大名となった家康は**江戸**（東京都）を拠点とし、江戸城を改修した。

小田原城包囲中、奥州（現在の東北地方）で勢力を誇っていた**伊達政宗**（だてまさむね）が秀吉のもとに参陣した。遅れての参陣だったため、政宗は覚悟を示すため死装束で秀吉の前に現れ、許しを得たという。

北条氏を倒した秀吉は、小田原に参陣しなかった奥州の大名たちを処罰し、これを平定した**（奥州仕置）**。こうして秀吉は**天下統一**を果たし、戦国の世を終わらせたのである。

小田原城天守閣所蔵

◆北条氏政（1538〜1590）

小田原城主・北条氏（後北条氏）４代目。北条氏康の子。関東に北条氏最大版図を築き上げた。子の氏直に家督を譲った後も実権を握り、秀吉の上洛命令に応じず、小田原城を包囲され、降伏後に切腹した。

小田原攻め 関連地図

小田原城の周囲約９kmは土塁や堀で築いた大外郭で囲まれていた。

経済

1591年

太閤検地

検地の重要性に目をつけた豊臣秀吉は 実際に土地を測量して 全国の石高を把握する

織田信長の検地の実務を担当していた**豊臣秀吉**は、年貢を効率よく徴収するために検地の重要性に気づき、１５８０年の播磨（現在の兵庫県）での検地を皮切りに、新しく獲得した領地で検地を本格化させていった。秀吉は１５９１年に関白職を甥の秀次に譲り、**「太閤」**と称されたが、それ以前の秀吉の検地も**「太閤検地」**と呼ばれる。

太閤検地では、家臣を検地奉行として村に派遣し、実際に土地面積を測量し、土地の生産力を米の収穫量で示す**「石高（こくだか）」**を算定した。石高制では、税は米で納入する。

戦国時代の納税制度は、銅銭で納

天下統一を果たした秀吉は大名に検地帳を提出させる

戦国大名たちは年貢を徴収するため、領内の土地を**検地**（土地調査）した。その検地の方法は、一般的に、面積・収入額を家臣（領主）や農民、村などに自己申告させるもので、**「指出（さしだし）検地」**と呼ばれた。

面積や年貢量などは**「検地帳」**に登録され、その額に基づいて軍役を課された。大名は土地や農民に対する支配権を確立していき、**荘園制**は制度的にも完全に崩壊した。しかし、指出検地では、過少申告される問題点もあった。

historical note

盗人を刀で殺害する習慣が刀狩令によって急速に消滅した

江戸時代に描かれた方広寺大仏殿。刀狩令は、方広寺の大仏造立を口実に武器を没収するものだった。

中世以降の日本では「盗み」は重罪で、わずかな金額でも殺害されることが多かった。家の主人は、盗みを犯した妻子を刀で成敗することが一般的であったが、刀狩によって、こうした処罰は急速に消滅していった。ただ、刀は男性が一人前である証であったので抵抗も大きく、刀狩令が出された後も、村々には大量の武器が隠し残されていたという。

関連ページ
経 P136 甲州法度之次第
戦 P168 秀吉の天下統一
経 P190 百姓の自立

マップ
播磨（兵庫県南西部）

める**「貫高制（かんだかせい）」**であったが、銅銭の流通量の不足により、農民の負担は大きかった。秀吉は石高制によって農民の負担を減らしたのである。また、実際に耕作している農民を**年貢納入責任者**として登録し、それを記載した検地帳を村に交付し、村に一括して年貢を納入させた**（村請制）**。

これにより、ひとつの土地の権利者がひとりに限られるという**「一地一作人の原則」**が確立されていき、荘園制のようにひとつの土地に複数の権利者が存在し、何重にも税を徴収されることがなくなった。長さや面積、体積など**度量衡**の単位を統一したことも太閤検地の特徴であった。

自分の直轄地や、服属した大名の領地で太閤検地を進めていった秀吉は、天下統一を果たした翌年、全国の大名に対して領国の検地帳**（御前帳（ごぜんちょう））**と国絵図の提出を求めた。これにより、秀吉は全国の石高を掌握し、これを基準に大名たちに**軍役**を課す体制を築いたのである。

「刀狩令」により農民と武士が分離される

一方、秀吉は1588年に**「刀狩令」**を出し、農民から刀や槍、鉄砲などの武器を没収した。その目的は、農民の武士化を止めて一揆を防止し、農民を農作業に専念させるためであった。刀狩令によって、帯刀できるのは武士だけになり、これにより**「兵農分離」**が進み、武士と農民は身分的に分かれていった。

また、城下町を経済的に繁栄させるため、**京都**や**大坂**などの大都市では年貢を免除した。このため、合戦がなくなって仕事を失った下級武士は、大都市に流入していった。

太閤検地の目的

- 過少申告されやすい指出検地をやめて、**実際に土地を測量**し、正確な石高を算出した。
- **土地の権利者**をひとりに確定し、年貢納入の責任者にした。
- 村に**一括で年貢を納入**させ、効率よく年貢を徴収した。
- 全国の大名に**領地の石高**を提出させ、大名支配を確立した。

「検地絵図」松本市立博物館所蔵

◆検地 検地の方法は、役人が竿を立てて縄を張って測量するものだった。この絵は江戸時代末期の検地の様子。

戦争

1592年

朝鮮出兵

東アジアに日本中心の国際秩序を築くため秀吉は明の征服を目指し非現実的な戦略を実行

関連ページ

宗 P138 キリスト教の伝来

戦 P174 関ヶ原の戦い

経 P188 江戸の貿易

大名を繋ぎ止めるため領土拡張戦争を開始した

豊臣秀吉は、織田信長と同様、キリスト教の布教には寛容だった。しかし、**キリシタン大名**が**長崎**をイエズス会の教会に寄付したことを知ると危機感を抱き、1587年、**バテレン（宣教師）追放令**を出した。しかし秀吉は**鉄砲・火薬**などを入手するために**南蛮貿易**を歓迎した。このため、追放令には実効性がなかった。

ところが天下が統一されると、鉄砲は不要となった。また他の大名が南蛮貿易で鉄砲を入手することは脅威となった。秀吉にとって南蛮貿易の必要性は失われていった。

1596年、「スペインは宣教師を派遣した後に征服事業を進める」というスペイン船員の発言を知った秀吉は、京都・大坂で宣教師と信者26人を捕らえて、翌年、長崎で処刑したのである（**二十六聖人殉教**）。

スペイン・ポルトガルによる世界征服事業を意識していた秀吉は、東アジアに日本を中心とする国際秩序を築くことを目指したといわれる。また秀吉は、論功行賞で新しく領地を与えることで大名の信頼を得てきたが、そのため国内が安定すると、権威が失われる恐れがあった。秀吉の**大陸侵攻**の目的は、大名を繋ぎ止めるための報酬（領地）を新しく獲得するためでもあったのだ。

秀吉は**朝鮮国王**に明侵攻の先導を求めたが、拒否されると戦争準備を進め、**名護屋城**（佐賀県）を築いて

長崎県観光連盟写真提供

◆**二十六聖人殉教地**

1597年、スペイン系フランシスコ会宣教師6人と、信者20人が長崎に送られ、処刑された。

本陣を置き、1592年、約15万人の大軍を朝鮮に送り込んだ**（文禄の役）**。**釜山**に上陸した日本軍は快進撃を続け、首都・**漢城**（ソウル）を陥落させ、**加藤清正**は、明との国境である豆満江を超えるほどであった。

漢城陥落を知った秀吉は、後陽成天皇を明の皇帝として北京に移し、自らは寧波に移りインドを攻略するという現実離れした構想を抱いたが、朝鮮で**義兵**（民兵）が組織され、明の援軍が到着すると日本軍は苦戦した。

戦線は膠着状態に陥り、現地の日本軍は秀吉に明との講和をすすめた。しかし秀吉は、明の降伏や勘合貿易の再開、朝鮮南部の割譲など、無理な講和条件を提示したため、その内容は伏せられた。日本軍の撤兵後、自分の要求が無視されたことを知った秀吉は激怒。1597年、再出兵を命じ約14万人を朝鮮に派兵した。

この戦役の目的は、朝鮮南部の占領であり、戦功は削ぎ取った鼻の数で評価されたため、民衆に対する残虐行為が横行した。明・朝鮮軍の抵抗も激しく、日本軍は苦戦を強いられた。この**「慶長の役」**は、秀吉の死によって終結したが、膨大な**戦費**と**兵力**を費やす結果となり、豊臣政権は求心力を失っていった。

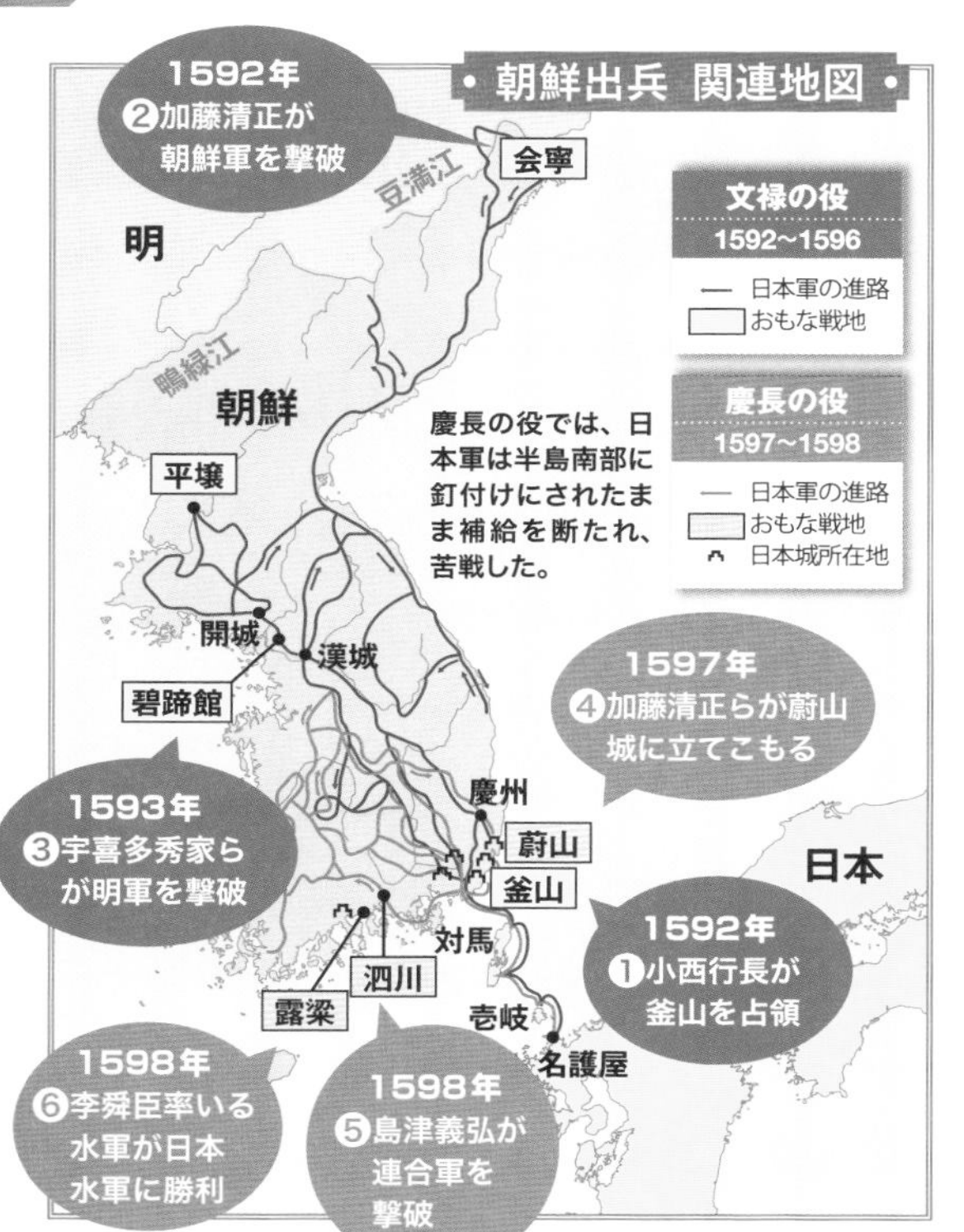

佐賀県立名護屋城博物館所蔵

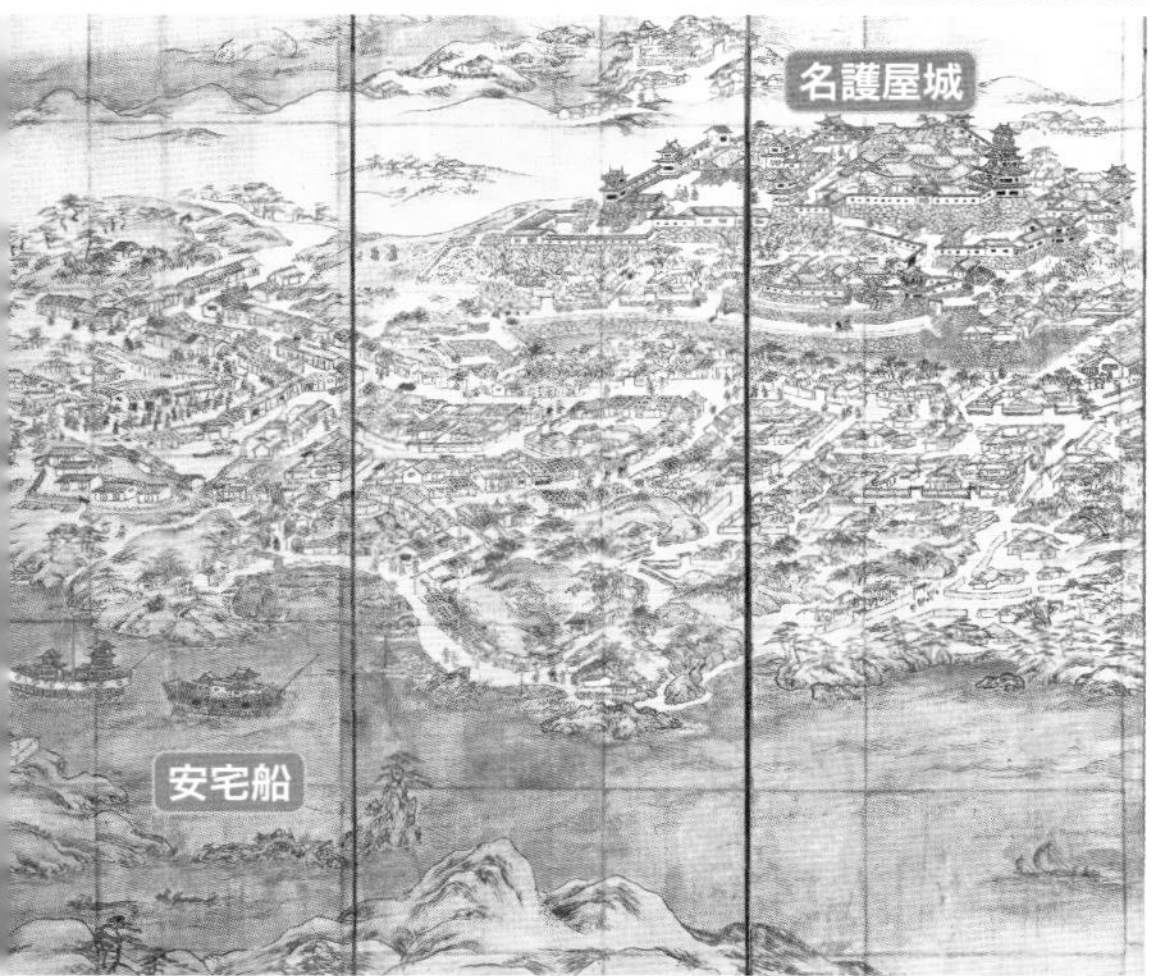

◆名護屋城

朝鮮出兵の拠点となった巨大な城郭で、5層7階の天守は、高さが約30mあった。日本軍は安宅船で出撃した。

戦争

1600年

関ケ原の戦い

三成襲撃事件を平和的に解決した徳川家康が豊臣政権を主宰し対抗勢力を圧倒する

関連ページ
戦 P172 朝鮮出兵
戦 P176 大坂夏の陣
経 P180 参勤交代

マップ
関ケ原（岐阜県）

豊臣政権内で着実に権力を握っていった家康

豊臣秀吉は死期が近いことを悟ると、**徳川家康**や**前田利家**らに後継者である6歳の**秀頼**の後見を懇願し、亡くなった。このとき**慶長の役**の最中であったため、家康は撤兵を命じ、**石田三成**や**浅野長政**らが実務を遂行した。しかし朝鮮出兵を通じて、三成ら**「吏僚派」**と、戦場で辛酸をなめ、莫大な出費を強いられ、褒賞を得られなかった加藤清正や福島正則ら**「武将派」**との対立は深刻になった。

豊臣政権の抑え役だった前田利家が亡くなると、清正や正則らは三成を襲撃。家康は調停に乗り出し、三成を**佐和山城**（滋賀県）に謹慎させ、この問題を平和的に解決した。これにより家康の威信は高まった。**毛利輝元**や**上杉景勝**（謙信の子）らの有力大名が領国に帰国したことで、家康は、豊臣政権の独裁者となった。

家康は、関係が悪化した会津（福島県）の**上杉景勝**を討伐するため、1600年6月、軍勢を率いて**大坂城**を出発した。その留守に、三成は打倒家康の準備を進め、毛利輝元を呼び寄せて大坂城に置き、家康の非を**十三カ条**書き連ねて全国の大名に発し、反家康軍（西軍）を組織した。

小山（栃木県）で三成挙兵を知った家康は、会津征討を中断して引き返して**江戸城**に入ると、各地の大名に書状を送り、自分に味方するよう勧誘した。9月1日、江戸城を出撃した家康は、三成のいる**大垣城**（岐阜県）近くの赤坂に陣を構えた。

一方の三成は、9月14日の夜に大垣城を出撃し**関ケ原**に布陣した。家康も自軍（東軍）を率いて赤坂を出発し、関ケ原に布陣した。戦闘は、翌日の午前9時頃、開始された。

開戦前、西軍側から**内応**の申し出が相次いでいたこともあり、正午頃、

細川忠興
家康本陣

◆**関ケ原の戦い**
西軍約８万人、東軍約７万人が関ケ原で激突した。戦死者は諸説あるが、両軍で8000人程度とされる。

小早川秀秋が**松尾山**を駆け下り、**大谷吉継**隊への攻撃を開始したことで、西軍は総崩れとなった。

毛利輝元が大坂城から退去すると、家康は大坂城に入って豊臣秀頼と対面し、その後、西の丸に留まった。家康は西軍の諸大名の**処分**を実行し、約630万石の所領を没収した。

これにより秀頼は222万石から66万石に、毛利輝元は112万石から30万石、上杉景勝は120万石から30万石に大きく減らされた。家康本人は、255万石から400万石に領地を拡大し、全国の主要な**金山・銀山**と、**堺**や**長崎**などの主要港を直轄領とした。しかし、没収した領地のうち約8割は、東軍の**豊臣系大名**に配分され、島津氏などの大名領地を没収できず、**西国**には豊臣系の大名の領地が集中することになった。

関ケ原の勝利によって、家康は盟主の地位を確立したが、その支配力は盤石ではなかったのである。

関ケ原の戦いの戦後処理

武将名	旧石高	新石高
徳川家康	255万石	400万石
豊臣秀頼	222万石	66万石
毛利輝元	112万石	30万石
上杉景勝	120万石	30万石
福島正則	20万石	50万石
小早川秀秋	36万石	52万石

◆石田三成（1560〜1600）
秀吉に仕えた武将。太閤検地や財政運営に才知を発揮し、豊臣政権を支え、佐和山城主として19万4000石を領した。秀吉の死後、徳川家康に対抗するが、関ケ原の戦いに敗れ、処刑された。

関ケ原町歴史民俗資料館所蔵

戦争

1615年

大坂夏の陣

徳川家康は幕府と豊臣家との共存を目指すが 関白政権の復活を危惧して討伐を決意する

関連ページ
戦 P172 朝鮮出兵
戦 P174 関ケ原の戦い
経 P180 参勤交代

豊臣恩顧の大名に対して慎重な対応を続けた家康

１６０３年、**徳川家康**は**征夷大将軍**に任じられ、**江戸幕府**を開いたが、「豊臣秀頼の政務代行者」であることに代わりなかった。関ケ原の戦い後、秀頼は66万石の大名になっていたが、周囲からは成人後に**関白**に就任すると受け止められており、また豊臣恩顧の大名にとって、家康を主君と仰ぎ、秀頼を排除することは容認できることではなかった。

そこで家康は、積極的に大名と**縁戚関係**を結んでいった。秀吉は遺言で有力大名どうしが自由に婚姻関係を結ぶことを禁じたが、家康はこれを無視し、娘たちを大名家に嫁がせていった。その数は実娘３人、養女18人に及んだ。当時の婚姻は**同盟**と同じであり、家康は血縁強化によって、徳川家の安泰を図ったのである。

家康は２年で子の秀忠に将軍職を譲り、**駿府城**（静岡県）に居城を移したが、政治の実権は握り続けた。

１６１１年、家康は京都**二条城**で秀頼と会見し、秀頼に対して**臣下の礼**を取ったが、二条城は徳川の城であったため、家康が実質的に豊臣家に優越することが世に示された。家康は諸大名を幕府の体制に組み込んでいったが、豊臣家は例外とした。

◆徳川家康（1542～1616）

江戸幕府初代将軍。織田信長と同盟して勢力を伸ばしたが、豊臣秀吉に臣従した。秀吉の死後、関ケ原の戦いに勝利し、江戸幕府を開いた。大坂夏の陣で豊臣家を滅ぼした翌年、駿府城で病死した。

自分の死後に豊臣政権が復活することを危惧する

豊臣家との**共存**の道を選んだ家康だったが、突如、方針を変更する。家康は子の秀忠に求心力がないことを見極め、自分の死後、秀頼による豊臣関白政権が誕生する危険性を感じていたと思われる。豊臣恩顧の代表格であった**加藤清正**や**浅野幸長**が相次いで病没したことも、家康の決断を後押しした。

家康は**大坂の経済力**も必要としていた。当時の江戸は、ほぼ未開拓の都市で、産業力・経済力は大坂に大きく及ばなかった。江戸の人々は**醤油**や**木綿**、**油**などの生活必需品を、大坂からの輸送に全面的に頼っている状況だった。また、貿易港の**堺**は家康の直轄地だったが、豊臣方がその気になれば、容易に占領できるほど近かった。徳川幕府を安定させるために、大坂の経済力を豊臣家から奪う必要があったのである。

１６１４年、家康は全国の大名に出兵を命じ、自ら約20万人を率いて**大坂城**を包囲した**（大坂冬の陣）**。しかし家康は大坂城を攻めあぐね、**真田幸村**が築いた真田丸で被害を出したことで、**「総構（外堀）を埋める」**という条件で和睦し、撤兵した。

ところが家康は総構を埋めた後、二の丸と三の丸の堀も埋めて大坂城の**防御力**を失わせ、再び大坂城へ進軍した**（大坂夏の陣）**。大坂城は落城し、秀頼と**淀殿**（秀頼の母）は自害。こうして豊臣家は滅亡した。

大坂冬の陣 関連地図

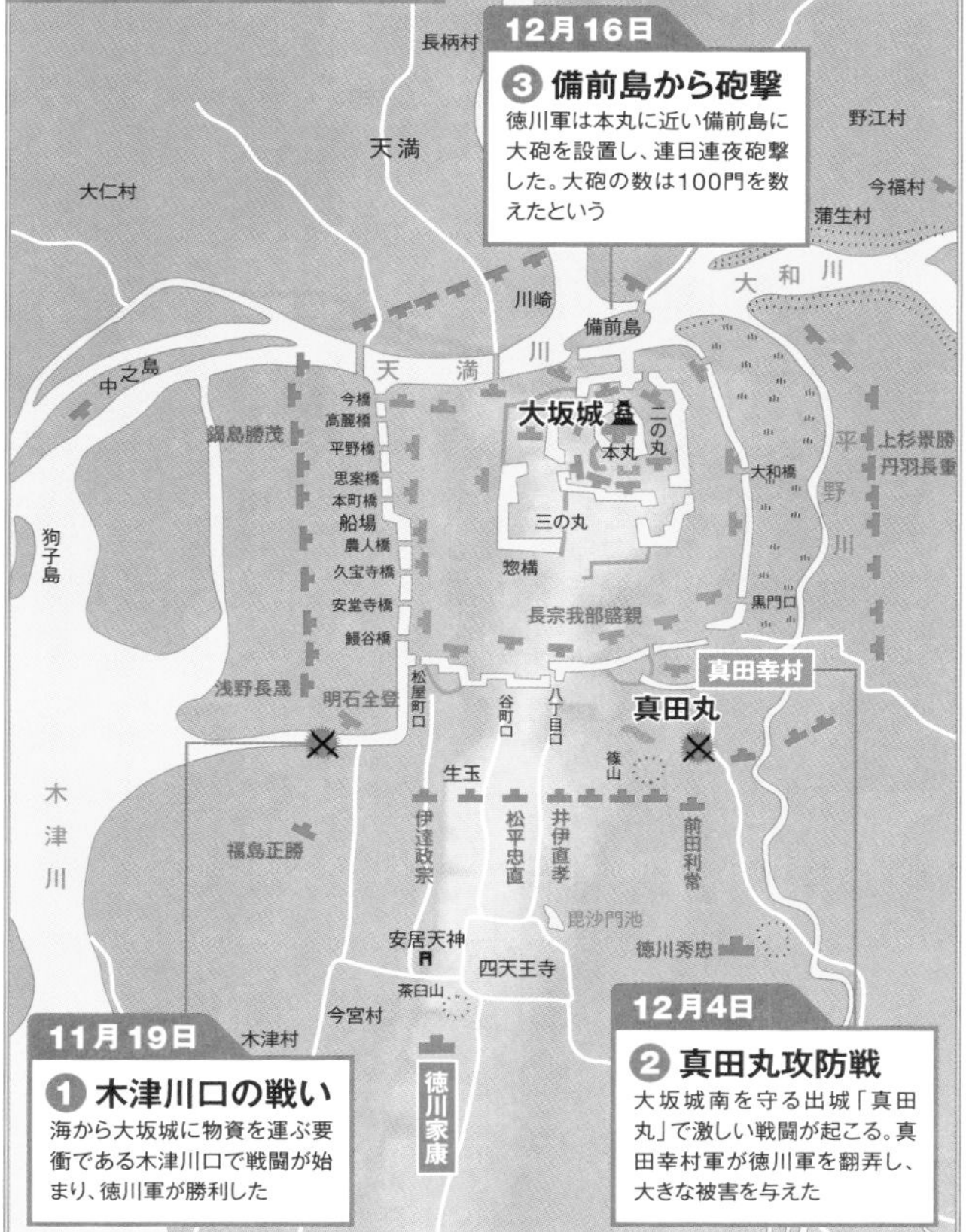

12月16日
③ 備前島から砲撃
徳川軍は本丸に近い備前島に大砲を設置し、連日連夜砲撃した。大砲の数は100門を数えたという

11月19日
① 木津川口の戦い
海から大坂城に物資を運ぶ要衝である木津川口で戦闘が始まり、徳川軍が勝利した

12月4日
② 真田丸攻防戦
大坂城南を守る出城「真田丸」で激しい戦闘が起こる。真田幸村軍が徳川軍を翻弄し、大きな被害を与えた

イギリスとの貿易を推進していた家康は、イギリスから輸入した最新式の大砲「カルバリン砲」で備前島から攻撃し、豊臣方を停戦に追い込んだ。

17世紀前半

朱印船貿易

朱印船貿易が盛んだった江戸時代初期に日本人は積極的に海外へ進出していた

東南アジア渡航者たちが「日本町」を形成した

1588年、**豊臣秀吉**は**「海賊取締令」**を出して航海の安全を確保すると、南蛮貿易を奨励するだけでなく、京都や堺（大阪府）、長崎、博多の豪商らが**東アジア**で貿易を行うことを保護した。

徳川家康も経済力・軍事力を確保するために貿易には積極的だった。家康は1600年、日本に漂着した**オランダ船リーフデ号**の乗務員を江戸に招き、オランダとの貿易を開始した。当時、オランダとイギリスは、ともに**東インド会社**を設立しアジアに進出していた。

両国とも、**平戸**（長崎県）に商館を置くことを許され、盛んに貿易を行ったが、南蛮人が**カトリック**（旧教）の宣教師と一体化して活動したのに対し、イギリス・オランダ人は**プロテスタント**（新教）を信仰し、貿易と宗教を切り離して活動したため、カトリックを警戒する幕府から歓迎された。家康は南蛮貿易にも興味を示し、京都の商人・**田中勝介**をスペイン領だったメキシコに派遣するほどであった。

江戸時代初期の最大の輸入品は中国産の**生糸**であったが、ポルトガル商人が生糸貿易を独占して巨利を得

関連ページ
経 P134 鉄砲の伝来
宗 P138 キリスト教の伝来
宗 P184 島原の乱

マップ
博多（福岡県）
長崎（長崎県）

historical note

メキシコとの貿易を志した伊達政宗

伊達政宗（1567〜1636）

仙台藩（宮城県）藩主・伊達政宗は、1613年、家臣の支倉常長を大使とする「慶長遣欧使節団」をスペインに派遣し、スペイン領メキシコとの貿易を求めた。スペイン王から断られた常長は、キリスト教徒に改宗し、ローマ教皇に謁見してスペイン王への働きかけを求めたが、日本で禁教令が出されていたことが伝わっていたため、交渉は失敗に終わった。

朱印船渡航地と日本町

■ 日本町所在地
● おもな日本人居住地
⚓ おもな朱印船渡航地
○ 主要都市
― 朱印船主要航路

平戸　長崎　日本　南京　寧波　明 1368～1644　漳州　高山　タイワン　マカオ　トンキン　アンナン　トゥングー朝　アラカン　アユタヤ朝　ソンハ　ツーラン　フェフォ　アユタヤ　バンコク　ピニャルー　プノンペン　リゴール　パタニ　マラッカ　スマトラ　バンタン　バタヴィア　ジャワ　ボルネオ　ブルネイ　パンガシナン　カガヤン　ルソン　マニラ　ディラオ　サンミゲル　スラウェシ　マロク　アンボイナ

朱印船の航海士には日本人のほか、中国人やヨーロッパ人もいた。

ていた。このため幕府は、**「糸割符仲間」**と呼ばれる特定の商人に、一括で生糸を購入させ、生糸価格の釣り上げを防いだ**（糸割符制度）**。また幕府は、東南アジアで貿易を行う商人たちに海外渡航許可証として**「朱印状」**を与えた。朱印状をもつ貿易船は「朱印船」と呼ばれ、長崎の**末次平蔵**や、京都の**角倉了以**や**茶屋四郎次郎**などは、巨額の利益を上げ、島津家久や松浦重信などの大名も**「朱印船貿易」**に参加した。

この影響で、江戸時代初期には約10万人の日本人が海外に渡航したと推定されており、そのうち1万人程度が東南アジアの各地に居住し、集団居留地**「日本町」**を形成した。日本町は**アユタヤ朝**（タイ）のアユタヤや、カンボジアのプノンペンなど合計8カ所あり、**山田長政**はアユタヤ王の信任を受けて高官に任命されるほどであった。

◆末次船 長崎代官で商人だった末次平蔵が仕立てた朱印船は末次船と呼ばれた。

長崎歴史文化博物館所蔵

◆山田長政（？～1630）
シャム（タイ）に渡り、アユタヤの日本町の長となる。アユタヤ王の信任を得て最高の官位にのぼり、隣国リゴールの太守となったが、政敵に毒殺された。

経済

1635年

参勤交代

参勤交代が制度化されたため 大名は年貢米を売って江戸での**生活費**にする

「天下普請」で経済的に追い詰められた外様大名

大坂夏の陣で豊臣家を滅ぼした**徳川家康**であったが、西日本に豊臣恩顧の大名が集中して存在することには代わりなかった。徳川家の直轄地は、関ケ原の戦い前から家康に仕える**「譜代大名」**の領地を含めても全国の3分の1に過ぎなかったため、幕府を安定させるには、関ケ原以後に徳川家に従った**「外様大名」**の勢力を削ぐことが必要不可欠であった。

家康を継いだ2代将軍・**徳川秀忠**（とくがわひでただ）は**「武家諸法度」**を制定し、これに違反した大名を積極的に**改易**（かいえき）（取り潰し）・**減封**（げんぽう）（領地削減）・**転封**（てんぽう）（領地転換）し、幕府の権威を高めることに努めた。その標的となったのが、豊臣恩顧の代表格であった**福島正則**だった。正則は約50万石の広島城主であったが、無断で城郭補修をしたことを違反とされ、川中島（長野県）約5万石に転封された。3代将軍・**徳川家光**（とくがわいえみつ）の頃までに、改易された大名は198家（約1612万石）に及び、幕府は没収した領地に**親藩**（徳川家近親の大名）や譜代大名を配置し、経済的に外様大名を圧倒した。

また、将軍となった家康は、**「普請（建築工事）」**も軍役であるとして、おもに西国の外様大名を動員して**江**

historical note

東京23区には「江戸」でない地区が含まれている

「江戸」の範囲を示すものは、「朱引」と「墨引」の2種類が存在した。朱引とは、幕府が「江戸御府内」と示した範囲、墨引とは江戸町奉行の支配が及んだ地域だった。墨引の範囲の方が狭く、現在の足立区や江戸川区、世田谷区などは朱引外だった。

関連ページ
戦 P166 秀吉の関白就任
戦 P174 関ケ原の戦い
経 P212 雄藩の誕生

マップ
広島城（広島県）

戸城の修築や江戸市街地の造成などを行わせた。江戸以外でも、**名古屋城**や**駿府城**などの築城のほか、道路整備や治水工事などの大規模な土木工事を行わせ、家康の死後も続けられた。この**「天下普請」**によって諸大名の財力は削がれていった。

家光は、武家諸法度を改定し、1635年、大名に江戸と藩（領国）を1年交代で往復させる**「参勤交代」**を義務付け、大名の妻子を人質として江戸に住まわせることを命じた。

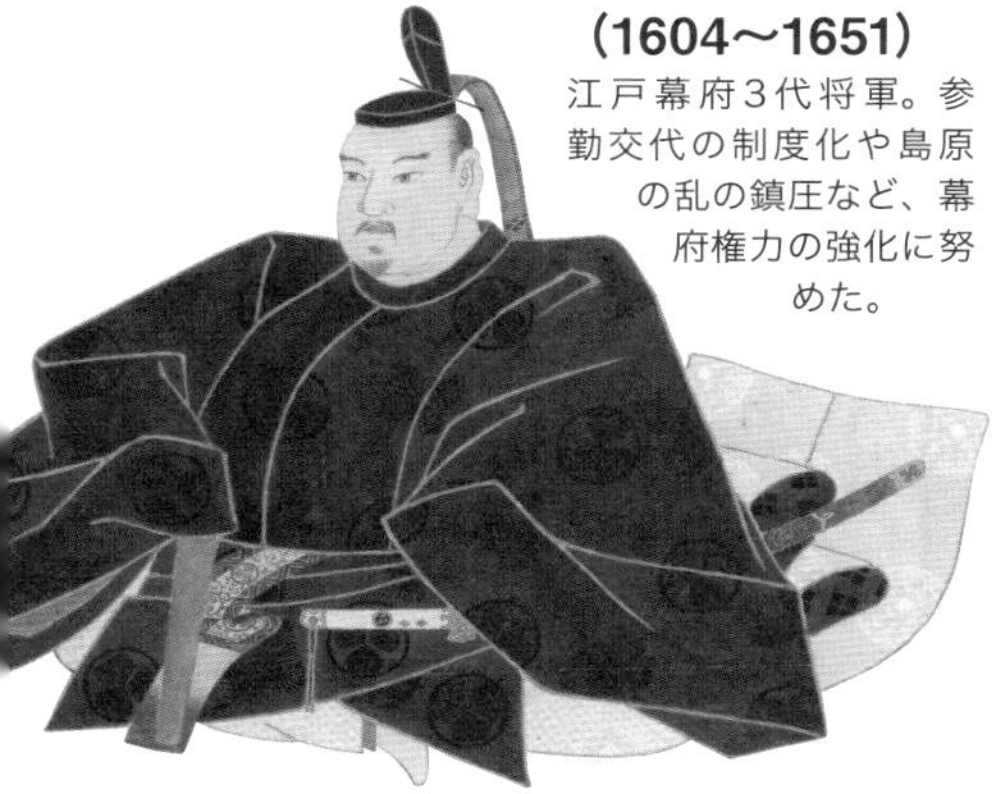

参勤は一般化していたが、頻度や時期は決まっていなかった。家光は参勤交代を制度化し、交代期を毎年4月と定めた。参勤交代には大人数の家臣を同行させる**「大名行列」**を組むため、莫大な旅費がかかった。

藩財政に占める参勤交代の経費の割合は3％程度であったが、江戸での生活・交際費は藩財政の30％にも達した。江戸での生活には**貨幣**が必要だったため、大名たちは年貢米を販売して収入を得た。こうして参勤交代は、**貨幣経済**を促進させることになったのである。

◆徳川家光
（1604〜1651）
江戸幕府3代将軍。参勤交代の制度化や島原の乱の鎮圧など、幕府権力の強化に努めた。

参勤交代の影響

参勤交代で、大名は江戸での生活・交際費に貨幣が必要となる

▼

年貢米を販売して貨幣を得る

▼

貨幣経済が促進される

◆参勤交代の大名行列
参勤交代の費用は、大名の規模にもよるが、金沢藩の場合は1回で約7億円の費用がかかったといわれる。

ビジュアル特集

江戸の誕生

1590年、徳川家康は東海から関東に移封されると、江戸（東京都）を本拠地に定めた。当時の江戸は、海岸線が入り組んだ土地だったが、埋め立てによって急激に大都市化した。

◆江戸図屏風
明暦の大火（1657年）以前の江戸の景観を描いた屏風絵。江戸城には大火で焼失した天守が見え、江戸時代初期の江戸の町の様子がうかがえる。

埋め立てによる江戸の建設

江戸に入った家康は、城下町を整備するため、諸大名を動員して、日比谷入江など、海岸部の埋め立てを実行した。埋め立て用の土砂は、神田山を切り崩して使った。入江の埋め立ては、軍事的な観点から、敵が軍船で深く侵入するのを防ぐ目的もあった。

国立歴史民俗博物館所蔵

江戸が大都市化した理由

◆江戸建設のために集められた大量の労働者などが、そのまま江戸に住み着いた。

◆江戸に人を呼び寄せるため、町人から税を取らなかった。以後も町人には税を課されなかった。

◆参勤交代(➡P180)により、全国の大名が家臣団を引き連れて江戸に集まった。

江戸建設による経済効果

◆大名に江戸の建設費用を負担させることで、大名の経済力を削減できた。

◆人口の増加とともに、多くの商工業者が江戸に移住し、経済活動が活発になった。

◆大消費地になった江戸に食料や商品を輸送するため、全国の輸送路が整備された。

◆江戸周辺の産業が徐々に発達した。

宗教

1637年

島原の乱

来世での救済を求めるキリシタンは苦しい現世を否定して絶望的な反乱を起こす

関連ページ
経 P188 江戸の貿易
宗 P186 宗門改役の設置
経 P178 朱印船貿易

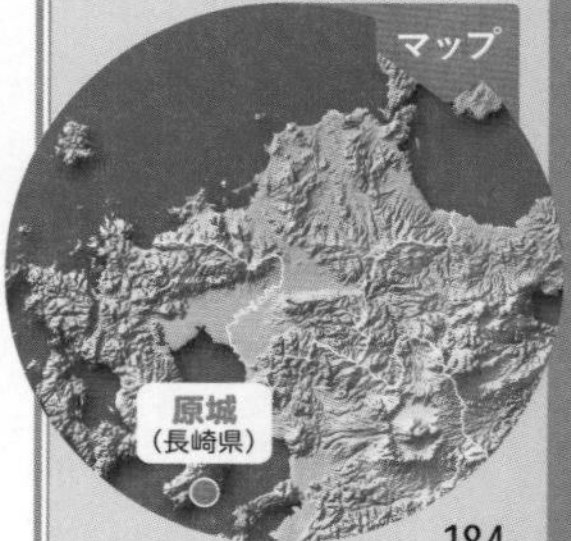

キリスト教を禁止するため貿易相手を段階的に絞る

スペインやポルトガルの侵略を警戒していた**江戸幕府**は１６１２年、直轄領に**キリスト教禁止令**を出し、翌年、全国に禁教令を出した。これにより、幕府や諸藩は**キリシタン**（キリスト教信者）の弾圧を進めたが、**朱印船貿易**の活発化により海外との交流が盛んだったため、完全な禁教は困難になっていた。

また、海外で**朱印船**や**日本町**が襲撃を受けるなど、各地で紛争問題が起きていた。江戸幕府の正当性の根拠は、**「武力」**で世を平和に治めることにあったため、将軍が許可した朱印船に危機が及ぶことは、将軍の権威に関わる重大事であった。

キリスト教の厳禁化と、海外での紛争回避を狙い、幕府はスペイン船の来航を禁止し、貿易には「朱印状」に加え、老中（幕府の最高職）が連名で出す「老中奉書」を携えた**「奉書船」**以外の海外渡航を禁止した。

さらに１６３５年には、日本人の海外渡航と、在外日本人の帰国を全面的に禁止。翌年、来航したポルトガル人を隔離する目的で、長崎に**出島**を完成させたのである。

こうしたなか、１６３７年、九州の**島原・天草地方**で反乱が起きた。**「島原の乱」**である。この地域は、島原城主・**松倉重政**や、天草領主・**寺沢広高**らが治めていたが、キリシタン

島原の乱 関連地図

が多く、彼らは過酷な弾圧を受けていた。これに加え、農民には飢え死に寸前になるほどの重税がかけられていた。一揆を決意した農民らは、結束力を高めるために、地域の農民を強制的にキリシタンに**改宗**させ、約3万7000人の大軍勢を組織。廃城となっていた**原城**に籠城した。一揆勢の首領に選ばれたのは16歳のキリシタン少年・**天草四郎**だった。

このように「島原の乱」が起きた主要な理由は「重税に対する反抗」であったが、キリスト教が結束用の道具だったわけではない。「死後、神のもとで永遠の命を与えられる」というキリスト教の教えは、「死後、阿弥陀如来によって極楽浄土に生まれ変われる」という**「浄土教」**（⬇P78）の教えと類似しており、浄土教から発展した**「一向宗」**の信者たちは、一向一揆を起こして戦国大名に反抗した。一揆軍は、一向宗と同様、現世を否定することで結束力を高めたのである。

一揆軍は激しく抵抗し、幕府軍を苦しめたが、**兵糧攻め**により力尽き、総攻撃を受けて全員が殺害された。

島原の乱の強い抵抗に衝撃を受けた幕府は、貿易を継続する予定だったポルトガル船の来航を禁じ、1641年、**平戸**（長崎県）にあったオランダ商館を出島に移した。

この結果、日本が交流できるヨーロッパの国はキリスト教色の薄いオランダのみになった。一方、幕府は**中国**（清）との貿易を管理下に置くため、中国船の来航を長崎に限定し、中国貿易の利益を独占した。こうして日本は**鎖国状態**になったのである。

段階的に進められた鎖国

幕府がキリスト教禁止令を出す

▼

スペイン船の来航を禁じ、日本人の海外渡航と帰国を禁止

▼

ポルトガル船の来航を禁じ、オランダ商館を出島に移す

長崎歴史文化博物館所蔵

◆**長崎港**
1800年頃の様子。新地蔵所（しんちくらしょ）は清との貿易用に築かれた人工島。

宗教

1640年

宗門改役の設置

キリシタン弾圧に利用された仏教寺院は寺請制度の確立により幕府の役所となる

島原の乱後に厳格化したキリシタンへの弾圧

戦国時代まで、**仏教勢力**は軍事力を備えた政治集団であったが、織田信長や豊臣秀吉により鎮められ、巨大な勢力を保っていた浄土真宗の**本願寺**も、徳川家康によって、現在のように東西に分裂させられた。

幕府は弱体化した寺院勢力を支配下に置くため、1601年より有力宗派ごとに46通の法令を下した。これらを総称して**「寺院法度」**と呼び、家康の側近・**金地院崇伝**が起草した。

おもな内容は、各宗派を、中心となる**「本山」「本寺」**と、それに付属する**「末寺」**によって編成し、本山に末寺の住職任免権や裁判権を与えるものであった**（本山末寺制度）**。

これにより、末寺は本山の意向に逆らえなくなり、幕府は寺院全体を統制することができた。さらにすべての宗派の僧を統制するため**「諸宗寺院法度」**を出した。

島原の乱後、幕府は宗教統制を強化していき、キリスト教だけでなく、**日蓮宗不受不施派**など幕府権力よりも信仰を優先する宗教を禁制とした。

1640年、幕府は**「宗門改役」**を置き、九州北部などでイエス像・マリア像が彫られた真鍮製の**「踏絵」**を踏ませてキリシタンを摘発し

◆**金地院崇伝（1569～1633）**
臨済宗の僧で、家康の側近として法律の立案や外交を担当した。大坂冬の陣の際、方広寺の鐘銘事件に関与した。武家諸法度や寺院法度のほか、天皇を統制下に置く禁中並公家諸法度も起草し、その強引な手腕から「黒衣の宰相」と称された。

関連ページ
宗 P184 島原の乱
経 P188 江戸の貿易
宗 P240 キリスト教の解禁

マップ
長崎（長崎県）

た（**絵踏**）。こうした厳しい弾圧にもかかわらず、長崎周辺には、表面上は改宗しても、独自の儀礼や祭祀を続けながら信仰を守り続けた**「潜伏キリシタン」**が存在した。

◆絵踏
摘発されたキリシタンは、拷問にかけられ、改宗を強要された。改宗した者は「転びキリシタン」と呼ばれたが、親族から子孫に至るまで管理下に置かれた。絵踏は、薩摩藩（鹿児島県）などを除く九州全域で全領民に対して行われ、幕末まで続けられた。

また幕府は、すべての人を**檀家**（寺院に所属し、支援する家）になることを強制し、**檀那寺**からキリシタンや禁制宗派の信者でないことを証明させる**「寺請制度」**を施行した。

この制度によって、結婚や旅行、移転、奉公などの際には、檀那寺が発行する**「寺請証文」**という身分証明書が必要になった。檀家で生まれた子は自動的に親と同じ宗派に決まり、宗旨や檀那寺の変更は認められなかったのである。

寺院は、布教活動を行って新しく信者を獲得することを禁止され、**葬儀**や**法要**などに活動が制限され、檀家は**お布施**を納めて寺院を経済的に支援することになった。このため、彼岸や盆、墓参りなどの仏教行事が慣例化していった。

また村ごとに、現在の戸籍にあたる**「宗門人別改帳」**を作成し、幕府や藩に提出することが求められたため、寺院は事実上、**「幕府の役所」**となり、仏教の思想性や宗教的権威は失われていった。

日本では**神仏習合**（➡P54）が一般化し、「現世は神」「来世は仏」という役割分担がなされてきた。寺請制度によって、寺院活動が葬儀と法要に限られると、仏教から鎮護国家や極楽往生といった信仰が失われていき、どの宗派も**死者・先祖供養**のためのものになっていった。

一方、神社は**現世利益**を願う場所となった。農民は豊作を祈り、収穫祭（秋祭り）を催し、町人は商売繁盛や無病息災を願って参詣するようになったのである。

寺請制度の影響

寺院の活動が葬儀と法要などに限られる

↓

仏教から鎮護国家や極楽往生の信仰が失われていく

↓

仏教は「死者・祖先供養」のための信仰となる

経済

17世紀

江戸の貿易

幕府の鎖国政策は厳密なものではなく4つの窓口を通じて琉球や蝦夷とも交易

関連ページ

経 P178 朱印船貿易
宗 P184 島原の乱
戦 P220 日米和親条約

マップ

制圧した蝦夷・琉球と支配的な交易を続ける

江戸幕府は、いわゆる**「鎖国」**政策によって、オランダと明・清(中国)との貿易を長崎に限定したが、外国との交易や交流は、**長崎**を含めて、**「松前藩(北海道)」「対馬藩(長崎県)」「薩摩藩(鹿児島県)」**の4つの窓口を通して行われ、実態としては鎖国といえるものではなかった。

松前藩の松前氏は、**蝦夷**(えぞ)(北海道)の先住民**アイヌ**と独占的に交易することを幕府に許可されていた。アイヌとの交易品は、獣皮や海産物が中心で、アイヌが**沿海州**(ロシア極東の日本海沿岸)との交易で入手した中国製の織物は**「蝦夷錦」**と呼ばれ、珍重された。

しかし、松前藩の不正な交易に不満を高めたアイヌは連合し、1669年、**シャクシャイン**を中心として蜂起したが鎮圧され、以後、松前藩に支配されることになった。

対馬藩主の**宗氏**(そうし)は、室町時代より**朝鮮**との交易を活発に行っていたが、朝鮮出兵によって関係が断絶した。その後、徳川家康が朝鮮との講和を実現させると、1609年、宗氏は朝鮮との間に**「己酉約条」**(きゆう)を結び、朝鮮との貿易を独占した。

貿易は、釜山に設置された**「倭**(わ)

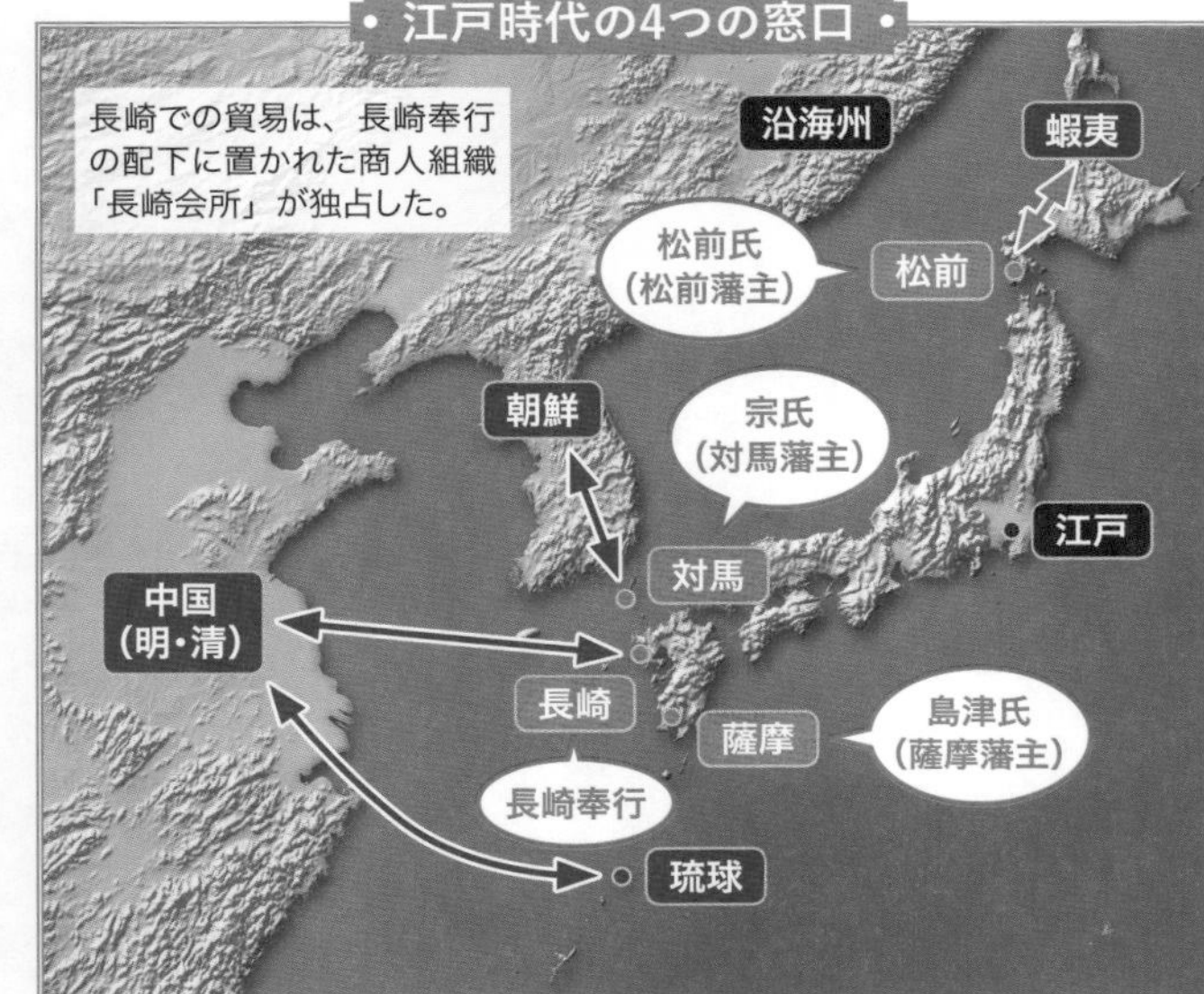

館」で行われ、おもな輸出品は銀で、中国産の生糸や朝鮮人参などを輸入した。宗氏は、日本と朝鮮との友好関係を築くため、朝鮮国王が派遣する「**通信使**」の案内や連絡を取り仕切った。通信使の来日は1811年まで合計12回に及び、文化交流が活発化した。

函館市中央図書館所蔵

◆オムシャ
松前藩がアイヌを支配するための行事。アイヌは松前藩主に従うことを誓約させられた。

15世紀に沖縄を統一した**琉球王国**は、**明**（中国）に**朝貢**（中国皇帝に貢物を献上すること）して従属し、東アジアの中継貿易地として繁栄した。薩摩藩の**島津氏**は、1609年、幕府の許可を得て琉球に侵攻し、この結果、奄美諸島を直轄地とし、沖縄本島以南を支配下に置くと、明との貿易を管理して利益を上げた。

明に代わって**清**が成立すると、琉球は清に従属しながら、実質的には薩摩藩に統治されるという「**二重支配**」を受けた。琉球は、清の北京に使節を派遣する一方、鹿児島城下の「**琉球館**」に使節を送った。

さらに将軍の代替わりを祝う「**慶賀使**」や、琉球王の代替わりを報告する「**謝恩使**」を江戸に派遣した。幕府は琉球の使節を「**異国の使節**」として待遇した。

国立公文書館所蔵

◆琉球の使節 琉球使節の服装は中国風で、行進中の音楽は中国の管楽器や打楽器で演奏された。

経済

17世紀

百姓の自立

経済基盤を年貢に依存していた幕府や藩は結婚して自立した村の百姓夫婦が支えた

関連ページ

村の女性は結婚出産して夫とともに田畑で働いた

江戸時代の身分には、武士、百姓、職人、商人などがあり、**「士農工商」**と呼ばれる。このうち約8割が農民「百姓」であり、江戸幕府の経済基盤は、百姓から徴収する年貢であった。このため幕府は百姓の生活を規制し、安定的な年貢徴収を目指した。

基本的に百姓は**「村」**に居住した。17世紀末、全国の村数は6万余りで、すべての村で生産される総石高は約2500万石に達していた。幕府や藩は、豊臣政権と同じく、年貢を効率的に取るため、百姓個人からではなく、村単位で徴収した。

村は、指導者の**名主**（なぬし）（西日本では**庄屋**、東北では**肝煎**（きもいり）と呼ばれる）・**組頭**（くみがしら）（名主の補佐役）・**百姓代**（ひゃくしょうだい）（名主・組頭の監視役）からなる村役人を中心に、**本百姓**（土地を持つ百姓）によって運営された。本百姓は検地帳に記載され、納税義務があり、また5軒の農家で**「五人組」**を編成し、年貢納入や治安の連帯責任を負った。

このほか村内には、隷属（れいぞく）農民の**「名子」**（なご）**「被官」**（ひかん）や、自分の土地を持たずに日雇い労働に従事する**「水呑」**（みずのみ）が存在し、幕府は水呑の増加を防ぐため、田畑の売買を禁止したり、相続のために土地を細分化すること

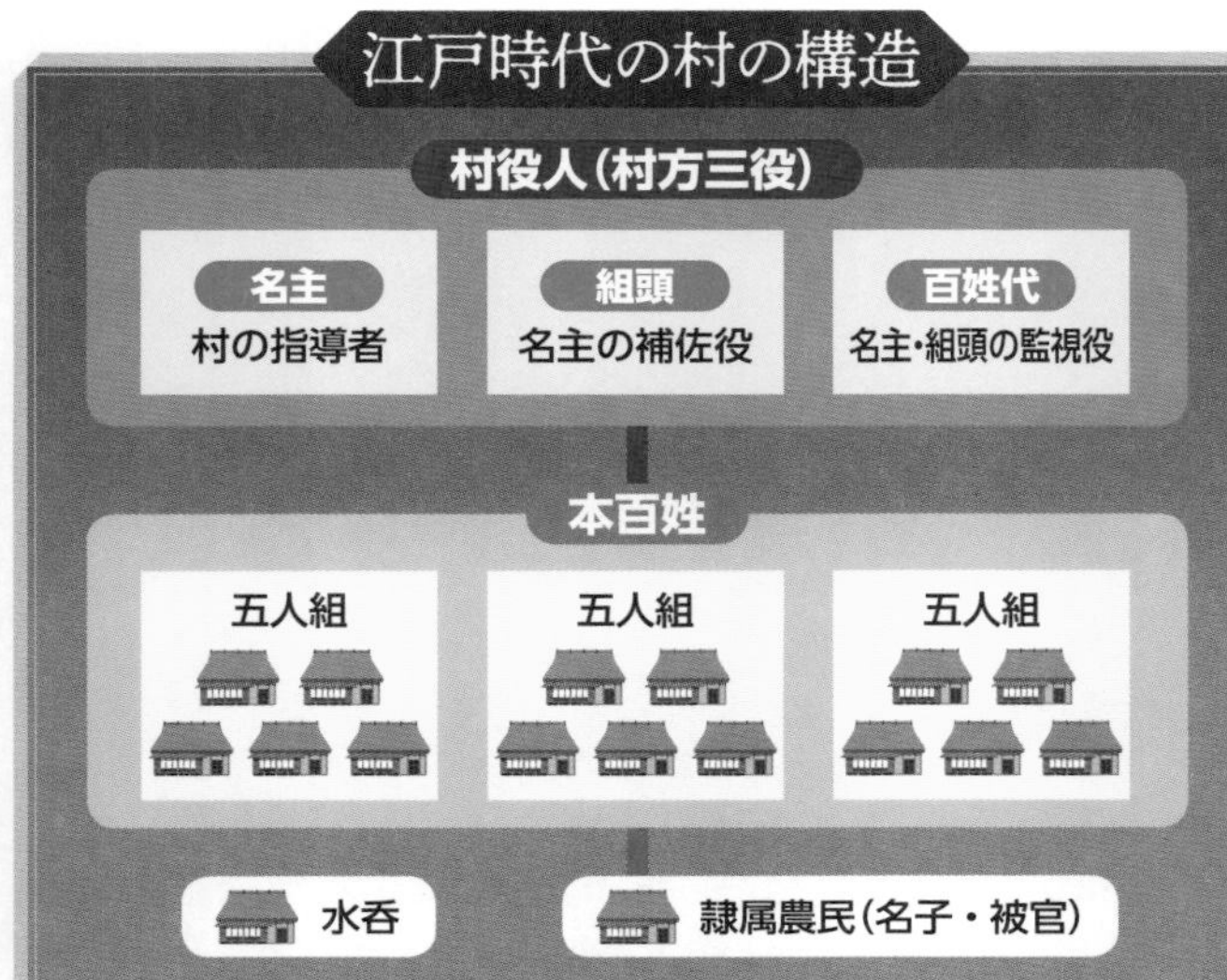

を禁止したりした。

18世紀以降、多数の水呑を使って大規模な農業経営を行う**豪農**も登場したが、江戸時代を通じて、戦乱がなくなり、**新田開発**で耕地不足が改善されたこともあり、百姓は結婚して自立し、自分の土地を4～5人の**直系家族**で耕作することが普通になった。このため出産可能な年齢になった女性のほとんどが結婚し、夫とともに労働することが求められた。

江戸時代の女性は、現代と比べて多産で**出産期間**が長いことも特徴で、平均で4～5人の子どもを、40歳頃まで出産していた。一方、乳幼児死亡率は高く、難産などのため亡くなる女性も多かったため、約30％が20代前半までに死亡した。

百姓の女性は、貴重な労働力とみなされ、田植えや、脱穀（穂先から稲を落とす作業）などのほか、綿摘みや茶摘みなど、繊細な作業にも従事した。土地の相続者に男性がいない場合は、女性が相続人となることもあった。また、結婚の際の**持参金**や**持参畑**、**嫁入り道具**などは妻の財産となったため、それを運用して村人に融資する女性もいたという。

◆脱穀をする百姓の女性

女性は貴重な労働力で、出産を担う存在であったため、離婚しても再婚率は高かった。

◆江戸時代の出産

江戸時代はしゃがんだままで産むのが一般的で、頭に血をのぼらせないためという俗説から、出産後も最低7日間、上半身を起こしたままの姿勢で、睡眠が禁止されるという過酷なものだった。

◆農村の風景

百姓の世帯収入は、江戸近郊の農村の場合、現在の価値で500万円程度だったという。しかし年貢や経費を差し引くと、150万円程度だった。

経済

1657年

明暦の大火

幕府は大火後の都市改造によって江戸を復興させたが赤字財政が慢性化する

関連ページ

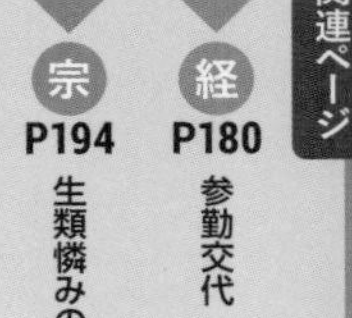

経 P180 参勤交代
宗 P194 生類憐みの令
経 P196 貨幣改鋳

江戸の6割が焼失したため大規模改造が可能になる

1651年、3代将軍・**徳川家光**が病死し、家光の子・**徳川家綱**が11歳で将軍職を継いだ。この時期までに、幕府は諸大名を改易や転封などで完全に統制し、島原の乱以降、戦乱を引き起こすこともなく、国内は安定期に入った。しかし、この頃には、幕府が直轄していた鉱山からの**金・銀の産出量**は大幅に減少し、幕府の財政は次第に圧迫されていった。

こうした状況のなかで、大きな打撃となったのが、1657年1月に江戸で起きた**「明暦の大火（振袖火事）」**だった。約80日間も雨が降らず、乾燥が続いた江戸では、本郷の本妙寺から出た火が、折からの激しい北西風にあおられ、木造住宅が密集する下町に一瞬で燃え広がり、江戸城の本丸にまで延焼。江戸の**約6割**が焼失する大火事となった。

幕府は浅草の米蔵に残った焼け米を被災者に放出し、江戸で食糧不足が起こることを想定して、時価の2倍の金額で諸国から大量に**米**を購入し、供給した。さらに、家を焼け出された町民に、救助金16万両（約160億円）を支給した。

江戸の復興に乗り出した幕府は、**大川（隅田川）**に**両国橋**や**永代橋**な

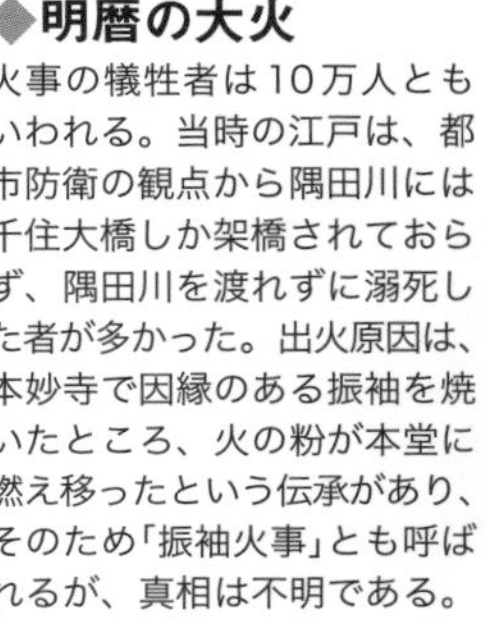

◆明暦の大火

火事の犠牲者は10万人ともいわれる。当時の江戸は、都市防衛の観点から隅田川には千住大橋しか架橋されておらず、隅田川を渡れずに溺死した者が多かった。出火原因は、本妙寺で因縁のある振袖を焼いたところ、火の粉が本堂に燃え移ったという伝承があり、そのため「振袖火事」とも呼ばれるが、真相は不明である。

消防博物館所蔵

どを設置し、人口密集を避けるため、隅田川東岸に**本所・深川**などの市街地を新しく建設した。また城下の武家屋敷や寺社を遠方に移転させ、延焼を防ぐための**「火除地(ひよけち)」**や**「広小路」**を設置した。

また、火事発生を見張る**火の見櫓**が各所に建てられ、燃えにくい**土蔵**や**瓦屋根**が奨励された。**防災都市**としてよみがえった江戸は、以後、たびたび大火に見舞われたが、これほど多数の犠牲者を出すことはなかった。

大火を契機に都市基盤が整備された江戸は、人口が増加し、経済がさらに発展するようになるが、莫大な復興費用は、弱体化した幕府財政に大打撃を与え、以後、慢性的な赤字が続くようになった。江戸城は西の丸以外、すべて焼失したため、本丸や二の丸などは再建されたが、**天守**は二度と再建されなかった。

◆**火除地**　延焼を防ぐための火除地は、江戸城の北西側を中心に数多く設置された。

鳶口

家屋を引き倒すための道具で、延焼を防ぐ

宗教

1685年

生類憐みの令

武断政治から文治政治への転換によって殺生・死・血などを嫌う意識が強化される

法令により変化した殺生や死に対する意識

寺請制度（⬇P187）によって、江戸時代の仏教は、死者・祖先を供養するものになっていったが、**「殺生の禁止」**といった、仏教の根本的な思想については関心が薄かった。

初期の幕府は多くの大名に改易・転封の処分を実施したが、この**「武断政治」**により、主君を失った武士**「牢人（浪人）」**が増大した。戦功で出世する道が閉ざされ、閉塞感を抱いた牢人や旗本（幕臣）のなかには、無頼な**「かぶき者」**となり、町人に乱暴を加えるなど、反社会的な行動をとる者が多く現れた。殺伐とした**戦国の気風**が残っていたのである。

5代将軍・**徳川綱吉**（とくがわつなよし）は、かぶき者を取り締まった後、学問や儒教、儀礼などを普及させることで、社会秩序の安定を図る**「文治政治」**を推進した。文治政治を代表する法令が、**「生類憐みの令」**と**「服忌令」**（ぶっきりょう）であった。

生類憐みの令は、生物の殺生を禁じる目的で、1685年以降、数度にわたって発せられた法令の総称で、保護の対象は、犬や猫、牛、馬だけでなく鳥類や魚類、昆虫類など、生物全般に及び、**捨て子**や**捨て病人**なども含まれた。違反者には死罪や遠島を含む厳しい処罰が下された。

関連ページ

宗 P186 宗門改役の設置

経 P196 貨幣改鋳

宗 P204 寛政異学の禁

◆徳川綱吉
（1646～1709）

江戸幕府5代将軍。生類憐みの令や服忌令を出して文治政治を推進した。しかし治世の後半では、柳沢吉保（やなぎさわよしやす）を重用して実権を委ねて、護国寺、護持院などの大寺院の造営に多額の費用を出して財政を悪化させ、さらに悪貨を乱発して経済を混乱させた。

奈良 長谷寺所蔵

マップ

江戸（東京都）

当時、かぶき者が犬を殺して食べる習慣が見られ、農村では**狩猟**が行われていたが、生類憐みの令により、動物を殺す習慣が根絶され、「**殺生**は悪、弱者保護は善」とする平和な価値観が浸透したのである。

服忌令の「**服忌**」とは喪に服する**服喪**（ふくも）と、死の穢れ（けが）を忌む**忌引き**（きび）のことで、服忌令では近親者が亡くなったとき、死者の穢れが晴れるまで自宅で**謹慎**することが定められた。服忌令は、死を忌み嫌う意識を強化し、戦国時代の「一向宗」のように、来世の救済を願う信仰は廃れていった。

神道では死や血を穢れとするが、仏教にはそうした考え方はなかった。しかし、殺生や死を嫌う意識は、**血の穢れ**を嫌う意識を生み出した。血を嫌った綱吉は江戸城内で魚を捌く（さば）ことを禁じたほどで、『忠臣蔵』で知られる「**赤穂事件**」のとき、吉良（きら）上野介（こうずけのすけ）に刃傷に及んだ浅野長矩（あさのながのり）（内匠頭（たくみのかみ））に対して、綱吉が即日切腹の厳しい処分を下したのは、江戸城を血で穢した怒りのためともいわれる。

こうした影響で、死んだ牛馬を処分する「**皮多**（かわた）」「**長吏**（ちょうり）」、町や堀の清掃を担当する「**非人**（ひにん）」などが忌み嫌われるようになった。女性の**月経**を不浄とする観念も生まれ、これが霊山や土俵、酒蔵などへの女性の立ち入りを禁止する「**女人禁制**」につながった。こうした誤った差別意識は、現在にまで悪影響を残している。

国立歴史民俗博物館所蔵

◆犬の散歩

江戸時代に犬を飼育する庶民は少なかったが、大名のなかには珍しい犬を飼い、家臣に散歩させる者もいた。

死に対する意識変化

武功で出世の道を閉ざされた牢人や旗本が、乱暴・殺生を繰り返す

▼

殺生禁止や弱者保護を目的に、「生類憐みの令」と「服忌令」が出される

▼

殺生や死、血を忌み嫌う観念が生まれ、平和な価値観が浸透する

▼

動物の死体を扱う人々や、女性の月経を忌み嫌う差別意識が生まれる

◆中野の犬屋敷

綱吉が建設した野良犬の収容所「犬屋敷」は、現在の東京都中野区にあった。その場所に犬の像が設置されている。最大で10万頭の犬が保護され、年間の餌代は約100億円にも及んだ。

経済

1695年

貨幣改鋳

幕府は貨幣の品質を下げて一時的に潤うが インフレが発生して 財政はさらに悪化する

関連ページ
経 P192 明暦の大火
経 P198 正徳の治
経 P200 享保の改革

金の含有量を減らして金貨の発行量を増やす

江戸幕府を開いた**徳川家康**は、全国の金銀鉱山を直轄地にし、金座や銀座で**金貨**や**銀貨**を鋳造させた。これらの貨幣は、**金銀の含有量**や、大きさ、重量などが統一されており、全国で流通した。

金貨は一分金4枚で1両となる計数貨幣で、**「慶長小判」**や**「慶長一分金」**などが鋳造された。銀貨は重さを計る**秤量貨幣**で、そのときの銀相場によって価値が決まった。銀貨には**「慶長丁銀」**や**「豆板銀」**などがあった。江戸時代初期、銭貨は中国銭の「永楽通宝」が大量に流通していたが、幕府は1636年に**「寛永通宝」**の鋳造を開始し、普及させた。

こうして、金貨・銀貨・銭貨の3種類の貨幣が流通することになったが、**相場**は変動し、江戸など東日本では金貨、大坂など西日本では銀貨で取引されたため、貨幣の両替を行う**「両替商」**が物流を支えた。

やがて両替商は、**金融サービス**を提供するようになり、幕府や藩の財政を支え、**商品経済**は活発化した。

17世紀後半になると、鉱山からの金銀の産出量が減少し、さらに**明暦の大火**後の復興費用や、徳川綱吉の**寺社造営費用**により、幕府の財政は

慶長小判

鋳造年	1601年
重量	18g
金含有率	84%

元禄小判

鋳造年	1695年
重量	18g
金含有率	57%

日本銀行貨幣博物館所蔵

赤字に転落した。勘定吟味役・**荻原重秀**は、貨幣を増産して、幕府の収入を増やすため、**「貨幣改鋳」**の方策を、側用人（将軍の側近）の**柳沢吉保**に提案し、綱吉に認めさせた。

こうして1695年、幕府は金の含有率が84％だった慶長小判を回収して、金の含有率を57％に下げた**「元禄小判」**を鋳造し、これにより約500万両の収益を得た。

しかし、急激な貨幣改鋳により、貨幣価値が下落して物価が高騰する**「インフレーション」**が発生し、庶民の生活を苦しめた。

幕府や藩の主要な収入源は年貢米であったので、商品を購入するには、米を換金する必要があった。しかし、百姓の増加や新田開発、農業技術の向上などによって米は**増産**され、米の価格は下落が続いていた。**米相場**の下落と、物価の高騰は、幕府や藩の財政を悪化させ、米を給与とする武士を困窮させたのである。

さらに1707年、富士山が大噴火を起こし、江戸を含む関東一帯に大量の土砂や火山灰を降らせ、農作物に甚大な被害をもたらした。

幕府は復興のためとして、全国の大名領と幕府領に対し、強制的な献金**「諸国高役金」**を命じ、約49万両を集めたが、このうち実際に被災者に支出されたのは6万両余りで、残りは幕府の財政に流用された。

◆両替商

両替商は、城下町や宿場町にあり、多くは商人や宿屋を兼ねていた。この絵には「銭小うり」の看板がある。

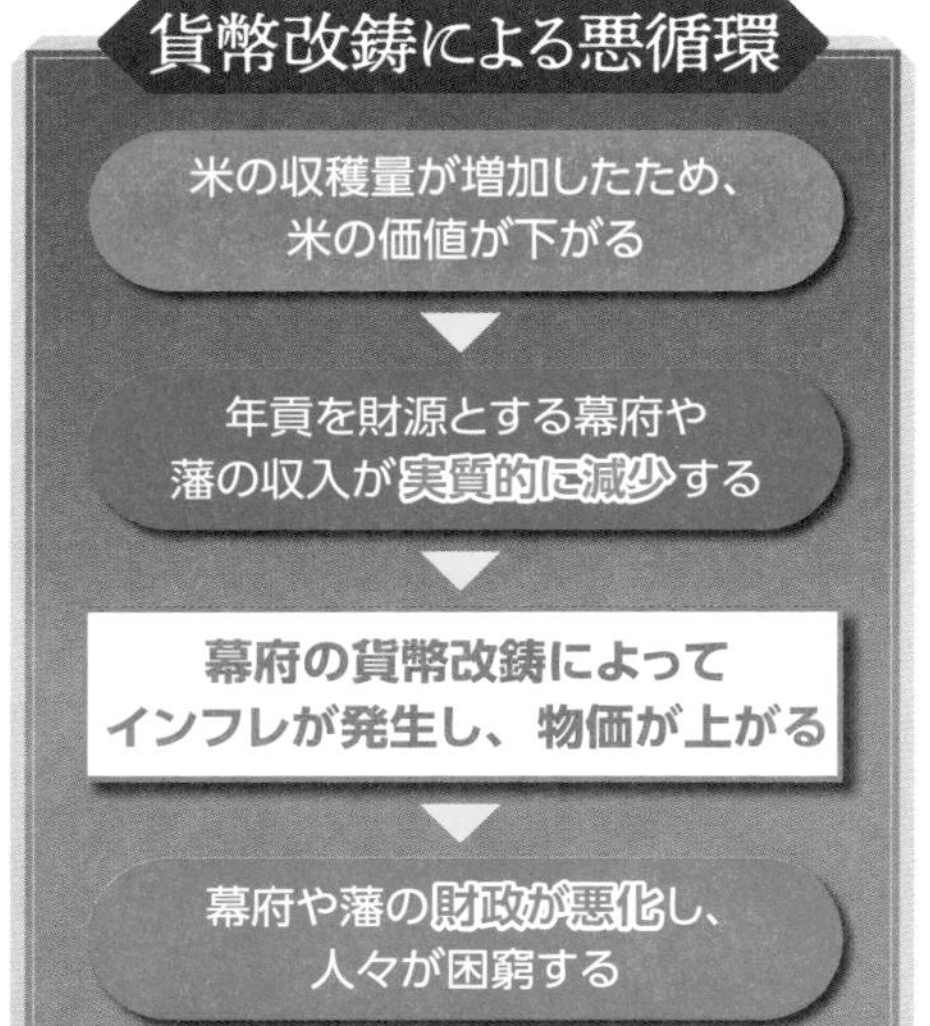

◆富士山の宝永火口

富士山の中腹にある「宝永火口」は、1707年の噴火によってできた。約2週間続いた大噴火は、綱吉や重秀の悪政が原因とされた。

1709年

正徳の治

新井白石は貨幣の品質を元に戻して インフレ解消を狙うが デフレ不況を招く

貨幣の流通量が減り景気後退に見舞われる

1709年、5代将軍・綱吉が亡くなると、綱吉の甥で甲府藩（山梨県）藩主だった**徳川家宣**が6代将軍となった。家宣は、綱吉の側用人（将軍の側近）だった柳沢吉保を辞めさせ、新たに**間部詮房**を側用人に任命し、儒学者・**新井白石**を政策ブレーンとして登用した。以後、家宣の政策の立案は、白石が中心となって実行された。

白石は生類憐みの令を廃止したが、服忌令をはじめとする綱吉の「文治政治」を引き継ぎ、さらに天皇・朝廷と協力関係を深めた。

1711年、家宣の将軍就任を祝う**朝鮮通信使**が来日したが、白石は多額の費用がかかっていた従来の厚遇を取りやめ、使節の接待を簡素化した。しかし翌年、家宣は病死し、7代将軍には満年齢3歳の**家継**（家宣の子）が就任した。

白石は、政治能力のない将軍の権威を高めるため、**儀礼**を重視し、将軍の地位や格式が一見してわかるように、**服制**を整備し、朝廷の権威を利用するため、霊元天皇の皇女・**八十宮**と、家継との婚約を発表した。

さらに白石は、幕府の財政を握っていた荻原重秀を解任し、慶長小判

◆新井白石
（1657〜1725）
江戸時代の儒学者・政治家。間部詮房とともに6代将軍家宣・7代将軍家継を補佐。朝鮮通信使の待遇を簡素化し、貨幣改鋳、貿易制限などを実行した。儒教に基づく政治を理想とし、賄賂を禁止し、公平な裁判に努めた。

関連ページ

経 P196 貨幣改鋳
経 P200 享保の改革
経 P202 田沼時代

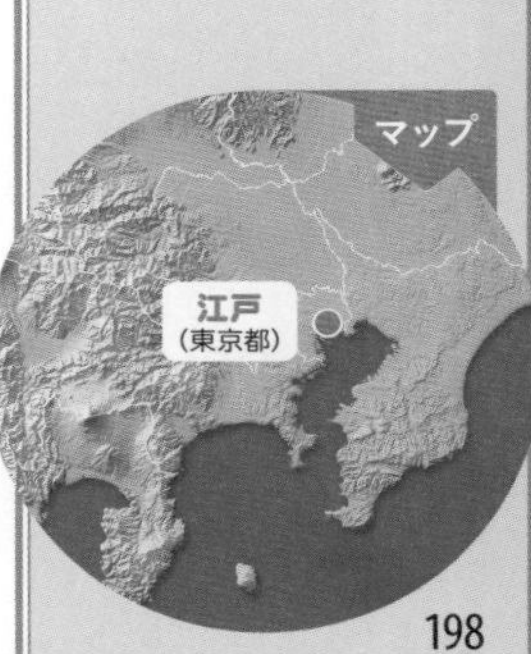

と同じ金の含有量の**「正徳小判(しょうとく)」**を発行し、貨幣改鋳によって引き起こされたインフレを解決しようとした。

しかし、経済規模に対する貨幣の流通量が減少したことで、**デフレ不況**を引き起こし、物価は下落。特に米価の下落は、農民や武士に深刻な苦境をもたらしてしまう。

白石は、貨幣が不足するのは、輸入品の支払いのために金・銀・銅が海外に流出しているためと考え、1715年、**「海舶互市新例(かいはくごししんれい)」**を出し、貿易の制限をした。

これにより、清船は年間30隻・取引額は銀高6000貫まで、オランダ船は年間2隻、取引額は銀高3000貫までとされ、輸出品は**俵物**（高級海産物の干物）や**伊万里焼**などに限定された。

このように白石は次々と幕政改革を進めたが、諸大名や幕閣の抵抗も大きく、1716年に家継が急逝し、**徳川吉宗**が8代将軍に就任すると失脚した。白石が主導した政治は**「正徳の治」**と呼ばれるが、儒教に基づく理想主義的な政策が多く、実質7年で効果の少ないまま終わった。

日本銀行貨幣博物館所蔵

◆**正徳小判**
新井白石が改鋳した小判。金の含有量は慶長小判と同じく84%だった。

白石の「正徳の治」

- 将軍の権威を高めるため、朝廷との関係を深め、服制を整備した。
- インフレ解消を狙い、正徳小判を発行するが、デフレを招く。
- 経費削減のため、朝鮮通信使の接待を簡素化した。
- 金銀銅の海外流出を防ぐため、貿易を制限した。

◆**銅の輸出**　長崎の出島でオランダ人の立ち合いのもと、銅を計量している場面。

長崎歴史文化博物館所蔵

経済

1716年

享保の改革

幕府の財政再建に執念を燃やす徳川吉宗は一時の恥辱を耐え忍んで大名から借金する

関連ページ
経 P196 貨幣改鋳
経 P202 田沼時代
経 P208 北前船の蝦夷進出

マップ

新田開発で収入を増やし米価格の維持に尽力する

1716年、7代将軍・**徳川家継**が8歳で亡くなり、徳川宗家（本家）の後継ぎが途絶えた。このため、紀州藩（和歌山県）の藩主・**徳川吉宗**が8代将軍に迎えられた。

この時期、幕府財政は幕臣への**俸禄**（給与）が滞るほど悪化しており、吉宗の最重要課題は、財政を再建することであった。

吉宗はまず、歴代将軍が行ってきた寺社造営・修復の予算を年間1000両までに限定するなど、経費削減に努めた。また、年貢米の増収を図るため**新田開発**を促進した。

江戸初期に幕府領の石高は300万石弱だったが、1700年頃には400万石前後に増加していた。さらなる開発は容易ではなかったが、吉宗は開発者に利益を与えるなど**商人資本**を活用し、開墾を奨励した。これにより40万石程度増加した。

また吉宗は、徴税法を、従来の**「検見法」**（収穫量に応じて年貢を徴収）から、一定期間、豊作・凶作に関係なく同じ年貢率で徴収する**「定免法」**に変更した。これにより年貢高は従来の年平均140万石から、約30年後には180万石に達した。

さらに、**綿作**などを育てる畑地か

historical note

支出の1割を占めた大奥の経費を大胆なリストラで削減した

江戸城の大奥（将軍の正室・側室の居室）の経費は、年間20万両（約200億円）といわれ、幕府の支出の10％弱を占めるほどであった。吉宗は、4000人いた大奥の人員を1300人に削減し、経費節減に努めた。吉宗が大奥の美女50人を選び出し、「そなたたちは、嫁のもらい手に困らない」として解雇したことはよく知られている。

豪華な衣装を着る大奥の女性たちの経費は膨大であった。

◆大坂堂島の米市場
堂島の米相場は、全国の米価に影響するものであった。吉宗は1730年、これを公認して、米を買い占めるなどして米価の値上げを図った。

らの年貢も増やし、**菜種**や**サトウキビ**、**朝鮮人参**などの商品作物の栽培を奨励。また、**青木昆陽**に救荒作物として**甘藷**（サツマイモ）の栽培を研究させた。

１７２２年、吉宗は**「上米の制」**を実行した。これは諸大名に対し、石高１万石につき１００石を幕府に上納させるもので、その見返りに、参勤交代での江戸滞在期間を半年に減らした。これにより、年間で約19万石の増収となったが、実質は、将軍が臣従する大名たちに**借金**するものであったため、吉宗には屈辱と感じられる方策であった。

上米の制は、将軍権威の低下に繋がるとされ、9年後に廃止されたが、吉宗の財政再建に対する必死さは、歴代将軍には見られないものだった。

吉宗の年貢増収策により、幕府の財政は黒字に転換したが、米の増産は、さらなる**米価下落**を招く一方、米以外の物価が上昇した。物価を統制するため、吉宗は、商人に**株仲間**（同業者組合）をつくらせて価格調整を命じ、さらに大坂堂島の**米市場**を公認して、米価を維持しようとしたが、効果は上がらなかった。

このため、正徳小判の金の含有率を半分に減らした**「元文小判」**を鋳造し、貨幣の流通量を増やすことで物価を下げ、改鋳益によって財政赤字を埋め合わせたのである。

吉宗の一連の改革は**「享保の改革」**と呼ばれ、一定の効果を上げたが、商品経済が発達していくなかで米価中心の政策をとることの限界を如実に示すことになってしまった。

「享保の改革」の財政再建策

- 「上米の制」で諸大名から米を上納させ、財政を補填した。
- 商人資本を利用して新田開発を進め、定免法によって年貢収入を安定的に確保した。
- 米価の維持を図るため、米相場に介入した。
- 品質の悪い「文元小判」を鋳造し、貨幣の流通量を増やして物価を下げた。

◆徳川吉宗（1684〜1751）
江戸幕府８代将軍。米価対策に力を尽くし、「米将軍（米公方）」と呼ばれた。「目安箱」や「小石川養生所」、「町火消」などを設置し、大岡忠相などの人材を登用した。
和歌山市立博物館所蔵

経済

1767年

田沼時代

貨幣・商品経済に着目した田沼意次は 大商人を優遇するが 庶民からの支持を失う

計数貨幣の銀貨を発行して経済活動を円滑化する

徳川吉宗の後継者となった9代将軍・**徳川家重**の後、10代将軍・**徳川家治**の時代に、側用人と老中を兼ねて権力を握ったのが**田沼意次**で、この期間は**「田沼時代」**と呼ばれる。

幕府の年貢収入は、享保の改革によって増加したが、意次が側用人になった1767年頃には頭打ちになっていた。**米価下落**と**物価上昇**は止まらず、幕府の財政は再び悪化の一途を辿っていた。新田開発や年貢増加といった対策は、限界に達していたため、意次は**「米」**だけではなく、貨幣・商業に着目したのである。

意次は、商品の生産・流通を把握するため、商人や手工業者による同業者組合である**「株仲間」**を奨励し、銅座・真鍮座・人参座などの組織を結成させ、商人に**専売制**の特権を与える代わりに、**運上金**・**冥加金**などの税を課した。

また、江戸時代の銀貨は丁銀や豆板銀などの秤量貨幣だったたため、取引に手間がかかった。このため意次は、銀貨を使いやすくするため、計数貨幣である**「南鐐二朱銀」**を大量に鋳造し、流通させた。

これにより幕府は貨幣発行益を得ることができ、不安定だった貨幣制

慶長丁銀と南鐐二朱銀

南鐐二朱銀

● 1772年に発行され、この銀貨8枚で小判1両と交換できた。銀の含有率は98%。小額で使いやすかったので広く流通した。

慶長丁銀

● 徳川家康が鋳造させた銀貨で、銀の含有率は80%だった。秤量貨幣で、取引のたびに重さを計量した。慶長丁銀以降も、数種類の丁銀が発行されたが、銀の含有量は減っていった。

日本銀行貨幣博物館所蔵

関連ページ

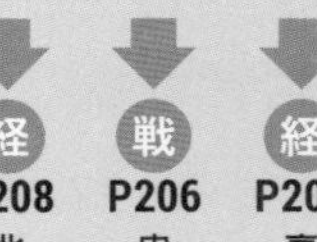

経 P200 享保の改革
戦 P206 忠敬の蝦夷測量
経 P208 北前船の蝦夷進出

マップ

浅間山（群馬県・長野県）

印旛沼（千葉県）

度も統一されることになった。

意次は新田開発による年貢増収も目指し、大坂などの大商人の資本を取り入れて、下総（現在の千葉県）の**印旛沼**・**手賀沼**の干拓事業に乗り出した。しかし、利根川の大洪水により、工事は失敗に終わった。

さらに意次は仙台藩（宮城県）の医師・**工藤平助**がロシアとの通商や蝦夷地（北海道）の開拓を主張した書物『**赤蝦夷風説考**』に注目、調査隊として**最上徳内**を蝦夷地に派遣した。

意次の政策により、貨幣・商品経済が活発化したことで、庶民の消費活動は刺激され、多様な学問や文化が発展した。**杉田玄白**らがオランダ語の医学書を翻訳して『**解体新書**』を発行したのは、その代表である。

しかし一部の役人の間では賄賂が横行し、また**浅間山**の大噴火や「**天明の飢饉**」などの災害が相次いだこともあり、物価が高騰し、意次の政治への不満は高まっていった。

大商人を優遇する意次の政策は、**商品経済**が急発展した社会に即したものだったが、負担が増加した百姓や町人の支持は得られず、一揆や打ちこわしが続発。将軍家治が死ぬと、意次は失脚した。

◆田沼意次（1719〜1788）
江戸時代中期の老中。徳川家治の側用人として幕府の実権を握り、貨幣・商品経済を活発化させる政策を進めたが、賄賂の横行や自然災害の続発によって支持を失い、子の意知が城内で殺害された後、家治の死によって失脚した。

「田沼時代」の経済政策

計数貨幣の銀貨を発行して経済を円滑化する

商人に特権を与える代わりに税を課す

▼

経済は活発化するが物価が上昇する

▼

民衆の支持を失う

◆浅間山と鬼押出し
鬼押出しは、1783年の浅間山大噴火で噴出した溶岩が固まったもの。噴火による大量の火山灰は天候不順をもたらし、天明の飢饉の原因となった。

宗教

1790年

寛政異学の禁

上下関係を重視した幕府に奨励された朱子学は秩序を保ったが尊王論を生み出す

朱子学の「大義名分論」は幕府にとって「諸刃の剣」

「儒教（儒学）」とは、紀元前5世紀の古代中国で、**孔子**が説いた教えである。**「仁」**（人を思いやること）などの**道徳**や、**祭祀儀礼**を重視することで、社会秩序に安定をもたらすことを目的とし、以後、儒教は中国の基本思想となった。

12世紀の宋の時代、**朱熹**が開いた新しい儒教**「朱子学」**は、「君臣関係」を絶対化するなど、「礼」（上下関係）を重視するものだった。**徳川家康**は、幕府の支配体制を支える思想として朱子学に注目し、儒学者の**林羅山**に儒教に基づく諸制度をつくらせた。家康は、戦闘者としての役割が終わった武士に「武士は主君に忠義を尽くすことが重要」という価値観をもたせることで、社会の安定化を図ろうとしたのである。

こうして江戸時代には**仏教**の地位が下がり、儒教の地位が高まることになった。**中江藤樹**らによる**「陽明学」**や、**荻生徂徠**らによる**「古学派」**、各学派をミックスした**「折衷学派」**などの学派も発展した。

「文治政治」を推進した5代将軍・**徳川綱吉**は、儒教（朱子学）に裏付けられた「忠孝」や「礼儀」を特に重視し、儒学の祖である孔子を祀る

関連ページ
宗 P194 生類憐みの令
宗 P224 公武合体
宗 P238 キリスト教の解禁

マップ
江戸（東京都）

historical note

朱子学に傾倒した徳川光圀が尊王思想「水戸学」を生み出す

水戸藩（茨城県）の2代藩主・徳川光圀は、朱子学に傾倒し、大義名分論に基づく歴史書『大日本史』の編纂を開始した。この編纂作業は、光圀の死後も続けられ、約250年をかけて完成した。この過程で、水戸藩には朱子学を基盤とし、国学（古典研究）や神道を取り入れた「水戸学」が生まれた。強烈な尊王思想に貫かれた水戸学は、幕末の尊王攘夷思想に多大な影響を与えることになる。

徳川光圀は「水戸黄門」の名で知られるが、諸国漫遊の話は創作である。

◆湯島聖堂
「大学頭」を受け継ぐ林家が管理し、敷地内の昌平坂学問所では朱子学のみが講じられた。

ための**「湯島聖堂」**を建立し、その敷地内に朱子学を教えていた「林家(りんけ)の私塾」を移転した。そして**林信篤**(のぶあつ)（羅山の孫）を「大学頭(だいがくのかみ)」に任命し、幕府の儒教政策を進めた。

田沼意次の失脚後、老中に就任して幕府の権力を握った**松平定信**(まつだいらさだのぶ)は、**「寛政(かんせい)の改革」**と呼ばれる政治を推進した。その一貫として1790年、朱子学を**「正学」**とし、それ以外の儒学の学派を**「異学」**とした。

さらに湯島聖堂の学問所で、朱子学以外の異学の講義を禁止した**（寛政異学の禁）**。幕府は学問所を直轄し、**「昌平坂学問所」**と改称。官吏登用試験は朱子学だけに限定し、幕府に忠実な官吏の育成を目指した。諸藩の学問所もこれに追随したため、異学は伸び悩むことになった。

朱子学の理念のひとつに、「皇帝は天命を与えられた正当な支配者である」とする**「大義名分論」**があり、この思想が生まれた背景には、宋が異民族の圧迫を受けていたことが影響している。このため大義名分論を突き詰めていくと、「幕府に権限を与えているのは**朝廷**であり、朝廷こそが幕府の上に立つ正当な支配者」という考えが成り立ってしまう。

この考えのもと、天皇を神聖なものとして崇拝する**「尊王論」**が生み出され、幕末の倒幕思想に繋がっていった。幕府が正学とした朱子学には、幕府の存在意義を揺るがす理念が含まれていたのである。

「諸刃の剣」だった朱子学

朱子学では「上下関係」を強調し、天命を与えられた支配者を正当とする

▼

幕府に権限を与えているのは朝廷なので、朝廷こそ正当な支配者とする考え方が生まれる

▼

天皇を崇拝する「尊王論」が生み出され、幕府支配の正当性が揺らぐ

◆松平定信（1758～1829） 江戸時代中期の老中。徳川吉宗の孫で、白河藩（福島県）の藩主。田沼意次の失脚後に幕政を担い、棄(き)捐令(えんれい)（幕臣の借金帳消し）や囲米(かこいまい)（米の備蓄）、出稼ぎの制限、風紀の取締りなど「寛政の改革」を実行したが、景気は沈滞し失敗に終わった。

戦争

1800年

忠敬の蝦夷測量

伊能忠敬による史上初の日本実測地図を 幕府に作成させたのは ロシアの脅威だった

日本に出没する外国船が「鎖国」政策を揺るがす

ロシアは18世紀前半、東ヨーロッパの強国となり、その支配領域は、ユーラシア大陸の東端**「カムチャツカ半島」**に達した。幕府がロシアの存在を初めて認識したのは、18世紀末、**工藤平助**の記した『赤蝦夷風説考』によってであった。田沼意次から蝦夷地（北海道）調査のために派遣された**最上徳内**は、択捉島に渡ってロシア人と接触した。

1792年、ロシア皇帝が派遣した使節**ラクスマン**が、漂流民の**大黒屋光太夫**らを送還するために根室に来航し、幕府に通商を求めてきた。幕府は「長崎でしか外交交渉は行わない」として、ラクスマンに長崎港への入港許可証を渡した。ラクスマンは長崎に向かわず帰国したが、ロシアに対する警戒を高めた幕府は**近藤重蔵**らを千島列島に探査させた。

こうした状況のなか、蝦夷地の測量を幕府から許可された**伊能忠敬**は、1800年、蝦夷地の測量を開始した。その後、忠敬は幕府から正式な命令を受け、17年をかけて全国を測量し、日本全土の実測地図**「大日本沿海輿地全図」**を完成させた。

1804年にはロシア使節**レザノフ**が、ラクスマンの持ち帰った入港

国立公文書館所蔵

◆レザノフの「航海図」
日本に来航したロシア使節レザノフの航路を、幕府側が記した図。蝦夷地周辺の地理は不正確である。

関連ページ
経 P188 江戸の貿易
経 P202 田沼時代
戦 P220 日米和親条約

マップ
樺太（ロシア）
択捉島（北海道）

許可証を携えて長崎に来航し、通商を求めたが、幕府は冷淡な態度でこれを拒否。その報復として、レザノフは部下に命じて樺太や択捉島の日本人集落を軍艦で攻撃させた。

北方の防備を固める必要性を感じた幕府は、忠敬に測量術を学んだ**間宮林蔵**を蝦夷地に派遣。樺太が半島ではなく、島であることを発見した。

1808年には、イギリス軍艦**フェートン号**が長崎港に侵入し、オランダ商館員を人質に取り、燃料（薪）や水、食料を要求する事件が起きた（**フェートン号事件**）。対立を恐れた幕府は、外国船が来航しても薪水・食料を与えて穏便に帰国させることにしたが、イギリス船が浦賀（神奈川県）など、日本沿岸に何度も来航・上陸して略奪事件を起こしたため、1825年、日本沿岸に来航した外国船はすべて撃退することを命じる「**異国船打払令**」を出した。

この極端な排外政策により、1837年、日本の漂流民を送還するために来航したアメリカの**モリソン号**を砲撃して退去させる事件が起きたが、これを批判した**高野長英**や**渡辺華山**らは幕府から厳しい処分を受けた（**蛮社の獄**）。

1840年、**アヘン戦争**で清（中国）がイギリスに大敗したことを知った幕府は、外国との戦争を避けるため、異国船打払令を緩和して「**薪水給与令**」を出し、漂着した外国船に薪水・食料を与えることにした。「鎖国」政策は限界に達していたのである。

◆「大日本沿海輿地全図」
忠敬の測量結果に、間宮林蔵の測量情報を加えて作成された蝦夷地周辺の地図で、北海道や樺太の海岸が正確に描かれている。

◆伊能忠敬（1745〜1818）
佐原（千葉県）の商人だったが、隠居後に江戸に出て、幕府の天文方で測量術を学んだ。1800年に自費で蝦夷地を測量し、以後、日本全国を測量した。地図を製作中に病死したが、弟子らが「大日本沿海輿地全図」を完成させた。

18世紀末

北前船の蝦夷進出

江戸の物流を担っていた北前船の運ぶ蝦夷産の海産物が海外にまで輸出される

関連ページ
経 P188 江戸の貿易
経 P202 田沼時代
戦 P210 大塩の乱

琉球にまで運ばれていた蝦夷産の昆布

江戸幕府の成立で江戸は大都市になったが、周辺地域の生産力は低く、米をはじめとする物資は大坂で集積され、**「菱垣廻船」**（ひがきかいせん）**「樽廻船」**（たるかいせん）などと呼ばれる廻船（定期航路を巡る大型貨物船）によって江戸に運ばれた。17世紀末には、**河村瑞賢**（かわむらずいけん）によって、東北・北陸と江戸の間を、太平洋側を廻って結ぶ**「東廻り海運」**と、日本海側を廻って大坂・江戸と結ぶ**「西廻り海運」**が整備された。

京都・大坂を中心とする上方から江戸に運ばれた（下った）木綿や醤油、酒などの生活必需品や嗜好品は、**「下り物」**と呼ばれて珍重された。これに対し、江戸周辺地域（江戸地廻り）で生産された商品は**「下らない物」**として、評価されなかった。

しかし江戸中期になると、江戸地廻りの生産力が高まり、高品質の加工品が流通した。その代表が**「濃口醤油」**であった。

銚子（千葉県）の**田中玄蕃**（たなかげんば）は、上方の技術を導入して関東風の濃口醤油の品質を向上させ、関西風の薄口醤油を江戸から駆逐したのである。

江戸地廻り以外の各地でも、特産品・名産品が生産されるようになり、商品の流通量も増加していった。こ

historical note

現金払いと店頭販売によって急発展した呉服店「越後屋」

江戸で商品経済が発達するなか、薄利多売の商法で急発展したのが1673年に三井高利が江戸に開いた呉服店「越後屋」であった。当時の呉服屋は訪問販売や、かけ売り（上乗せ価格によるつけ払い）が常識であったが、越後屋は「現金掛け値なし」（現金払いで定価売り）、店頭販売といった新商法で大繁盛した。越後屋は後に三越百貨店として発展した。

越後屋は、暖簾に染め抜かれた「丸に井桁三」の紋が目印だった。

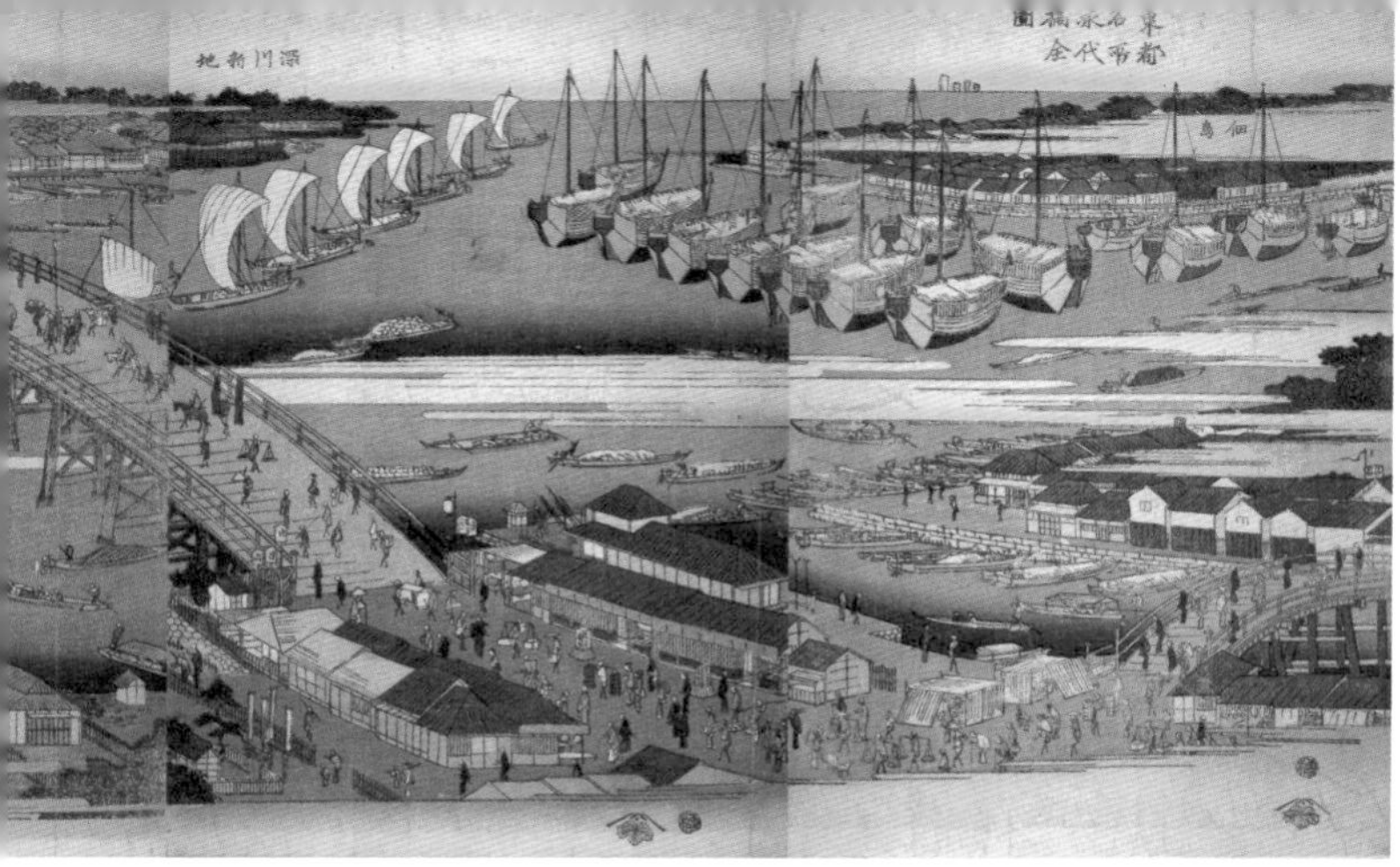

◆江戸湾に停泊する船
江戸の物流を支えたのは水運だった。隅田川の河口には廻船が停泊し、陸揚げされた荷物は小型船に積み直され、水路で江戸市中に運ばれた。

のため商人たちは希少性の高い商品を独占して巨利を得ることが難しくなり、大量な商品を流通させ、**「薄利多売」**によって利益を上げていった。

さらに、航海の安全と営業の独占を図るため、大坂には積み出す荷物を扱う**「二十四組問屋」**、江戸には荷物を受け取る**「十組問屋」**が組織されるようになった。

江戸時代後期、全国の水上輸送網が整備されると、西廻り海運で活躍していた**「北前船」**が、蝦夷地にも進出し、**長崎貿易**の主要な**輸出品**だった**俵物**（煎りナマコ・干しアワビ・フカヒレ）など、蝦夷産の海産物を積極的に輸送し、蝦夷産の**昆布**は**琉球**にまで運ばれていた。現在でも沖縄の昆布消費量が多いのは、北前船による交易が影響している。

こうして流通網は全国に張り巡らされ、**商品経済**は活発化していったが、物価は上がり続け、米価は下り続けた。収入が減って支出が増える状況が続いたことで、武士は困窮し、農村では没落する百姓が増加した。商品経済の発達は、幕府の体制を不安定化させる要因になったのである。

発展する江戸の海上輸送

江戸初期、「菱垣廻船」「樽廻船」が西日本の物資を大坂から江戸に運ぶ

▼

東北・北陸の物資を江戸や大坂に運ぶ「東廻り海運」「西廻り海運」が発達する

▼

北前船が蝦夷に進出して運んだ海産物が、海外にも輸出される

▼

江戸の商品経済が活発化する

国立歴史民俗博物館所蔵

◆北前船（復元模型）
西廻り海運で活躍した廻船で、北陸では「弁財船」と呼ばれた。1本の帆柱に、1枚の帆が張られ、十数名で航海できた。

戦争

1837年

大塩の乱

物価上昇と天保の飢饉で庶民が苦しむなか元役人が反乱を起こし幕府の衰退が示される

関連ページ
経 P196 貨幣改鋳
経 P208 北前船の蝦夷進出
経 P212 雄藩の誕生

大塩の乱と改革の失敗で幕府の権威が低下する

松平定信による**「寛政の改革」**が失敗に終わった後、11代将軍・**徳川家斉**（とくがわいえなり）による政治がはじまった。厳しい幕府財政のなか、家斉は吉宗が改鋳した**「元文小判」**の金含有量をさらに減らした**「文政小判」**（ぶんせい）を大量に発行し、多額の利益を得た。

これにより貨幣・商品経済はさらに活発化したが、貨幣の品質が下がったことで、物価はさらに上昇。米に頼る武士や農民の多くが没落した。家斉は将軍職を退いた後も**「大御所」**として実権を握り、緊張感のない政治を行い、文化は退廃的・享楽的なものとなった。

さらに1833年より数年にわたって、凶作による**「天保の飢饉」**（てんぽう）が起こり、全国で餓死者が相次ぐ事態となった。**百姓一揆**や**打ちこわし**の発生件数は年間で100件を超えるほどで、江戸時代におけるピークとなった。大坂でも飢饉の影響で人々は苦しんでいたが、豪商が米を買い占めて巨利を得たり、大坂町奉行所も幕府の指示で大坂の米を江戸に送るなど、何の対策も取られなかった。

1837年、困窮する民衆を救うため、大坂町奉行所の元与力（下級役人）だった**大塩平八郎**（おおしおへいはちろう）は同志を集

◆大塩平八郎（1793～1837）

大坂町奉行所の与力。実践倫理を説く儒教学派「陽明学」の学者でもあり、家塾「洗心洞」（せんしんどう）を開いた。天保の飢饉の際、奉行所に窮民救済を直訴するが無視され、蔵書を売り払って救済に努めた。幕政を改めるため、同志とともに決起したが失敗し、自害した。

大阪城天守閣所蔵

◆天保の飢饉
東北地方での被害が深刻で、死者の総数は全国で20～30万人に達したという。

めて武装蜂起し、「救民」の旗を掲げて、豪商の蔵などを襲撃した。しかし大塩軍は奉行所隊に半日で鎮圧され、平八郎は自害した。

この**「大塩の乱」**で大坂市中の5分の1が焼失した。幕府の直轄地で元役人が反乱を起こしたことは、幕府権力の衰退を如実に示すことになった。また、**「大塩残党」**などと称する百姓一揆が各地で起こり、不穏な情勢が続いた。

1841年、家斉が亡くなると、12代将軍に就任した**徳川家慶**から信任された老中・**水野忠邦**が、幕府の立て直しを図るため、**「天保の改革」**を開始した。忠邦の改革の基本方針は**「緊縮財政」**であり、まず**「倹約令」**を出して高価で華美な商品を禁じ、商人が連合して物価を釣り上げているとして、株仲間を解散させた。

しかし**物価高騰**の原因は、品質の劣る貨幣の大量流通などであったため、効果はなかった。また**「人返しの法」**によって、江戸に流入した百姓を強制的に帰郷させ、農村の復興を図ったが、失敗に終わった。

さらに江戸・大坂周辺の大名領や旗本領を取り上げて、幕府の直轄地にするため**「上知令」**を出したが、諸大名・旗本の強い反発で実現できなかった。実情を無視した政策を続ける忠邦は、幕閣からも見放され、失脚した。忠邦の邸宅には、数千人の江戸市民が押しかけ、石を投げ込んだ。「天保の改革」の失敗は、幕府の権威はさらに低下させることになったのである。

三大改革の経済政策

享保の改革	**上米の制**（→P201） 大名に米を上納させる ➡ 効果はあったが、将軍の権威が低下するので廃止。
寛政の改革	**棄捐令**（→P205） 武士の借金を帳消しにする ➡ 一時的な効果はあったが、武士は借金できなくなり、さらに困窮する。
天保の改革	**上知令**（→P211） 江戸・大坂周辺の領地を没収する ➡ 大名らの反発で中止。

東京都立大学図書館所蔵

◆水野忠邦（1794～1851）
江戸時代後期の老中。天保の改革を実行するが2年余りで失敗して失脚。翌年、老中に復帰したが、在職中の不正を理由に処罰を受け、謹慎生活を送った。

経済

19世紀前半

雄藩の誕生

西日本の大藩は財政危機を乗り越えるため 藩政改革に取り組んで雄藩に成長する

関連ページ
戦 P174 関ケ原の戦い
戦 P210 大塩の乱
戦 P226 薩英戦争

専売制の強化などで藩財政を好転させる

江戸時代後期に貨幣・商品経済が活発化すると、幕府だけでなく、諸藩の財政も悪化していった。こうした危機を乗り切るため、米に依存する経済からの脱却を目指し、特産品の**専売制**（独占販売）の強化や**藩営工場**の設立、有能な中・下級武士の登用など、「藩政改革」に取り組み、実力をつける藩も現れた。その代表が**薩摩藩**（鹿児島県）だった。

薩摩藩は家老・**調所広郷**（ずしょひろさと）が500万両にのぼる藩の借金を、「無利子による250年払い」という、事実上の踏み倒しによって清算し、奄美諸島特産の**黒砂糖**の専売制を強化。また俵物（高級海産物の干物）を琉球経由で清に輸出する**「密貿易」**によって、巨額の利益を上げた。

1851年に藩主に就任した**島津斉彬**（しまづなりあきら）は、**反射炉**（金属溶解炉）をはじめ、溶鉱炉やガラス工場などの洋式工場群**「集成館」**を建設し、藩の近代化に努めた。

長州藩（山口県）も、家老・**村田清風**（むらたせいふう）が約140万両の借金を37年かけて返済することで整理した。さらに西廻り海運の要港だった下関に**「越荷方」**（こしにかた）という役所を設置し、廻船業者の荷物を長州藩が買い取って

藩の石高（表高）ランキング

※江戸時代末期

順位	藩名	藩主	石高
1	金沢藩（石川県）	前田家	102万5000石
2	薩摩藩（鹿児島県）	島津家	72万8000石
3	仙台藩（宮城県）	伊達家	62万石
4	尾張藩（愛知県）	尾張徳川家	61万9000石
5	紀州藩（和歌山県）	紀伊徳川家	55万5000石
6	熊本藩（熊本県）	細川家	54万1000石
7	福岡藩（福岡県）	黒田家	47万3000石
8	広島藩（広島県）	浅野家	42万6000石
9	長州藩（山口県）	毛利家	36万9000石
10	肥前藩（佐賀県）	鍋島家	35万7000石

表高とは幕府が公認した石高であるが、雄藩の実高（実質の石高）は、新田開発などにより表高を上回っていた。

売りさばき、廻船業者に資金の貸し付けをするなど莫大な利益を得た。

肥前藩（佐賀県）では、藩主・**鍋島直正**が、地主から小作地を没収して、小作人に平等に与える**「均田制」**を実行し、本百姓の維持を図った。また陶磁器の専売制を進めて財政を立て直し、日本初の**反射炉**を築いて大砲を製造するなど、西洋技術を積極的に取り入れた。

藩政改革のおもな内容

- 藩による特産品の**専売制**（独占販売）を強化する。
- **藩営工場**を設立し、近代化を進める。
- **有能な中・下級武士**を登用し、藩政に参加させる。
- 藩が抱える**多額の借金**を、強引な方法を使ってでも**清算**する。

藩政改革に成功したのは、西日本の大藩が多かったが、**伊達宗城**の**宇和島藩**（愛媛県）や、**松平慶永**の**越前藩**（福井県）、**徳川斉昭**の**水戸藩**（茨城県）なども、有能な人材を登用して藩政改革を実行し、経済力や軍事力をつけていった。

江戸時代後期に藩政改革などによって実力と発言力を備えた藩は**「雄藩」**と呼ばれ、幕末の動乱期の政局を主導していくことになる。

◆鍋島直正（1814〜1871）

幕末の肥前藩主。号は閑叟。均田制や専売制、殖産興業による藩政改革を推進し、それらで得た利益で反射炉を築き、近代的な兵器を製造した。

「薩州鹿児島見取絵図」（集成館部分）武雄鍋島家資料 武雄市所蔵

◆集成館

薩摩藩主・島津斉彬が建造した日本最初の洋式工場群。溶鉱炉をはじめ、反射炉やガラス工場などが設けられていた。

江戸の民間信仰

経済力をつけた江戸時代の庶民は、来世での極楽往生ではなく、現世での利益（恩恵）を願って、あらゆる神仏に祈った。

氏神信仰

日本の村落では、地域の守護神である「氏神」（一般的に鎮守神・産土神と同一視される）を共同で祀り、豊作祈願や収穫感謝の祭りを行った。初宮詣や七五三なども、氏神に子どもの健康や成長を祈る行事として定着した。

◆**七五三**

３歳の男女が髪の毛を伸ばしはじめる「髪置」、５歳男児が初めて袴をつける「袴着」、７歳女児が初めて帯を締める「帯解」が、現在の七五三に発展した。

願かけ

神仏習合の影響で、さまざまな神仏に願いごとをする「願かけ」が盛んに行われた。願いごとの内容は、病気の治癒、縁結び、商売繁盛などの現世利益で、願かけの方法は、百度参り（同一の社寺に百度参拝すること）や、水垢離（水を浴びて身を清めて祈願すること）、茶断ち・塩断ちなど特定の食品を断つことなど、一定の負荷を自らにかけるものであった。願いが叶うと、感謝の御礼参りをしたり、額や幡を奉納した。

◆**神棚に祈る女性**

願かけには、専門的な宗教知識や厳しい修行は必要なかったので、民間信仰として広まった。

巡礼の旅

参勤交代などにより、街道や宿場が整備されると、伊勢神宮(三重県)、善光寺(長野県)、金比羅宮(香川県)など、各地の有名な寺社に参拝することが流行した。当時の庶民は移動に厳しい制限があったが、寺社参拝が目的であれば、比較的容易に通行手形(旅行許可証)を発行してもらえ、旅行が可能になった。こうして信仰と娯楽が結びついていった。

◆伊勢参り

伊勢神宮は、「一生に一度はお伊勢さん」といわれ、江戸時代を通じて最も人気が高い参詣場所だった。およそ60年周期で数百万人が集団参詣する「お蔭参り」が起きた。

庚申信仰

江戸時代は不老長寿を目指す中国の道教も信仰された。道教を起源とする庚申信仰は、十干十二支の暦で、60日ごとにある庚申の日の夜に眠ると長生きできないという信仰で、庶民は集会所などに集まり、庚申様(青面金剛像)の絵を飾り、徹夜で歓談して過ごしたという。つまり庚申信仰は、宴会を開くための口実であったと考えられている。

◆庚申塔

庚申信仰に基づいて村境などに建てられた石塔で、沖縄県を除く全国で確認されている。

5章 幕末～大正時代

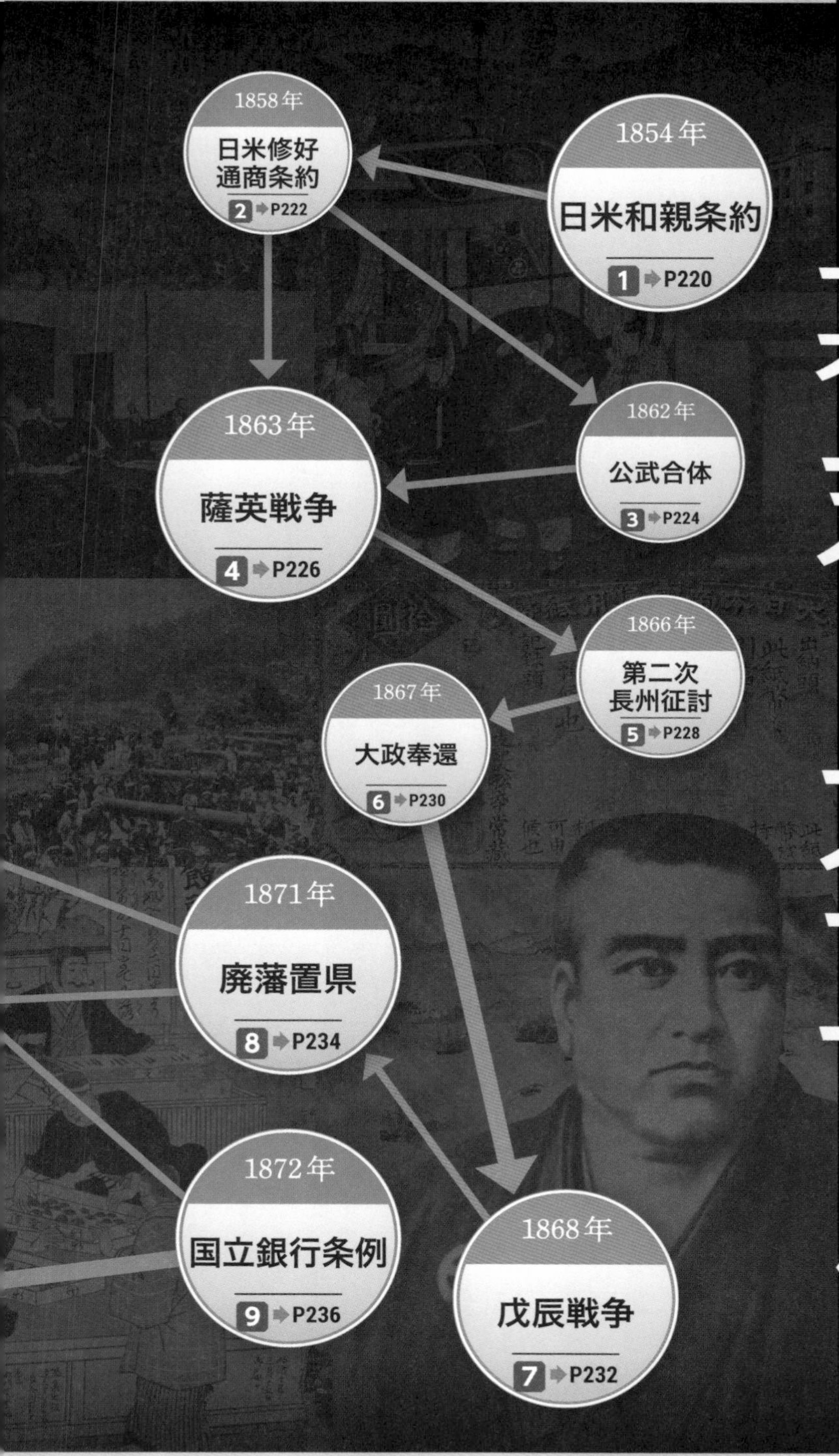

1854年
日米和親条約
1 ➡P220

1858年
日米修好通商条約
2 ➡P222

1862年
公武合体
3 ➡P224

1863年
薩英戦争
4 ➡P226

1866年
第二次長州征討
5 ➡P228

1867年
大政奉還
6 ➡P230

1868年
戊辰戦争
7 ➡P232

1871年
廃藩置県
8 ➡P234

1872年
国立銀行条例
9 ➡P236

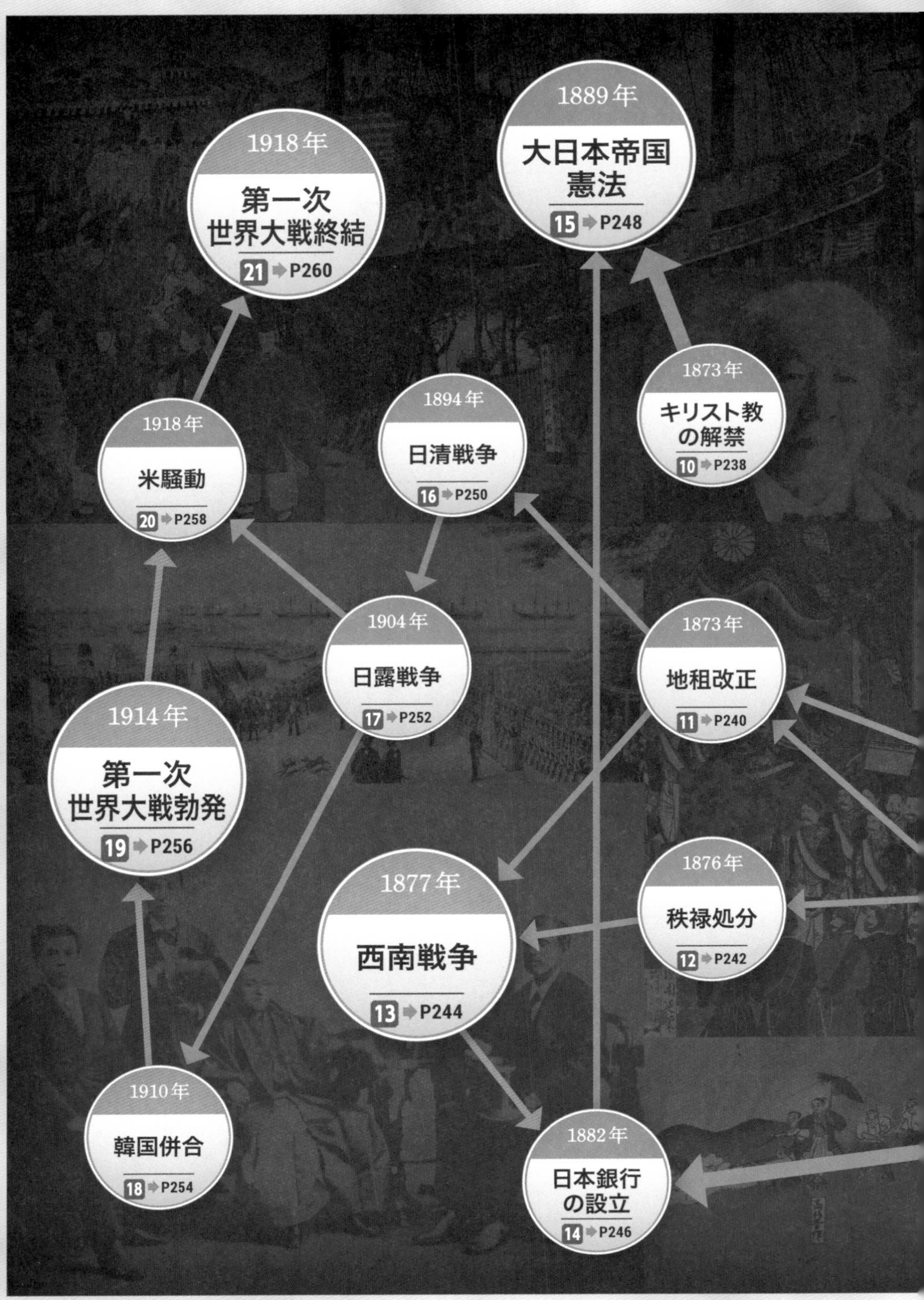

1918年
第一次世界大戦終結
21 ➡P260

1889年
大日本帝国憲法
15 ➡P248

1918年
米騒動
20 ➡P258

1894年
日清戦争
16 ➡P250

1873年
キリスト教の解禁
10 ➡P238

1904年
日露戦争
17 ➡P252

1873年
地租改正
11 ➡P240

1914年
第一次世界大戦勃発
19 ➡P256

1877年
西南戦争
13 ➡P244

1876年
秩禄処分
12 ➡P242

1910年
韓国併合
18 ➡P254

1882年
日本銀行の設立
14 ➡P246

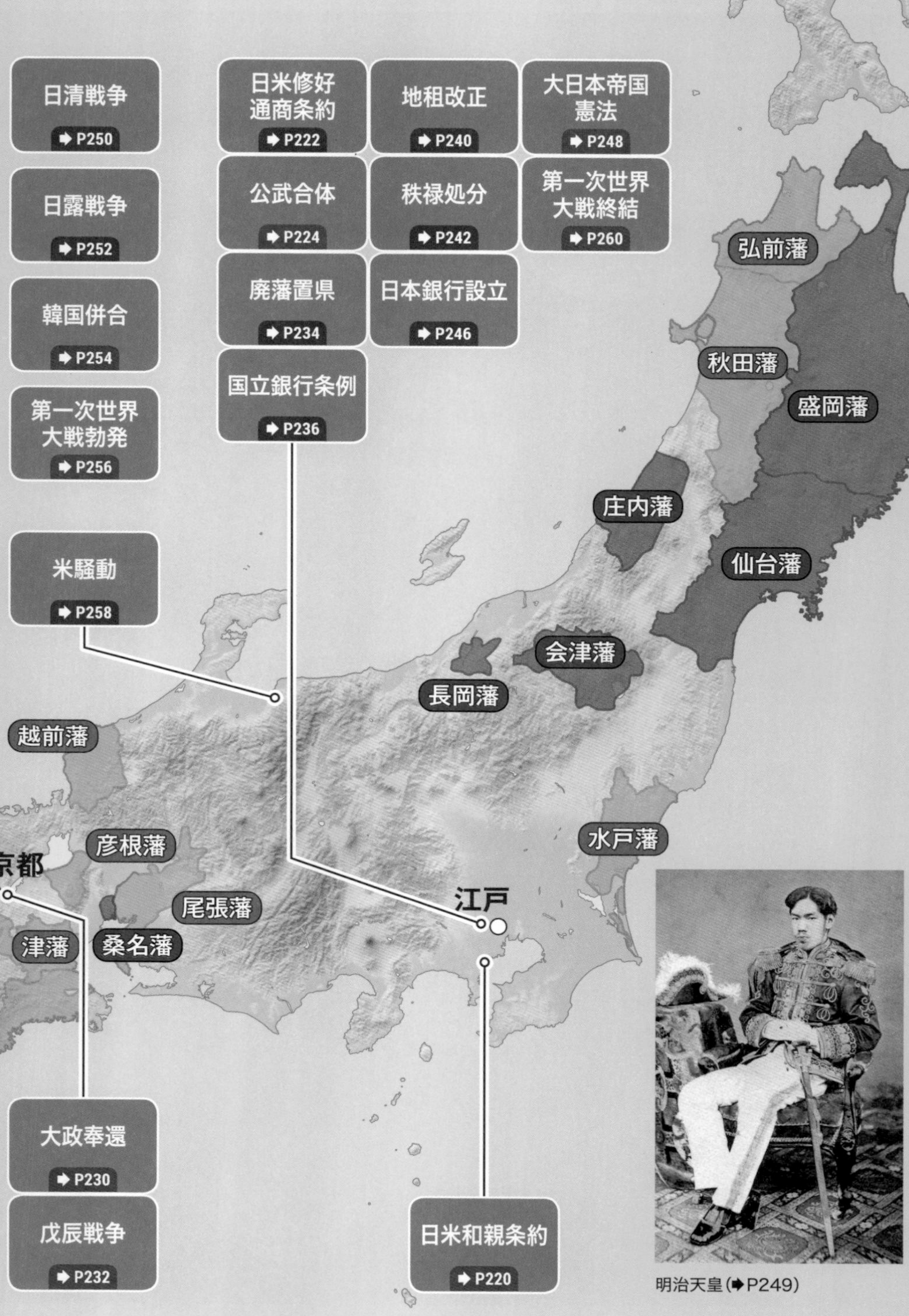

日清戦争
➡P250
日米修好通商条約
➡P222
地租改正
➡P240
大日本帝国憲法
➡P248
日露戦争
➡P252
公武合体
➡P224
秩禄処分
➡P242
第一次世界大戦終結
➡P260
韓国併合
➡P254
廃藩置県
➡P234
日本銀行設立
➡P246
第一次世界大戦勃発
➡P256
国立銀行条例
➡P236
米騒動
➡P258
弘前藩
秋田藩
盛岡藩
庄内藩
仙台藩
会津藩
長岡藩
越前藩
水戸藩
彦根藩
京都
江戸
尾張藩
津藩
桑名藩
大政奉還
➡P230
戊辰戦争
➡P232
日米和親条約
➡P220

明治天皇(➡P249)

幕末～大正時代の さくいんMAP

黒船来航によって開国した江戸幕府は勢力を弱め、薩摩藩・長州藩に対抗できず、政権を朝廷に返上。これにより明治政府が成立した。明治政府は、大日本帝国憲法を制定するなど近代化を進めて、日清・日露戦争に勝利。近代国家として発展を続けた。

戊辰戦争時の勢力図

徳川家が朝廷に政権を返上した「大政奉還」後、新政府軍と旧幕府軍との間で「鳥羽・伏見の戦い」が起こり、以後、約１年半にわたって両軍の戦いが続いた。この「戊辰戦争」において、東北地方では、旧幕府軍に味方する藩が多かった。

戊辰戦争（1868～1869年）当時の勢力

旧幕府軍側のおもな藩

新政府軍側のおもな藩

※この２ページのマップは５章の「さくいん」にもなっています。このため、地図と時代が合っていない「できごと」も紹介しています。また、日本地図のうち北海道、南西諸島などは省略しています。

戦争

1854年

日米和親条約

ペリーの「黒船」の軍事力を恐れた幕府は抵抗することなく日米和親条約を結ぶ

「黒船」と呼ばれたペリーの軍艦は大砲を備え、蒸気機関を搭載した巨艦だった。ペリーの強硬な態度に押された幕府の老中・**阿部正弘**(あべまさひろ)らは、勝ち目はないと判断して国書を受け取り、「翌年に返答する」としてペリーを退去させた。

翌年、ペリーは7隻の軍艦を率いて再来航し、軍事的な優位を見せつけ、条約の締結を強く求めた。威圧に屈した幕府は、抵抗することなく**「日米和親条約」**を結んだ。

この条約によって、幕府は**下田**(静岡県)と**箱館**(北海道)の2港を開港し、アメリカ船に石炭や水・食料を供給することになった。

下田と箱館を開港したが「鎖国」政策は維持される

19世紀、**「産業革命」**を成功させた西欧諸国は工業化を進め、軍事力を強大化し、アジア諸国の植民地化を進めていった。そして1853年に、アメリカ東インド艦隊司令長官の**ペリー**が軍艦4隻を率いて浦賀(神奈川県)に来航し、大統領の親書を幕府に渡し、**開国**を要求した。

アメリカの真の狙いは産業革命によって飛躍的に生産が増加した**綿織物**を清(中国)に販売することだった。そのため日本を太平洋航路の**石炭補給基地**にしたかったのである。

関連ページ

宗 P184 島原の乱
戦 P206 忠敬の蝦夷測量
経 P222 日米修好通商条約

◆横浜に上陸するペリー

横浜開港資料館所蔵

横浜に上陸したペリーは、幕府側と協議を重ね、日米和親条約を結んだ。

アメリカには一方的な**「最恵国待遇」**（他国に与えた最も有利な待遇を締結国に与えること）が与えられたが、貿易は認められなかった。

つまり、日米和親条約は**薪水給与令**（→P207）を発展させた内容であり、**朝鮮**・**琉球**との通信関係と、**オランダ**・**清**との通商関係以外は認めないという、「鎖国」政策は維持されたとも言える。

このため、国内で強い反発は起きなかったが、「アメリカの軍事力の脅威」と「弱い幕府」が強く印象づけられることになった。

ペリーの再来航に続いて、ロシアのプチャーチンが下田に来航し、日米和親条約と同じ内容の**「日露和親条約」**が結ばれた。これにより**千島列島**の択捉島（えとろふとう）以南が日本領、**樺太**は両国雑居の地と定められた。さらに幕府は、イギリスとオランダとの間にも、同様の和親条約を結んだ。

幕府は江戸初期に「大船建造禁止令」を出していたが、ペリーの来航の影響で、これを解除。これにより幕府や雄藩は、洋式軍艦を購入し、海軍の増強をはじめた。幕府は海軍士官養成のため、長崎に**「海軍伝習所」**を開設。また、品川（東京都）に**「台場」**と呼ばれる砲台を築くなど、防衛力の強化に努め出した。

◆**阿部正弘（1819〜1857）**
福山藩主。ペリー来航時の老中首座で、日米和親条約の締結を決断し、挙国一致体制による海防に努めたが、条約を結んだ3年後に急死した。

日米和親条約の内容

- 下田・箱館を開港し、アメリカ船に必要な燃料・食料を供給する
- 遭難船や乗組員を救助する
- アメリカの最恵国待遇を認める

↓

「薪水給与令」を発展させた内容だったので、「鎖国」政策の根本的な変更ではなかった

公益財団法人鍋島報效会所蔵

◆**海軍伝習所**
1855年に幕府が長崎に開設し、オランダの軍艦で訓練を行った。

経済

1858年

日米修好通商条約

開港はインフレと物価上昇を招いたため外国人への反発が強まり攘夷活動が活発化する

関連ページ

経 P188 江戸の貿易
戦 P220 日米和親条約
宗 P224 公武合体

勅許を得られないまま幕府は通商条約を結ぶ

日米和親条約の締結後、**阿部正弘**から幕府の老中首座を譲られた**堀田**（ほった）**正睦**（まさよし）は、１８５７年、日本の最初の通商条約である**「日蘭追加条約」**をオランダとの間で結んだ。

その翌年、正睦は、アメリカ総領事として下田（静岡県）に着任した**ハリス**と交渉を重ね、**長崎**・**箱館**・**神奈川**（横浜）・**兵庫**（神戸）・**新潟**の5港を開港して居留地を設置し、**自由貿易**を行うことで合意。

しかし、この条約は、日本の裁判権を排除する**「領事裁判権（治外法権）」**が認められ、日本に**「関税自主権」**がない不平等なものだった。

正睦は通商条約への反対意見を封じ込めるため、朝廷に**勅許**（ちょっきょ）（天皇の許可）を求めることにしたが、強硬な攘夷（排外思想）論者であった**孝明天皇**は勅許を拒否、中・下級公家らは条約撤回を求めて集団で抗議した。この勅許獲得の失敗によって、幕府は条約を締結する**専権**がないことを世に示すことになったのである。

正睦に代わり、**大老**（臨時の最高職）に就任した**井伊直弼**（いいなおすけ）は、アメリカに押されて、勅許を得られないまま**「日米修好通商条約」**に調印した。

以後、イギリス・フランス・ロシ

主要な貿易品と相手国

※1865年

主要な貿易品

輸出	生糸 79.4%、茶 10.5%、蚕卵紙 3.9%、海産物 2.9%、その他 3.3%
輸入	毛織物 40.3%、綿織物 33.5%、武器 7.0%、艦船 6.3%、綿糸 5.8%、その他 7.1%

貿易相手国（貿易額）

	相手国
輸出	イギリス 88.3%、フランス 9.6%、その他 2.1%
輸入	イギリス 82.8%、オランダ 9.9%、フランス 6.2%、その他 1.1%

アメリカは南北戦争（1861～1865）の影響で、貿易額は激減していた。

ア・オランダとも同じ内容の通商条約を締結した**（安政の五カ国条約）**。これにより幕府の**「鎖国」**体制は完全に崩壊した。

この頃、アメリカは**南北戦争**の影響で貿易どころでなくなったため、日本の主要な貿易相手国は**イギリス**、主要な貿易港は**横浜**となった。当初は輸出が輸入を上回る状態が続き、輸出品は**生糸**が約8割を占め、次いで茶や蚕卵紙（蚕蛾が卵を産みつけた紙）などが多かった。輸出の急増により生糸や茶の価格が高騰し、その影響で物価は上昇した。

輸入品は**毛織物・綿織物**が7割以上を占め、次いで**軍艦**や**鉄砲**などが多かった。また金と銀の交換比率が日本と海外では3倍の違いがあり、海外から持ち込んだ銀貨を日本で小判に交換するだけで3倍のもうけが出たため、安価な金（小判）が大量に流出することになった。

金の国外流出を防ぐため、幕府は品質を大幅に下げた小型の**「万延小判」**を鋳造したが、インフレを起こし、物価上昇は激しさを増した。こうしたことから、外国人に対する反感が強まり、攘夷運動が各地で起こっていった。

幕末の貨幣改鋳

幕府は金流出を防ぐため、小型の万延小判を発行した。金の含有率は天保小判と同じく57％。

▶万延小判　全長36mm

▶天保小判　全長56mm

日本銀行貨幣博物館所蔵

開港による影響

- 大量に輸出された**生糸**の価格が高騰し、米価などの**物価高騰**に繋がった。
- **貨幣改鋳**によりインフレーションが起き、さらに物価が上昇した。
- 外国人への反感が強まり、**攘夷運動**が各地で頻発した。

◆横浜港の外国船　横浜港での輸出額は、輸出総額の94.5%(1865年)を占め、輸出品のほとんどはイギリスに向けた生糸であった。

1862年

公武合体

水戸学から発展した尊王攘夷思想が朝廷の権威を高め幕府を窮地に追い込む

関連ページ
宗 P204 寛政異学の禁
経 P222 日米修好通商条約
戦 P226 薩英戦争

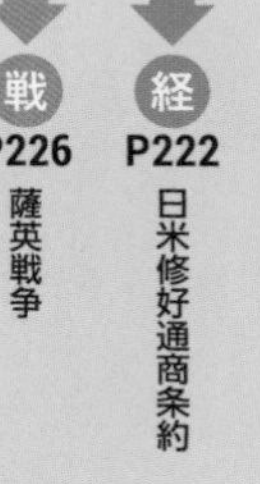

幕府の弱体化により朝廷の発言力が増す

軍事政権であった江戸幕府にとって「武威」こそが権力の正統性の根拠であった。しかし、江戸時代後期、財政の悪化や外国船の出没などによって、権威の衰えが浮き彫りになったため、幕府は**朝廷**の権威を利用しようとした。朝廷との関係を円滑化し、恩を売ることで次第に発言権を強めていったのである。

例えば1841年、幕府は亡くなった光格上皇に「光格天皇」と、**天皇号**をおくった。それまでの歴代天皇は亡くなると、例えば「後醍醐院」のように「○○院」という**「追号十院」**という称号がおくられていた。天皇号は967年に亡くなった村上天皇以降、中絶していたが、幕府は、朝廷の念願だった「天皇号の復活」を認めたのである。

水戸藩（茨城県）では、朱子学に神道や国学を取り入れて尊王を説く**「水戸学」**が発展していた。水戸学者の**会沢安**（あいざわやすし）は、1825年に**『新論』**を著し、異国船打払令（➡P207）を評価し、天皇を尊ぶことで人心を統一し、外国勢力を打ち払う**攘夷**を目指すべきと主張。『新論』は**「尊王攘夷運動」**の論理的支柱となり、多大な影響を与えた。

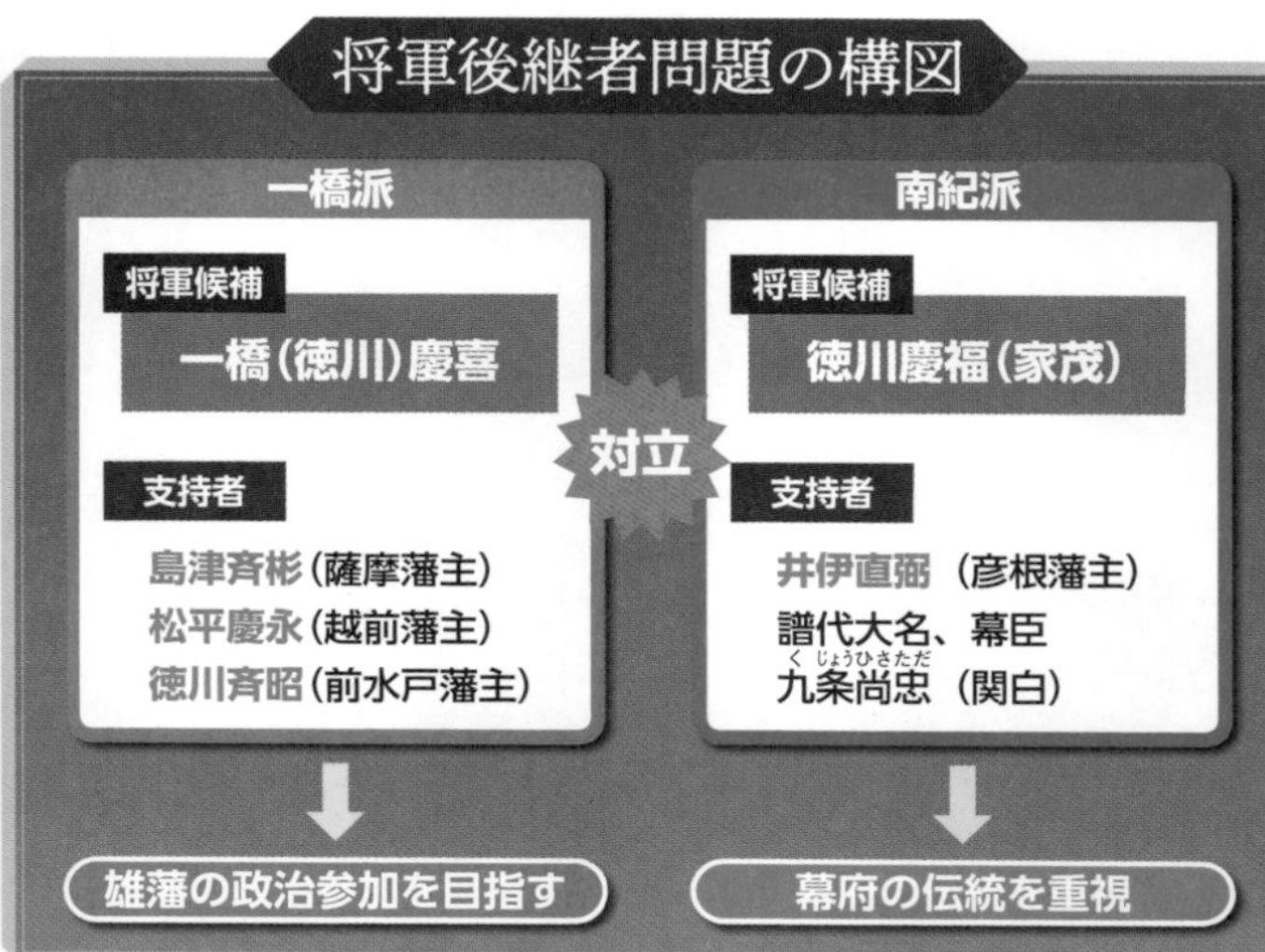

そもそも**尊王論**（➡P205）は、**儒教**に由来し、中国古代の王を尊ぶ思想であった。幕府は儒教の一派**「朱子学」**を官学としたが、朱子学の理論では、「尊ぶべき王は、将軍ではなく天皇」となってしまった。また、儒教には**「中華思想」**があり、「中華（中国）周辺の卑しい**夷狄**（いてき）（異民族）が侵入すれば排除するべき」と考えられていた。

朱子学に強く影響された水戸学は、「尊い天皇が治める日本に夷狄である欧米諸国が侵入すれば、直ちに打ち払うべき」という考えを生み出した。こうして儒教を素地とする**「尊王攘夷思想」**が誕生したのである。

1857年頃より13代将軍・**徳川家定**の病状が悪化し、次期後継者問題が浮上すると、**島津斉彬**（しまづなりあきら）や**松平慶永**（まつだいらよしなが）、**徳川斉昭**（とくがわなりあき）など雄藩の大名「一橋派」は**一橋慶喜**（ひとつばしよしのぶ）（斉昭の子）を擁立しようとしたが、井伊直弼ら「南紀派」は**徳川慶福**（とくがわよしとみ）**（家茂**（いえもち）**）**を擁立しようとしたため、両派は対立した。

直弼は勅許を得ずに**「日米修好通商条約」**を結び、次期将軍を慶福に決定し、対立した水戸藩関係者や公家、大名、武士などを大量に処罰した**（安政の大獄）**。激怒した水戸藩士らは、江戸城桜田門外で直弼を暗殺**（桜田門外の変）**。この事件で幕府の権威は失墜し、朝廷との関係を強化するしか方策がなくなった。

直弼に代わって幕府を主導した老中・**安藤信正**は、朝廷と幕府の一体化を目指す**「公武合体」**（こうぶがったい）を推進し、将軍・家茂と、孝明天皇の妹・**和宮**（かずのみや）の婚儀を実現させた。しかしこの婚儀は、尊王攘夷派のさらなる反発を招いてしまう。こうして朝廷の意向は、幕府の政治に大きな影響を及ぼすようになったのである。

◆桜田門外の変

駕籠に乗っていた直弼はピストルで撃たれた後、次々と刀を突き立てられた。

◆和宮降嫁

1862年、孝明天皇の妹・和宮は、公武合体のため、有栖川宮（ありすがわのみや）熾仁（たるひと）親王との婚約を破棄し、徳川家茂と結婚した。

戦争

1863年

薩英戦争

薩摩藩はイギリス海軍と直接戦闘したことで攘夷が不可能であることを認識する

関連ページ

経 P222 日米修好通商条約
宗 P224 公武合体
戦 P228 第二次長州征討

マップ
関門海峡
鹿児島

尊王攘夷派を弾圧した後イギリスと戦った薩摩藩

安政の大獄（→P225）の最中に**島津斉彬**が急死した後、薩摩藩の実権を握ったのは、新藩主の父で、斉彬の弟の**島津久光**（しまづひさみつ）だった。

国政の主導権を握ることを狙った久光は、1862年、藩兵を率いて上洛し、朝廷に**公武合体**の推進や**幕政改革**の必要性を説いた。久光は京都で活動していた尊王攘夷派の薩摩藩士を粛清（**寺田屋騒動**）。続いて朝廷の勅使を伴って江戸に行き、幕府に対し改革を要求した。

この結果、**一橋慶喜**が将軍後見職に、**松平慶永**が政事総裁職（大老格）に、会津藩主・**松平容保**（まつだいらかたもり）が京都守護職（朝廷警護）に任命された。

参勤交代も3年に1度に緩和、江戸在住を義務付けられていた大名妻子の帰国も許された。参勤交代が有名無実化し、財政負担となっていた参勤や江戸滞在の費用がなくなったことで、雄藩は浮いた費用で**軍事増強**を進めていった。さらに**西洋式軍制**を採用させた。この**「文久の改革**（ぶんきゅうのかいかく）**」**により幕府の大名統制は弱体化し、薩摩藩の発言力が強まった。

江戸から薩摩への帰途、久光の行列は、生麦村（なまむぎむら）（神奈川県）で騎馬のイギリス人と遭遇し、これを無礼と

文久の改革の内容

幕府の人事改革

- 将軍後見職…一橋慶喜
- 政事総裁職…松平慶永
- 京都守護職…松平容保

参勤交代の緩和

3年に1度、妻子の帰国許可

幕府の人事改革

- 西洋式軍制の採用

◆島津久光（1817〜1887）
薩摩藩主・島津忠義の父。兄の斉彬死後、薩摩藩の実権を握り、公武合体を推進した。

した藩士が切りつけて1名を惨殺、2名を負傷させた（**生麦事件**）。

幕府はイギリスの要求に応じて賠償金を支払ったが、薩摩藩は賠償金の支払いを拒否。翌年、イギリスは軍艦7隻を鹿児島湾に侵入させ、ついに戦闘となった。

イギリス軍艦に装備された**アームストロング砲**は、薩摩藩の旧式砲の4倍の射程距離をもち、鹿児島城下の約1割を焼失させたが、イギリス海軍も軍艦3隻を破壊され、大きな被害を出して撤退した。

この**「薩英戦争」**の結果、薩摩藩は無謀な攘夷が不可能であることや、西欧の技術力の高さを悟り、またイギリスも薩摩藩を高く評価し、両者の関係は急速に親密になった。

一方、京都では、尊王攘夷路線を邁進する**長州藩**の中・下級藩士が、尊王攘夷派の公家と結んで勢力を広げていた。彼らは朝廷を動かし、幕府に攘夷の決行を迫ったため、幕府はしかたなく、諸藩に攘夷を行う日時を通達したが、日本からの攻撃は禁止した。

しかし長州藩はこれを無視し、**関門海峡**を通過した外国船に無差別に砲撃した。過激な行動を取る長州藩に危機感を抱いた薩摩藩は、会津藩と朝廷内の公武合体派と手を組み、長州藩の勢力と、尊攘派の公家を京都から追放したのである（**八月十八日の政変**）。

薩英戦争 関連地図

イギリス艦隊の最新鋭のアームストロング砲の攻撃により、5人が死亡し、鹿児島城下の約1割が焼失。集成館も破壊された

ハボック
レースホース
パーシューズ
アーガス
コケット
パール
ユーリアラス
集成館
焼失市街地
祇園洲
新波止
城山
鹿児島城
弁天波止
大門口
鹿児島
甲突川
天保山
神瀬
袴腰
鳥島
桜島
鹿児島湾（錦江湾）
沖小島

イギリス艦隊の旗艦「ユーリアラス」は、陸上砲台の攻撃を受けて艦長、副長とも戦死するなど甚大な被害を受けた

尚古集成館所蔵

◆**薩英戦争**

薩摩軍は、鹿児島湾沿岸に築いた台場（絵の下側）から大砲でイギリス海軍を攻撃し、大損害を与えた。

戦争

1866年

第二次長州征討

禁門の変の敗北と四国艦隊の砲撃により 長州藩は滅亡寸前となるが 高杉晋作が復活させる

関連ページ

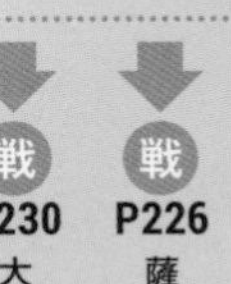

宗 P224 公武合体
戦 P226 薩英戦争
戦 P230 大政奉還

第二次長州征討の失敗で幕府は軍事的優位を失う

長州藩は、八月十八日の政変（↓P227）で京都を追われたが、翌1864年、勢力回復を狙う尊王攘夷派の長州藩士らは、京都・**池田屋**に密かに集合した。ところが京都守護職の指揮下で京都市中を警備していた**「新選組」**は、池田屋に踏み込み、尊王攘夷派9人を殺害し、20人以上を捕縛した**（池田屋事件）**。

これに激怒した長州藩士は、「京都に乗り込んで、朝廷に長州藩の無実を訴えるべき」として、御所を目指して進軍を開始。これに対し幕府は、**薩摩藩**（鹿児島県）や**会津藩**（福島県）らと協力して、長州軍を迎撃し敗走させた**（禁門［蛤御門］の変）**。

長州藩は**朝敵**（朝廷の敵）となり、幕府は討伐軍を編成し、長州藩へ進軍させた**（第一次長州征討）**。

その直後、前年に砲撃を受けた報復として、英・仏・米・蘭の**四国連合艦隊**が下関を砲撃し、さらに陸戦隊を上陸させ、下関の砲台を占領した**（四国艦隊下関砲撃事件）**。戦力を失った長州藩の内部では、保守派が実権を握り、禁門の変の責任者を処罰して、戦うことなく降伏した。

しかし降伏を認めない長州藩士・**高杉晋作**は、保守派打倒を目指して

横浜開港資料館所蔵

◆四国艦隊下関砲撃事件

前年の砲撃に対する報復として、4カ国の連合艦隊は下関の砲台を破壊し、占領した。和議の交渉には高杉晋作があたった。

幕末の長州藩の動き

1863年5月　外国船砲撃事件
攘夷実行のため、長州藩が関門海峡を通る外国船を通過する外国船を砲撃。

1863年8月　八月十八日の政変
薩摩藩や会津藩が、過激な長州藩を危険視し、京都から追放。

1864年6月　池田屋事件
京都・池田屋に集まった長州藩士を新選組が襲撃。

1864年7月　禁門の変
京都での勢力奪還を目指す長州藩が御所に乗り込もうとするが、幕府に敗北。

1864年7月　第一次長州征討
幕府は、禁門の変を起こした長州藩を朝敵として征討軍を派遣。

1864年8月　四国艦隊下関砲撃事件
前年の砲撃に対する報復として、イギリスを中心とする4カ国連合艦隊が下関を砲撃。戦力を失った長州藩は保守派が実権を握り、幕府に降伏

1864年12月　高杉晋作の反乱
高杉晋作が反乱を起こし、長州藩の実権を保守派から取り戻す。

1866年1月　薩長同盟
坂本龍馬の仲介により、長州藩は薩摩藩と密かに同盟を結ぶ。

1866年6月　第二次長州征討
幕府は再び長州征討軍を組織するが、長州軍の反撃により敗北し、将軍・家茂の死去を理由に撤退。

奇兵隊（武士・町人の混成軍）を率いて挙兵。内乱に勝利し、藩の主導権を握った高杉は、藩論を**倒幕**へと転換させ、軍事力の強化を進めたのである。

これに対し、幕府は再び長州藩の征討を決定し、1866年、西日本の諸藩に出兵を命じた。しかし、薩摩藩は土佐藩（高知県）出身の**坂本龍馬**らの仲介により、長州藩と密かに手を結んでいた**（薩長同盟）**。

このため薩摩藩は参加せず、諸藩も戦意は低かったが、兵力は15万人に及んだ。長州藩の兵力は、わずか3500人程度であったが、近代兵器を装備し、征討軍を各地で撃破。敗戦を重ねた幕府は、大坂城に出陣中だった徳川家茂が病死したことを理由に撤兵した**（第二次長州征討）**。

この年の12月、**徳川慶喜**が15代将軍に就任したが、その直後、攘夷論者でありながら、公武合体に協力的であった孝明天皇が急死し、幕府はさらに追い詰められていった。

山口県立山口博物館所蔵

高杉晋作

◆奇兵隊を指揮する高杉晋作
第二次長州征討において、高杉は奇兵隊を指揮して勝利した。奇兵隊は武士以外に、農民や町人も加わった非正規軍であった。

1867年

大政奉還

土佐藩は武力倒幕に舵を切った薩摩藩を抑えるため 大政奉還の実現に奔走し公議政体樹立を目指す

関連ページ
戦 P226 薩英戦争
戦 P228 第二次長州征討
戦 P232 戊辰戦争

マップ
京都
大坂城（大阪市）

「四侯会議」の失敗で薩摩藩は武力倒幕を決断

幕府の支持者だった孝明天皇の死後、1867年1月に**明治天皇**が14歳で即位した。5月には薩摩藩（鹿児島県）の主導のもと、**島津久光**、**松平慶永**、土佐藩（高知県）前藩主・**山内豊信**（やまうちとよしげ）（容堂）、宇和島藩（愛媛県）前藩主・**伊達宗城**の4人の有力諸侯が京都に入り、15代将軍・徳川慶喜との間で、第二次長州征討で停戦中だった長州藩（山口県）の処分や、孝明天皇の反対で実現されていなかった兵庫港（神戸）の開港問題などを話し合った。

薩摩藩の有力藩士であった**西郷隆盛**や**大久保利通**らは、この**「四侯会議」**を通じて、**大政**（政権）を朝廷に返還し、天皇のもとで幕府と諸大名が合議によって国政を運営する**「公議政体」**の実現を目指していた。しかし慶喜は、幕府の権威回復を狙い、四侯の意向を無視して兵庫開港などを決めた。

これにより西郷や大久保らは、政体を平和的に変革する方策をあきらめ、長州藩と協力し、**武力**で幕府を倒すことを決断した。これに対し慶喜は、フランスから軍事・資金援助を得ることで、幕府軍の洋式化に取り組み、軍事力を強化させた。

こうした動きのなか、内乱による国力低下を避けるため、あくまで平和的に公議政体の樹立を目指していた**坂本龍馬**や、土佐藩の**後藤象二郎は**、慶喜に**「大政奉還」**（たいせいほうかん）（天皇への政権返上）をさせることを計画。後藤は薩摩藩の西郷や大久保らに協力を求め、坂本の同席のもと、大政奉還を共同で幕府に勧告することを確認し合ったのである**（薩土盟約）**。

◆徳川慶喜（1837～1913）
14代将軍・徳川家茂の後見役を務め、15代将軍に就任したが、大政奉還を決断した。
福井市立郷土歴史博物館所蔵

第一義 天下有名ノ人材ヲ招致シ顧問ニ供フ
第二義 有材ノ諸侯ヲ撰用シ朝廷ノ官爵ヲ賜ヒ現今有名無実ノ官ヲ除ク
第三義 外国ノ交際ヲ議定ス
第四義 律令ヲ撰シ新ニ無窮ノ大典ヲ定ム律令既ニ定レバ諸侯伯皆此ヲ奉ジテ部下ヲ率ス
第五義 上下議政所
第六義 海陸軍局
第七義 親兵
第八義 皇国今日ノ金銀物価ヲ外国ト平均ス
右預メ二三ノ明眼士ト議定シ諸侯会盟ノ日ヲ待ツテ云々〇〇〇自ラ盟主ト為リ此ヲ以テ朝廷ニ奉リ始テ天下万民ニ公布云々強抗非礼公議ニ違フ者ハ断然征討ス権門貴族モ貸借スル事ナシ
慶応丁卯十一月 坂本直柔

◆新政府綱領八策
坂本龍馬が起草した８カ条の新国家構想「船中八策」を土佐藩の重役に示すためにまとめたもの。

土佐藩と薩摩藩の思惑

土佐藩	薩摩藩
●後藤象二郎 ●山内豊信	●西郷隆盛 ●大久保利通

徳川慶喜に大政奉還を勧告することで合意

土佐藩	薩摩藩
内乱を避けるため平和的解決を目指す	慶喜が拒否すれば武力倒幕に踏み切る

西郷や大久保らは、慶喜が勧告を拒否すれば武力討伐の名目になると考えており、後藤らも慶喜が拒否した場合は、武力行使は認めざるを得ないと考えていた。しかし10月14日、慶喜は山内容堂からの建言を受け入れて大政奉還を朝廷に上表し、翌日、勅許された。慶喜が大政奉還を受け入れたのは、薩摩藩士の**暴発**を本気で恐れていたためだといわれる。

こうして幕府は滅亡。西郷らは、即時挙兵を断念せざるを得なかった。

「大政奉還」邨田丹陵 聖徳記念絵画館所蔵

◆大政奉還
徳川慶喜は京都・二条城に諸藩の重臣らを召集し、大政奉還の意志を伝えた。

戦争

1868年

戊辰戦争

新政府軍と旧幕府軍は内戦状態に陥ったが 育まれた同胞意識が激戦と長期化を阻止する

関連ページ

戦 P226 薩英戦争
戦 P228 第二次長州征討
経 P234 廃藩置県

マップ

伏見（京都市）

鳥羽・伏見の戦いの勝利で薩摩藩が主導権を握る

土佐藩（高知県）の後藤象二郎らは**大政奉還**を決断した徳川慶喜を評価し、新政権に加入させることで「**公議政体**」が樹立できると考えた。

しかし、大政奉還によって武力討伐の大義名分を失った薩摩藩の**西郷隆盛**や**大久保利通**、公家の**岩倉具視**らは、慶喜抜きで新政権を発足させるクーデター案を画策。12月、「**王政復古の大号令**」が発せられ、新政府を樹立させたのである。

新政府は慶喜に内大臣を辞退し領地の一部を朝廷に返上する「**辞官納地**（じかんのうち）」を受け入れるべきとした。これを聞いた慶喜は配下が激怒して新政府と衝突するのを避けるため、会津藩（福島県）・桑名藩（三重県）の兵を率いて京都から**大坂城**に移った。

また松平慶永ら諸侯は武力倒幕に強く抵抗し、岩倉も態度を軟化させ、武力行使を主張するのは薩摩藩のみになってしまった。

ところが翌年1月、薩摩藩に対して怒りを爆発させた幕臣や会津・桑名藩士らが、薩摩藩打倒を掲げて京都へ向けて進軍を開始してしまう。

新政府軍（官軍）の薩摩・長州藩兵らは、京都近郊でこれを迎え撃ち、「**鳥羽・伏見の戦い**」がはじまった。

この戦いに新政府軍が勝利したことで、孤立していた薩摩藩は、長州藩とともに一気に政界の主導権を握ったのである。

敗北した慶喜が大坂城から江戸に撤退すると、新政府軍は慶喜を「**朝敵**」として征討軍を組織し、江戸へ進軍させた。慶喜は降伏し、**江戸城**を明け渡した。その後も新政府軍は

◆二条城からの退去

辞官納地を要求された慶喜は、京都・二条城を出て大坂城に入った。

抵抗する旧幕府勢力を次々と撃破した。会津藩を中心とする東北諸藩は**「奥羽越列藩同盟」**を結成して抵抗したが、新政府軍は会津藩を降伏させ、翌年、箱館・**五稜郭**に立てこもった**榎本武揚**らに勝利した。

新政府と旧幕府の間で続いた**「戊辰戦争」**は1年半で終結し、戦死者の合計は8000人程度だった。この戦争の被害は、戦死者が約62万人に及んだ同時代のアメリカの内戦「南北戦争」に比べると圧倒的に少ない。これは、江戸時代を通じて、日本国内に強い同胞意識が育まれ、植民地化の危機意識が共有されていたためと考えられる。

◆被弾した会津若松城
会津戦争で激しい砲撃を受けた会津若松城の天守は大きく破損した。

戊辰戦争 関連地図

慶喜の降伏によって、戊辰戦争は比較的短期間で終息し、近代国家の成立を早めた。

戊辰戦争の戦死者

新政府軍	514人
●薩摩藩	514人
●長州藩	427人
旧幕府軍	4690人
●会津藩	2557人
合計	8240人

1867年12月
①小御所会議
徳川慶喜の官位辞退と領地返上が決定

1868年1月
②鳥羽・伏見の戦い
新政府軍と旧幕府軍が激突。敗れた慶喜は江戸へ敗走

1868年4月
③江戸城無血開城
西郷隆盛と勝海舟が会談し、江戸城無血開城と慶喜の水戸蟄居が決定

1868年5月
④奥羽越列藩同盟
新政府に対抗するため、東北25藩と越後6藩による同盟が成立

1868年5月
⑤上野戦争
徹底抗戦を主張する彰義隊が上野に立てこもり、新政府軍が攻撃

1868年5~7月
⑥北越戦争
長岡藩執政の河井継之助が中立を主張。新政府軍と対立して交戦するが敗れる

1868年8~9月
⑦会津戦争
京都守護職だった松平容保の会津藩と新政府軍が交戦。1か月の籠城の末、敗れる

1869年5月
⑧箱館戦争
蝦夷地（北海道）を占領した旧幕臣の榎本武揚らと、新政府軍が交戦。旧幕府軍は五稜郭に籠城するが敗れる

江差
箱館
松前
青森
秋田
盛岡
宮古
仙台
白石
会津若松
白河
長岡
高田
高崎
下諏訪
福井
江戸
甲府
名古屋
駿府
京都
松江
兵庫
大坂

奥羽越列藩同盟
徳川慶喜の退路
榎本武揚の脱走路
新政府軍の進軍路

莫大な負債に苦しんでいた旧藩主たちは抵抗することなく領地を政府に差し出す

関連ページ
戦 P230 大政奉還
戦 P232 戊辰戦争
経 P240 地租改正

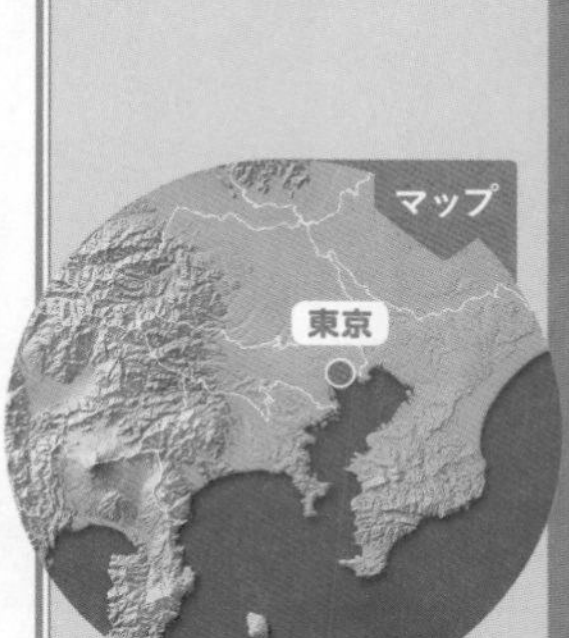

マップ
東京

中央集権国家の実現で全国統治が可能となる

1868年3月、**戊辰戦争**の最中に、新政府は**「五箇条の誓文」**を発表し、**議会**の設置や旧習の打破など、新しい政治の基本方針を示した。続いて、元号が**「明治」**に改められ、天皇一代の間に元号はひとつという**「一世一元の制」**が定められた。

江戸は**「東京」**と改称され、明治天皇や明治政府は東京に移り、以後、東京が首都になった。

1869年1月、薩摩藩（鹿児島県）・長州藩（山口県）・肥前藩（佐賀県）・土佐藩（高知県）の藩主は、**領地（版）**と**領民（籍）**を天皇に返上する**「版籍奉還」**を申し出て、全国の諸藩主もこれにならうことになった。そこで明治政府は、旧藩主を**「知藩事」**に任命し、旧来の石高の10分の1を家禄として支給した。

これにより、知藩事は旧来の「藩主」としての実権は維持され、事実上、江戸時代のような**「藩」**（旧大名領）が残ることになったが、形式的には、知藩事は新政府の官吏（役人）となったのである。

しかし、明治政府の直轄地は旧幕府領のみで、全国の4分の1程度しかなく、すぐさま財政難に陥った。また、農民一揆も各地で相次いで発

明治政府の要職

廃藩置県後、政府の太政官は「正院」「右院」「左院」の三院制となり、権限を強めていった。要職は薩摩・長州・土佐・肥前の４藩の出身者に独占されたため、当初から「藩閥政府」と呼ばれた。

正院（最高機関）

太政大臣
三条実美（公家）

参議
木戸孝允（長州）
西郷隆盛（薩摩）
板垣退助（土佐）
大隈重信（肥前）

左院（立法機関）

副議長
江藤新平（肥前）

右院（行政機関）

外務卿
岩倉具視（公家）

大蔵卿
大久保利通（薩摩）

※1871年８月の官職。

生し、戊辰戦争の終結後も、国内は安定しなかった。

中央集権化を進めたい明治政府の**木戸孝允**や**大久保利通**らは、まず軍事力を強化するため、薩摩・長州・土佐から1万の兵力を東京に集めて、政府直属の「御親兵」とし、続いて1871年、藩を廃止して府や県を設置する**「廃藩置県」**を断行した。

これにより知藩事は免職となって東京に集められ、政府から任命された**「府知事」**や**「県令」**が、全国の府県に配属された。当初は東京・大阪・京都の3府のほかに300県以上あったが、段階的に統合・整理され、1888年に1道3府43県に固定された。

廃藩置県は**「革命」**ともいえる大変革であったが、政府から諸藩に一方的に通達されるかたちで、大きな抵抗もなく実現された。

これは、もともと**借金**を抱えていた多くの藩が、戊辰戦争による戦費負担で財政が破綻しており、政府に対抗できる余力がなかったためであった。

当時の全国諸藩の**負債総額**は、国家予算（一般会計歳出）の2倍近くに達していた。また、政府だけでなく諸藩にも、「欧米列強と対峙するため、日本を中央集権国家にする必要がある」という考えが広まっていたことも理由である。

◆**東京遷都**
1869年３月、明治天皇は東京に移り、遷都となった。

廃藩置県が実現した理由

- 戊辰戦争による**戦費負担**などで諸藩の負債がかさみ、政府に対抗する経済力を失っていた。
- 諸藩にも、「欧米列強に対抗できる**統一国家の実現**が必要」という理解が広まっていた。

「廃藩置県」小堀鞆音　聖徳記念絵画館所蔵

◆**廃藩置県**
1871年、在京の56の知藩事が招集され、明治天皇より「廃藩置県の詔」が下された。

経済

1872年

国立銀行条例

民間の「国立銀行」が紙幣を発行する

経済の活発化を目指して各地に設立された

関連ページ

経 P196 貨幣改鋳
経 P240 地租改正
経 P246 日本銀行の設立

「円・銭・厘」が単位の新しい貨幣が誕生する

江戸時代の金貨・銀貨・銭貨の3種併用の貨幣制度（➡P196）は、諸外国から不便であると不評で、**「富国強兵」**を目指す明治政府にとって、近代的な貨幣制度を確立することは急務であった。1868年から政府は**太政官札**（だじょうかんさつ）、**民部省札**（みんぶしょうさつ）などの紙幣を発行したが、あまり流通しなかった。

このため政府は、1871年、**「新貨条例」**を公布し、全国統一の新しい十進法の貨幣単位**「円（圓）・銭・厘」**を導入し、西洋式の鋳造法で金貨・銀貨・銅貨を発行した。法律上は**金本位制**であったが、貿易では銀貨が使用されていたため、実際は「金銀複本位制」であった。

また金貨・銀貨との兌換（だかん）（交換）ができる**「兌換紙幣」**の発行を目指し、**「政府紙幣」**を発行したが、金銀不足のため、多くが貨幣との兌換ができない**「不換紙幣」**となった。

さらに政府は、幕府が発行した小判や、藩が発行した**「藩札」**などを回収し、新貨幣と交換していった。

金融機関としては、**伊藤博文**や**渋沢栄一**らが中心となり、アメリカの制度をモデルとし、1872年、**「国立銀行条例」**が出され、翌年、民間の出資によって**「第一国立銀行」**を

五十銭銀貨

一円金貨

一厘銅貨

明治時代の1円の価値は、現在の2万円程度と想定されている。

日本銀行貨幣博物館所蔵

マップ

東京

はじめ、国立銀行が各地に設立された。国立銀行は国営の銀行ではなく、私営の**民間銀行**で、資本金の60％まで紙幣の発行が認められていたが、残りの40％は金貨との兌換が義務付けられたため、設立された4行は、すぐに経営不振に陥ってしまった。

しかし4年後の法改正により、金貨との兌換が不要となり、資本金の80％まで紙幣を発行できるようになった。この影響で国立銀行は急増し、3年後には153行に達した。その後、国立銀行紙幣は濫発され、**インフレ**を招いたが、資金の流通は活発化したのである。

１８８２年、中央銀行である**「日本銀行」**が設立され、翌年、国立銀行条例が改正されると、国立銀行は紙幣の発行ができなくなり、**預金**や**貸出業務**を行う私立銀行として存続することになった。国立銀行名は、設立順に番号が振られ、現在も残る第四銀行や十六銀行などは、そのときの番号を引き継いだものである。

長崎大学附属図書館所蔵

◆第一国立銀行

東京日本橋に設立された、５階建の和洋折衷の建築だった。第一国立銀行は、現在、みずほ銀行が継承している。

国立銀行の特徴

- 国立銀行条例に基づいて設立された「私営の民間銀行」。
- 金貨との交換を保証する「兌換紙幣」の発行権をもっていたが、法改正により「不換紙幣」の発行も可能となった。
- 153行が設立され、設立順に番号が割り振られ、一部が現存している。

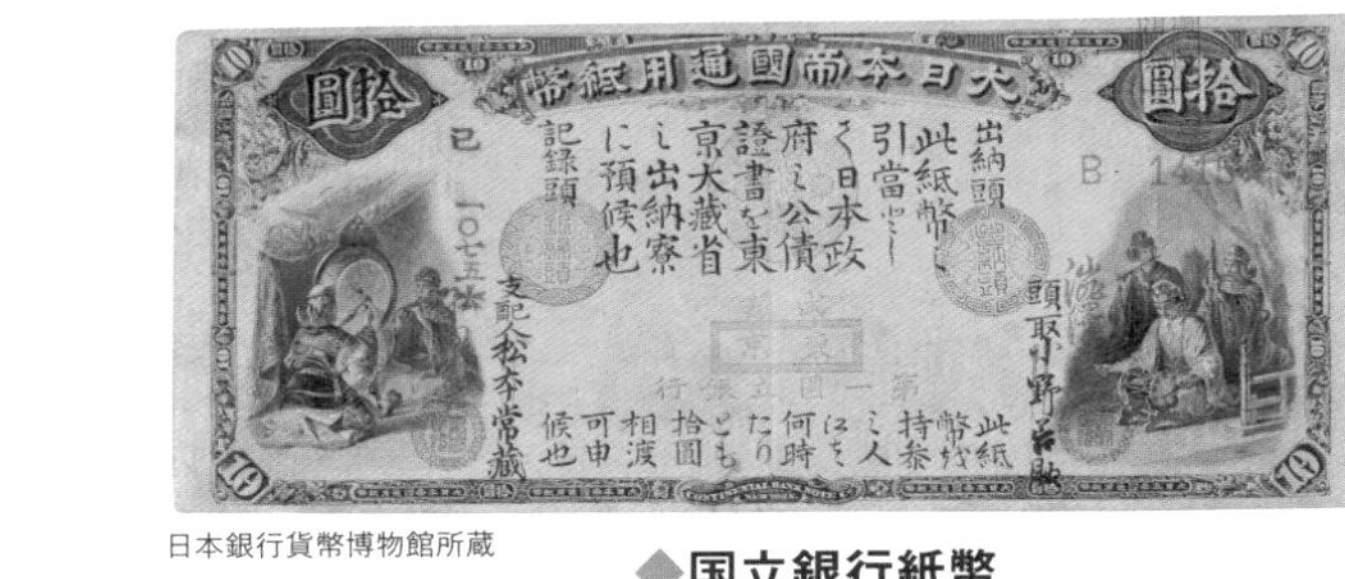

日本銀行貨幣博物館所蔵

◆国立銀行紙幣

1873年発行の10円券。初期の国立銀行紙幣はアメリカの印刷会社でつくられた。

◆渋沢栄一（1840〜1931）

大蔵省の一員として新貨条例や国立銀行条例の制定に携わり、退官後、第一国立銀行の頭取に就任。東京ガスや王子製紙など、500社以上の会社設立に関わり、600以上の社会事業を支援。公益を追求し、財閥をつくらなかった。著書『論語と算盤』も知られる。

1873年

キリスト教の解禁

明治政府はキリスト教禁止令を継続したが 欧米諸国の猛反対により信教の自由を認める

関連ページ
宗 P54 神仏習合
宗 P186 宗門改役の設置
宗 P248 大日本帝国憲法

岩倉使節団は禁教令が条約改正に不利だと悟る

江戸幕府の宗教政策は**「キリスト教の禁止」**であった。しかし、長崎や五島列島などには、迫害を逃がれ、密かに信仰を守り続けた**「潜伏キリシタン」**（➡P187）が存在していた。幕末、長崎に着任していたプティジャン神父は、1864年、長崎に**「大浦天主堂」**を建設し、そこに集まった日本人の中から信徒を「発見」したが、このため彼らは幕府から弾圧されることになった。

幕府滅亡後、明治政府は、1868年3月、**「五榜の高札（掲示）」**と呼ばれる5種の禁令を庶民に発表した。このうち第3札は、キリスト教を禁止するものであった。この禁令により、明治政府は、浦上（長崎県）の潜伏キリシタンを捕らえて改宗を強要し、従わない者には、旧幕府以上の残酷な拷問を行い、約600人が亡くなったという**（浦上教徒弾圧事件）**。事件を伝えられた列強諸国は、明治政府に強く抗議した。

1871年より、不平等条約の改正を求めて欧米を歴訪していた**「岩倉使節団」**は、訪問先の国々でキリスト教禁止と弾圧について非難され、信仰の自由を認めないことが外交に不利になることを知った。こうして1873年2月、ようやく**禁教令**は解かれることになった。

解禁後、潜伏キリシタンの多くはカトリック信徒になったが、なかには、カトリックにならずに、江戸期以来の独自の儀礼や行事を守り続ける者もいた。彼らは**「かくれキリシタン」**と呼ばれる。

長崎県観光連盟写真提供

◆大浦天主堂
日本最古のカトリック教会堂。1864年にフランス人宣教師プティジャンが完成させ、翌年、潜伏キリシタンと出会った。

山口県文書館所蔵

◆岩倉使節団

1871年、欧米視察と条約改正の予備交渉のため、岩倉具視を代表とする使節団が派遣された。

仏教勢力への反感が廃仏毀釈を激化させる

日本では古くから神道と仏教は混交し、**神仏習合**（しんぶつしゅうごう）（↓P54）が一般化していた。しかし天皇の神格化を目指す明治政府は**「祭政一致」**（祭祀と政治の一元化）を理想とし、1868年、**「神仏分離令」**を出して神仏習合を禁止し、神道を国教に定める**「大教宣布の詔」**（たいきょうせんぷのみことのり）を出した。

また神祇・祭祀を司る**「神祇省」**を設置し、**伊勢神宮**（三重県）は皇祖神を祀る別格の神社とした。さらに戊辰戦争の戦死者を祀るため**「招魂社」**を設けるなど、神道国教化（↓P248）を進めたのである。

こうした政策は、神道と仏教の分離が目的であったが、長年、仏教勢力に不満を高めていた神職者や、寺請制度に安住した僧侶の汚職に反感をもつ庶民を中心に、仏教弾圧運動である**「廃仏毀釈」**（はいぶつきしゃく）が全国的に起こり、多数の寺院や仏像、仏具、経典などが破壊・焼却された。

1875年、政府が信教の自由を認めたことで、廃仏毀釈は鎮静化したが、7年ほどの間に、日本の**全寺院の約半数**が廃寺になった。

廃仏毀釈の原因

- 天皇の神格化を目指す明治政府が、神道の国教化を進めた。
- 長年、仏教勢力に不満を高めていた神職者が運動の中心となった。
- 寺請制度によって幕府に保護され、腐敗した僧侶に対して、民衆が不満を爆発させた。

◆招魂社

倒幕運動による犠牲者を慰霊するために明治政府の大村益次郎の尽力で建立された神社。1879年、靖国神社と改称された。

経済

1873年

地租改正

明治政府は安定的な税収入を確保するため 土地に値段をつけて貨幣で納税させる

土地所有者である農民は土地の売買が可能になる

日本の近代化を進める明治政府は、１８７１年に**「解放令」**を出して**「士農工商」**の身分制度を撤廃した。これにより大名・公家は**「華族」**、一般武士は**「士族」**、農民や商人、職人などの庶民は、被差別民も含めて**「平民」**となり、平民にも**「苗字」**をつけることが認められた。平民と華族・士族間の結婚や、職業や転居の自由なども認められた。

また国民皆兵による近代的な軍隊を組織するため、１８７３年に**「徴兵令」**が出され、士族や平民に関係なく、満20歳に達した男性は、３年間の兵役が義務付けられた。しかし、特権を奪われた武士や、負担が増加した平民は政府に反発し、暴動に発展する地域もあった。

政府は廃藩置県（↓Ｐ２３４）によって全国の**租税徴収権**を手に入れたが、租税の中心は農民からの年貢米であり、地域によって収穫量や税率は一定でなく、米価も変動するため、税収は不安定であった。

国家財政を安定させるためには、税の金納化が不可欠であった。そこで政府は１８７２年、土地の売買を許可、**「地価」**（土地の評価額）を定め、土地所有者に対して面積や評価額などを記した**「地券」**を発行した。翌年、**「地租改正条例」**を公布し、納税は農村単位ではなく、土地所有者に行わせ、豊作・不作に関係なく、地価の**3%**の税率で、貨幣で納入させることを定めたのである。

この**「地租改正」**によって、政府

◆1873年の人口構成

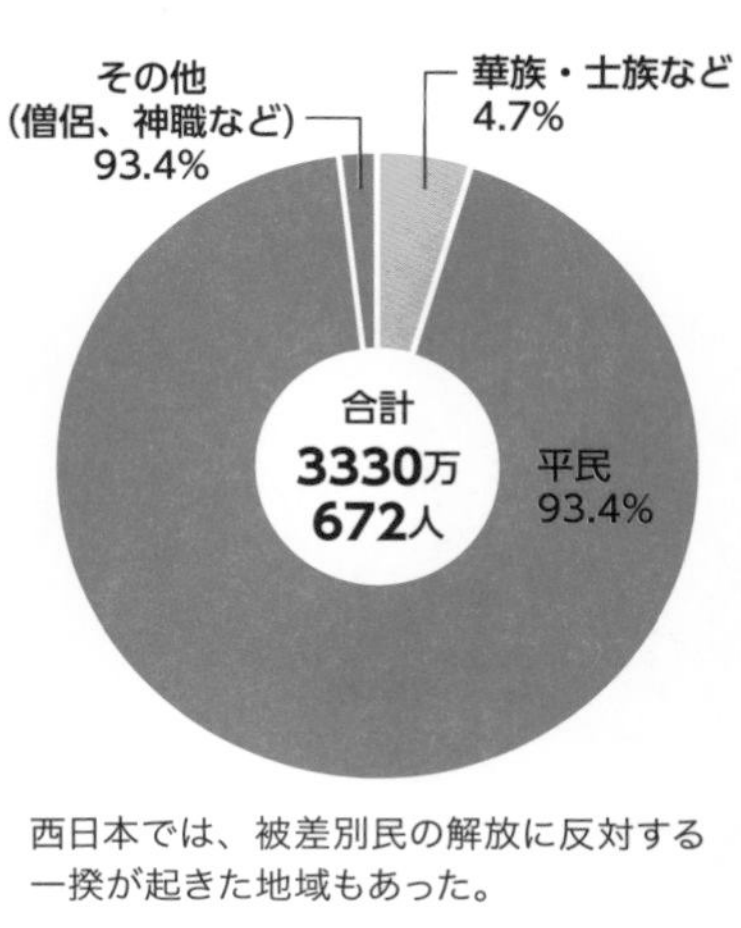

西日本では、被差別民の解放に反対する一揆が起きた地域もあった。

関連ページ
経 P234 廃藩置県
経 P246 日本銀行の設立
経 P250 日清戦争

◆**地租改正のための測量**
地租を算出するための土地調査の様子。地租改正により土地の売買が可能になった。

秋田県立博物館所蔵

は安定的な税収入を確保できるようになったが、農民にとっては3％の地租率は高く、個人で金納することは負担だった。このため各地で大規模な**地租改正反対一揆**が起こった。

農民一揆と士族の反乱が連携することを恐れた政府は、地租率を**2.5%**に引き下げ、これにより、江戸時代と比べて実質的に2割程度の減税となった。また江戸時代には、土地は大名領であったが、地租改正により農民の土地所有が認められ、土地を**「資産」**とする近代的な**資本主義**の基礎が築かれたのである。

しかし、貧しい農民は地租を払えなくなると、富裕者に土地を売り、小作農になるしかなかった。土地を集積した**「地主」**は、小作農に土地を貸し、物納による5～6割の高額な小作料を徴収するなどして富を集めた。このため地主は巨大化し、小作地は急増していったのである。

地租改正の内容

- 地価（土地の値段）を定め、土地所有者に**地券**を発行する。
- 地価の**3％**を税として貨幣で納入する。
- 納税は**土地所有者**が行う。
- 農民の土地所有が認められ、**土地の売買**が可能になる。

◆**地租改正反対一揆**
伊勢（三重県）で起きた大規模な一揆（伊勢暴動）を描いたもので、この暴動によって地租率は3％から2.5％に引き下げられた。

1876年

秩禄処分

経済的・身分的特権を失った士族たちは利子だけで生活できず困窮して没落していく

関連ページ
戦 P232 戊辰戦争
経 P234 廃藩置県
戦 P244 西南戦争

士族の不満解消を目的に西郷は征韓論を唱える

戊辰戦争（➡P232）の最中、明治政府の**大村益次郎**は、特定の藩の軍隊に頼るのではなく、朝廷直属の軍隊が必要だと考え、**徴兵令**の実施を推進した。急激な改革を進める大村は、不満を高めた武士らに暗殺されたが、徴兵令は1873年に制定された。**「戦士」**としての誇りを奪われた士族は、政府を非難した。

徴兵令や地租改正などの近代化政策は、岩倉具視や大久保利通、木戸孝允らが**「岩倉使節団」**として欧米視察のために外遊している期間に、留守を任されていた参議の**西郷隆盛**や**板垣退助**、**江藤新平**らによって進められた。西郷や板垣らは、鎖国政策をとる**朝鮮**に対し、武力を背景に交渉し、開国させるべきという**「征韓論」**を唱えていた。朝鮮に戦争をしかけることで、政府への不満を高める士族たちの関心を国外に向けさせようとしたのである。

さらに西郷は自らが使節として朝鮮に派遣され、朝鮮で自分が殺害されることになれば、武力行使の大義名分が立つと考えていた。

西郷の朝鮮派遣が正式に決定されたが、欧米の先進文化を見聞して帰国した岩倉使節団一行は、国内政治

明治六年の政変の構図

勝 内治派		征韓派 負
岩倉具視（公家）	対立	西郷隆盛（薩摩）
大久保利通（薩摩）		江藤新平（肥前）
木戸孝允（長州）		板垣退助（土佐）
伊藤博文（長州）		副島種臣（肥前）
大隈重信（肥前）		後藤象二郎（土佐）
など		など
↓ 秩禄処分を推進		↓ 政府要職を辞職

（内治）を優先するべきと主張し、征韓論に強く反対した。内治派と征韓派の対立は激化し、この結果、西郷の派遣は取り消された。これに抗議して、西郷ら征韓派の参議は辞職した**（明治六年の政変）**。

版籍奉還により、士族は将軍・旧藩主との関係が断たれたが、明治政府から**「秩禄」**（給与・賞与）として**米**が支払われていた。秩禄の総額は国家の総支出の約3割を占めるほど多額であった。

明治六年の政変で政府の実権を握った大久保利通らは、1873年より、秩禄の整理を段階的に進め、1876年、5～14年分の秩禄を**「金禄」**（貨幣）で支払うこととし、現金不足のため、すべて**公債**（明治政府の借金）とした。そして、金禄公債の証書として**「金禄公債証書」**を交付し、秩禄の支給をすべて打ち切ったのである**（秩禄処分）**。

公債は政府の借金なので、5～7％の利子が支払われることになったが、利子だけでは生活できず、困窮した士族たちは金禄公債証書を売り払っていった。公債を元手に商売をはじめる士族もいたが、**「士族の商法」**によって、多くが失敗した。

また、政府は士族の反乱を防ぐ意味を込めて**「廃刀令」**を出し、武士の象徴であった帯刀を禁止した。特権を失い、没落した士族たちは、不満をさらに高めたのである。

◆「士族の商法」

客に尊大な態度で接する士族を描いた風刺画。公債を元手に商売をはじめた士族のほとんどは、客商売に慣れていないため失敗に終わった。

日本銀行金融研究所所蔵

◆**金禄公債証書**

10円の金禄公債証書で、下についている引換券によって利子35銭が支給された。

戦争

1877年

西南戦争

西郷軍は銃・銃弾・火薬を十分に備えていたが 軍艦がなかったため 補給を絶たれて敗れる

関連ページ

戦 P232 戊辰戦争
経 P240 地租改正
経 P242 秩禄処分

マップ

田原坂（熊本県）

城山（鹿児島県）

徴兵制による軍隊の威力を実証した西南戦争

薩摩藩の武士は倒幕運動や戊辰戦争で活躍し、明治維新後も**「御親兵」**として３０００人が参加するなど、政府の軍事力の中心であった。しかし**「明治六年の政変」**（↓Ｐ２４３）で**西郷隆盛**が辞職して鹿児島に帰郷すると、薩摩出身の士官も大量に辞職し、西郷の後を追った。

翌年、西郷は鹿児島に**「私学校」**を創設すると、西郷に従って帰郷した旧士官たちに不平士族を統率させ、若い士族には近代的な軍事訓練をほどこした。

西郷とともに辞職した**板垣退助**や**江藤新平**らは、薩摩や長州など、少数藩の出身者による専制を非難し、**「民撰議員設立の建白書」**を政府に提出、国会の開設を求めた。しかし江藤は、郷里の佐賀で不平士族の反乱**「佐賀の乱」**の首領に擁立され、敗れた後に処刑されてしまう。

その後、政府は士族に対して強硬姿勢を強め、１８７６年には**「廃刀令」**や**「秩禄処分」**を出して、士族の誇りや特権を奪う政策を進めた。このため、熊本県で「神風連の乱」、福岡県で「秋月の乱」、山口県で「萩の乱」など、士族の反乱が相次いで発生したが、いずれも鎮圧された。

西郷決起を求める声は高まったが、西郷に政府を打倒する意図はなかった。しかし１８７７年、政府への反感をつのらせた私学校の幹部や生徒は、鹿児島の武器・弾薬が大阪に移転しようとすると、ついに暴発した。

制止をあきらめた西郷は、反乱軍の首領となり、１万３０００人を率いて鹿児島を出発。**「西南戦争」**が

◆**西郷隆盛（1827～1877）**
薩摩藩出身で、島津斉彬に登用され、倒幕運動や戊辰戦争で中心的な役割を果たした。

西南戦争 関連地図

西南戦争で最大の激戦となった田原坂の戦いでは、1日に32万発の銃弾が行き交い、空中で弾どうしが激突するほどであった。

はじまった。西郷軍には**軍艦**がなく、陸路で東上する作戦がとられた。鹿児島士族は、徴兵制による農民兵を軽んじていたという。

鹿児島は幕末以来、**集成館**において軍事工業が発達し、初期の西郷軍は、最新式の元込め式の**スナイドル銃**や、**弾薬**、**火薬**を十分に装備していた。しかし、西郷軍が**鎮台兵**（ちんだいへい）（政府の守備隊）の籠城する**熊本城**の攻略に固執し、苦戦する間に、政府軍の軍艦は鹿児島湾に入り、弾薬・火薬工場を破壊した。

軍事物資の補給が途絶えた西郷軍の敗北は決定的となり、その後も九州各地を転戦して抵抗したが、鹿児島の**城山**で政府軍の総攻撃を受けて鎮圧され、西郷は自刃した。以降、士族の反乱は絶え、政府の軍事力は徴兵制による軍隊が担うことになったのである。

◆私学校跡

南下政策を続けるロシアを警戒していた西郷は、ロシアとの戦争が起きた際には、私学校の生徒を率いて国家防衛にあたるつもりだったという。

1882年

日本銀行の設立

松方正義はインフレーションを解消するため 銀貨との交換を保証した 日本銀行券を発行する

関連ページ

経 P236 国立銀行条例

戦 P244 西南戦争

宗 P248 大日本帝国憲法

大隈重信は戦費調達のため不換紙幣を乱発する

西南戦争の翌年、不平士族によって**大久保利通**が暗殺され、政府は大蔵卿（後の大蔵大臣）の**大隈重信**と、内務卿の**伊藤博文**が主導するようになった。政府は西南戦争における莫大な戦費を捻出するため、太政官札などの**不換紙幣**（正貨と交換できない紙幣）を増発し、民間の国立銀行も多額の不換紙幣を発行した。

このため**インフレ**が派生し、物価は上昇。政府の税収入も減少し、財政難に陥った。しかし大隈はインフレの原因を、紙幣流通量の増大ではなく、輸入超過によって正貨が海外に流出したためと誤った判断を下し、適切な対応を取らなかった。財政能力を疑われた大隈は、大蔵卿を解任されてしまう。

この頃、日本各地で**「自由民権運動」**が活発化し、**国会**の開設を求める要求が高まっていた。伊藤ら政府首脳は、国会の開設には十分な時間をかけるべきだと考えていたが、影響力の回復を狙う大隈は、１８８１年、「2年後には国会を開設して、イギリス式の政党内閣を実現するべき」と主張した。政府首脳の怒りを買った大隈はさらに孤立した。

この時期、**「開拓使官有物払下げ事**

historical note

新聞報道を誤報と知りつつ 政府は大隈の排除に動く

「開拓使官有物払下げ事件」で、実際の五代が払下げを受ける予定だったのは、官有物のごく一部だった。また、大隈と五代は古くから親しく、五代は「新聞社によって事実無根の攻撃をされている」と、事態を嘆く書簡を大隈に送っている。このため大隈が五代を攻撃したとは考えにくい。政府首脳は、新聞情報が誤報と知りつつ、大隈を失脚に追い込んだのである。

大隈重信は、民権派との結託が疑われ、政府を追われた。

◆松方正義
（1835〜1924）
薩摩出身の政治家。1881年に大蔵卿となり、緊縮財政や不換紙幣の処分など、デフレ政策を実行。日本銀行を創設した。

件」が起こった。これは薩摩出身の開拓長官**黒田清隆**が、約1400万円の巨費を投じて北海道で進めてきた官営事業を、薩摩出身の政商**五代友厚**に39万円で払下げようとしたことが新聞で報道されたもので、民権派はこれを「汚職」として政府に強く抗議した。

対応に迫られた政府は払下げの中止を決定し**「国会開設の勅諭」**を出して10年後に国会を開設することを約束。しかし大隈を「民権派と結託している」と判断して辞職させたのである**（明治十四年の政変）**。

大隈の失脚後、大蔵卿となった**松方正義**は、財政の健全化を図り、歳出を切り詰め、**増税**によって歳入を増やした。また、インフレの収拾を目指して不換紙幣の処分を進め、紙幣の流通量を減らした。こうしてインフレは解消されたが、物価の下落により不況に陥った**（松方デフレ）**。

さらに松方は、1882年、日本の中央銀行として**「日本銀行」**を設立し、**銀貨**との兌換が保証された**「日本銀行券」**を発行した。こうして日本に**「銀本位制」**が確立し、政府は安定的な税収入を確保した。しかし農作物価格が下落し、実質的に地租負担が増加した農村の不況は深刻で、農地を手放す農民が続出。地主の巨大化が進行した。

西南戦争後の経済政策

西南戦争の戦費調達のため、**財政難**に陥る

↓

政府は不換紙幣を乱発して財源にあてるが、**インフレーション**が発生

↓

松方正義は緊縮財政を進め、銀貨との兌換が保証された「日本銀行券」を発行する

↓

政府の財政は健全化するが、農村は**不況**に陥る

日本銀行金融研究所所蔵

◆最初の日本銀行券
1885年、日本銀行が発行した最初の銀行券で、銀貨との兌換が保証されていた。国立銀行紙幣と政府紙幣は、1899年に流通停止となった。

宗教

1889年

大日本帝国憲法

天皇を日本の主権者とするため 古代の神話を利用して国家神道がつくられる

明治天皇は神格化されるが独裁権を行使しなかった

江戸時代後期、**葬式仏教**になった仏教に代わり、救済を求める人々に応じて**神道系**の新興宗教がいくつも誕生した。代表的なものが黒住宗忠の**「黒住教」**、中山みきの**「天理教」**、川手文治郎の**「金光教」**で、これらは多くの信者を獲得した。

明治政府が成立したとき、政府の主要メンバーは将軍に代わる新国家の主権者として**明治天皇**をもちだした。しかし当時の一般庶民の間で「天皇」は、ほぼ忘れられた存在であった。政府は「天皇が日本の主権者である理由」を説明する必要があった。そこで利用されたのが**『古事記』**（↓P42）や**『日本書紀』**に記された神話であった。「太陽神**アマテラス**の孫が地上に降臨し、その子孫が天皇である」とし、天皇による支配を正当化しようとしたのである。

ところが、歴代の天皇は熱心な仏教徒で、即位礼などの宮中行事はすべて仏式だった。このため政府は維新直後に**「神仏分離令」**（↓P239）を出して**神仏習合**を禁止。明治天皇は在位中の天皇としてはじめてアマテラスを祀る**伊勢神宮**（三重県）に参拝し、宮中から仏教色を排除した。

代表的な教派神道

	黒住教	天理教	金光教
開祖	黒住宗忠（備前の神職）	中山みき（大和の農民）	川手文治郎（備中の農民）
創始年	1814年	1838年	1859年
祭神	アマテラス	天理王命（てんりおうのみこと）	天地金乃神（てんちかねのかみ）
教え	朝日を拝み、調和を目指す	奉仕と相互扶助で幸福を得る	祟り神の金神を救済神とする

関連ページ
宗 P204 寛政異学の禁
宗 P238 キリスト教の解禁
戦 P270 満州事変

◆大日本帝国憲法発布式

1898年2月11日、明治天皇から、2代総理大臣・黒田清隆に憲法を授けた。当日の東京は祝賀ムード一色となり、提灯行列も催されたが、憲法の具体的な内容は、ほとんど知られていなかった。

こうして政府は**神道の国教化**を進め、伊勢神宮を全国の神社の頂点とする**「国家神道」**をつくり出したのである。黒住教や天理教、金光教などは**「教派神道」**とされ、仏教、キリスト教とともに公認された。

　1889年に発布された**「大日本帝国憲法」**の第一条には**「万世一系の天皇」**が日本を統治すると規定され、天皇は神聖不可侵とされた。また天皇は国家元首として、首相や国務大臣の任命権や、法律の公布など、あらゆる政治的権限をもつだけでなく、陸軍・海軍を率いて、**統帥権**（最高指揮権）をもち、宣戦布告や講和条約を締結することができた。

　憲法上、天皇は絶大な権力を握ることになったが、実際に**明治天皇**が自らの意志で独裁権を行使することはなく、国務大臣や帝国議会の**輔弼**（ほひつ）（助言や進言）を、そのまま認めていた。戦争に関しても、明治天皇が作戦を指示することはなかった。**「天皇の神聖化」**は、あくまで国内統治のためだったのである。

　憲法には**「信教の自由」**も明記されていたが、政府は国家神道を**「宗教を超越する非宗教」**として位置付け、それ以外の宗教活動は、国家神道に抵触しない範囲に限られた。また、教派神道も政府の厳重な管理下に置かれた。こうして、国家神道を強制された日本人は、自由な宗教心を失っていったのである。

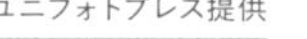
ユニフォトプレス提供

◆明治天皇（1852〜1912）

122代天皇。孝明天皇の子。「大日本帝国憲法」では強大な政治権限を付与されたが、独裁権を行使することなく、近代国家の確立に努めた。

経済

1894年

日清戦争

酒税増税や軍事公債発行などの国内経済力だけで戦争費用をまかなう

関連ページ

経 P222 日米修好通商条約

経 P240 地租改正

経 P252 日露戦争

マップ

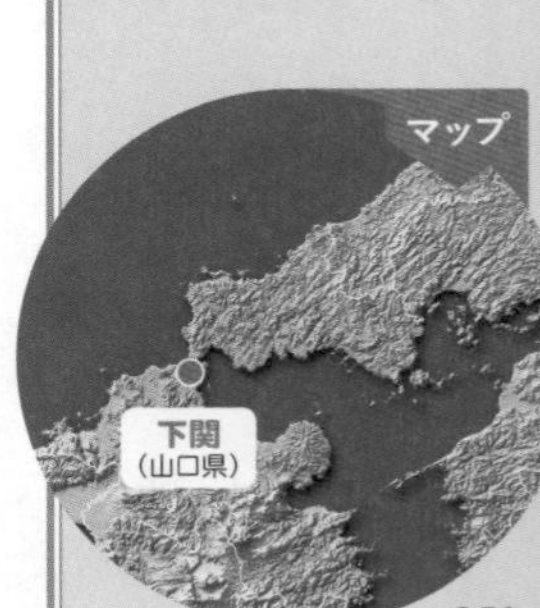

しかし**清**（中国）は、朝鮮を属国とみなしていたため、朝鮮半島の権益を巡って、両国の対立は深まった。朝鮮を清から独立させ、日本の影響下に置く方針を固めた政府は、戦争に備えて**軍備拡張**を進めていった。

こうした状況のなか、**ロシア**は**シベリア鉄道**の建設を進め、東アジアへの勢力拡大を狙っていた。日本と清の戦争に乗じてロシアが南下するのを警戒した**イギリス**は、日本を後押しするため条約改正に応じ、1894年7月、**「日英通商航海条約」**を結んだ。これにより日本は領事裁判権を撤廃し、関税自主権を一部回復。イギリスに続き、欧米各国とも**改正条約**を実現させていった。

同じ時期、朝鮮で大規模な農民反乱**「甲午農民戦争」**が勃発し、日本と清の両国は朝鮮に出兵した。反乱の鎮圧後、日本は清に「共同で朝鮮政府に改革を要求するべき」と提案し、改革が実行されるまで撤兵しないと告げた。清は日本案を拒否したため、両軍は朝鮮半島を舞台に**「日清戦争」**を開始したのである。

日清戦争のための軍事増強費は、おもに**酒税**の増税でまかなわれた。1873年に1.5％だった酒税率は、1882年には20％に上がった。年間600万円以上の増収となり、歳入に占める酒税の割合が約24％に達

イギリスはロシアを警戒し日本に好意的態度を示す

幕末に幕府が列強諸国と結んだ条約（➡P222）は、**関税自主権**がなく、**領事裁判権**を認める「不平等」な内容だった。**条約改正**を実現するには、列強から**「文明国」**と認識される必要があり、明治政府は、憲法を制定し、国会を開設し、民法や商法を定めるなどアピールを続けた。

また政府は、条約改正のためには、日本が独立を維持するための軍事力を保持することを示す必要があると考え、**朝鮮半島**を日本の影響下に置くことを狙っていた。

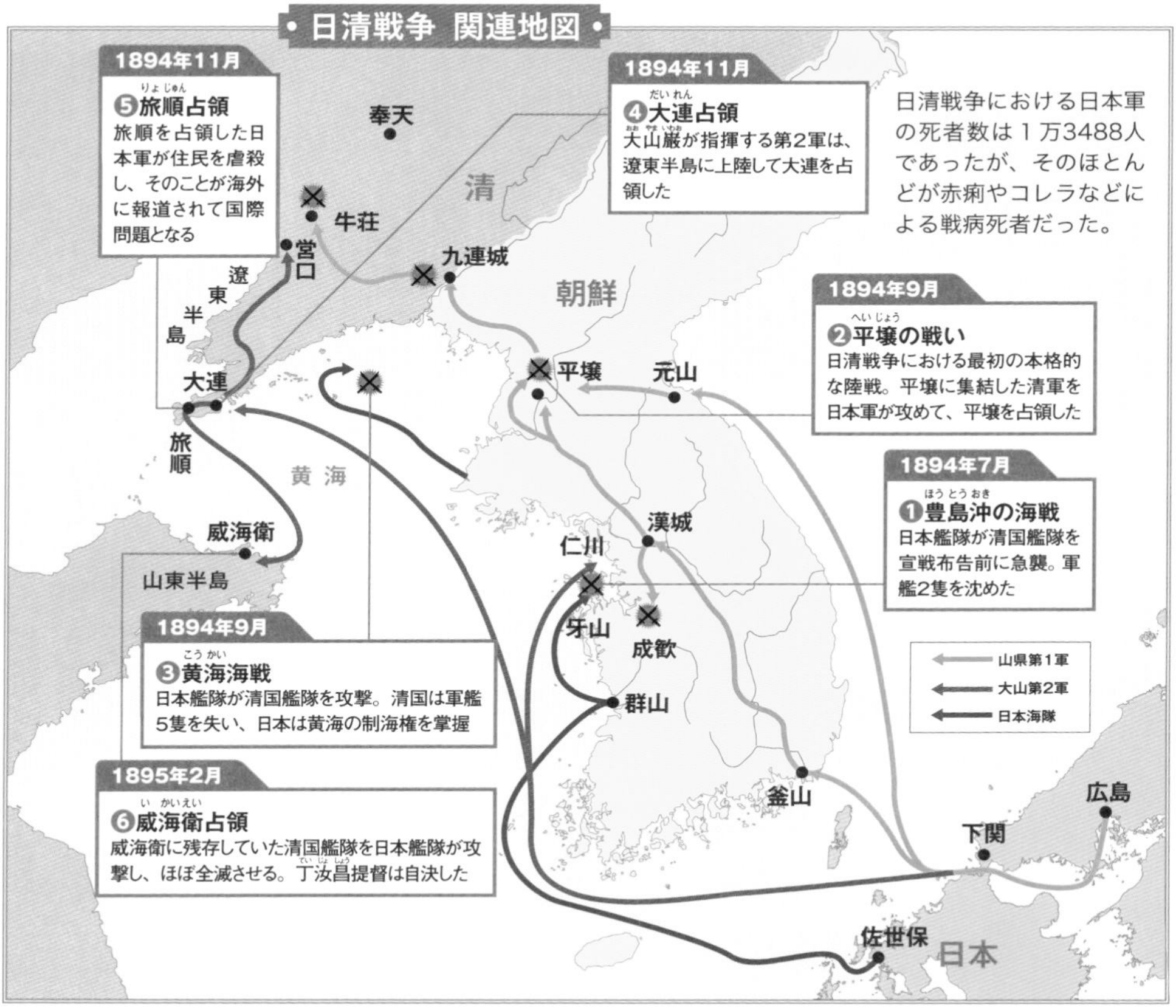

・日清戦争 関連地図・
1894年11月
❺旅順占領
旅順を占領した日本軍が住民を虐殺し、そのことが海外に報道されて国際問題となる
1894年11月
❹大連占領
大山巌が指揮する第2軍は、遼東半島に上陸して大連を占領した
日清戦争における日本軍の死者数は１万3488人であったが、そのほとんどが赤痢やコレラなどによる戦病死者だった。
1894年9月
❷平壌の戦い
日清戦争における最初の本格的な陸戦。平壌に集結した清軍を日本軍が攻めて、平壌を占領した
1894年7月
❶豊島沖の海戦
日本艦隊が清国艦隊を宣戦布告前に急襲。軍艦2隻を沈めた
1894年9月
❸黄海海戦
日本艦隊が清国艦隊を攻撃。清国は軍艦5隻を失い、日本は黄海の制海権を掌握
1895年2月
❻威海衛占領
威海衛に残存していた清国艦隊を日本艦隊が攻撃し、ほぼ全滅させる。丁汝昌提督は自決した
山県第1軍
大山第2軍
日本海隊
奉天
清
牛荘
営口
九連城
朝鮮
遼東半島
大連
旅順
黄海
平壌
元山
漢城
仁川
牙山
成歓
群山
威海衛
山東半島
釜山
下関
広島
佐世保
日本

◆国税に占める酒税の割合

1877（明治10）年
その他 11.3%
地租 82.3%
酒税 6.4%
1882（明治15）年
その他 11.3%
地租 64.0%
酒税 24.1%
1897（明治30）年
地租 37.6%
酒税 30.8%
その他 31.6%

している。

また政府は、戦費調達のために**外国債**ではなく、国内向けの**軍事公債（国債）**を発行。総額1億1250万円のうち、約7割は国民が購入し、残りは日本銀行などが引き受けている。日本は自国の経済力だけで、日清戦争を戦ったのである。

日本は近代化した軍隊を活用したことで清軍を圧倒。8か月ほどで勝利した日本は、清と講和条約**「下関条約」**を結び、2億両の賠償金や、**台湾**、**遼東半島**などを獲得し、**朝鮮の独立**を承認させたのである。

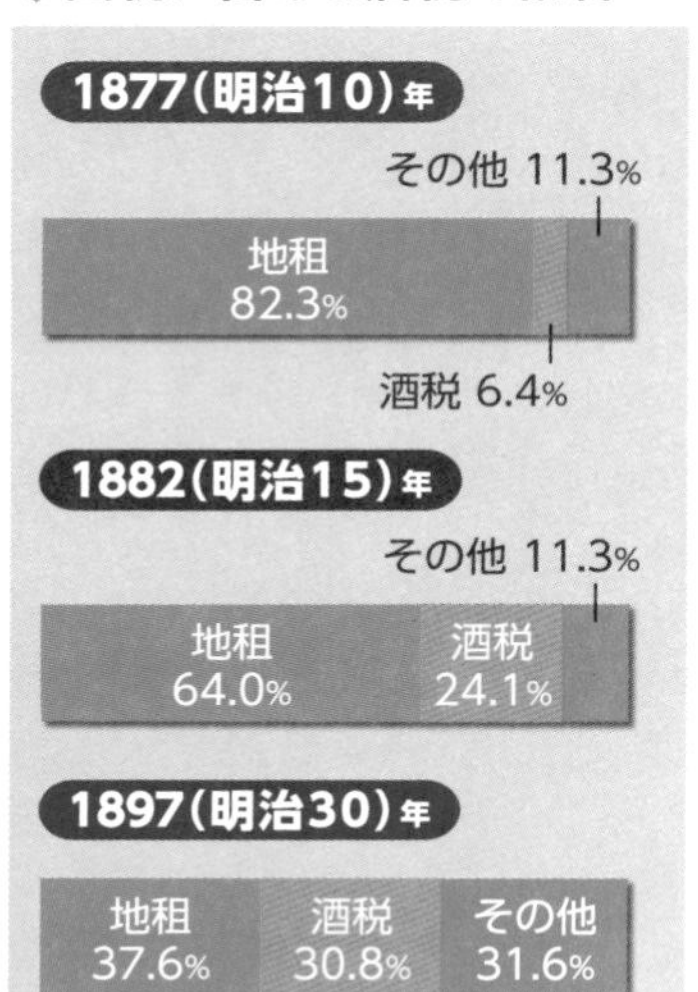

経済

1904年

日露戦争

大国ロシアとの戦争を遂行するため 増税と外国債で 莫大な戦費を調達する

関連ページ
経 P250 日清戦争
戦 P254 韓国併合
戦 P256 第一次世界大戦勃発

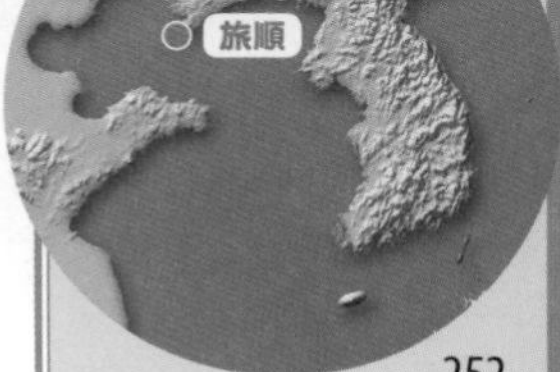

マップ
遼東半島
旅順

戦費を国内でまかなえず外国債を募集する

日清戦争に勝利した日本は、下関条約で**遼東半島**を獲得したが、**ロシア**は**ドイツ・フランス**と協力して、遼東半島を清に返還するように要求した**（三国干渉）**。三国に対抗する実力がないと判断した政府は、遼東半島を清に返還したが、ロシアはその後、遼東半島を**租借地**とし、**韓国**（1897年より国号は大韓帝国）に勢力をのばし、大軍を**満洲**（中国東北部）に駐留させた。

南下政策を進めるロシアを食い止めるため、戦争を覚悟した日本は、**軍備拡張**を計画。1900年には、国家予算の約50％を注ぎ込んで、**軍艦**建造の費用などにあてた。しかしロシアの軍事費は日本の3倍以上もあり、その差は歴然としていた。

1902年、ロシアを警戒するイギリスは日本との利害が一致し、**「日英同盟」**が結ばれることになった。といっても、当時の国民の大部分はロシアとの戦争に消極的で、政府首脳も開戦を避ける方向で交渉を続けていた。しかし、ロシアは強硬な態度を崩さず、ついに1904年、**「日露戦争」**がはじまった。

戦費調達のため**地租**は2.5％から**5.5%**に、**所得税**は**1.7倍**に上げられた。また、**国債**も発行されたが、国内でまかなうのは不可能だったため、外国債を募集することになった。開戦当時、世界中の国が「日本は敗北する」と考えていたので、外国債を買ってもらうことは困難だったが、日本銀行副総裁の**高橋是清**は、「関税収入で必ず支払う」と、イギリスの

戦費の比較

戦争	戦費
日露戦争	18.3億円
北清事変	0.4億円
日清戦争	2.5億円
西南戦争	0.4億円

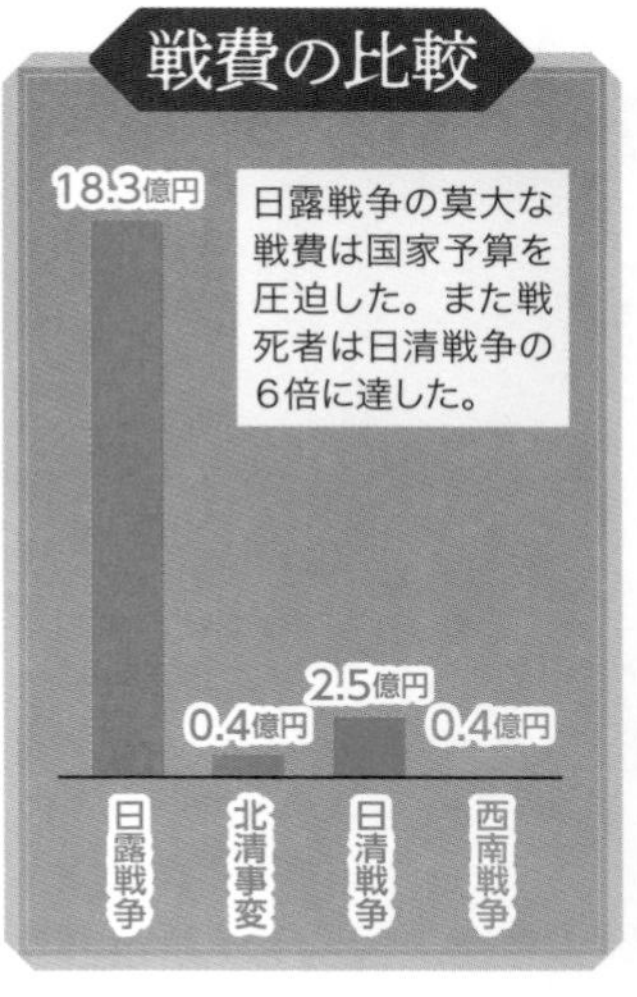

日露戦争の莫大な戦費は国家予算を圧迫した。また戦死者は日清戦争の6倍に達した。

銀行家を説得し続けた。さらに日本軍が緒戦に勝利したことで、日本債の人気が高まり、最終的には13億円を確保できた。

日本軍は**旅順**を陥落させ、**日本海海戦**で勝利したことで、戦いを有利に進めたが、戦費は**18億円**に達し、戦争を継続できる状態になかった。そこで日本政府は、アメリカ大統領に和平の仲介を依頼。一方のロシアも、**第一次ロシア革命**が勃発したため、和平を受け入れ、**「ポーツマス条約」**が結ばれることになった。日本は、韓国に対する保護権を承認させ、**樺太の南半分**を割譲させたが、賠償金は得られなかった。日本政府は、ロシアが戦争を継続するのを避けるため、**国力が限界**に達していたことを国民に伝えていなかった。

増税に耐えてきた国民は、賠償金を得られないことに不満を爆発させ、**「日比谷焼打ち事件」**などの暴動を各地で起こしたのである。

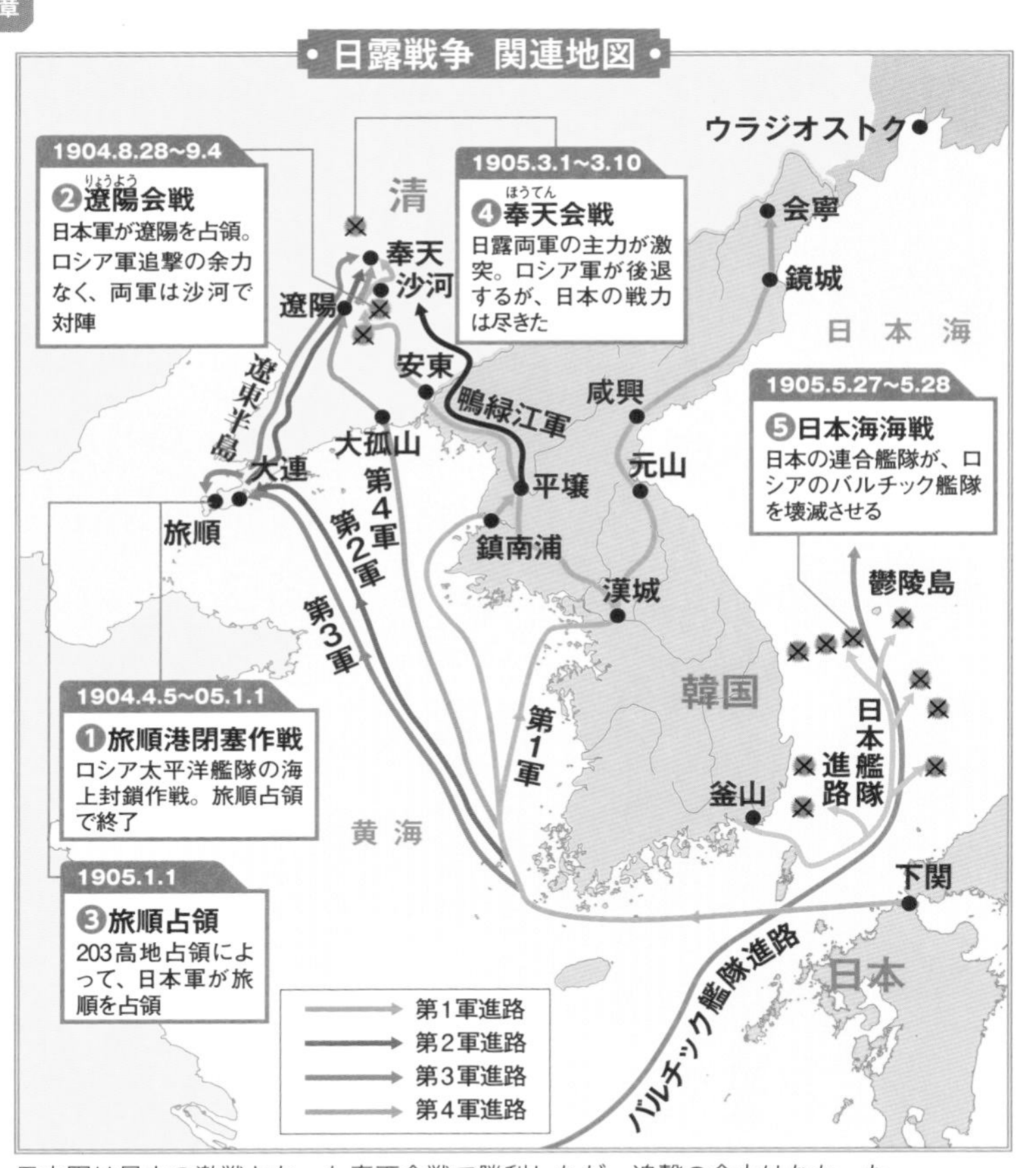

日本軍は最大の激戦となった奉天会戦で勝利したが、追撃の余力はなかった。

ウィッテ　小村寿太郎

◆ポーツマス会議

1905年、アメリカのポーツマスにおいて、日本全権・小村寿太郎（外務大臣）と、ロシア全権・ウィッテとの間でポーツマス条約が結ばれた。

戦争

1910年

韓国併合

日本は安全保障上の利益を最優先して植民地を周辺の地域に獲得していく

伊藤博文の暗殺後に韓国併合を強行する

日本は日清戦争（➡P250）で**台湾**と**澎湖諸島**（台湾海峡にある島々）を獲得し、日露戦争（➡P252）で**南樺太**を獲得。**関東州**（旅順・大連一帯）を租借地とした。

日露戦争の最中の1904年、日本は**「第一次日韓協約」**を結び、韓国の財政と外交に介入し、翌年にはアメリカとの間で**「桂・タフト協定」**を結び、日米は「アメリカのフィリピン進出」と「日本による韓国の保護国化」を相互で認め合った。

ポーツマス条約によって韓国に対する保護権を手に入れると、日本は**「第二次日韓協約」**を結んで韓国の外交権を奪い、漢城（ソウル）に支配機関として**「韓国統監府」**を置き、初代統監には**伊藤博文**が就任した。

こうして日本は、韓国を**「保護国」**にしたが、伊藤は、韓国の秩序や価値観を可能な限り尊重し、韓国の近代化を進めようと考えており、**韓国併合**には否定的だった。

1907年、日本は**「第三次日韓協約」**を結んで韓国の内政権と軍事権を握ったが、韓国内では反発が起こり、**義兵**による独立運動が盛んになった。伊藤は日本陸軍による過度な鎮圧行動を抑制し、民衆に危害が

historical note

児玉源太郎から台湾統治のすべてを任された後藤新平

下関条約で日本の植民地になった台湾では、当初、抵抗運動が続いた。1898年から台湾総督を務めた陸軍の児玉源太郎は、後藤新平の才能を見抜いて民政局長に抜擢し、台湾統治のすべてを任せた。後藤は警察力を強化しつつ、従う者には穏健な対応を取り、抵抗運動をしずめた。また台湾旧来の習慣を尊重し、農業・文化の振興にも努め、台湾統治を安定させていった。

後藤新平は、関東大震災(➡P261)で壊滅的な被害を受けた東京の復興に尽力した。

関連ページ
経 P252 日露戦争
戦 P256 第一次世界大戦勃発
戦 P260 第一次世界大戦終結

マップ

京城（ソウル）

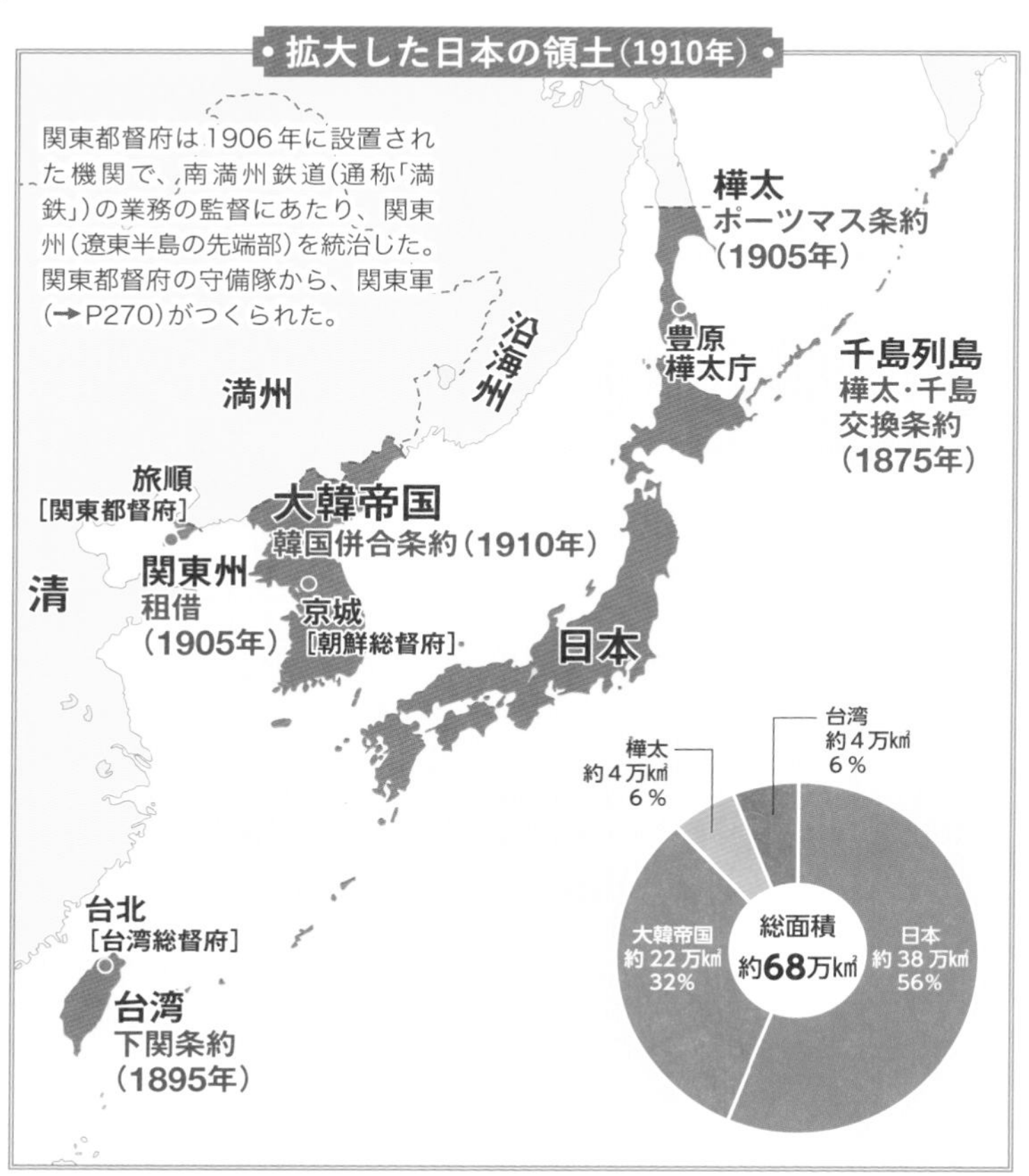

及ばないように努めたが、義兵の死者は２万人近くに達してしまった。

１９０９年、伊藤が、韓国の民族運動家・**安重根**（アンジュングン）に暗殺されると、日本は韓国の併合を強行して植民地とし、名称を**「朝鮮」**に、首都・漢城を**「京城」**と改め、統治機関として**「朝鮮総督府」**を置いた。初代朝鮮総督には**寺内正毅**（てらうちまさたけ）が就任し、当初、朝鮮総督には陸軍・海軍の現役武官が任命され、武力を背景とした**「武断政治」**が行われたのである。

こうして日本は周辺地域の植民地化を進めていったが、この時期まで、その主要な目的は、貿易による日本市場の拡大など、経済的なものというよりは、周辺部の**海峡**や**朝鮮半島**を支配下に置くことによって、日本本土をロシアなど諸外国の脅威から守るためのものであった。

◆**朝鮮総督府**

日本が朝鮮に置いた植民地統治機関。庁舎は1926年、朝鮮国の王宮「景福宮」の敷地内の建物を破却して築かれた。現在は解体・撤去されている。

戦争

1914年

第一次世界大戦勃発

ヨーロッパで死闘が繰り広げられているすきに 権益拡大を狙う日本は青島と南洋諸島を占領

関連ページ

戦 P254 韓国併合
経 P258 米騒動
戦 P260 第一次世界大戦終結

マップ

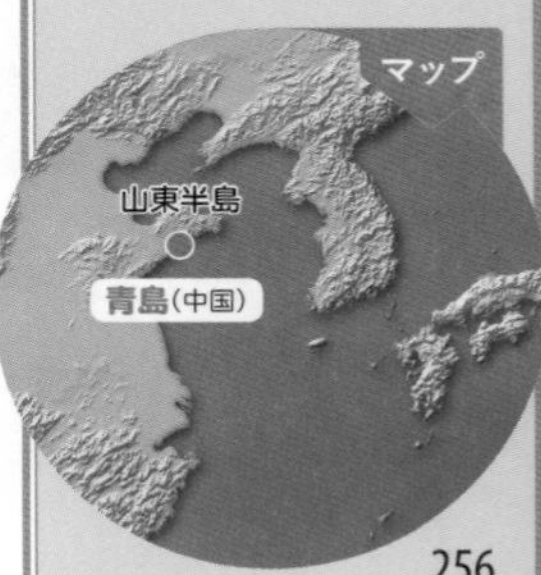

革命で混乱する中国に対しドイツ権益の継承を主張

国会が開設された当初、**選挙権**は高額納税者に限られ、有権者は約45万人（人口比1.1％）だった。しかし日露戦争のとき増税となり、選挙権を得られる納税額が下げられた結果、1908年には、選挙権を持つ人が約160万人に達した。

こうしたなか、**大正天皇**が即位すると、立憲政友会の**尾崎行雄**や、立憲国民党の**犬養毅**らは、藩閥を後ろ盾にする桂首相を攻撃し、民衆もこれを支持したため、桂内閣は退陣に追い込まれてしまう**（大正政変）**。

桂を継いだ**山本権兵衛首相**も、汚職事件**「ジーメンス事件」**によって、世論の批判を浴びて退任。このため政府は、国民に人気の高かった**大隈重信**を首相に起用した。このように、大正時代には政党を中心として**「大正デモクラシー」**と呼ばれる民主主義的な風潮が高まり、**藩閥・軍部**による独裁は批判されたのである。

大隈が組閣した直後、ヨーロッパにおいて、緊張関係を高めていた**同盟国**（ドイツ・オーストリア・オスマン帝国など）と、**連合国**（イギリス・フランス・ロシアなど）は、オーストリア皇太子が暗殺されたのをきっかけに戦闘を開始し、**「第一次**

historical note

イギリスの意向を無視して日本はドイツに宣戦布告した

日本は日英同盟の名目でドイツに宣戦布告しようとしたが、イギリスは日本が中国で戦乱を起こすことで、対中貿易の利益が減ることを恐れ、日本の参戦に反対していた。しかし外相・加藤高明はこれに応じず、ドイツへ「山東半島の膠州湾租借地を中国に返還せよ」という最後通牒を突き付けた。これが無視されると、日本はドイツに宣戦布告した。

加藤高明は、中国に「二十一カ条の要求」を突き付けた。

「第一次世界大戦」が勃発した。

列強諸国がヨーロッパで死闘をくり広げているすきに、東アジアでの勢力拡大を目論む日本は、日英同盟を口実に、ドイツに宣戦布告した。そしてドイツの中国拠点だった山東半島の**青島**（チンタオ）と、ドイツ領であった**南洋諸島**（赤道以北）を占領した。

中国では1911年の**「辛亥革命」**（しんがいかくめい）で清王朝が倒れ、**「中華民国」**が成立していたが、各地に**「軍閥」**と呼ばれる軍事組織が割拠して勢力争いを続けていた。この混乱を利用して権益拡大を狙った日本は、中華民国の臨時大総統・**袁世凱**（えんせいがい）の政府に**「二十一カ条の要求」**を突き付けた。

その内容は山東省内でのドイツ権益の継承や、旅順・大連の租借権の延長などであったが、中国政府に日本人顧問を置くことなど**「保護国化」**につながる条項も含まれていた。

アメリカの抗議などで、内容は多少緩和されたが、日本は最後通牒により要求の大部分を強引に承認させた。これに対し、中国国内では日本への反発が高まり、列強諸国からも日本の**中国進出**は警戒されてしまう。このため日本は、日本の軍艦を地中海に出動させて連合軍に協力し、その代わりに、ドイツ権益の継承を認めさせたのである。

◆青島攻略

1914年11月、日本軍は膠州湾にあるドイツの根拠地・青島を攻撃し、占領した。

「二十一カ条の要求」の主要内容

- 山東省内の旧ドイツ権益の継承
- 旅順・大連の租借期限および南満洲鉄道の権益の延長
- 南満洲・東部内蒙古（内モンゴル）の鉱山採掘権の承認
- 漢冶萍公司（かんやひょうこんす）（製鉄会社）の日中共同経営
- 財政・軍事に関する日本人顧問の採用

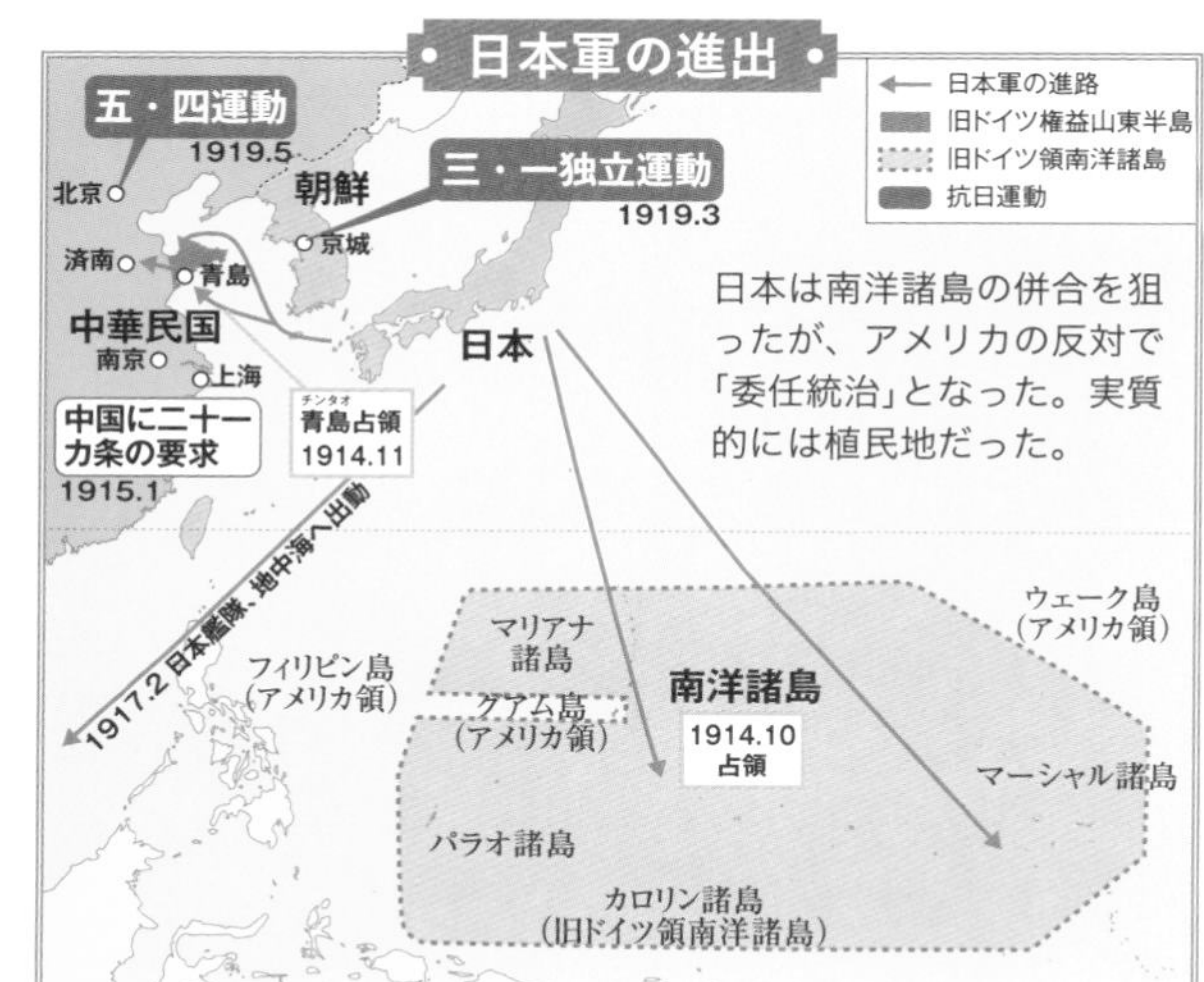

日本軍は開戦からわずか3か月間で山東半島と南洋諸島を占領した。

経済

1918年

米騒動

シベリア出兵が原因で起きた米騒動で藩閥政府は支持を失い本格的政党内閣が誕生

関連ページ

経 P252 日露戦争

戦 P256 第一次世界大戦勃発

戦 P260 第一次世界大戦終結

世界大戦の影響により日本は空前の好景気となる

日露戦争の莫大な戦費のため、国民は**増税**に苦しみ、日本経済は停滞していた。しかし、**第一次世界大戦**（➡P256）でヨーロッパ諸国が輸出する余力を失うと、日本は中国市場をほとんど独占し、さらに世界中に綿糸や綿布などの日本製品を輸出し、**「大戦景気」**と呼ばれる空前の好景気を迎えることになった。

特に、**造船業**や**海運業**は好況となり、**「船成金」**と呼ばれる富豪が続々と誕生。また、輸入に頼っていた鉄鋼や薬品、染料などの**重化学製品**も、ヨーロッパからの輸入が途絶えたことで、**国産化**が進んだ。大戦前に約11億円の債務国だった日本は、貿易額が飛躍的に増加したことで、大戦後には27億円以上の**対外債権**を有する債権国になった。

こうした好景気のなかで、長州出身の**寺内正毅**（てらうちまさたけ）が大隈重信を継いで首相となったが、寺内内閣のもとで行われた総選挙では、**原敬**（はらたかし）の率いる**「立憲政友会」**が勝利した。

これと同時期に、ロシアでは**「ロシア革命」**が起こり、王朝が倒され、労働者階級が権力を握った。こうして世界初の**社会主義政権**が誕生し、独裁体制を築いた**「ソビエト政権」**

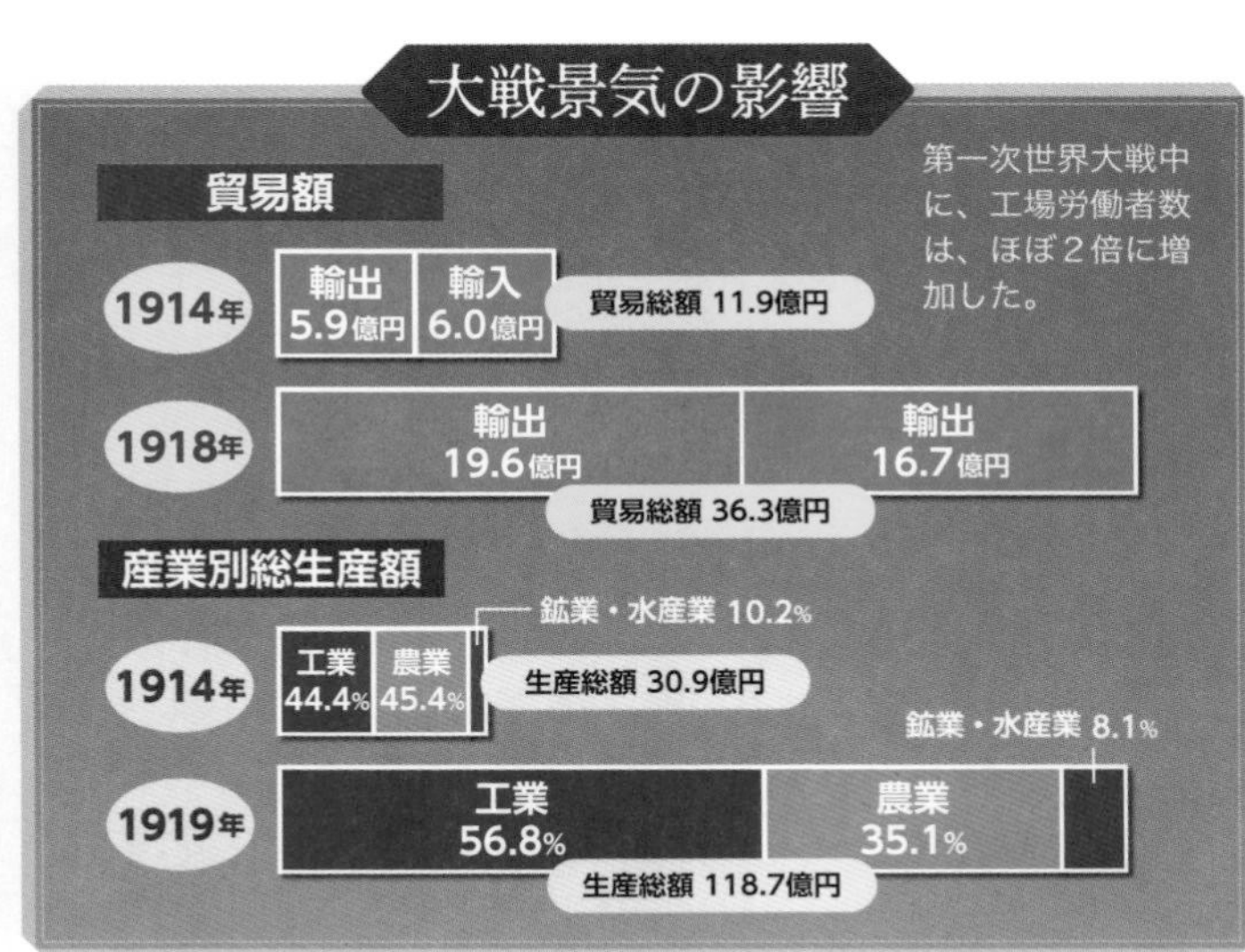

は、ドイツやオーストリアと講和を結んで第一次世界大戦から離脱した。

革命の波及を恐れたイギリスやアメリカなどは、シベリアに軍隊を派遣し、革命阻止を企てた。日本は、これに協力するかたちで大陸に勢力を広げることを狙い、軍隊を派遣したのである**（シベリア出兵）**。

◆シベリア出兵
アメリカ、イギリス、フランス、日本が行ったシベリア出兵は、革命軍の反撃により、日本以外の３カ国は撤退したが、日本は1922年まで駐屯し、約10億円の戦費と、約3000人の戦死者を出し、何も利益が出ないまま失敗に終わった。

大戦の長期化で、**軍用米**の需要が増えたり、好景気で米の消費量が増えたりしたため、米価は上昇を続け、庶民生活を圧迫していた。シベリア出兵が決まると、米価高騰を見込んだ米問屋が米を買い占めたため、米価は半年で2倍以上に急上昇した。

富山県魚津の漁民の主婦らが、米の県外移出の阻止を求めて運動を起こすと、米価引き下げを求める運動は全国に波及し、各地の**米商人**や**精米会社**が襲撃され、警察や軍隊が出動する騒動となった。

この**「米騒動」**で寺内内閣は世論の非難を受けて倒れた。藩閥出身の首相では国民が納得しないと判断した政府首脳は、衆議院第一党であった立憲政友会の総裁・原敬を首相に選んだ。岩手県出身で、爵位がないため**「平民宰相」**と呼ばれた原は、陸相・海相・外相以外の全閣僚を立憲政友会員から選出し、日本最初の本格的な**「政党内閣」**を成立させたのである。

本格的政党内閣の誕生まで

大戦景気により米の需要が高まり、**米価の上昇**が続く

▼

シベリア出兵をあてこんだ米の買い占めにより米価が急上昇する

▼

全国で**米騒動**が起こり、非難を受けた寺内内閣が倒れる

▼

衆議院第一党の立憲政友会の総裁・**原敬**が首相に任命される

◆原敬（1856～1921） 盛岡藩（岩手県）出身の政治家。1918年に華族の爵位をもたない「平民宰相」として、日本最初の政党内閣を組織。教育の拡張や交通機関の整備などに尽力したが、党利党略をはかったと非難され、東京駅で暗殺された。

第一次世界大戦で戦争体験のなかった日本人は 大震災による廃墟を見て 戦禍を実感する

関連ページ

↓ 戦 P256 第一次世界大戦勃発
↓ 経 P258 米騒動
↓ 経 P266 金融恐慌

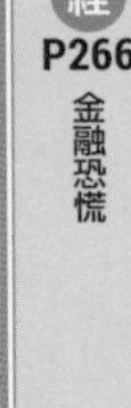

莫大な賠償金によって存亡の危機に立ったドイツ

1918年、**第一次世界大戦**（↓P256）はドイツの降伏で終結した。しかし民間人を含め、世界全体で戦死者は1800万人、戦費は1860億ドルに及ぶ**「総力戦」**となり、ヨーロッパ諸国は深刻な打撃を受けたが、日本軍の戦死者は1000人程度で、国内の被害はなかった。

翌年、**パリ講和会議**が開かれ、**「ベルサイユ条約」**が結ばれたが、ドイツはすべての植民地と、国土の一部（約13％）を失い、徴兵制の廃止など軍備を制限され、1320億マルク（現在の約200兆円）という巨額の賠償金を課せられた。ドイツに課された過酷な条件は、総力戦の敗北が、**国家の存続**を困難にすることを示す結果となったのである。

パリ講和会議において、日本はドイツがもっていた山東半島の権益を継承し、旧ドイツ領の南洋諸島の委任統治権を得ることを認めさせた。

しかし、中国では学生らが日本の侵略政策に反対する**「五・四運動」**を起こし、朝鮮では独立を求める民族運動**「三・一独立運動」**が起こった。日本は三・一独立運動を武力弾圧し、7000人以上の死者を出したため、

◆ワシントン会議
史上初の軍縮会議で、日本の主力艦保有率は米英に対して6割に制限された。

欧米から激しく非難された。

翌年、アメリカ大統領ウィルソンの提案によって、国際平和を維持するための国際機構として**「国際連盟」**が成立し、日本は**常任理事国**となり、発言権を強めていった。

しかし、日本の中国進出を警戒するアメリカは、1921年、アジア・太平洋地域に「国際協調」と「軍縮」を基調とする新しい国際秩序を築くため、各国を招いてワシントン会議を開き、翌年、イギリスや日本などとの間で**「ワシントン海軍軍縮条約」**を結んだ。これにより日本の**主力艦保有率**は、英米の6割とされ、**海軍**は大規模な軍縮を実行し、**陸軍**の軍縮も行われることになった。

第一次世界大戦中、日本は大戦景気に沸いていたが、大戦後にヨーロッパの生産が回復すると、過剰生産などが原因で、**「戦後恐慌」**が発生してしまう。不景気が続くなか、1923年、南関東を最大震度7の巨大地震が襲った。この**「関東大震災」**で、東京や横浜では大規模な火災が発生して廃墟と化し、10万人以上が犠牲となった。被害総額は推計で55億円に達し、これは当時の国家予算の4倍に相当するものだった。日本経済は失速し、**金融恐慌**（➡P266）が引き起こされた。

関東大震災は、日本人に戦争の被害を実感させた。日清戦争以降、日本は戦場にならず、ほとんどの日本人は戦争の被害を直接受けることはなかった。皮肉にも、関東大震災は**戦争の惨禍**を日本人に実感させることになったのである。そして、戦争に対する不安は、「いくら**戦費**をかけても、戦争には負けられない」という意識を生み出す要因にもなった。

戦争に対する意識の変化

敗戦国ドイツがすべての植民地と国土の一部を失い、莫大な賠償金を課された	関東大震災で廃墟になった大都市を見た日本人は、戦争による惨禍を想像し、実感した

▼

「戦争に負けないために、戦費をどれだけかけてもいい」という意識を生み出した

長崎大学附属図書館所蔵

◆炎上する神奈川県庁

関東大震災による横浜市の被害は甚大で、住宅全壊棟数は東京を上回った。

6章 昭和時代～現代

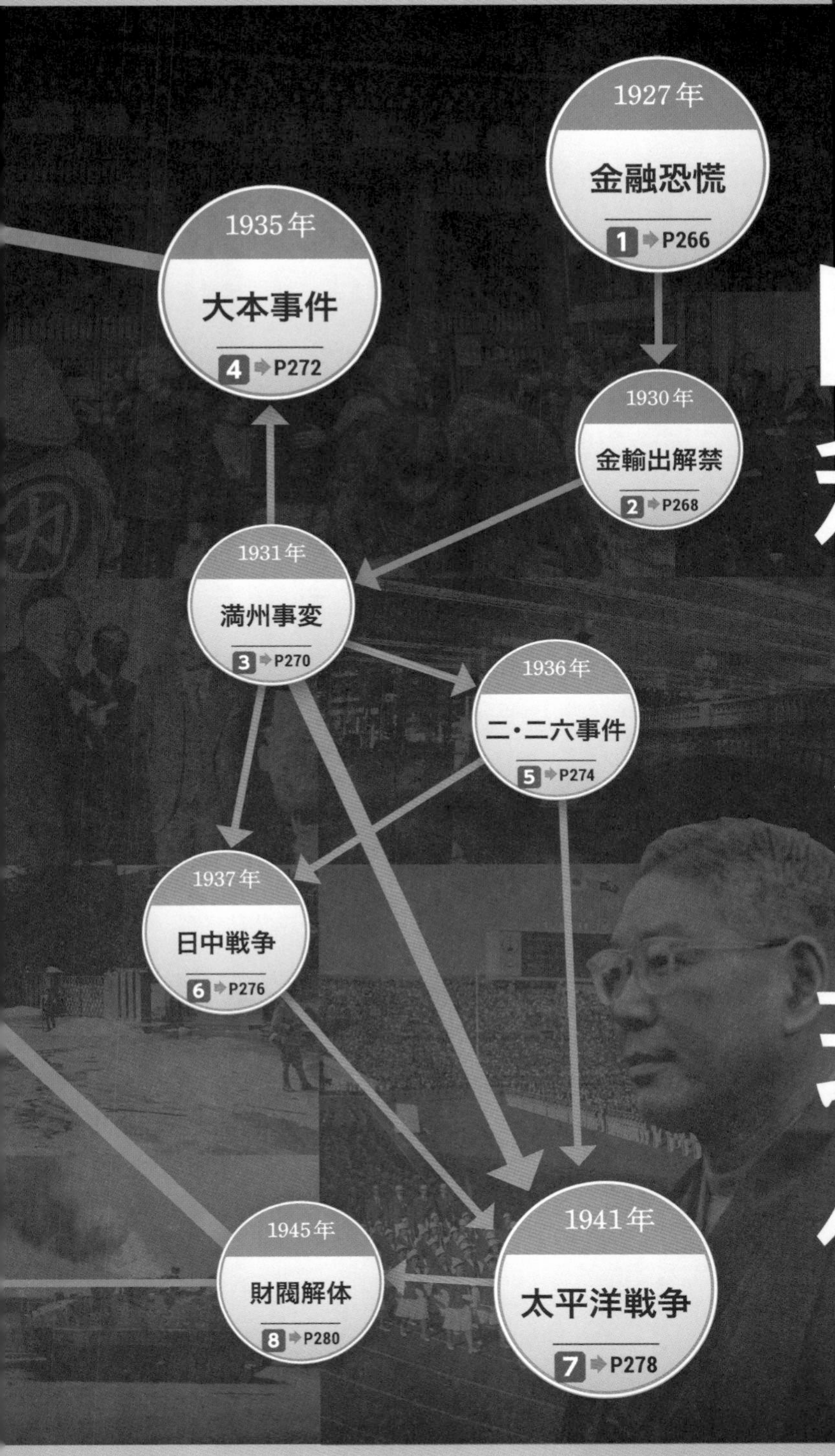

1927年
金融恐慌
1 ➡P266

1930年
金輸出解禁
2 ➡P268

1931年
満州事変
3 ➡P270

1935年
大本事件
4 ➡P272

1936年
二・二六事件
5 ➡P274

1937年
日中戦争
6 ➡P276

1941年
太平洋戦争
7 ➡P278

1945年
財閥解体
8 ➡P280

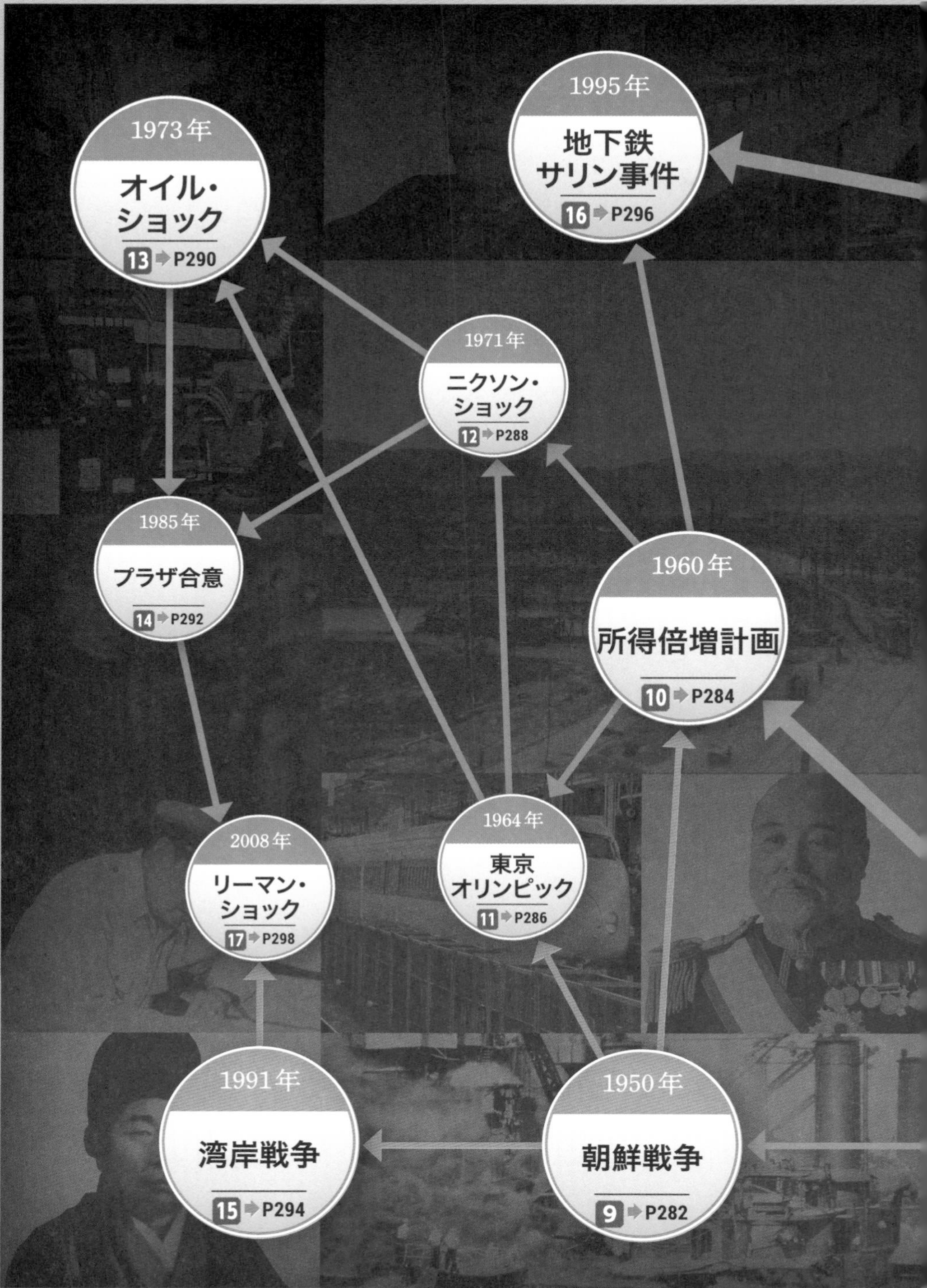

1995年
地下鉄
サリン事件
16 ➡ P296

1973年
オイル・
ショック
13 ➡ P290

1971年
ニクソン・
ショック
12 ➡ P288

1985年
プラザ合意
14 ➡ P292

1960年
所得倍増計画
10 ➡ P284

2008年
リーマン・
ショック
17 ➡ P298

1964年
東京
オリンピック
11 ➡ P286

1991年
湾岸戦争
15 ➡ P294

1950年
朝鮮戦争
9 ➡ P282

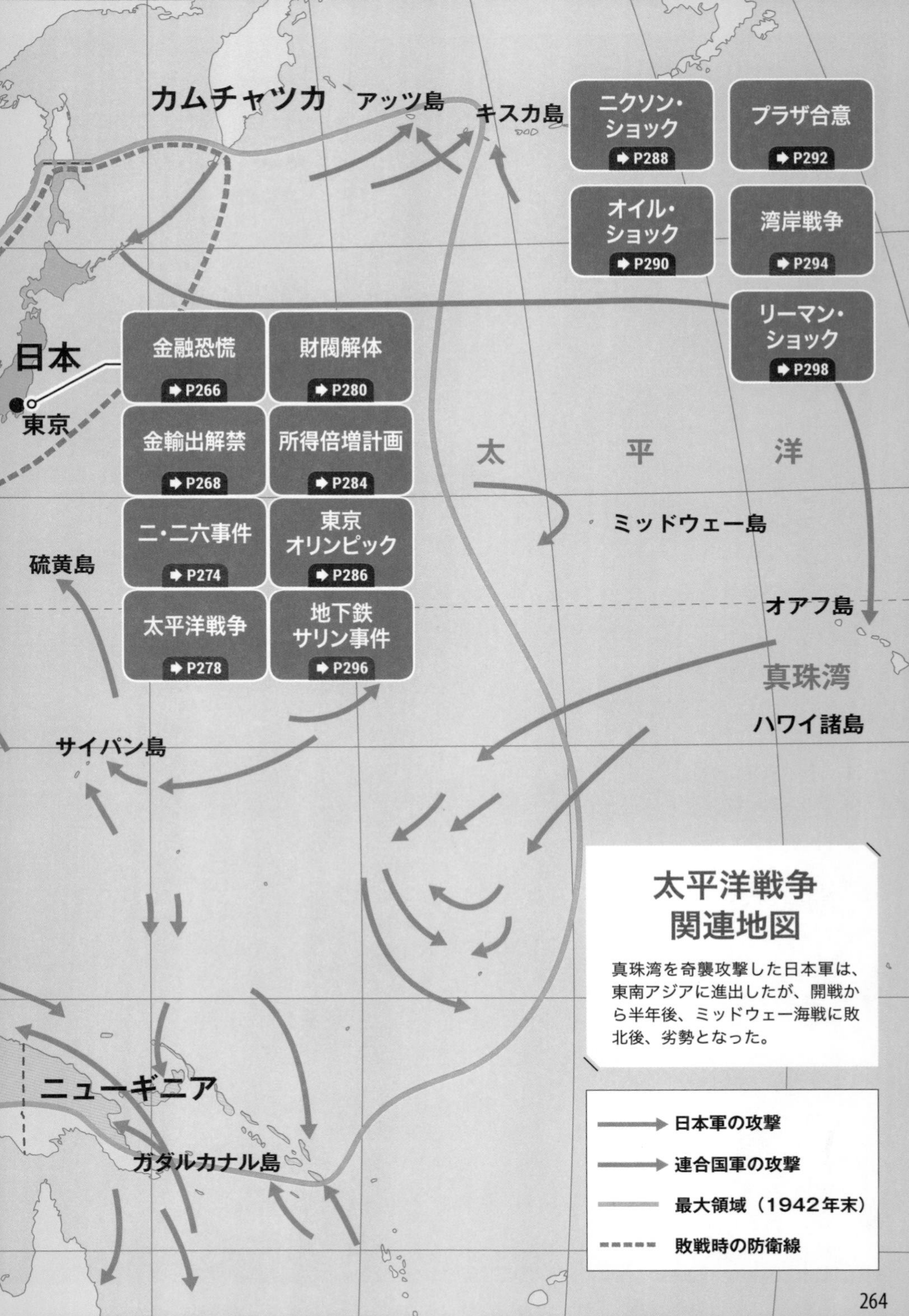
カムチャツカ
アッツ島
キスカ島
ニクソン・ショック
➡P288
プラザ合意
➡P292
オイル・ショック
➡P290
湾岸戦争
➡P294
リーマン・ショック
➡P298
日本
東京
金融恐慌
➡P266
財閥解体
➡P280
金輸出解禁
➡P268
所得倍増計画
➡P284
二・二六事件
➡P274
東京オリンピック
➡P286
太平洋戦争
➡P278
地下鉄サリン事件
➡P296
太
平
洋
ミッドウェー島
硫黄島
オアフ島
真珠湾
ハワイ諸島
サイパン島
ニューギニア
ガダルカナル島
太平洋戦争関連地図
真珠湾を奇襲攻撃した日本軍は、東南アジアに進出したが、開戦から半年後、ミッドウェー海戦に敗北後、劣勢となった。
日本軍の攻撃
連合国軍の攻撃
最大領域（1942年末）
敗戦時の防衛線

昭和時代～現代のさくいんMAP

昭和時代、深刻な不況が日本を襲うと、軍部は満州事変を起こして戦線を拡大。さらに日本は太平洋戦争をはじめるがアメリカに敗れ、占領下に置かれた。独立後、日本は経済を回復させ、先進国の仲間入りを果たした。

満州事変 ➡P270

満州国

北京

朝鮮

広島

長崎

中華民国

南京

上海

重慶

日中戦争 ➡P276

朝鮮戦争 ➡P282

沖縄

台湾

香港

ビルマ

フランス領インドシナ

ラングーン

タイ

バンコク

大本事件 ➡P272

イギリス領インド

フィリピン

レイテ島

マレー

シンガポール

オランダ領東インド

オーストラリア

※この２ページのマップは６章の「さくいん」にもなっています。このため、地図と時代が合っていない「できごと」も紹介しています。

1927年

金融恐慌

震災手形の処理の遅れで経済が混乱するが 紙幣の大量発行で取付け騒ぎは鎮まる

昭和時代の幕開けは「金融恐慌」だった

関東大震災（↓P261）は、第一次世界大戦後の**「戦後恐慌」**のなかで発生したため、日本経済に大きな打撃を与え、倒産する企業が続出した。震災直後、決済不能の手形が大量に出ることを想定した政府は、債務の支払いを1カ月猶予する**「モラトリアム（支払猶予令）」**を出し、銀行に集中していた不渡り手形（震災手形）を日本銀行に買い取らせた。

当時の国家予算は約15億円であったが、日本銀行が買い取った震災手形の総額は4億3000万円に達していた。

関東大震災の復興にあたっていた**山本権兵衛**内閣は、**裕仁（ひろひと）親王**（後の昭和天皇）が狙撃された**「虎の門事件」**の責任を取って退陣し、貴族院や官僚に支持を受けた**清浦圭吾**内閣が成立した。

しかし1924年の総選挙で、清浦内閣の支持派は、納税額による選挙権の制限を撤廃する**「普通選挙」**を求める**「護憲三派」**（立憲政友会・憲政会・革新倶楽部）に大敗。清浦内閣は退陣し、憲政会の総裁・**加藤高明**が首相に就任した。翌年、加藤内閣のもとで**「普通選挙法」**が成立し、満25歳以上の男性すべてに**選挙**

毎日新聞社提供

◆取付け騒ぎ
金融恐慌で不安に陥った預金者は、銀行に押し寄せ、取付け騒ぎが発生した。

関連ページ
戦 P260 第一次世界大戦終結
経 P268 金輸出解禁
戦 P274 二・二六事件

権が与えられたが、女性の参政権は認められなかった。普通選挙法成立後、加藤首相は亡くなり、後継者は憲政会の**若槻礼次郎**に決まった。

翌年末、大正天皇が亡くなり、**昭和天皇**が即位した。この時期、日本銀行が買い取った震災手形の半分にあたる約2億円が未決済となっていた。これは、震災とは関係のない経営不振の企業の手形まで、「震災手形」として買い取らせていたためであった。

「不良債権を抱える銀行が破綻する」という情報が広まると、預金者は銀行に殺到し、**「取付け騒ぎ」**が起きた。こうして中小銀行の休業・倒産が相次ぎ、**「金融恐慌」**がはじまった。

未決済の震災手形のうち、1億円弱を占めていたのが、総合商社**「鈴木商店」**に融資していた**「台湾銀行」**の手形だった。鈴木商店が倒産すると、若槻内閣は台湾銀行を救済するため、**緊急勅令**（天皇の命令）を発布しようとしたが、枢密院で否決されて総辞職。

次いで成立した立憲政友会の**田中義一**内閣は、3週間のモラトリアムを出して全国の銀行を**一時休業**させ、取付け騒ぎを鎮静化させた。そして、大量の紙幣を銀行に供給し、預金者の不安を鎮め、金融恐慌を終息させることに成功したのである。

金融恐慌の流れ

第一次世界大戦後に「戦後恐慌」が発生する

▼

関東大震災で発生した大量の「震災手形」を日本銀行が買い取る

▼

震災手形に、経営不振の企業の手形が大量に混ざっていたため処理が遅れる

▼

「銀行が破綻する」という情報が広まり、取付け騒ぎが発生し、「金融恐慌」が起こる

▼

若槻内閣は、不良債権を抱えた台湾銀行を救済しようとするが失敗

▼

田中内閣はモラトリアムを発して全国の銀行を休業させ、大量の紙幣を銀行に供給して恐慌を鎮める

表　裏

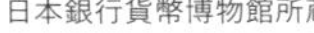

日本銀行貨幣博物館所蔵

◆裏白紙幣

金融恐慌対策のため、短期間で大量の紙幣を発行する必要があったため、裏面の印刷を省いた紙幣が発行された。

経済

1930年

金輸出解禁

輸出促進のため金輸出の解禁は断行されたが世界恐慌がはじまる最悪のタイミングだった

関連ページ
経 P250 日清戦争
経 P266 金融恐慌
戦 P270 満州事変

マップ
東京

金解禁の混乱によって「昭和恐慌」が発生する

19世紀末、世界では金の保有量によって貨幣の発行量が決まる**「金本位制」**が確立した。明治政府も制度上は金本位制を取り入れたが、金不足のため、実質的には**「金銀複本位制」**（→P236）であった。その後、日清戦争で得た賠償金を**準備金**にして、念願の金本位制を確立したのである。

第一次世界大戦がはじまると、各国は金の流出を防ぐため、金本位制を停止して金の輸出を禁止し、金の保有量とは無関係に貨幣を発行できる**「管理通貨制度」**に移行していった。日本も大戦中の1917年に金輸出を禁止した。

大戦後、各国は金本位制に復帰したが、日本は紙幣の大量発行によるインフレーションや、工業の国際競争力の低さなどから、輸入超過による赤字が続き、金流出が避けられなかったため、**金の輸出解禁（金解禁）**に踏み切れなかった。しかし、国内市場が小さな日本では、輸出を増大させるしか不況を脱出する道はなく、輸出増大のためには、金解禁で外国**為替相場**を安定させる必要があった。

田中内閣に続く、立憲民政党の**浜口雄幸**内閣は、**井上準之助**を大蔵大

historical note

過剰な投機や生産によって株価大暴落を招いたアメリカ

第一次世界大戦で戦場にならなかったアメリカは、軍事物資の輸出や戦費の貸付けなどで巨額の利益を上げ、世界最大の債権国になった。1920年代、アメリカには世界の金の約45%が集中し、空前の好景気を迎えたが、過剰な投機や、需要を上回る過剰生産などが原因で、1929年10月、株価が大暴落し、世界恐慌を引き起こした。

株価の大暴落を知った人々は、ニューヨークのウォール街にある証券取引所に押し寄せた。

臣に任命し、金解禁に向けて、緊縮財政による**デフレ政策**を実行し、1930年1月、金解禁を断行した。

このとき井上は、「円」の国際的信用を保つため、金本位制停止前の割高な相場で解禁したため、実質は**「円安」**であるのに**「円高」**の状態になり、輸出に不利な状況となってしまう。それに加えて、前年10月、アメリカのニューヨーク株式市場で株価が暴落した影響で、**「世界恐慌」**が発生し、日本経済に波及した。

日本製品は海外で売れず、多額の貿易赤字により金の流出は激化し、その総額は、わずか2年間で7億3000万円に達した。日本は深刻な不況に陥り、**「昭和恐慌」**が発生。物価は下落し、倒産が相次ぎ、失業者は約200万人に達した。

1931年、世界恐慌の影響でイギリスが再び金輸出を禁止すると、各国もこれにならい、日本も**犬養毅**内閣の**高橋是清**蔵相が、再び金輸出を禁止したのである。

金輸出解禁の影響

第一次世界大戦がはじまり、金の国外流出を防ぐため、日本や各国は**金の輸出を禁止**する

大戦後、各国は金の輸出を解禁するが、貿易赤字が続く日本は、**金解禁**に踏み切れなかった

輸出促進によって不況から脱するため、金解禁を断行するが、金輸出禁止前の為替相場で解禁したため、**輸出に不利**だった

金輸出禁止前の相場 円高
100円＝49.85ドル → 輸出に不利

為替相場の実勢価格 円安
100円＝46.46ドル → 輸出に有利

世界恐慌によって、日本製品は海外で売れず、**貿易赤字**が拡大

昭和恐慌が発生

◆浜口雄幸
（1870～1931）
1929年、立憲民政党の総裁として首相に就任。井上準之助蔵相に緊縮財政を進めさせ、金解禁を断行。外交では海軍の反対を押し切ってロンドン海軍軍備制限条約に調印したが、東京駅で右翼に狙撃され、翌年死亡した。

◆井上準之助
（1869～1932）
1919年、日銀総裁に就任後、山本権兵衛内閣で蔵相となり、再び日銀総裁となる。浜口雄幸内閣の蔵相となり、金解禁を実施したが、経済は混乱。血盟団員に暗殺された。

戦争

1931年

満州事変

関東軍は満洲から獲得した資源で仮想敵アメリカとの長期戦を戦うつもりだった

関東軍は政府を無視して満洲で軍事行動を拡大する

第一次世界大戦で敗北したドイツは国家存亡が危うくなるほどの講和条件を飲まされ、勝利したイギリスやフランスなども国土が荒廃し、莫大な戦費が財政負担となった。このため、**長期戦・消耗戦**を避けたいという考えを各国が共有し、**国際協調**と**軍縮**の動きが広がった。

１９３０年、**「ワシントン海軍軍縮条約」**（➡２６１）の期限切れと更新のため、**「ロンドン海軍軍縮条約」**が結ばれ、それまで無制限だった**補助艦**の保有量について、日本はアメリカの7割弱に抑えられた。この結果、海軍内部では、条約に賛成する「条約派」と反対する「艦隊派」が対立した。

艦隊派は、「条約調印は、**統帥権**の干犯（権利侵害）」だと浜口内閣を非難。これに賛同した国家主義者によって、首相の浜口雄幸や、元蔵相の井上準之助は暗殺されてしまう。

強硬的な考えをもつ日本の軍人たちは、将来、中国との権益を巡ってアメリカと対立することを予期していた。**資源大国**であるアメリカは長期戦に耐えうる世界唯一の国家であり、日本の軍人も、アメリカとの戦争に勝算のないことは自覚していた。

ユニフォトプレス提供

満洲国旗

◇関東軍
関東軍は政府の意向を無視して満州事変を推進し、満洲国を建国した。

関連ページ

宗 P272 大本事件

戦 P274 二・二六事件
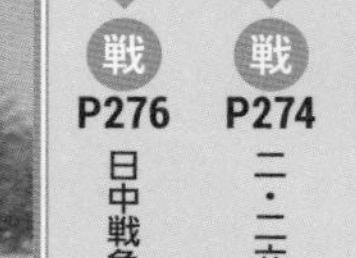
戦 P276 日中戦争

しかし、**中国**を占領して「資源獲得基地」として活用すれば、長期戦が可能になると考えていたのである。

関東州（遼東半島の租借地）に駐留する日本陸軍**「関東軍」**の**石原莞爾**らは、ロシア革命後に成立した**ソビエト連邦**（ソ連）が弱体のうちに、満蒙（満洲と内蒙古）を中国政府から分離させて直接統治することを狙い、1931年9月、奉天郊外の**柳条湖**で南満州鉄道を爆破。これを中国の張学良の軍隊のせいにして、軍事行動を起こした**（柳条湖事件）**。

この事件は、石原ら関東軍参謀が周到に準備を重ね、独断で実行したもので、これを契機に、関東軍は満洲の主要都市を占領していった。若槻礼次郎内閣は**不拡大方針**を表明したが、関東軍はこれを無視し、満洲全域を占領した**（満州事変）**。

翌年1月、海軍は上海で中国軍を攻撃し**「第一次上海事変」**を起こした。国際的な関心を満洲事変からそらせるための謀略だったが、日本の侵略行為は列強から非難された。

しかし関東軍は、清朝最後の皇帝だった**溥儀**を執政として、1932年3月、**「満洲国」**の建国を宣言させた。若槻内閣に続く**犬養毅**内閣は、満洲国の承認をためらっていたが、**「五・一五事件」**で犬養首相が軍人に暗殺されると、次の**斎藤実**内閣は、軍部の圧力で満洲国承認へと傾き、国民もこれを支持した。

一方、中国から「満州事変は侵略行為」と提訴された**国際連盟**は**「リットン調査団」**を派遣し、報告書を発表した。報告書の内容は、満州事変を侵略と判断しながら、満洲での権益を日本に認める内容だった。しかしこれに満足しない日本は**「日満議定書」**を取り交わして、満洲国をいち早く承認し、さらに中国の熱河省（内蒙古）に軍隊を侵攻させた。

この結果、日本は国際連盟の敵とみなされ、満洲国承認の撤回を求める勧告案が、42対1（日本だけ反対）で可決されてしまう。全権・**松岡洋右**は会場から退場し、日本は国際連盟脱退を通告。こうして日本は国際的に孤立していった。

満州事変が起きた理由

- 関東軍は、将来アメリカとの**長期戦**を想定し、満洲を**資源獲得基地**にしたかった。
- ロシア革命後に成立した**ソ連が弱体**のうちに、満洲を占領しておきたかった。
- **国民**が関東軍の軍事行動を**支持**した。

◆国際記者に囲まれる松岡洋右

国際連盟から経済制裁を受け、また除名される事態を恐れた日本政府は、主張が認められない場合は自ら脱退する方針を固めた。松岡が議場を退場したのは、政府の意向であった。

宗教

1935年

大本事件

戦争に向けて国家神道を推進する政府は 戦時体制の強化のため 宗教弾圧を繰り返す

関連ページ
宗 P238 キリスト教の解禁
宗 P248 大日本帝国憲法
戦 P270 満州事変

マップ
亀岡市（京都府）

新宗教は政府にとって認め難い存在だった

天皇崇拝を軸とする**「国家神道」**は、一般の宗教よりも次元の高い**「超宗教」**であった。黒住教や天理教など神道系の13派は**「教派神道」**（↓P248）として、**仏教**、**キリスト教**とともに国家から公認され、大日本帝国憲法のもとで**「信教の自由」**を保障された。しかし、国家から公認されていない**新宗教**は、危険な存在として厳しい監視を受けることになった。

昭和時代、**金融恐慌**（↓P266）で社会不安が増大したが、国家神道に人々を救済する役割はなかった。こうしたなか急発展したのが、非公認の新宗教**「大本教（おおもときょう）」**であった。

大本教は、1892年、**出口（でぐち）ナオ**が京都府で開いた神道系の新宗教で、**艮（うしとら）の金神（こんじん）**による世直しと、**「みろくの世（神の国）」**の到来を説き、第一次世界大戦期に全国進出した。ナオの死後、娘婿の**出口王仁三郎（でぐちおにさぶろう）**が教義を整理したことで、教団は爆発的に成長し、知識人や軍人の入信が相次いだ。

しかし大本教は、天皇の祖先とされた太陽神アマテラスではなく、別の神を重視していた。さらに王仁三郎は政府の富国強兵策を否定し、**「神政復古による大正維新」**を呼びかけたため政府に危険視され、1921年、不敬罪と新聞紙法違反などで大本教は弾圧を受け、王仁三郎は検挙されてしまう**（第一次大本事件）**。

王仁三郎は出獄後、1934年に救国運動を目的とする**「昭和神聖会」**を結成し、皇族内閣の実現や、軍縮条約の撤廃など、愛国的な主張を展

◆出口王仁三郎（1871～1948）
大本教の教団確立者。第二次大本事件で投獄されたが、戦後、無罪となった。

開した。当時の信者数は数百万といわれ、王仁三郎に賛同する**政治家**や**軍人**は多数にのぼり、高学歴の信者が多いことも特徴だった。当時、満州事変の勃発により日本は**国際連盟**から脱退し、**五・一五事件**で犬養毅首相が青年将校に暗殺されるなど、政情は不安定であった。

大本教団が軍部の革新派と結びつき、クーデターを画策することを危惧した政府は、大本教の壊滅を決断。1935年、不敬罪、治安維持法違反として、警官隊に大本教本部（京都府亀山市）を急襲させ、王仁三郎をはじめ幹部60名を逮捕。教団を徹底的に破壊した**（第二次大本事件）**。

1925年制定の**治安維持法**は、当初は共産主義者が対象だったが、やがて思想・政治活動の弾圧手段となり、宗教家も対象となった。

翌年、新宗教**「ひとのみち教団」**（現在のPL教団）が弾圧された。ひとのみち教団は、天皇崇拝を強調していたが、政府は強引に不敬罪を適用して幹部を逮捕し、解体に追い込んだ。1938年には、天理教から分派した新宗教**「ほんみち」**が、天皇制を否定したため、弾圧を受けた。

戦時体制の強化を狙う政府にとって、新宗教は存在自体が悪であり、弾圧すべき対象となっていたのである。

このように公認宗教であった教派神道や仏教、キリスト教なども、政府の圧力によって次々と戦争に加担・協力させられ、国民は天皇崇拝を**強制**されることになった。

毎日新聞社提供

◆第二次大本事件

亀山の教団本部のほか、東京本部など全国の機関が徹底的に弾圧された。

戦前のおもな宗教弾圧

1935年 第二次大本事件

出口王仁三郎ら幹部を逮捕、翌年に結社禁止命令。

1936年 ひとのみち教団弾圧

教祖の御木徳一（みきとくはる）ら幹部が逮捕され、翌年に結社禁止命令。

1938年 ほんみち教団弾圧

教祖の大西愛次郎ら幹部が逮捕され、翌年に結社禁止命令。

1943年 創価教育学会弾圧

創価教育学会（現在の創価学会）の幹部が逮捕され、会長の牧口常三郎は獄死。

1936年

二・二六事件

連続する恐慌に対応できない政党は国民の支持を失い軍部の台頭を招く

苦境に立つ農村の救済を目指した青年将校たち

普通選挙法を成立させた**加藤高明**内閣の成立から、**犬養毅**首相が暗殺されるまでの8年間は、衆議院で多数を占める政党の党首が内閣を組織する**「憲政の常道」**の時代であった。

しかし、選挙権をもつ男性の約半分は農民で、日本の農地の約半分は小作地だった。このため農村の経済基盤は弱く、**金融恐慌・昭和恐慌**で大きな打撃を受けていた。特に東北地方の不況は深刻で、農作物価格の下落や凶作などによる窮乏によって、娘の身売りや、学校に弁当を持参できない**「欠食児童」**を数多く生み出していた。身売りされた娘たちは、**娼妓**（しょうぎ）にされることも多かった。

口減らしのために農村から都市へ出た者たちの多くも、貧しい暮らしを続けていた。また当時、大学生などは**徴兵猶予**があったため、実際に兵士として徴兵されたのは、進学できない貧しい農村の若者たちだった。

その一方、三井や三菱などの**財閥**は、市場を独占し、巨利を得ていた。長者番付の上位は財閥一族で占められ、**貧富の差**は拡大し続けていた。

国民の目には、政府は不況対策に取り組むことなく、党利党略にふけっているように映った。政治家や財

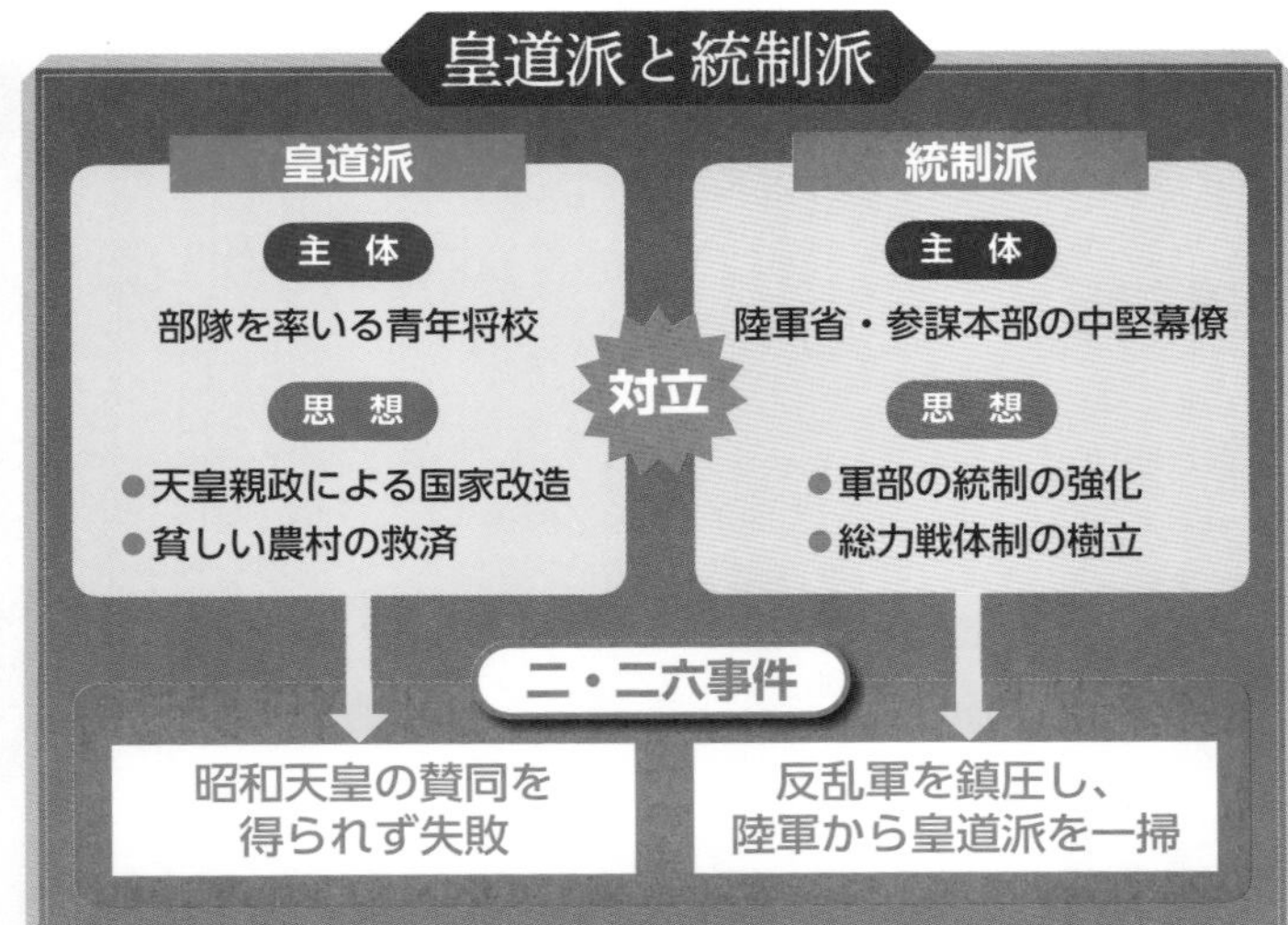

関連ページ
戦 P270 満州事変
戦 P276 日中戦争
戦 P278 太平洋戦争

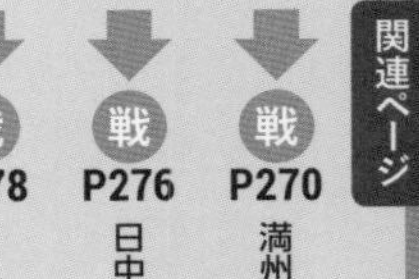

界の指導者に不満を高めた国民は、軍部に期待し、**「満州事変」**が起きると、これを支持したのである。

1930年代、陸軍の内部には、天皇親政を目指す**「皇道派」**と、軍部の統制によって総力戦体制の樹立を目指す**「統制派」**のふたつの派閥が存在し、対立していた。皇道派には、農民出身の兵士を率いる青年将校が多く、統制派には、陸軍省・参謀本部の中堅幕僚が多かった。

農村の悲惨な実情を知る皇道派の急進的な青年将校たちは、不況の原因は政府にあると考え、1936年2月、約1400人の兵を率いて**クーデター**を決行した。**高橋是清**蔵相や**斎藤実**内大臣、**渡辺錠太郎**教育総監らを射殺、陸軍省、参謀本部、国会、首相官邸などを占拠したが、**昭和天皇**の強い意向で、陸軍当局によって鎮圧された。

事件後、統制派は皇道派を排除して陸軍の統制を図り、事件後に成立した**広田弘毅**内閣に迫り、1913年に改正されていた**「軍部大臣現役武官制」**を復活させた。これにより軍部大臣の資格が**現役の武官**に限られ、軍部の意向に沿わない首相は組閣が不可能となった。こうして軍部による政治介入が本格化し、戦争への道が開かれることになった。

◆高橋是清
(1854〜1936)
日本銀行総裁や大蔵大臣、首相などを歴任した。田中義一内閣の蔵相として金融恐慌を鎮静化させ、岡田啓介内閣の蔵相として金輸出を再禁止した。軍部からの軍事費拡大の要求を退けたため、二・二六事件で殺害された。

経済問題で台頭する軍部

政党政治の期間に、金融恐慌・昭和恐慌が連続発生する
▼
農村で不況が深刻化し、政党政治への失望感が広まる
▼
軍部への期待が高まり、国民は満州事変を支持する

◆首相官邸を占拠する反乱軍　Alamy/ユニフォトプレス
1936年2月26日未明に蜂起した反乱軍は、永田町一帯を占拠した。写真は首相官邸を襲撃した反乱軍。岡田啓介首相は難を逃れた。

戦争

1937年

日中戦争

日本は軍事物資の輸入停止を避けるため 宣戦布告なしで中国全土に戦線を拡大

関連ページ

戦 P270 満州事変
戦 P274 二・二六事件
戦 P278 太平洋戦争

ソ連を警戒する日本軍が華北への進出を目論む

日本陸軍の**関東軍**は、来たるべきアメリカとの戦争の資源獲得基地にするため、**満洲国**（↓P２７１）を建国したが、この時期、満洲国と国境を接する**ソ連**が重化学工業化に成功し、軍備増強を進めていた。

１９３６年の時点で、日本の航空機数はソ連の4分の1程度で、ソ連の進出に備えるため、日本陸軍は**華北**（中国北部）を中国の**国民政府**から切り離し、支配下に置こうと考え、分離工作活動をはじめた。このため中国と日本は対立を深めていった。

さらに上海や杭州などを中心とする**華南**（中国南部）は、満洲や華北と密接な経済関係を築いていたが、満洲国の建国や、日本軍の華北進出によって経済が停滞した。日本・中国間の貿易は停滞し、両国の経済に悪影響を及ぼしていたのである。

二・二六事件で日本政府の実権を掌握し、華北への軍事侵攻を狙っていた軍部は、北京郊外に駐屯する日本軍の兵力を増強させ、軍事演習を繰り返していた。一触即発の状況のなか、１９３７年7月、北京郊外の**盧溝橋**（ろこうきょう）付近で、夜間演習中に日本軍と中国軍との間で衝突事件が発生した（**盧溝橋事件**）。

事件は偶発的だったので、現地で停戦協定が成立したが、**近衛文麿**内閣は、軍部の強硬派の圧力で派兵を決定したため、国民政府は抗戦を決意。翌月には上海でも戦闘がはじまり（**第二次上海事変**）、両国は全面戦争に突入してしまう。

ところが、日本政府は中国に**宣戦布告**をしなかった。これはアメリカの**「中立法」**が影響している。中立法は、交戦国双方に兵器類の輸出を禁止するもので、**軍事物資**の多くをアメリカに依存していた日本は、中立法の適用を避ける必要があった。また戦争を否定する**「不戦条約」**や**「九カ国条約」**を結んでいた日本は、

宣戦布告なしの場合

利点

- 宣戦布告をすると、中立法が適用されるアメリカから軍事物資を輸入できなくなるが、これを避けられる。
- 戦争を否定する「不戦条約」や「九カ国条約」を結んでいたため、国際的に非難を避けられる。

欠点

- 軍事占領や占領行政などの交戦権を行使できない。
- 勝利しても賠償金や領土を獲得できない。

国際的な非難を避けたかった。

こうした理由により、実質的には「戦争」であったにもかかわらず、日本政府は「**支那**(しな)**事変**」と呼び、宣戦布告なしで戦線を拡大していった。しかし宣戦布告がなければ、占領などの交戦権を行使できず、勝利しても賠償金や領土を獲得できなかった。

このことは「**大東亜共栄圏**」（アジアを欧米支配から解放し共存共栄の新秩序を樹立）という戦争正当化のスローガンを生み出す契機となった。

国民政府の**蔣介石**は、満州事変が起きた後も、対立する**中国共産党**への攻撃を最優先し、内戦を続けていたが、1936年に西安で監禁され、「内戦を停止し、まず日本から中国を守るべき」と説得される（**西安事件**）。これにより国民党は、共産党との協力体制を築いていた。

盧溝橋事件後、日本軍は南京を占領し、傀儡政権の「**南京政府**」を樹立したが、国民党は**重慶**、共産党は**延安**と本拠地を奥地に移し粘り強く抵抗を続けた。こうして**日中戦争**は短期戦を目論んだ軍部の意向に反して長期化、泥沼化していった。

戦争

1941年

太平洋戦争

国力10倍以上のアメリカとの戦争を終結させる日本のプランは短期決戦だけだった

関連ページ
戦 P270 満州事変
戦 P276 日中戦争
経 P280 財閥解体

マップ
日本
真珠湾（アメリカ）

南部仏印進駐によってアメリカとの交渉が決裂

日中戦争（➡P277）がはじまると、日本軍は中国の重要都市を次々と攻略し、1938年12月、国民政府の蒋介石が移った**重慶**を空爆したが攻略できず、戦線は膠着した。

アメリカやイギリスは**フランス領インドシナ（仏印）**経由で国民政府に物資を送って支援した。日本軍は、この**「援蒋（えんしょう）ルート」**の遮断が必要だと考えたが、仏印侵攻はアメリカを敵に回すことになるため実行できずにいた。

この時期、ヨーロッパでは**ヒトラー**がドイツの政権を握り、1939年、ポーランドに侵攻した。これに対し、イギリスとフランスがドイツに宣戦布告し、**「第二次世界大戦」**がはじまった。快進撃を続けるドイツ軍は、翌年6月にパリに無血入城を果たし、フランスを占領下に置く。

フランスの降伏を知った日本軍は**北部仏印**（現在のベトナム北部）に進駐し、続いて日本政府はドイツ、イタリアと**「日独伊三国同盟」**を結んだ。これによりイギリス・アメリカとの対立は深刻化してしまう。

イギリスがヨーロッパ戦線で踏み留まるなか、東アジア・太平洋を日本に押さえられることを恐れたアメ

historical note

日本軍による重慶爆撃は原爆投下の正当化に利用された

国民党が拠点を移した重慶は、天然の要害だった。日本軍は地上部隊を投入できず、このため空爆を繰り返し、犠牲者は1万人を超えたとされる。重慶爆撃は、前年のドイツ軍によるゲルニカ(スペイン)爆撃と並び、軍事目標と一般市民を区別しない「無差別爆撃」の先例となり、非人道的行為は、アメリカが原爆投下を正当化する根拠としても利用された。

原爆が投下された広島では、その年末までに約14万人が亡くなった。

リカは、日本への対抗姿勢を強めた。

日本は関係修復のためアメリカと交渉を続けたが、1941年6月にドイツ軍が、ソ連に侵攻を開始すると**(独ソ戦)**、日本軍では強硬派が台頭し、**南部仏印**(現在のベトナム南部)への進駐を強行。交渉中に軍事行動を起こされたアメリカは態度を硬化させ、**在米日本資産**を凍結し、日本への**石油輸出を禁止**した。

このため日米交渉は行き詰まり、アメリカは最終案として、仏印と中国大陸からの全面撤退や満洲国の否認などを日本に提示したが、**東條英機内閣**は、これを拒否。**ハワイ真珠湾**への奇襲攻撃が実行され、**「太平洋戦争」**がはじまったのである。

当時のアメリカの**GDP**(国内総生産)は日本の10倍以上、石油生産高は500倍以上あった。日本はこの差を自覚していたが、アメリカ戦に備えて軍需品を貯め込んでおり、**短期決戦**で勝利すれば、有利な条件で講和できるという甘い見通しを立てていた。しかし長期戦になった場合は「東南アジアの資源を獲得する」といった、非現実的なプランしかなかった。緒戦において日本軍は快進撃を続けたが、開戦から半年後の**「ミッドウェー海戦」**で主力空母4隻を失う大敗を喫すると、以降、敗北を重ねていった。

地力に勝るアメリカは、戦時体制を整えると経済・軍事力で日本を圧倒。連合国から無条件降伏を求める**「ポツダム宣言」**が出されると、1945年8月、これを受諾した。

太平洋戦争開戦までの流れ

日中戦争が泥沼化したため、日本軍は蒋介石を援助するルートを封鎖するため、仏印の占領を目指す

ドイツがフランスを降伏させると、日本軍は**北部仏印へ進駐**する

独ソ戦がはじまると、日本軍は**南部仏印進駐**を強行し、アメリカと対立する

アメリカから求められた仏印・中国からの全面撤退を拒否し、**開戦**を決意する

短期決戦をもくろみ、真珠湾を奇襲攻撃し、**太平洋戦争**がはじまる

GRANGER/ユニフォトプレス

◆真珠湾攻撃

湾の水深が浅い真珠湾では、航空機から落とされた魚雷が海底に突き刺さるため、アメリカ側は無防備だった。しかし飛行士の厳しい訓練や魚雷の改良などで、日本軍は奇襲攻撃を成功させた。写真は炎上する戦艦ウェスト・バージニア。

経済

1945年

財閥解体

GHQは日本を民主化させるために植民地政策を後押しした財閥を解体する

関連ページ
戦 P278 太平洋戦争
戦 P282 朝鮮戦争
経 P284 所得倍増計画

「農地改革」によって農民の生活水準が向上する

ポツダム宣言（➡P279）を受諾した日本は、**連合国軍最高司令官**に任命されたアメリカ軍人**マッカーサー**のもと、**「連合国軍最高司令官総司令部（GHQ）」**に占領されることになった。

1945年9月2日、日本は**降伏文書**に調印し、第二次世界大戦が終結した。文書の内容は、「日本は連合国最高司令官からの要求にすべて従う」というものだった。

大戦での日本人の戦死者は民間人を含めて310万人に及び、また、アジア諸国に甚大な被害を与えた。

GHQの対日占領政策の基本は、**「非軍事化」**と**「民主化」**となった。

戦後、ドイツが複数の国に分割占領されたのに対し、日本はアメリカ軍による**単独占領**となり、GHQが日本政府に政策を指示する**「間接統治」**のかたちがとられた。降伏後の日本では、皇族の東久邇宮稔彦（ひがしくにのみやなるひこ）内閣が成立し、軍隊の武装解除などを実行したが、54日間で総辞職した。

次いで**幣原喜重郎**（しではらきじゅうろう）内閣が成立すると、GHQは**「五大改革指令」**を出した。その内容は**「女性参政権の付与」「労働組合の結成奨励」「教育制度の民主化」「秘密警察の廃止」「経済機構の民主化」**であった。このうち「経済機構の民主化」の中心となったのが**「財閥解体」**と**「農地改革」**であった。

◆**署名するマッカーサー**　ユニフォトプレス提供
1945年9月2日、アメリカ戦艦ミズーリ号上で日本の降伏文書調印が行われた。

戦前の日本経済は、**三井・三菱・**

住友・**安田**などの財閥が全国の会社の株式を独占支配し、労働者を低賃金で働かせていたため、国内市場が育たなかった。このため戦前の日本では、**植民地**を獲得して**輸出**を増大させることで経済発展を目指す政策が取られ、これが軍国主義化につながる要因になってしまった。

ＧＨＱは財閥の持株会社を解散させ、財閥による会社支配を停止させ、さらに、戦争に協力した財界人を大企業から退職させた。これにより、企業の自由な競争が促進されたが、財閥は、解体の対象外となった**銀行**を中心に企業集団を形成していったのである。

農地については、戦前において約47％が小作地で、農民の約70％が**小作農**・**自小作農**（自作と小作の兼業）であり、高額の小作料によって地主は巨額の利益を得ていた。ＧＨＱは民主化の実現には、小作農の解放が必要と判断し、「農地改革」を実行。

政府は、農地に住まない**「不在地主」**の全農地と、制限面積を超えた**「在村地主」**の農地を強制的に買い上げ、それを小作農・自小作農に安く売り渡した。小作料の上限も引き下げられた。農地改革の結果、農村における貧富の差はほとんどなくなり、農民の生活は向上。国内市場は活性化していったのである。

GHQの五大改革指令

①女性参政権の付与	衆議院議員選挙法を改正して実現
②労働組合の結成奨励	労働組合法、労働関係調整法、労働基準法が成立
③教育制度の民主化	教育基本法、学校教育法、教育委員会法が成立
④秘密警察の廃止	政治犯釈放と、治安維持法・特別高等警察を廃止
⑤経済機構の民主化	財閥解体と農地改革を実施

historical note

憲法草案を受け入れたのは昭和天皇を守るためだった

終戦直後、昭和天皇はマッカーサーを訪問し、ふたりの会談が実現した。このとき天皇は、自己の政治責任を認めたという。当時、天皇の戦争責任が問題となっており、アメリカは天皇制を利用することで、日本の混乱を避けようと考えていたが、この会談は、天皇制維持を決定づけた。

1946年2月、ＧＨＱから「象徴天皇制」と「戦争放棄」を柱とする新憲法の草案が提示されたが、このとき日本政府は、「新憲法によって天皇を戦犯にせよという諸外国の圧力から天皇を守れる」と説得された。この結果、草案を受け入れた日本政府は、修正を加えて国会で審議した後、11月に「日本国憲法」として公布した。

会談時のマッカーサーと昭和天皇。マッカーサーは、自らの責任に言及する天皇に好感を抱いたという。

ユニフォトプレス提供

戦争

1950年

朝鮮戦争

冷戦の影響ではじまった朝鮮戦争が日本の再軍備と独立を実現させる

「冷戦」の影響により朝鮮半島が分断される

第二次世界大戦（➡P278）後、**「国際連合」**が創設されたが、資本主義の**アメリカ**と、社会主義の**ソ連**はイデオロギーの違いから対立した。

東欧で親ソ政権が次々と樹立されると、アメリカの**トルーマン大統領**は、ソ連の封じ込め政策を発表。こうして世界はアメリカ（西側）陣営とソ連（東側）陣営は対立を深め、緊張状態に入ったのである**（冷戦）**。

冷戦の影響は東アジアにも及び、中国では共産党による**「中華人民共和国」**が成立。朝鮮半島は、大戦後に北緯38度線を境界に、北部をソ連が、南部をアメリカが占領していたが、冷戦の激化により北部に**「朝鮮民主主義人民共和国（北朝鮮）」**、南部に**「大韓民国（韓国）」**が建国され、朝鮮は南北に分断されてしまう。

こうした状況のなか、アメリカは日本を早く経済復興させ、ソ連や中国に対する防壁にしたいと考えるようになった。

日本は戦後の復興を貨幣増発でまかなったため、急激なインフレになっていたが、トルーマン大統領の特使として来日した銀行家ドッジは、日本経済を自立させるために、**「ドッジ＝ライン」**と呼ばれる緊縮財政

◆警察予備隊

警察予備隊の創設には、まったく議論がなく、日本はマッカーサーの命令書のみで再軍備を進めることになった。

毎日新聞社提供

関連ページ

戦 P294 湾岸戦争
経 P286 東京オリンピック
経 P280 財閥解体

マップ

を実行させ、輸出を拡大させるため、実勢より**円安**の1ドル＝360円という**単一為替**レートを設定。これによりインフレは収束し、財政は黒字化したが、資金不足で倒産が相次ぎ、深刻な不況が発生した。

西側諸国の一員として日本は独立を果たす

この不況の最中に、朝鮮半島では北朝鮮が突如として韓国に侵攻を開始し、**「朝鮮戦争」**が勃発した。不意をつかれた韓国軍は後退を続けたが、アメリカを中心とする多国籍軍が参戦すると、一気に押し返した。

これに対し、中国軍が北朝鮮の支援に参加すると、その後は38度線を挟んで激しい攻防が繰り広げられ、戦線は膠着。1953年、**休戦協定**が結ばれたが、国際法的には現在まで戦争は終結していない。

朝鮮戦争では、在日アメリカ軍も出動したため、マッカーサーは、**吉田茂**首相に書簡を送り、日本の治安維持を目的に、**「警察予備隊」（後の自衛隊）**の創設を指示し、事実上の「再軍備」がはじまることになった。

日本はアメリカ軍に必要な物資を輸出したことで、**「朝鮮特需」**がもたらされ、経済は回復。特需収入は拡大を続け、ピーク時には輸出総額の3分の2を占めるほどであった。

朝鮮戦争がはじまると、アメリカは日本を西側諸国の一員に加えるため独立を急ぎ、講和条約を作成したが、ソ連など東側諸国は反対した。

アメリカとの関係を重視した吉田内閣は、西側諸国との**「単独講和」**を優先し、1951年、**「サンフランシスコ平和条約」**を調印して、独立を果たしたのである。また平和条約と同時に結ばれた**「日米安全保障条約」**によって、アメリカ軍の日本駐留が決まり、日本は駐留軍に基地や駐留費用の一部を提供することになったのである。

朝鮮戦争 関連地図

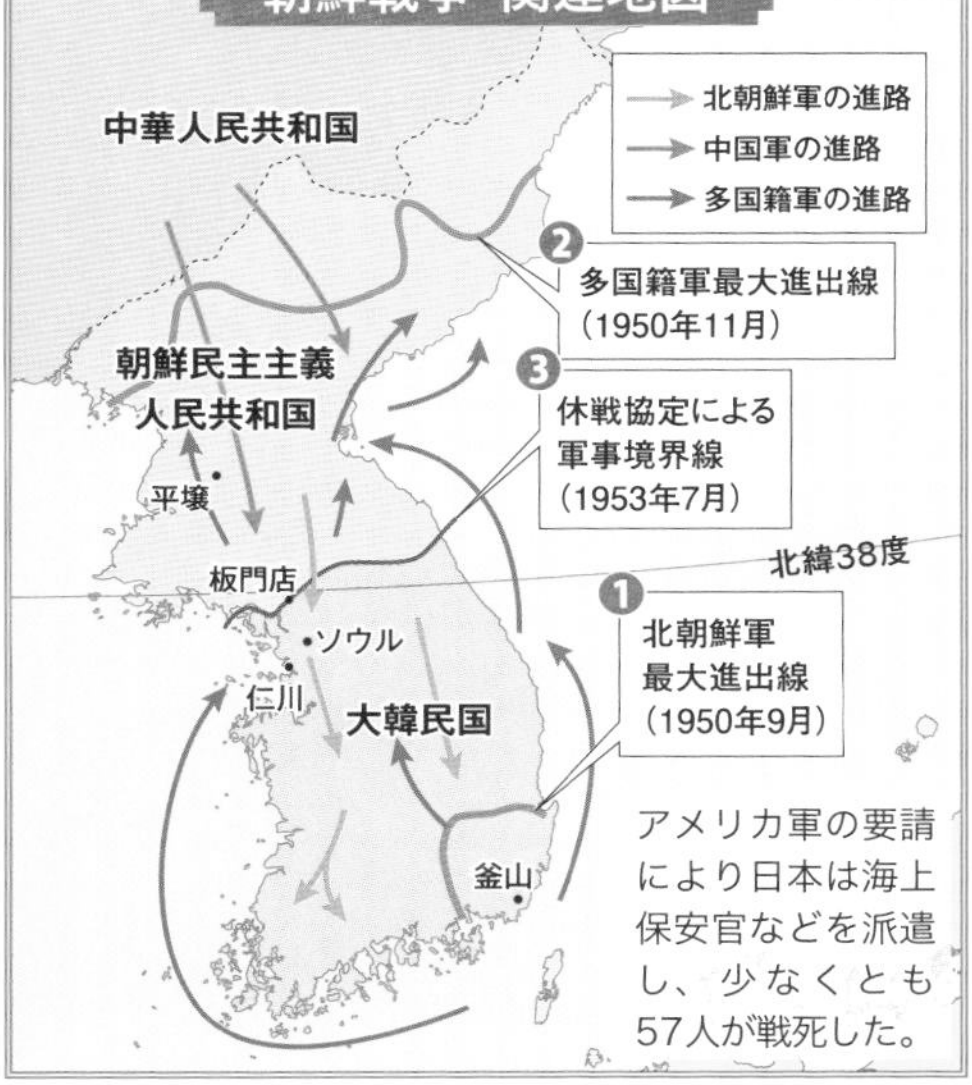

アメリカ軍の要請により日本は海上保安官などを派遣し、少なくとも57人が戦死した。

朝鮮戦争による影響

- アメリカは日本を西側諸国の一員にするため、講和条約の作成を急ぎ、日本の独立を実現させた。
- 在日アメリカ軍が朝鮮半島に出動したため、マッカーサーの指示で日本に「警察予備隊」が創設され、事実上の再軍備が実現した。
- 戦争前は深刻な不況だったが、朝鮮特需によって経済が回復した。

経済

1960年

所得倍増計画

新安保条約で分断された国民は経済優先のスローガンでひとつにまとまる

関連ページ

戦 P282 朝鮮戦争
経 P286 東京オリンピック
経 P288 ニクソン・ショック

マップ

アメリカの方針によって経済対策に集中した日本

サンフランシスコ平和条約（➡P283）の目的は、アメリカが日本を早く西側諸国の一員として独立させることだった。平和条約には連合国への**賠償金**の支払いが明記されていたが、アメリカは賠償金の支払いで日本経済が弱体化することを恐れ、大部分の賠償請求権を放棄した。

日本は平和条約に基づき、**フィリピン**や**南ベトナム**に賠償金を支払い、また個別に平和条約を結んで、**ビルマ**（現在のミャンマー）や**インドネシア**に対して賠償金を支払ったが、それ以外の多くの国は、請求権を放棄した。このことは、日本経済の復興を助けることになった。また**日米安全保障条約**のもと、防衛費を軽減させることで、日本は経済対策に集中することが可能になったのである。

朝鮮特需をきっかけに経済を回復させた日本は、原油価格の下落や、実勢より**円安**の1ドル＝360円の固定相場制により、輸出が拡大し、大幅な貿易黒字が続いた。

また家電製品や自動車などの需要が高まり、国内市場が拡大した。こうした条件が重なり、1954年末頃から、日本経済は好景気が続くことになった。

こうした状況のなか、1960年に、自民党の**岸信介**（きしのぶすけ）内閣は、日米安全保障条約の改定を目指し、新たに**「日米相互協力及び安全保障条約（新安保条約）」**を結んだ。

その内容は、アメリカ軍が引き続き日本に駐留するほか、日本の防衛

◆銀座を走る路面電車

東京の路面電車は高度経済成長による自動車の増加で、1960年代には大半が廃止となった。

力を強化し、日米どちらかが武力攻撃された場合に共同作戦をとることなどが決められた。

「アメリカの軍事戦略に巻き込まれる恐れがある」という反対論が起こった。しかし岸内閣が国会で強行採決すると、条約締結に反対する運動が全国的に起こり、連日デモ隊が国会を取り巻いて抗議した**（安保闘争）**。条約が国会の承認を得ないまま成立すると、岸内閣は総辞職した。

岸内閣を継いだ**池田勇人**（いけだはやと）内閣は、「寛容と忍耐」をスローガンに掲げて、反対勢力との対話を重視し、対立回避に努めた。さらに、安保闘争で高まった政府への不満を解消するため、10年間で実質国民所得を2倍にすることを目指した**「所得倍増計画」**を発表。所得倍増計画を立案したのは、経済学者の**下村治**（しもむらおさむ）だった。この計画は、**「所得の増加」**を最優先したことが特徴で、所得を増やすことによって消費を拡大し、経済全体を成長させることを狙ったのである。

また、この明確なスローガンは、安保闘争で分裂した国民をひとつにまとめる効果があった。当初は実現が困難とされた計画だったが、日本の実質経済成長率は年平均で10%以上の成長率が続き、目標を上回る**「高度経済成長」**を達成したのである。

当時の日本は、台湾を唯一正当な中国政府と認めていたが、池田内閣は政治と経済を分離する方針によって、中華人民共和国と準政府間貿易である**「LT貿易」**を開始。経済的に成長した日本は、**OECD**（経済協力開発機構）にも加入し、先進国の仲間入りを果たしたのである。

実質経済成長率の推移

年	%
1956	6.8
1957	8.1
1958	6.6
1959	11.2
1960	12.0
1961	11.7
1962	7.5
1963	10.4
1964	9.5
1965	6.2
1966	11.0
1967	11.0
1968	12.4
1969	12.0
1970	8.2
1971	5.0
1972	9.1
1973	5.1
1974	−0.5

所得倍増計画発表
高度経済成長
東京オリンピック
オイル・ショック

内閣府「国民経済計算」

ユニフォトプレス提供

◆池田勇人（1899～1965） 広島出身の政治家。吉田茂首相に信任され、大蔵大臣などを歴任し、岸内閣の後を継いで組閣。経済政策に精通し、所得倍増計画を唱えて、高度経済成長を推進。

経済

1964年

東京オリンピック

オリンピック後に発生した証券不況から経済を回復させるため赤字国債を発行する

建設ラッシュで発生した「オリンピック景気」

日本は1940年に**東京オリンピック**の開催が決まっていたが、日中戦争の影響で開催を辞退した。戦後、1959年にオリンピックの開催招致に成功した日本は、都内を中心に大規模な建設工事を進めていった。

まず、主要な競技施設として、**国立競技場**を整備し、**代々木競技場**や**日本武道館**、**駒沢陸上競技場**などを新設。さらに、外国人観光客の来日が見込まれたため、**羽田空港**が整備され、ホテルオークラやホテルニューオータニなどの高級ホテルが建設され、環状七号線や**青山通り**などの幹線道路が拡張された。また、羽田と都心を結ぶモノレールや、**首都高速道路**などが建設された。

また、オリンピック関連事業として、**地下鉄日比谷線**や、**東海道新幹線**も建設され、上下水道の整備も進んだ。さらに、尼崎と栗東を結ぶ**名神高速道路**が日本初の高速道路として開通し、東京と名古屋を結ぶ**東名高速道路**の建設もはじまった。

こうした関連経費を含めた総額は約1兆円にも及び、**「オリンピック景気」**と呼ばれる好況を生み出した。民間ではテレビの需要が高まり、好景気を後押しした。

共同通信社提供

◆東京オリンピック開会式
1964年10月10日、国立競技場で開催された開会式には、94カ国、約7000人の選手団が入場した。

関連ページ
経 P284 所得倍増計画
経 P288 ニクソン・ショック
経 P290 オイル・ショック

１９６４年に開催された東京オリンピックは、アジア初のオリンピックであり、体操や女子バレーの中継は視聴率が80％を超えるほど注目を集め、日本はアメリカ、ソ連に次ぐ第３位の好成績をおさめた。

しかし、オリンピックが終了すると、建設需要の低迷などにより、景気は後退していった。この影響で企業の倒産が相次ぎ、翌年には山陽特殊鉄鋼が負債総額５００億円で倒産。

◆新幹線０系電車

1964年の東海道新幹線の開業用に開発された車両。世界最初に営業運転で時速200kmを超えた。

証券各社は軒並み経営が悪化した（**証券不況**）。特に株価が値下がりした**山一証券**では取付け騒ぎが発生。

金融恐慌の発生を防ぐため、大蔵大臣の**田中角栄**は、証券会社に必要な資金を「無担保・無制限」で日本銀行から特別に融資する**「日銀特融」**を決定し、混乱を収拾した。

恐慌は回避されたが、その後も景気は回復せず、株価の下落は続いた。このため政府は、景気回復を図って、戦後最初の**「赤字国債」**の発行を決定。このとき日本銀行総裁の**吉野俊彦**は、「国債発行は禁断の木の実になるおそれがあります。満州事変以降の苦い経験を忘れてしまったのですか」と強く反対したという。

この結果、日本は再び高度経済成長を続けることになったが、１年限りの**特例措置**とされた赤字国債は、以後、毎年発行されることになり、２０２０年現在、国債発行残高は９００兆円を超えているのである。

証券不況と赤字国債

オリンピック後の不況で企業の倒産が相次ぎ、証券各社の業績が悪化し、「証券不況」が発生する

▼

証券会社を救済するため、政府は日本銀行による無担保・無制限の「日銀特融」を決定する

▼

景気回復を図るため、政府は戦後初の「赤字国債」を発行する

▼

高度経済成長は続いたが、赤字国債の発行が恒常化する

◆日本橋と首都高

首都高速道路は、用地買収の費用や手間を削減するため、既存の道路や水路の上空を利用して建設された。

経済

1971年

ニクソン・ショック

固定相場制で貿易黒字を計上していた日本は アメリカ経済悪化により 変動相場制に移行する

関連ページ

経 P286 東京オリンピック
経 P290 オイル・ショック
経 P292 プラザ合意

ニクソンが経済と外交の方針を大きく転換する

第二次世界大戦中の1944年、アメリカのブレトン・ウッズに連合国45カ国が集まり、**通貨金融会議**が開かれた。この会議で金1オンス（約31グラム）＝35ドルの相場によって、ドルだけが金に交換できる通貨とされ、各国の通貨はドルに対して相場が固定される**「固定為替相場制」**が採用された。

日本は戦後、1ドル＝360円で固定された。この**「ブレトン・ウッズ体制」**により、ドルが世界の**基軸通貨**となり、金を大量に保有するアメリカは、世界経済をリードした。

アメリカは日本や西ドイツ（冷戦で東西に分断されたドイツの西側）を西側諸国の一員として経済復興させるため、円安、マルク安の状態を維持し、輸出で有利な経済状況をつくりだした。

しかし、1960年代、アメリカは**「ベトナム戦争」**の戦費拡大によって財政が悪化し、インフレが進行。安価な日本・西ドイツ製品が大量に輸入され、**貿易赤字**もかさんだ。

アメリカの**ニクソン大統領**は、泥沼化したベトナム戦争を終結させるため、ベトナムとの和平の仲介を希望し、1971年、敵対していた**中華人民共和国**を訪問し、中米関係の改善を目指すことを発表した。これにより、中華人民共和国は国連代表

◆ニクソン（1913〜1994）
第37代アメリカ大統領。アメリカ大統領として初めて中国を公式訪問し、ベトナム戦争を事実上、終結させた。またドル・金の兌換を停止し、この結果、世界経済は「変動相場制」へと移行した。

ユニフォトプレス提供

権を獲得し、**中華民国**（台湾）は国連を脱退することになってしまった。

また、日本と西ドイツが貿易で大幅な黒字を計上していることに不満を高めていたニクソンは、１９７１年、「金・ドル交換の一時停止」「輸入製品に対する一律10％の輸入課徴金」を発表。この大胆な政策変換は**「ニクソン・ショック」**と呼ばれ、日本は大きな衝撃を受けた。

この結果、ドルの切り下げ（１ドル＝３０８円）などが決められ、固定相場制は維持されたが、アメリカの貿易収支は改善されず、各国で通貨危機が相次いだ。

このため、１９７３年、日本など先進国は、通貨の価値を為替市場で決める**「変動相場制」**に移行したが、１ドル＝２６０円台まで円高が進み、日本は輸出不振によって円高不況になった。貿易赤字の拡大が続くアメリカは、保護貿易へと方針を転換し、日本と**「貿易摩擦」**を引き起こすことになったのである。

１９７２年には、田中角栄首相が中国を訪問し、**「日中共同声明」**が発表された。その内容は、日本側は**戦争責任**を認め、中華人民共和国を中国唯一の**合法政府**と認めるもので、中国側は日本への**賠償請求権**を放棄するものであった。

このため日本は台湾と正式に国交が断絶。中国とはその後の交渉により、１９７８年、**「日中平和友好条約」**が結ばれた。

変動相場制への流れ

1944年 ブレトン・ウッズ体制

金本位による固定為替相場制で、ドルが世界の基軸通貨となる

1949年 日本円の単一為替レート

GHQの指示により、１ドル＝360円の単一為替レートが設定され、輸出が有利になる

1960年代 アメリカ経済の悪化

ベトナム戦争の戦費拡大や貿易赤字でアメリカの保有する金が流出する

1971年 ニクソン・ショック

金・ドル交換を一時停止にし、１ドル＝308円で円を切り上げる

1973年 変動相場制へ移行

１ドル＝260円台まで円高が進み、輸出が不振に陥り、円高不況になる

◆日中国交正常化

1972年９月、田中角栄首相は中国を訪れて周恩来首相と会談し、日中共同声明が発表された。

ユニフォトプレス提供

1973年

オイル・ショック

二度のオイル・ショックを経験した日本は省エネと技術革新で経済苦境から脱出する

関連ページ
経 P288 ニクソン・ショック
経 P292 プラザ合意
経 P298 リーマン・ショック

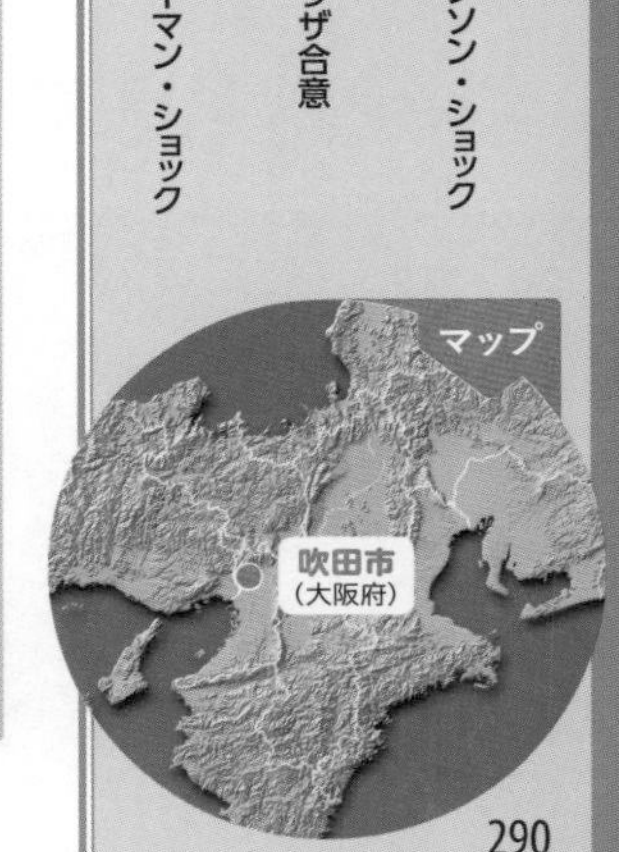

第一次オイル・ショックで高度経済成長が終わる

オリンピック後も、**赤字国債**の発行などによって、日本の経済成長は維持された。1970年には大阪府吹田市で**「日本万国博覧会」**が開催され、来場者はのべ6400万人を超えるほどの成功を収めたが、この万博は、高度経済成長の最後を飾る国民的イベントになった。

翌年のニクソン・ショック（➡P289）は輸出に依存する日本経済に大打撃となり、以後、**内需**の拡大のため、日銀は金利を引き下げたが、行き過ぎた金融緩和は**インフレ**を引き起こした。

1973年10月、アラブ諸国とイスラエルとの間で**第4次中東戦争**が起きると、アラブ諸国が構成する**「OAPEC（アラブ石油輸出国機構）」**は、イスラエルを支援するアメリカなどに石油の輸出を全面的に禁止。

これに連動して、サウジアラビアなどが加盟する**「OPEC（石油輸出国機構）」**は、原油価格を一気に4倍に引き上げた**（第一次オイル・ショック【第一次石油危機】）**。

中東の安価な石油に頼っていた日本をはじめとする先進諸国の経済は大混乱に陥った。日本では前年、**田中角栄**内閣が地方への工業分散や交

原油価格の推移

単位：ドル／バレル

1960年代、原油価格はほぼ一定だったが、第一次オイル・ショック以降、急激に高騰し、先進諸国の経済に大きな打撃を与えた。

年	1960	1970	1975	1980	1982
原油価格	1.48	1.73	10.89	27.6	32.03

東京オリンピック
第一次オイル・ショック
第二次オイル・ショック

通綱の整備を目指して打ち出した**「日本列島改造論」**によって、金融緩和で余った資金による土地の買い占めが発生して地価が高騰していた。

これにオイル・ショックが重なったため、生活必需品であるトイレットペーパーや洗剤、塩などの買い占めが行われ、消費者物価は約20％上昇、**「物価狂乱」**という造語が生まれるほどインフレが進行。この結果、

◆第一次オイル・ショック 共同通信社提供
オイル・ショックによる買い占めで、トイレットペーパーなどの生活必需品が不足し、消費者はパニックに陥った。

1974年の日本の実質経済成長率は戦後初めてマイナスとなり、高度経済成長は終焉を迎えたのである。

1975年、世界的な不況に対応するため、アメリカ・イギリス・フランス・西ドイツ・イタリア・日本の6カ国の首脳が集まり、協力関係の強化を目指して第1回の**「先進国首脳会議（サミット）」**が開かれた。翌年にはカナダも加わり、サミットは毎年開かれることになった。

1979年、イランでの革命の混乱によって、イランでの石油生産が激減し、またOPECも石油価格を値上げしたため、原油価格は約3年間に3倍近くはね上がり、**「第二次オイル・ショック」**が起きた。日本でも物価が上昇したが、第一次オイル・ショックの反省から冷静な対応が取られ、社会的な混乱は小さかった。

二度のオイル・ショックによって、日本は積極的に省エネルギーに取り組むようになった。また日本の基幹産業は巨大な設備や多大なエネルギーを必要とする**鉄鋼業**や**造船業**、**石油化学工業**などから、設備やエネルギー消費が比較的小さく、革新技術を必要とする**自動車・電気機械・半導体産業**などにシフトしていき、これにより輸出を回復させていった。

◆第一回先進国首脳会議 Ullstein Bild/ユニフォトプレス
1975年、先進6カ国の首脳が、オイル・ショックによる世界同時不況に対して経済協力を図るため、フランスのランブイエ城に集まった。首脳の右端が日本の三木武夫首相。

1985年

プラザ合意

アメリカの要請で円高不況に陥った日本では内需拡大政策によってバブル経済が発生する

輸出好調の日本が貿易摩擦を引き起こす

オイル・ショック後、日本は高い技術力が必要な自動車や家電製品、電子機器などを省エネで効率よく生産し、輸出することで、順調に経済を回復させていった。

第一次オイル・ショックによって1974年の実質経済成長率はマイナスになったが、翌年から10年間は、年平均で4％を超える高い成長率を達成し、**GNP**（国民総生産）はアメリカに次ぐ世界第2位を維持していた。

一方のアメリカは、貿易赤字と財政赤字の**「双子の赤字」**に苦しんでいた。ドル金利の上昇で世界的な「ドル高」が加速したことで、アメリカの輸出は振るわず、日本車など日本製品の輸入拡大などによって、貿易赤字は増大し、日本との**貿易摩擦**が過熱していた。

これを打開するため、アメリカは**「ドル安」**による輸出拡大を狙い、1985年、日本・西ドイツ・フランス・イギリスの蔵相をニューヨークのプラザホテルに集め、**「協調介入によるドル高是正」**を要請。アメリカとの関係悪化や経済の混乱を避けたい各国は、これに合意した。

この**「プラザ合意」**から6週間で、

アメリカの貿易赤字

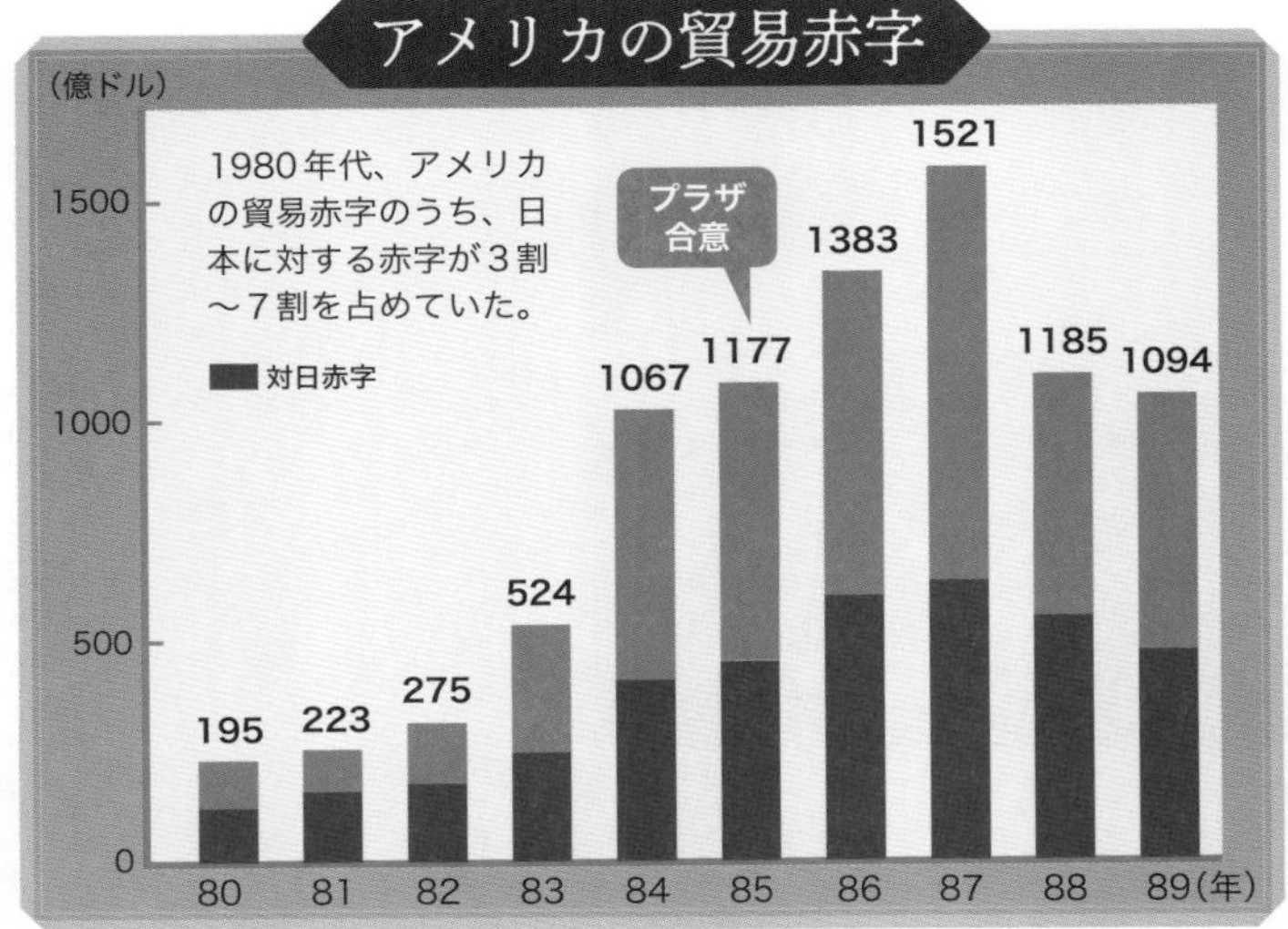

関連ページ
経 P288 ニクソン・ショック
経 P290 オイル・ショック
経 P298 リーマン・ショック

マップ

ニューヨーク（アメリカ）

各国の中央銀行は総額102億ドルを売却し、ドイツマルクや日本円を購入。これにより、合意前に1ドル＝235円だった円相場は、1年で150円台にまで下がった。しかしドル安の流れは加速し、1987年、ニューヨーク株式市場で**「ブラック・マンデー」**と呼ばれる株価暴落が起き、世界は同時株安になってしまう。

プラザ合意直後の日本は、円高によって輸出産業が深刻な打撃を受け、**「円高不況」**に陥った。日本政府は内需拡大による経済回復を狙い、**公共投資**を拡大し、日本銀行は**低金利政策**を徹底。これにより、銀行預金は低金利によって儲けが見込めなくなったため、大量に引き出され、株式市場に流れ込んで資産価格の上昇がはじまり、**「バブル経済」**が発生したのである。

この結果、ブラック・マンデーによる株価下落分も半年で回復させ、1989年12月、日経平均株価の終値は3万8915円の史上最高値を記録。さらに余った資金は**不動産**に流れ、バブル経済は絶頂期を迎えた。「地価は上がり続ける」という土地神話のもと、金融機関は不動産融資を過熱させたが、1989年には日銀の低金利政策はすでにやめられており、1990年、大蔵省が不動産融資を**規制**すると、株価や地価は急激に下り、バブルは崩壊。不良債権を抱えた銀行は融資に慎重になり、以後、日本経済は**「失われた20年」**と呼ばれる長い低迷期に入った。

ユニフォトプレス提供

◆プラザ合意

日本や西ドイツは、アメリカのドル高是正の要請に応え、協調介入に合意した。右端は竹下登蔵相。

バブル経済の流れ

プラザ合意により円高となり、輸出に頼る日本経済は不況となる

▼

内需拡大のため、政府は公共投資を拡大し、金融緩和を実施する

▼

低金利により銀行から引き出された預金が株式市場や不動産に流れ、バブル経済が発生

▼

融資が規制された不動産が不良債権化し、日本は長期不況に突入する

共同通信社提供

◆バブル最盛期の東京証券取引所

1989年12月29日、日経平均株価の終値が3万8915円の史上最高値をつけた、しかし翌年末には2万3848円に下落し、バブルは崩壊した。

戦争

1991年

湾岸戦争

多額の資金提供が評価されなかった日本はPKO協力法を成立させて自衛隊を海外に派遣する

関連ページ

戦 P282 朝鮮戦争
経 P292 プラザ合意
経 P298 リーマン・ショック

マップ
バグダード（イラク）
クウェート

自衛隊を派遣せずに巨額の戦費を負担する

第二次世界大戦後に世界をリードしてきたのはアメリカとソ連の**二大大国**だったが、ソ連は社会主義体制が行き詰まり、アメリカは財政赤字に苦しみ、ともにかつての勢力を失っていた。

両国は軍事費削減のため、1987年、**中距離核戦力全廃条約**に調印し、2年後、アメリカ大統領**ブッシュ**と、ソ連共産党書記長**ゴルバチョフ**は、地中海マルタ島で**マルタ会談**を開き、**冷戦の終結**を宣言した。

同年、ソ連の影響力低下によって、ベルリンを東西に分断していた**「ベルリンの壁」**が崩壊し、翌年、ドイツは再統一を果たした。続いて東欧社会主義圏も消滅。1991年にはソ連が解体され、**ロシア連邦**が成立した。一方、ヨーロッパでは統合が進み、1993年、**EU**（ヨーロッパ連合）が発足することになった。

アメリカはイラン革命後のイランと対立し、イランを封じ込めるため、イラクの**フセイン**政権への軍事支援を続けていた。しかし1990年、フセインは突如として隣国クウェートに侵攻し、占領した。

翌年、アメリカの**ブッシュ大統領**は、多国籍軍を編成してイラク軍へ

historical note

旧西ドイツの人々は経済格差を縮めるために耐え忍んだ

1990年、東西に分断されていたドイツは再統一を果たしたが、東西の経済格差は大きかった。統一直前、東西の通貨交換の比率は、実勢で1対4といわれていたが、東ドイツの生活水準を守るため、統一後の交換比率は1対1とされた。このため旧東ドイツでは割高な為替レートによって国際競争力が低下し、ドイツは貿易赤字国となり苦しんだが、旧西ドイツの人々は耐え続けた。

崩壊したベルリンの壁に登る東西ベルリンの市民。ドイツは再統一を実現させた。

◆**湾岸戦争**

国連決議によって編成された多国籍軍は、1991年1月、大規模な空爆によってイラクへの攻撃を開始し、2月末にイラク軍をクウェートから撤退させた。

の空爆を開始し、**「湾岸戦争」**がはじまった。アメリカ軍の圧倒的な軍事力によって、イラクは敗北し、以後、アメリカは世界唯一の軍事大国となったのである。

日本は、憲法上の制約から、紛争解決の手段に武力は用いることができず、このため湾岸戦争の際、**自衛隊**は多国籍軍には加わらなかった。

その代わり、日本政府は全戦費の2割にあたる総額130億ドル（約1兆5500億円）の**資金提供**を行ったが関係諸国にはあまり評価されず、国内でも「人命をかけるべき」という声が一部で高まってしまう。

このため政府は、湾岸戦争後、日本政府はペルシア湾に海上自衛隊の掃海艇を派遣し、これが自衛隊にとって最初の**海外派遣**となった。

翌年6月、**「PKO協力法」**が成立し、自衛隊は国連の**平和維持活動**（PKO）への参加が可能になった。この法律に基づいて、9月には自衛隊が**カンボジア**に派遣され、以後、モザンビークやゴラン高原、東ティモールなどにも派遣された。

2001年、アメリカで**同時多発テロ事件**が発生し、ブッシュ大統領がアフガニスタンへの攻撃を開始すると、日本は**「テロ対策特別措置法」**を成立させ、自衛隊がアメリカ軍などへの後方支援活動を実施できるようにしたのである。

自衛隊関連年表

1950年	警察予備隊が発足（→p282）
1951年	日米安全保障条約の締結（→p283）
1952年	警察予備隊を改編して保安隊が発足
1954年	保安隊を改編して自衛隊が発足
1960年	新安保条約の調印（→p284）
1987年	防衛費のGDP比1％枠撤廃
1991年	湾岸戦争後、自衛隊掃海艇を海外派遣
1992年	PKO協力法の成立、カンボジア派遣

共同通信社提供

◆**カンボジア派遣**

1992年9月、PKO協力法に基づいて自衛隊がカンボジアに派遣された。陸上自衛隊にとっては最初の海外派遣となった。

宗教

1995年

地下鉄サリン事件

オウム真理教が引き起こした無差別テロ事件に恐怖を感じた日本人は宗教アレルギーになる

１９９５年に起きたふたつの衝撃的なできごと

バブル経済（➡Ｐ２９３）崩壊後、日本経済は過去に経験したことのない**長期不況**に陥った。「右肩上がり」だった所得も伸び悩み、個人消費は落ち込んだ。このため、「高収入を得て、裕福な生活を送る」「一流大学に入り、一流企業に就職する」といった**高度経済成長期**の価値観がゆらぎはじめ、**精神**の充実を重視する風潮が生じるようになったのである。

こうした状況のなか、１９９５年1月、淡路島北部を震源とする兵庫県南部地震が発生し、**「阪神・淡路大震災」**が起きた。６４００人以上が犠牲となり、被災地ではガスや水道、電気などが止まり、多くの人が不自由な生活を強いられた。

大都市の防災体制や危機管理体制が脆弱であることが明らかとなり、日本社会に大きな衝撃を与えた。

その2カ月後、東京の地下鉄3路線（丸の内線・日比谷線・千代田線）の列車で、毒ガスのサリンが散布され、12人が死亡し、約６３００人が負傷する事件が発生した**（地下鉄サリン事件）**。

化学兵器を使った無差別テロは、過去に類を見ない事件だった。事件を起こしたのは、山梨県の富士山の

関連ページ

宗 P238 キリスト教の解禁

宗 P272 大本事件

経 P284 所得倍増計画

マップ

神戸市（兵庫県）

淡路島

historical note

1995年の少女暴行事件で沖縄に反基地運動が高まる

日本の独立後もアメリカの統治下に置かれていた沖縄は、1972年、日本に復帰したが、多くの米軍基地が引き継がれた。１９９５年、沖縄の少女がアメリカ軍兵士に性的な暴行を受けたが、「日米地位協定」によって、犯人の身柄は日本に引き渡されなかった。反基地感情を爆発させた沖縄県民は、決起集会を開いて抗議し、基地縮小を訴えた。

アジア最大級の米軍基地「嘉手納基地」。日本にある米軍基地の約70%が沖縄に集中している。

ふもとに教団本部を置く宗教団体**「オウム真理教」**の信者たちで、首謀者は教祖の**麻原彰晃**であった。

地下鉄サリン事件の前にも、オウム真理教の信者らは、弁護士一家を殺害したり、長野県松本市でサリンを散布するなど、凶悪な事件を起こしていた。オウム真理教の信者には高学歴の若者も多く、「人はなぜ生きるのか」といった、数学や物理学などでは解き明かせない問題について、麻原は宗教的な解答を与えることで、彼らを**マインド・コントロール**したとされる。

教団は外部との接触を断ち、独自の世界観と物語をつくり上げ、外部世界を「敵」として攻撃する**「カルト教団」**になった。教団の閉じた価値観は、SFアニメやテレビゲームの影響を受けているといわれる。

地下鉄サリン事件後、麻原ら教団幹部は次々と逮捕され、その多くが裁判の末に死刑が執行された。オウム真理教の事件により、カルト教団の危険性が広く報道されるようになった。また、この影響で「宗教は恐い」という、宗教の負のイメージが広く印象づけられることになり、特に**新興宗教**に対しては批判的な意見が現在も根強く見られる。

◆阪神・淡路大震災

1995年1月17日午前5時46分、マグニチュード7.3の巨大地震が兵庫県南部を襲った。家屋の全半壊は約26万軒に及んだ。写真は神戸市三宮での被害。

共同通信社提供

◆地下鉄サリン事件

1995年3月20日午前8時頃、地下鉄の車内でサリンが散布された。写真は築地駅前の路上に設けられた救護所。

経済

2008年

リーマン・ショック

世界中で深刻な金融危機が起きるが グローバル化が遅れた日本は経済の低迷が続く

関連ページ

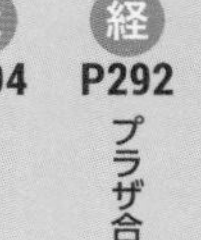
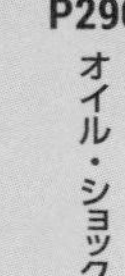

経 P290 オイル・ショック

経 P292 プラザ合意

戦 P294 湾岸戦争

マップ

アメリカと比べて経済回復が遅れた日本

冷戦の終結後、世界経済は**グローバル化**が進展する一方で、**EU**（ヨーロッパ連合）が発足するなど、地域統合も進んだ。日本ではバブル崩壊後に不況が続き、1990年代後半には生産拠点を中国など海外へ移転する**空洞化**が進んだ。

アメリカは軍事力で世界を圧倒し、貿易の自由化を推進してきたが、中国などの新興国の台頭などで経済構造が多極化したことで、世界経済をリードすることが困難になった。

アメリカの国内では、銀行は**証券業務**（投資銀行業務）を兼務できなかったが、1999年、金融市場が自由化し、銀行による投機的な資金の流れが生み出された。これにより、銀行は**債権**を証券化して、投資家に販売できるようになった。

こうしたなか、投資銀行は、貸し倒れのリスクが高い人向けの住宅ローン**「サブプライム・ローン」**の債権を買い取り、それを国債などの安定した債権と組み合わせて販売するようになった。

しかし2007年、サブプライム・ローンの返済が不能になり、不動産の不良債権化が表面化すると、証券価格は大暴落。翌年、サブプラ

日本の主要輸出相手国

1990年

輸出総額 約41兆円

アメリカ 31.5%
ドイツ 6.2%
韓国 6.0%
台湾 5.4%
香港 4.6%
イギリス 3.8%
その他 42.5%

2018年

輸出総額 約81兆円

中国 19.5%
アメリカ 19.0%
韓国 7.1%
台湾 5.7%
香港 4.7%
タイ 4.4%
その他 39.6%

イム関連の証券を積極的に販売していたアメリカ国内4位の投資銀行**「リーマン・ブラザーズ」**が経営破綻し、これを契機に世界中で金融危機が起きた**（リーマン・ショック）**。

日本ではこの影響で、破綻前に1万2000円台だった日経平均株価は、6000円台にまで下落。景気も急速に悪化し、**自動車**を中心とするアメリカ向けの輸出は6割も減少し、輸出全体も半分になった。

またドル売りが殺到したため円高が進み、破綻前に1ドル＝107円台だった円相場は、70円台となり、長期的な円高により輸出は低迷した。2009年以降、輸出相手国の1位はアメリカから中国に代わり、3位以下も韓国や台湾、香港、タイなどアジア諸国が占めるようになった。

当初、中国との貿易は、衣類などを輸入し、半導体などを輸出する**相互補完**の関係にあったが、中国でハイテク産業が台頭すると、しだいに**競合関係**となっている。

アメリカはリーマン・ショックによる不況を、**公的資金**の注入によって早いペースで経済を回復させたのに対し、日本は対策の遅れによって経済の低迷は長引き、**デフレ状態**に陥ってしまう。**少子高齢化**や**低賃金労働者**の増加などにより、今後も内需の拡大が見込めないため、日本経済を回復させるには、**外需**に頼らざるを得ない状況だが、日本企業の多くはグローバル化に対応できておらず、デジタル技術の活用にも出遅れている。2020年のコロナショックの影響もあり、本格的な景気回復には時間がかかると見られている。

ユニフォトプレス提供

◆株価の大暴落
2008年、リーマン・ショックの影響で世界中の株価が暴落した。写真はメキシコの取引所の様子。

日本経済低迷のおもな要因

- リーマン・ショック後に政府が**効果的な経済対策**を取れなかった。
- **外需**に頼らざるを得ない状況であるのに、円高が長期化し、**輸出**が振るわなかった。
- **グローバル経営**を展開したり、**デジタル技術**を活用できる日本企業が多くなかった。

◆外国人で賑わう浅草
内需の縮小傾向が続く日本では、訪日外国人旅行（インバウンド）消費が重視されるようになった。

日本の旧国名

旧国名（律令国）は、古代に律令制によって定められた日本の地方行政区分で、大宝律令によって完成したと考えられている。以降、1871年の廃藩置県まで大きな変更はなかった。

※蝦夷地は、戊辰戦争後の1869年に北海道となり、それまでの五畿七道（➡P11）から五畿八道となった。

北海道
蝦夷地

隠岐
丹波
対馬
長崎県
壱岐
島根県
出雲
伯耆
鳥取県
丹後
石見
因幡
但馬
長門
広島県
備後
岡山県
美作
京都府
福岡県
山口県
周防
安芸
備中
兵庫県
筑前
備前
佐賀県
豊前
播磨
大阪府
肥前
香川県
讃岐
淡路
摂津
山城
筑後
愛媛県
大和
長崎県
大分県
徳島県
奈良県
熊本県
伊予
土佐
豊後
阿波
紀伊
肥後
高知県
和歌山県
和泉
河内
日向
薩摩
宮崎県
鹿児島県
大隅

対応 日本史・世界史年表

※赤字はこの本で大きく取り上げている項目です。
※年表の内容には諸説あるものがあります。

時代	西暦	日本のできごと
縄文	1万3000年前	縄文土器の出現（⬇P12）
	前10世紀頃	稲作の開始（⬇P14）
弥生	紀元前後	各地にクニが分立し、争いが起こる
	3世紀前半	卑弥呼が魏に遣使（⬇P16）
古墳	3世紀中頃	前方後円墳の出現（⬇P18）
	450頃	大仙陵古墳がつくられる
	507頃	継体天皇の即位（⬇P22）
	527	磐井の乱（⬇P24）
	6世紀	製鉄の開始（⬇P26）
	538	仏教の伝来（⬇P28）
	587	丁未の役（⬇P30）
飛鳥	593	厩戸王（聖徳太子）が摂政となる
	630	遣唐使の派遣がはじまる
	645	乙巳の変（⬇P32）
	663	白村江の戦い（⬇P34）
	672	壬申の乱（⬇P36）

西暦	世界のできごと
前6000頃	黄河・長江文明が誕生
前770	中国で春秋時代がはじまる
前27	ローマ帝国が誕生
208	中国で赤壁の戦いが起こる
313	キリスト教がローマ帝国で公認
395	ローマ帝国が東西に分裂
476	西ローマ帝国の滅亡
485	北魏の孝文帝が均田制を施行
562	新羅が任那を滅ぼす
581	隋が建国される
589	隋が中国を統一する
610頃	イスラム教が誕生する
628	唐が中国を統一する
645	玄奘が唐に帰国する
660	百済が滅亡する
661	ウマイヤ朝の成立

飛鳥・奈良・平安

日本史

690	庚寅年籍の完成（↓P38）
701	大宝律令が定められる
708	和同開珎が発行される
710	平城京遷都（↓P40）
712	『古事記』の完成（↓P42）
743	墾田永年私財法（↓P44）
	大仏造立の詔（↓P46）
753	鑑真の来日（↓P48）
764	藤原仲麻呂の乱（↓P52）
794	平安京遷都（↓P60）
802	蝦夷征討（↓P64）
804	最澄と空海が唐に渡る
810	平城太上天皇の変（↓P66）
866	応天門の変（↓P68）
894	遣唐使の中止（↓P70）
902	延喜の荘園整理令（↓P72）
939	承平・天慶の乱（↓P74）
1016	藤原道長が摂政となる
1051	前九年・後三年の役（↓P80）
1086	院政の開始（↓P82）

世界史

676	新羅が朝鮮半島を統一する
712	唐で玄宗が即位
726	東ローマ帝国で聖像禁止令
750	アッバース朝が成立する
751	タラス河畔の戦い
755	唐で安史の乱が起こる
762	バグダードの建設
800	カールの戴冠
843	フランク王国の分裂
875	唐で黄巣の乱が起こる
907	唐が滅亡する
936	高麗が朝鮮半島を統一する
979	宋が中国を統一する
1023	宋で世界最初の紙幣「交子」を発行
1077	カノッサの屈辱

時代	西暦	日本のできごと
平安	1124	中尊寺金色堂の建立（➡P84）
平安	1156	保元の乱（➡P86）
平安	1159	平治の乱（➡P88）
平安	1167	平清盛が太政大臣となる
平安	12世紀後半	日宋貿易（➡P90）
平安	1179	治承三年の政変（➡P92）
平安	1180	頼朝の挙兵（➡P94）
平安	1183	平氏の都落ち（➡P96）
平安	1185	壇の浦の戦い（➡P98）
鎌倉		鎌倉幕府の成立（➡P106）
鎌倉	1211	承久の乱（➡P108）
鎌倉	1232	御成敗式目（➡P110）
鎌倉	1274	文永・弘安の役（➡P114）
鎌倉	1297	永仁の徳政令（➡P116）
鎌倉	1333	鎌倉幕府の滅亡（➡P118）
室町		建武の新政（➡P120）
室町	1336	足利尊氏が室町幕府を開く
室町		南北朝分立（➡P122）
室町	1368	応安の半済令（➡P124）
室町	1392	南北朝が統一される

西暦	世界のできごと
1096	十字軍の遠征がはじまる
1127	宋（北宋）が滅亡し南宋が成立
1160	南宋で紙幣「会子」を発行
1169	サラディンがアイユーブ朝を建国
12世紀後半	朱熹が朱子学を大成する
1187	サラディンがエルサレムを占領
12世紀末	教皇の権力が絶頂期を迎える
1206	モンゴル帝国が成立する
1215	『マグナ・カルタ』の成立
1241	ワールシュタットの戦い
1271	フビライが中国に元を建国
1275	マルコ・ポーロが元の大都に到着
1279	元が南宋を滅ぼす
1299	オスマン帝国の成立
1309	教皇のバビロン捕囚
1339	百年戦争がはじまる
1368	中国で明が建国される
1370	ティムール朝の成立
1392	李成桂が朝鮮国を建国

時代	年	日本史
室町	1404	日明貿易 (➡P126)
	1467	雪舟の渡明 (➡P128)
		応仁の乱 (➡P130)
戦国	1488	加賀の一向一揆がはじまる
	1493	伊豆討ち入り (➡P132)
	1543	鉄砲の伝来 (➡P134)
	1547	甲州法度之次第 (➡P136)
	1549	キリスト教の伝来 (➡P138)
	1555	厳島の戦い (➡P140)
	1560	桶狭間の戦い (➡P142)
	1561	川中島の戦い (➡P144)
	1568	信長の入京 (➡P146)
	1570	石山合戦 (➡P148)
	1573	室町幕府の滅亡 (➡P150)
		小谷城の戦い (➡P158)
安土桃山	1575	長篠の戦い (➡P160)
	1576	安土城の築城 (➡P162)
	1582	本能寺の変 (➡P164)
	1585	秀吉の関白就任 (➡P166)
	1590	秀吉の天下統一 (➡P168)
	1591	太閤検地 (➡P170)

年	世界史
1399	中国で靖難の役が起こる
1407	明の永楽帝が北京に遷都
1453	東ローマ帝国の滅亡
1492	コロンブスがアメリカ大陸に到着
1498	バスコ・ダ・ガマがインドに到着
1517	ルターが宗教改革をはじめる
1522	マゼラン艦隊が世界一周を達成
1534	イエズス会が設立される
1557	ポルトガルがマカオに居留権を得る
1558	イギリスでエリザベス1世が即位
1562	ユグノー戦争がはじまる
1568	オランダ独立戦争がはじまる
1571	レパントの海戦
1572	サンバルテルミの虐殺
1577	ドレークが世界一周の航海に出発
1579	オランダでユトレヒト同盟成立
1580	スペインがポルトガルを併合
1582	マテオ・リッチがマカオに到着
1585	天正遣欧少年使節が教皇に謁見
1588	アルマダの海戦でスペインが敗北
1592	明が朝鮮に援軍を派遣

時代	西暦	日本のできごと
安土桃山	1592	朝鮮出兵 (↓P172)
	1600	関ケ原の戦い (↓P174)
江戸	1603	徳川家康が江戸幕府を開く
	1615	大坂夏の陣 (↓P176)
	1635	参勤交代 (↓P180)
	1637	島原の乱 (↓P184)
	1640	宗門改役の設置 (↓P186)
	1657	明暦の大火 (↓P192)
	1669	シャクシャインの戦いが起こる
	1685	生類憐みの令 (↓P194)
	1695	貨幣改鋳 (↓P196)
	1709	正徳の治 (↓P198)
	1716	享保の改革 (↓P200)
	1767	田沼時代 (↓P202)
	1787	松平定信の寛政の改革
	1790	寛政異学の禁 (↓P204)
	1800	忠敬の蝦夷測量 (↓P206)
	1825	異国船打払令が出される
	1837	大塩の乱 (↓P210)
	1841	水野忠邦の天保の改革

西暦	世界のできごと
1598	ナントの王令が出される
1600	イギリスで東インド会社設立
1616	満洲で後金（清）が建国される
1618	三十年戦争がはじまる
1632	タージ・マハルの建設開始
1640	イギリスでピューリタン革命
1644	明が滅亡する
1648	ウェストファリア条約の締結
1673	清で三藩の乱が起こる
1689	ネルチンスク条約の締結
1700	北方戦争がはじまる
1701	スペイン継承戦争がはじまる
1724	清でキリスト教が全面禁止
1756	七年戦争がはじまる
1775	アメリカ独立戦争がはじまる
1789	フランス革命がはじまる
1804	フランスでナポレオン1世が即位
1815	ワーテルローの戦い
1830	イギリスで鉄道が開通
1842	アヘン戦争で清がイギリスに敗北

日本史

江戸

1853	ペリーが浦賀に来航する
1854	日米和親条約（→P220）
1858	日米修好通商条約（→P222）
1860	桜田門外の変で井伊直弼が暗殺される
1862	公武合体（→P224）
1863	薩英戦争（→P226）
1864	新選組が池田屋事件を起こす
	禁門の変で長州藩が幕府に敗北する
1866	薩長同盟が成立する
	第二次長州征討（→P228）

明治

1867	大政奉還（→P230）
1868	戊辰戦争（→P232）
1871	廃藩置県（→P234）
1872	国立銀行条例（→P236）
1873	キリスト教の解禁（→P238）
	地租改正（→P240）
1876	秩禄処分（→P242）
1877	西南戦争（→P244）
1882	日本銀行の設立（→P246）
1885	内閣制度ができる
1889	大日本帝国憲法（→P248）

世界史

1851	清で太平天国の乱が起こる
1853	クリミア戦争がはじまる
1858	イギリスがインドを直接統治
1860	アロー戦争で清が英仏に敗北
1861	アメリカで南北戦争がはじまる
1863	ゲティスバーグの戦い
	朝鮮で大院君が摂政となる
1865	リンカーンが暗殺される
1866	普墺戦争でプロイセンが勝利
1867	オーストリア＝ハンガリー帝国成立
	マルクスが『資本論』を発表
1869	スエズ運河の開通
1871	ドイツ帝国が成立する
1874	清で西太后が摂政に就任
1875	樺太・千島交換条約の締結
1876	日朝修好条規の締結
1877	インド帝国の成立
1882	朝鮮で壬午軍乱が起こる
1884	朝鮮で甲申政変が起こる
1891	シベリア鉄道の起工
1894	朝鮮で甲午農民戦争が起こる

時代	西暦	日本のできごと	西暦	世界のできごと
明治	1894	日清戦争（➡P250）	1895	三国干渉
	1902	日英同盟が結ばれる	1900	清で義和団事件が起こる
	1904	日露戦争（➡P252）	1905	第一次ロシア革命
	1910	韓国併合（➡P254）	1907	英仏露三国協商が成立
	1911	関税自主権を回復し条約改正を達成	1911	清で辛亥革命が起こる
大正	1914	第一次世界大戦（➡P256）	1912	中華民国が成立する
	1915	中国に「二十一カ条の要求」を出す	1917	ロシア革命でソビエト政府が成立
	1918	米騒動（➡P258）	1919	パリ講和会議が開かれる
		シベリア出兵		朝鮮で三・一独立運動
	1923	関東大震災が発生する		中国で五・四運動
	1925	治安維持法が制定される	1920	国際連盟が成立する
		男子普通選挙が実現する	1921	ワシントン会議が開かれる
昭和	1927	金融恐慌（➡P266）	1928	パリ会議で不戦条約が結ばれる
	1930	金輸出解禁（➡P268）	1929	世界恐慌が発生する
	1931	満州事変（➡P270）	1930	ロンドン軍縮会議
	1932	五・一五事件で犬養毅首相が暗殺される	1933	ドイツでナチ党が政権を握る
	1933	国際連盟を脱退する		国際連盟が満州国を不承認
	1935	大本事件（➡P272）	1934	中国共産党が長征を開始
	1936	二・二六事件（➡P274）	1936	西安事件で蒋介石が監禁される
	1937	日中戦争（➡P276）	1937	第二次国共合作が成立

時代	年	日本史
昭和	1940	日独伊三国同盟が結ばれる
	1941	太平洋戦争 （P278）
	1945	ポツダム宣言を受諾して無条件降伏
		財閥解体 （P280）
	1946	日本国憲法の公布
	1950	朝鮮戦争 （P282）
	1951	サンフランシスコ平和条約の調印
		日米安全保障条約の締結
	1956	国際連合に加盟する
	1960	所得倍増計画 （P284）
	1964	東京オリンピック （P286）
	1971	ニクソン・ショック （P288）
	1972	日中国交正常化
	1973	オイル・ショック （P290）
	1985	プラザ合意 （P292）
	1986	バブル経済が発生する
平成	1991	湾岸戦争 （P294）
	1992	PKO協力法が成立する
	1995	阪神・淡路大震災
		地下鉄サリン事件 （P296）
	2008	リーマン・ショック （P298）

年	世界史
1939	第二次世界大戦が勃発
1944	ブレトン・ウッズ協定
1945	ヤルタ会談が開かれる
	国際連合が成立する
1946	東西冷戦がはじまる
1949	北大西洋条約機構（NATO）調印
	中華人民共和国の成立
1953	朝鮮休戦協定が成立
1962	キューバ危機
1965	ベトナム戦争がはじまる
1966	中国で文化大革命がはじまる
1972	ニクソン大統領の訪中
	台湾と日本の国交が断絶
1973	第四次中東戦争
1989	冷戦が終結する
1990	東西ドイツの統一
1991	ソ連が解体する
1993	EUが発足する
1999	EUが単一通貨ユーロを導入
2001	アメリカで同時多発テロ
2003	イラク戦争

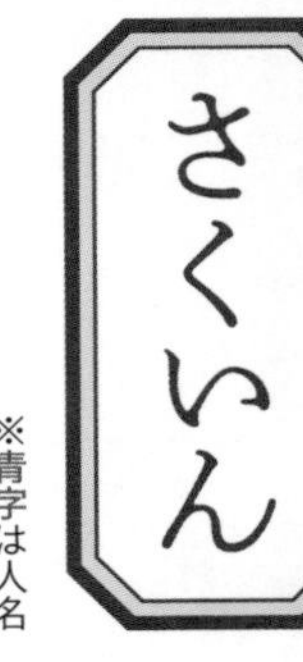

※青字は人名

◆ あ ◆

◆◆◆◆ か ◆◆◆◆

◆◆◆◆◆ さ ◆◆◆◆◆

243 士族の商法(国立国会図書館所蔵)／
金禄公債証書(日本銀行金融研究所所蔵)
244 西郷隆盛(国立国会図書館所蔵)
244 私学校跡(公益社団法人鹿児島県観光連盟写真提供)
246 大隈重信(国立国会図書館所蔵)
247 松方正義(国立国会図書館所蔵)／
最初の日本銀行券(日本銀行貨幣博物館所蔵)
249 帝国万歳憲法発布略図(山口県立萩美術館・浦上記念館所蔵)／
明治天皇(ユニフォトプレス提供)
253 ポーツマス会議(Library of Congress所蔵)
254 後藤新平(国立国会図書館所蔵)
255 朝鮮総督府(getty images提供)
256 加藤高明(国立国会図書館所蔵)
257 青島攻略(Library of Congress所蔵)
259 シベリア出兵(Library of Congress所蔵)／
原敬(国立国会図書館所蔵)
260 ワシントン会議(Library of Congress所蔵)
261 炎上する神奈川県庁(長崎大学附属図書館所蔵)
266 取付け騒ぎ(毎日新聞社提供)
267 裏白紙幣(日本銀行貨幣博物館所蔵)
268 世界恐慌(Library of Congress所蔵)
269 浜口雄幸・井上準之助(国立国会図書館所蔵)
270 関東軍(ユニフォトプレス提供)
271 松岡洋右(国立国会図書館所蔵)
272 出口王仁三郎(国立国会図書館所蔵)
273 第二次大本事件(毎日新聞社提供)
275 高橋是清(国立国会図書館所蔵)／首相官邸を占領する反乱軍(ユニフォトプレス提供)
278 原爆投下後の広島(Library of Congress所蔵)
279 真珠湾攻撃(ユニフォトプレス提供)
280 署名するマッカーサー(ユニフォトプレス提供)
281 昭和天皇とマッカーサー
(ユニフォトプレス提供)
282 警察予備隊(毎日新聞社提供)
284 銀座を走る路面電車(getty images提供)
285 池田勇人(ユニフォトプレス提供)
286 東京オリンピック開会式(共同通信社提供)
287 新幹線0系電車・日本橋と首都高
(getty images提供)
288 ニクソン大統領(ユニフォトプレス提供)
289 日中国交正常化(ユニフォトプレス提供)
291 第一次オイルショック(共同通信社提供)／
第一回先進国首脳会議(ユニフォトプレス提供)
293 プラザ合意(ユニフォトプレス提供)／バブル最盛期の東京証券取引所(共同通信社提供)
294 ベルリンの壁崩壊(getty images提供)
295 湾岸戦争(getty images提供)／
カンボジア派遣(共同通信社提供)
296 嘉手納基地(getty images提供)
297 阪神・淡路大震災(getty images提供)／
地下鉄サリン事件(共同通信社提供)
299 リーマンショック(ユニフォトプレス提供)／
外国人で賑わう浅草(getty images提供)

主要参考文献

『詳説日本史研究 改訂版』佐藤信・五味文彦・高埜利彦・鳥海靖編(山川出版社)／『詳説日本史図録』詳説日本史図録編集委員会編(山川出版社)／『古代史講義―邪馬台国から平安時代まで』佐藤信編(ちくま新書)／『古代史講義【戦乱篇】』佐藤信編(ちくま新書)／『中世史講義―院政期から戦国時代まで』高橋典幸・五味文彦編著(ちくま新書)／『近世史講義―女性の力を問いなおす』高埜利彦編集(ちくま新書)／『明治史講義【テーマ篇】』小林和幸編著(ちくま新書)／『お金の流れで見る戦国時代』大村大次郎著(KADOKAWA)／『お金の流れで読む日本の歴史』大村大次郎著(KADOKAWA)／『日本の歴史〈3〉奈良の都』青木和夫著(中公文庫)／『日本の歴史〈5〉王朝の貴族』土田直鎮著(中公文庫)／『戦国と宗教』神田千里著(岩波新書)／『幕末から維新へ〈シリーズ日本近世史5〉』藤田覚著(岩波新書)／『戦争の日本近現代史』加藤陽子著(講談社現代新書)／『それでも、日本人は「戦争」を選んだ』加藤陽子著(新潮文庫)／『昭和史』古川隆久著(ちくま新書)／『げんきな日本論』橋爪大三郎・大澤真幸著(講談社)／『百姓から見た戦国大名』黒田基樹著(ちくま新書)／『教科書には出てこない江戸時代 将軍・武士たちの実像』山本博文著(東京書籍)／『南北朝の動乱 (戦争の日本史8)』森茂暁著(吉川弘文館)／『関ヶ原合戦と大坂の陣 (戦争の日本史17)』笠谷和比古著(吉川弘文館)／『ビジュアルワイド 図説日本史』(東京書籍)／『地図で知る戦国　上・下巻』(武揚堂)／『戦国の合戦と武将の絵事典』高橋伸幸著・小和田哲男監修(成美堂出版)／『一冊でわかるイラストでわかる図解 幕末・維新』東京都歴史教育研究会監修(成美堂出版)／『貨幣博物館 常設展示図録』(日本銀行金融研究所貨幣博物館)／『東大流よみなおし日本史講義』山本博文著(PHP研究所)／『日本の民族宗教』松尾恒一著(ちくま新書)／『理由がわかって全体像が見えてくる 宗教で読み解く日本史』浮世博史著(すばる舎)／『宗教の昭和史』村上重良著(三嶺書房)／『日本人はなぜ無宗教なのか』阿満利麿著(ちくま新書)／『江戸東京の庶民信仰』長沢利明著(講談社)／『週刊朝日百科24 日本の歴史 一向一揆と石山合戦』(朝日新聞社)

162 私鋳銭（日本銀行貨幣博物館所蔵）
163 安土城図（大阪城天守閣所蔵）
164 明智光秀画像［伝］
（東京大学史料編纂所所蔵模写）
165 大日本名将鑑 織田右大臣平信長
（山口県立萩美術館・浦上記念館所蔵）
166 賤ヶ岳合戦図屏風 秀吉部分
（長浜城歴史博物館所蔵）
167 豊臣秀吉画像（東京大学史料編纂所所蔵模写）／
聚楽第行幸図屏風（堺市博物館所蔵）
168 黒田孝高画像（東京大学史料編纂所所蔵模写）
169 北条氏政画像（小田原城天守閣所蔵）
170 方広寺（国立国会図書館所蔵）
171 検地絵図（松本市立博物館所蔵）
172 二十六聖人殉教地（長崎観光連盟写真提供）
173 佐賀県重要文化財 肥前名護屋城図屏風
（佐賀県立名護屋城博物館提供）
174 関ヶ原合戦図屏風
（関ヶ原町歴史民俗資料館所蔵）
175 石田三成画像（東京大学史料編纂所所蔵模写）
176 徳川家康画像（東京大学史料編纂所所蔵模写）
178 伊達政宗画像［木像模写］
（東京大学史料編纂所所蔵模写）
179 清水寺末次船絵馬下絵（長崎歴史文化博物館所蔵）／山田仁左衛門長政画像（東京大学史料編纂所所蔵模写）
181 徳川家光画像（東京大学史料編纂所所蔵模写）／
参勤交代（国立国会図書館所蔵）
182 江戸図屏風（国立歴史民俗博物館所蔵）
185 長崎港俯瞰細密画（長崎歴史文化博物館所蔵）
186 本光国師［以心崇伝］画像
（東京大学史料編纂所所蔵模写）
187 絵踏（国立国会図書館所蔵）
189 日高アイヌ・オムシャ之図（函館市中央図書館所蔵）／琉球中山王両使者登城行列（国立公文書館所蔵）
191 百姓の女性・江戸時代の出産・農村の風景
（国立国会図書館所蔵）
192 江戸火事図巻（消防博物館所蔵）
193 火除地（国立国会図書館所蔵）
194 徳川綱吉公画像（奈良 長谷寺所蔵）
195 江戸図屏風（国立歴史民俗博物館所蔵）／
犬小屋の跡地（フォトライブラリー提供）
196 慶長小判・元禄小判（日本銀行貨幣博物館所蔵）
197 両替商（国立国会図書館所蔵）／
富士山（getty images提供）
198 新井白石画像（東京大学史料編纂所所蔵模写）
199 正徳小判（日本銀行貨幣博物館所蔵）／
唐蘭館絵巻 倉前図（長崎歴史文化博物館所蔵）
200 大奥の女性（国立国会図書館所蔵）
201 大坂堂島の米市場（国立国会図書館所蔵）／
徳川吉宗肖像画（和歌山市立博物館所蔵）
202 慶長丁銀・南鐐二朱銀（日本銀行貨幣博物館所蔵）
203 田沼意次画像（東京大学史料編纂所所蔵模写）／
浅間山と鬼押出し（getty images提供）
204 徳川光圀画像（東京大学史料編纂所所蔵模写）
205 湯島聖堂（国立国会図書館所蔵）／
松平定信画像（東京大学史料編纂所所蔵模写）
206 航海図（国立公文書館所蔵）
207 大日本沿海輿地全図（国立国会図書館所蔵）／
伊能忠敬像（千葉県香取市 伊能忠敬記念館所蔵）
208 越後屋（国立国会図書館所蔵）
209 江戸湾（国立国会図書館所蔵）／
北前船復元模型（国立歴史民俗博物館所蔵）
210 大塩平八郎画像［模］（大阪城天守閣所蔵）
211 天保の飢饉（国立国会図書館所蔵）／
水野忠邦像（東京都立大学図書館所蔵）
213 鍋島直正（国立国会図書館所蔵）／薩州鹿児島見取絵図より［磯別邸の図］のうち集成館部分（武雄鍋島家資料 武雄市所蔵）
214 七五三・神棚に祈る女性（国立国会図書館所蔵）
215 伊勢参り（国立国会図書館所蔵）／
庚申塔（フォトライブラリー提供）
218 明治天皇（ユニフォトプレス提供）
220 ペリー提督横浜上陸の図（横浜開港資料館所蔵）
221 阿部正弘（国立国会図書館所蔵）／長崎海軍伝習所絵図（公益財団法人鍋島報效会所蔵）
223 天保小判・万延小判（日本銀行貨幣博物館所蔵）／横濱交易西洋人荷物運送之圖（神奈川県立図書館所蔵）
225 桜田門外の変・和宮降嫁（国立国会図書館所蔵）
226 島津久光（国立国会図書館所蔵）
227 英艦入港戦争図（尚古集成館所蔵）
228 前田砲台を占領したイギリス軍
（横浜開港資料館所蔵）
229 奇兵隊を指揮する高杉晋作
（山口県立山口博物館所蔵）
230 徳川慶喜像（福井市立郷土歴史博物館所蔵）
231 新政府綱領八策（国立国会図書館所蔵）／
「大政奉還」邨田丹陵（聖徳記念絵画館所蔵）
232 二条城からの退去（国立国会図書館所蔵）
233 会津若松城（国立国会図書館所蔵）
235 東京遷都（国立国会図書館所蔵）／
「廃藩置県」小堀鞆音（聖徳記念絵画館所蔵）
236 一円金貨・五十銭銀貨・一厘銅貨
（日本銀行貨幣博物館所蔵）
237 第一国立銀行（長崎大学附属図書館所蔵）／
国立銀行紙幣（日本銀行貨幣博物館所蔵）／
渋沢栄一（国立国会図書館所蔵）
238 大浦天主堂（長崎観光連盟写真提供［写真掲載については長崎大司教区の許可をいただいています］）
239 岩倉使節団（山口県文書館所蔵）／
招魂社（国立国会図書館所蔵）
241 地租改正測量図（秋田県立博物館所蔵）／
地租改正反対一揆（国立国会図書館所蔵）

（歴史公園［えさし藤原の郷］写真提供）
85 藤原三代画像（毛越寺所蔵）
87 東三条殿復元模型（国立歴史民俗博物館所蔵）／「天子摂関御影」のうち「天子巻」より崇徳院〈部分〉（宮内庁三の丸尚蔵館所蔵）
88 僧兵（国立国会図書館所蔵）
89 三条殿焼き討ち（国立国会図書館所蔵）／「天子摂関御影」のうち「大臣巻」より平清盛〈部分〉（宮内庁三の丸尚蔵館所蔵）
91 皇宋通宝（日本銀行貨幣博物館所蔵）／『一遍上人絵伝』（国立国会図書館所蔵）
92 八条院［暲子内親王］画像（東京大学史料編纂所所蔵模写）
93 平重盛画像［伝］（東京大学史料編纂所所蔵模写）／源頼政（国立国会図書館所蔵）
94『餓鬼草子』（国立国会図書館所蔵）
95 源頼朝画像［伝］（東京大学史料編纂所所蔵模写）
96 平氏の都落ち（国立国会図書館所蔵）
97「天子摂関御影」のうち「天子巻」より後白河院〈部分〉（宮内庁三の丸尚蔵館所蔵）／源義仲像（徳音寺所蔵）
98 摂州一ノ谷源平合戦之図（山口県立萩美術館・浦上記念館所蔵）
99 関門海峡（山口県提供）
100 和同開珎・宋銭・明銭・甲州金・石州銀（日本銀行貨幣博物館所蔵）
101 慶長丁銀・慶長小判・一円金貨・一厘銅貨・五十銭銀貨・日本銀行券（日本銀行貨幣博物館所蔵）
104 足利尊氏像（神奈川県立歴史博物館所蔵）／織田信長肖像画（長興寺［豊田市］所蔵 豊田市郷土資料館写真提供）
105 永楽通宝（日本銀行貨幣博物館所蔵）
107 義経堂（公益財団法人岩手県観光協会写真提供）
108 鎌倉の都市構造模型（国立歴史民俗博物館所蔵）／鶴岡八幡宮（国立国会図書館所蔵）
109 後鳥羽天皇画像（東京大学史料編纂所所蔵模写）
110 鎌倉時代の武士の館再現模型（国立歴史民俗博物館所蔵）
111 大日本名将鑑 北条泰時（山口県立萩美術館・浦上記念館所蔵）
113『一遍上人絵伝』（国立国会図書館所蔵）／源空［法然坊・円光大師］画像・明庵栄西［千光禅師］画像（東京大学史料編纂所所蔵模写）
114 亀山天皇画像（東京大学史料編纂所所蔵模写）
115「蒙古襲来絵詞」（前巻第23～24紙部分）〈部分〉（宮内庁三の丸尚蔵館所蔵）
116 銭壺（日本銀行貨幣博物館所蔵）
117 教導立志基 十九 青砥藤綱（山口県立萩美術館・浦上記念館所蔵）／焼け残った土倉（国立国会図書館所蔵）
118 太平記絵巻（埼玉県立歴史と民俗の博物館所蔵）
119 悪党（国立国会図書館所蔵）
120 後醍醐天皇画像（東京大学史料編纂所所蔵模写）
121 足利尊氏像（神奈川県立歴史博物館所蔵）
122 足利尊氏画像［伝］〈騎馬武者像〉（東京大学史料編纂所所蔵模写）
125 足利義満画像［法体］（東京大学史料編纂所所蔵模写）／花の御所（国立歴史民俗博物館所蔵）
126 倭寇図巻（東京大学史料編纂所所蔵）
127 永楽通宝（日本銀行貨幣博物館所蔵）／遣明船模型（広島県立歴史博物館所蔵・写真提供）
128 雪舟等楊画像（東京大学史料編纂所所蔵模写）
129 無学祖元［子元・仏光国師・円満常照国師］画像（東京大学史料編纂所所蔵模写）／天橋立図（京都国立博物館所蔵）
131 足利義政画像（東京大学史料編纂所所蔵模写）
132 北条早雲画像（小田原城天守閣所蔵）
134 スペイン・ドル（getty images 提供）
135 石州銀（日本銀行貨幣博物館所蔵）／南蛮人来朝之図（長崎歴史文化博物館所蔵）
136 武田信玄［晴信］画像［伝］（東京大学史料編纂所所蔵模写）
137 甲州金（日本銀行貨幣博物館所蔵）／信玄堤（ピクスタ提供）
138 天正遣欧使節肖像画（京都大学附属図書館所蔵）
139 フランシスコ・ザビエル（getty images 提供）／南蛮人来朝之図（長崎歴史文化博物館所蔵）
140 吉川元春画像（東京大学史料編纂所所蔵模写）
141 毛利元就画像（東京大学史料編纂所所蔵模写）／芸州厳島御一戦之図（山口県文書館所蔵）
142 織田信長肖像画（長興寺［豊田市］所蔵 豊田市郷土資料館写真提供）
143 討たれる義元（国立国会図書館所蔵）
144 上杉謙信像（米沢市上杉博物館所蔵）
145 川中島合戦図屏風（米沢市上杉博物館所蔵）
146 浅井長政室［織田氏］画像（東京大学史料編纂所所蔵模写）
147 洛中洛外図屏風（米沢市上杉博物館所蔵）／住吉祭礼図屏風（堺市博物館所蔵）
148 親鸞・蓮如連座画像（東京大学史料編纂所所蔵模写）
150 しかみ像（フォトライブラリー提供）
151 姉川合戦図屏風（福井県立歴史博物館所蔵）／足利義昭画像（東京大学史料編纂所所蔵模写）
152 東京御嶽神社所蔵 国宝 赤糸威鎧 復原模造（青梅市郷土博物館所蔵）／紫糸肩裾取威胴丸（国立歴史民俗博物館所蔵）
153 色々威腹巻大袖・錆地五枚胴具足（国立歴史民俗博物館所蔵）
156 関ヶ原合戦図屏風（関ヶ原町歴史民俗資料館所蔵）
158 朝倉氏居館復元模型（国立歴史民俗博物館所蔵）
159 浅井長政画像（東京大学史料編纂所所蔵模写）
160 長篠合戦図屏風（長浜城歴史博物館所蔵）／武田勝頼画像 付：室北条氏・息信勝画像（東京大学史料編纂所所蔵模写）

写真資料所蔵・提供一覧

10 三内丸山遺跡復元模型（国立歴史民俗博物館所蔵）／聖徳太子画像［唐本御影］（東京大学史料編纂所所蔵模写）／平城京復元模型（奈良市役所所蔵 奈良文化財研究所写真提供）
11 武装男子立像埴輪（国立歴史民俗博物館所蔵）
12 黒曜石（getty images提供）
13 火焔型土器（十日町市博物館所蔵）／石鏃（フォトライブラリー提供）／三内丸山遺跡復元模型（国立歴史民俗博物館所蔵）
15 物見櫓と柵（フォトライブラリー提供）／鉄製刃つき鍬（島根県立古代出雲歴史博物館所蔵）／弥生時代の戦士（国立歴史民俗博物館所蔵）
16 卑弥呼復元像（大阪府立弥生文化博物館所蔵）
17 原の辻遺跡（長崎観光連盟写真提供）
19 大仙陵古墳（フォトライブラリー提供）／武装男子立像埴輪（国立歴史民俗博物館所蔵）
20 埴輪 馬（九州国立博物館所蔵・山﨑信一撮影）／馬冑（埼玉県立さきたま史跡の博物館所蔵）／王塚古墳復元模型（国立歴史民俗博物館所蔵）
21 平治物語絵巻・流鏑馬（国立国会図書館所蔵）／長篠合戦図屏風（長浜城歴史博物館所蔵）
22 継体天皇像（福井市立郷土歴史博物館所蔵）
23 稲荷山古墳鉄剣（文化庁所蔵 埼玉県立さきたま史跡の博物館写真提供）
24 大日本名将鑑 大伴金村 大臣平郡真鳥（山口県立萩美術館・浦上記念館所蔵）
25 岩戸山古墳の石人・石馬（フォトライブラリー提供）
26 兵馬俑の戦車（getty images提供）
27 マロ塚古墳出土甲冑（国立歴史民俗博物館所蔵）／たたら製鉄（フォトライブラリー提供）
28 仏国寺（getty images提供）
29 釈迦如来立像（奈良国立博物館所蔵 森村欣司撮影）
31 射殺される守屋（国立国会図書館所蔵）
32 聖徳太子画像［唐本御影］（東京大学史料編纂所所蔵模写）
33 大日本名将鑑 中臣鎌足 大兄皇子 入鹿大臣（山口県立萩美術館・浦上記念館所蔵）
34 楼船（国立国会図書館所蔵）
35 鬼ノ城（フォトライブラリー提供）
36 天武天皇（国立国会図書館所蔵）
39 藤原京復元模型（橿原市教育委員会提供）／富本銭（奈良文化財研究所所蔵）／持統天皇像（跡見学園女子大学図書館所蔵）
40 藤原不比等（国立国会図書館所蔵）
41 和同開珎（日本銀行貨幣博物館所蔵）／平城京復元模型（奈良市役所所蔵 奈良文化財研究所写真提供）
42 舎人親王画像 附収：稗田阿礼・太安万呂（東京大学史料編纂所所蔵模写）
43 出雲大社本殿復元模型（出雲大社所蔵 島根県立古代出雲歴史博物館所蔵）
44 『万葉集』（国立国会図書館所蔵）
45 奈良時代の集落模型（国立歴史民俗博物館所蔵）
46 聖武天皇（国立国会図書館所蔵）
47 創建当時の大仏（国立国会図書館所蔵）
48 吉備真備（国立国会図書館所蔵）
49 遣唐使船復元（呉市提供）／鑑真像（南さつま市提供）
50 釈迦如来坐像・薬師如来坐像・千手観音立像・地蔵菩薩立像（［公社］びわこビジターズビューロー写真提供）
51 不動明王二童子立像・毘沙門天立像・伝教大師坐像（［公社］びわこビジターズビューロー写真提供）／大威徳明王像（公益社団法人ツーリズムおおいた写真提供）
53 神託を授かる和気清麻呂（国立国会図書館所蔵）
55 春日鹿曼荼羅（奈良国立博物館所蔵 森村欣司撮影）／宝船七福神（山口県立萩美術館・浦上記念館所蔵）
58 前九年の役（国立歴史民俗博物館所蔵）
59 摂州一ノ谷源平合戦之図（山口県立萩美術館・浦上記念館所蔵）
60 桓武天皇画像（東京大学史料編纂所所蔵模写）
61 平安京大内裏復元模型（京都市歴史資料館所蔵）
63 伝教大師画像・弘法大師画像（東京大学史料編纂所所蔵模写）
64 坂上田村麻呂（国立国会図書館所蔵）
65 多賀城復元模型（国立歴史民俗博物館所蔵）
67 検非違使・藤原冬嗣（国立国会図書館所蔵）
68 伴大納言絵巻（国立国会図書館所蔵）
69 公卿会議・藤原良房（国立国会図書館所蔵）
70 『源氏物語』（国立国会図書館所蔵）
71 菅原道真（国立国会図書館所蔵）／十二単（国立歴史民俗博物館所蔵）
72 醍醐天皇画像（東京大学史料編纂所所蔵模写）
73 田染荘（公益社団法人ツーリズムおおいた写真提供）
74 大日本名将鑑 平親王将門 常陸掾平貞盛（山口県立萩美術館・浦上記念館所蔵）
76 白内障の手術（国立国会図書館所蔵）
77 後一条天皇の誕生を祝う道長（国立国会図書館所蔵）／安倍晴明復元模型（国立歴史民俗博物館所蔵）
79 阿弥陀如来坐像（平等院所蔵）／阿弥陀聖衆来迎図（奈良国立博物館所蔵 森村欣司撮影）
81 黄海の戦い（国立歴史民俗博物館所蔵）
82 熊野本宮大社（公益社団法人和歌山県観光連盟写真提供）
83 白河上皇の行幸・白河上皇（国立国会図書館所蔵）
84 中尊寺金色堂［再現］

著者 **飯田育浩**（いいだ やすひろ）

1972年、広島県生まれ。編集プロダクション浩然社代表。早稲田大学教育学部地理歴史専修卒業後、幅広い分野の書籍の編集・執筆に携わり、2014年に浩然社を設立。著書に『ビジュアル版 経済・戦争・宗教から見る 教養の世界史』（西東社）がある。おもな編集制作物には、シリーズ110万部を突破した『超ビジュアル歴史シリーズ』のほか、『大判ビジュアル図解 大迫力！写真と絵でわかる 三国志』『大判ビジュアル図解 大迫力！写真と絵でわかる 古事記・日本書紀』『写真・図解 日本の仏像 この一冊ですべてがわかる！』『ビジュアル図解 聖書と名画』（すべて西東社）などがある。

デザイン　佐々木容子（カラノキデザイン制作室）、村口敬太（Linon）
地図制作　ジェオ
DTP　センターメディア
校正　エディット

ビジュアル版
経済・戦争・宗教から見る教養の日本史

2021年1月5日発行　第1版

著　者　飯田育浩
発行者　若松和紀
発行所　株式会社 西東社
〒113-0034　東京都文京区湯島2-3-13
http://www.seitosha.co.jp/
営業　03-5800-3120
編集　03-5800-3121〔お問い合わせ用〕
※本書に記載のない内容のご質問や著者等の連絡先につきましては、お答えできかねます。

ISBN 978-4-7916-2994-7